서 문

부족한 종에게 8번째 책을 내도록 허락해 주신 주 하나님께 무한 감사를 드립니다.

이 책의 제목을 '영적 전쟁'이라고 지은 것은 우리 신앙생활 전체가 영적 전쟁이기 때문입니다. 주님께서는 기도문을 가르쳐주시면서 '우리를 시험에 들게 하지 마시옵고' (마 6:13)라고 기도하라고 하셨고, 겟세마네 동산에서도 '시험에 들지 않게 깨어 있어 기도하라' (마 26:41)고 당부하셨습니다. 그렇다면 우리를 시험하는 자, 즉 마귀들이 우리를 유혹하여 타락시키려고 항상 우리와 대치하고 있다는 것을 알 수 있습니다.

사도 베드로도 '근신하라 깨어라 너희 대적 마귀가 우는 사자같이 두루 다니며 삼킬 자를 찾나니' (벧전 5:8)라고 하였고, 사도 바울도 '우리의 씨름은 혈과 육을 상대하는 것이 아니요 통치자들과 권세들과 이 어두움의 세상 주관자들과 하늘에 있는 악의 영들을 상대함이라' (엡 6:12)고 하였으며, 야고보도 '마귀를 대적하라 그리하면 너희를 피하리라' (약 4:7)고 하였습니다.

이 모든 것을 볼 때 우리가 바른 신앙을 가지고 바른 생활을 하지 못하도록 마귀들이 끊임없이 대적한다는 것을 잘 알 수 있습니다.

한때 복음의 꽃이 피었던 유럽의 많은 나라들의 교회들이 텅텅 비고 있고, 어떤 교회당은 술집이나 모슬렘 사원으로 바뀌고 있습니다. 미국도 한때 대형교회들이 지금은 노인들 몇 십 명이 앉아 있는 교회로 줄어든 교회들이 많습니다. 이는 모두 영적 전쟁에서 패배한 모습들입니다.

우리나라도 큰 교회들의 재정 비리나, 목회자의 타락이 연일 신문 방송에 오르내리는 것 역시 영적 전쟁에서 패배한 패잔병의 비참한 모습입니다. 교회 수가 적었어도 교회가 깨어 있을 때는 세상의 소금이었고 빛이었습니다.

지금 한국교회는 곳곳에서 전쟁에 패하여 신음하고 있는 교회의 모습과 영적인 혼란의 모습이 보이고 있습니다. 이러한 때 우리는 다시 한 번 각성하고 깨어 있어 힘을 써 기도하고, 정신을 차리고 모이기를 힘써야겠습니다.

우리의 말씀 생활, 기도 생활, 전도 생활, 예배 생활, 교제 생활, 가정 생활 등이 전쟁임을 알 때 우리는 우리의 부족한 지식과 연약한 힘으로 마귀를 이길 수 없습니다. 그러하기에 우리는 전능하신 주님의 도우심을 간절히 구해야 할 것입니다. 소그룹이 활성화되고 성도들의 기도가 다시 회복되도록 성령의 도움을 구해야 하겠습니다. 우리 성도들의 순공동체 안에 사랑과 나눔과 기도의 열심히 불붙듯 일어나야 하겠습니다. 이 책이 그런 열정을 일으키는 데 도움이 되기를 간절히 바랍니다.

원고를 정리하신 천상옥 목사님께 감사드리고 쿰란출판사 직원 여러분들과 사장님께 감사드립니다.

2012년 12월 서재에서 이용효

차 례

서 문 / 2

1월 새롭게 시작하자
1. 새 포도주는 새 부대에 (마 9:17) ·············· 9
2. 새 힘으로 살아야 합니다 (사 40:27-31) ············ 17
3. 지금 은혜받을 때입니다 (고후 6:1-2) ················ 28
4. 생각을 바꾸십시오 (엡 3:20-21) ················ 38

2월 예배에 생명을 걸자
1. 절대 가치에 대한 확신 (시 84:1-12) ················ 45
2. 존귀한 날 (사 58:13-14) ······························ 56
3. 그 이름을 부르십시오 (창 4:19-26) ················ 68
4. 당신은 참된 예배자입니까? (요 4:23-24) ········· 78

3월 고난을 딛고 일어서자
1. 환난에서 건져 주십니다 (시 91:14-16) ············ 89
2. 빈 그릇에 채워 주소서 (왕하 4:1-7) ················ 99
3. 기쁨으로 거두리라 (시 126:1-6) ····················· 110
4. 환난 중에 위로하시는 주님 (고후 1:3-9) ········· 121
5. 내 인생 드라마의 감독 (롬 8:26-28) ············· 132

4월 희망을 가지자
1. 부활의 증인 (마 28:1-10) ················· 143
2. 부활의 확신 (눅 24:36-53) ················ 150
3. 예수 부활 나의 부활 (고전 15:35-49) ········ 159
4. 부활의 희망을 향하여 (왕하 5:1-14) ········· 169

5월 가정을 바로 세우자
1. 행복한 가정을 원하십니까? (엡 5:22-33) ······ 178
2. 자녀가 잘되기를 원하십니까? (전 12:9-14) ···· 190
3. 마땅히 행할 길을 가르치라 (잠 22:4-6) ······· 201
4. 축복의 통로가 되라 (막 10:13~16) ············ 212

6월 말을 바꾸자
1. 좋은 날 보기를 원하십니까? (벧전 3:10-11) ···· 223
2. 죽이는 말 살리는 말 (약 3:1-12) ············· 234
3. 말씀을 시인하면 (롬 10:8-13) ················ 246
4. 말씀을 입으로 고백하라 (눅 17:5-6) ·········· 259
5. 믿음의 말을 선포하라 (수 10:6-14) ··········· 271

7월 기도에 불을 붙이자

1. 승리는 나의 것입니다 (시 20:1-9) ·················· 281
2. 기도는 만사를 변화시킵니다 (시 107:1-9) ······ 292
3. 영적 전쟁 (엡 6:10-18) ································· 302
4. 모든 문제 해결(시 91:14-16) ························ 313

9월 구원의 즐거움을 누리자

1. 구원의 즐거움을 누리자 (롬 5:6-11) ·············· 323
2. 이것을 더 기뻐하리라 (마 18:12-14) ············· 334
3. 믿음을 가지십시오 (요 14:1-6) ····················· 344
4. 보화를 발견한 사람 (마 13:44-46) ················ 355
5. 죽음 건너편 (고후 5:1-10) ··························· 364

10월 천하보다 귀한 영혼을 얻자

1. 지상교회의 사명 (마 4:23-25) ······················ 376
2. 어찌 그리 아름다운가 (사 52:7-11) ··············· 388
3. 와서 보라 (요 1:35-49) ································ 398
4. 주라 그리하면 (눅 6:27-38) ························· 408

11월 범사에 감사하는 삶을 살자

1. 감사로 참된 제사를 드립시다 (시 50:8-15) …… 418
2. 잊지 마십시오 (시 103:1-12) …………………… 429
3. 당신의 감사 지수는? (살전 5:16-18) ………… 442
4. 찬양의 능력 (시 96:1-8) ………………………… 451

12월 다시 영성을 회복하자

1. 나를 변화시켜 주소서 (시 51:7-19) …………… 461
2. 심령을 재건하십시오 (느 8:1-12) ……………… 472
3. 부흥을 갈망하십시오 (겔 37:7-14) …………… 482
4. 성탄이 무엇입니까? (사 7:14) ………………… 491
5. 다시 한 번 각성하십시오 (시 39:1-7) ………… 500

1월

1. 새 포도주는 새 부대에 (마 9:17)

신년

　우리는 지금 역사의 또 다른 장을 시작하고 있습니다. 이것은 하나님께서 우리에게 주시는 새로운 축복이자, 새로운 도전입니다. 이 새로운 시간의 시작에서 그저 흘러가는 대로 우리 인생을 방치해서는 안 될 것입니다.
　옛것, 낡은 것, 몹쓸 것, 버릴 것은 과감히 버리고 아픈 일, 실패한 일, 슬픈 일은 모두 잊어버리고, 이제 새로운 마음과 희망을 가지고 새해를 시작합시다. 한 해를 시작하는 기차의 기적 소리가 울리고, 한 해를 알리는 종소리가 울려 퍼졌습니다.
　세계 모든 인류가 공동으로 맞이하는 시간을 크로노스라고 하는데, 이 시간은 역사라는 공간 안에서 계속해서 흘러가는 시간이요, 모두에게 공평하게 주어진 시간을 말합니다.
　반면 또 다른 시간! 일생일대에 하나님께서 내게만 주시는 은혜의 시간이 있는데 이 시간을 카이로스라고 합니다. 고린도후서 6장 2절에 "이르시되 내가 은혜 베풀 때에 너에게 듣고 구원의 날에 너를 도왔다 하셨으니 보라 지금은 은혜 받을 만한 때요 보라 지금은 구원의 날이로다"라고 하신 바로 그때가 기회의 시간, 즉 카이로스의 시간입니다. 이 시간은 주님과 수직적으로 만나는 시간이요, 주님의 은총이 임하는 시간을 말하는 것입니다.

1. 주 예수님을 만나면 누구든지 새로운 피조물이 됩니다(고후 5:17)

유명한 상담가이며 의사인 폴 트루니에라는 분이 있습니다. 그가 지은 책들이 많이 소개되어 많은 사람들이 읽고 도움을 받고 있습니다. 폴 트루니에의 아버지는 목사님입니다. 그는 70세에 트루니에를 낳았습니다. 트루니에가 이 땅에 태어난 지 3개월 만에 아버지가 세상을 떠났습니다. 그리고 트루니에가 6세가 되었을 때 사랑하는 어머니마저 유방암으로 세상을 떠났습니다. 그 결과 트루니에는 6세의 어린 나이에 고아가 되었습니다.

외삼촌 집에서 생활을 하게 되는데 외삼촌은 거친 사냥꾼이었고, 알코올 중독자였습니다. 그는 전혀 따뜻하지 못한 환경에서 성장해야 했습니다. 그는 어린 시절 자신이 자폐증 환자였다고 고백했습니다. 내성적이고 소심하고 활력 없는 삶을 살았다고 합니다.

그러던 그가 16세가 되었을 때, 고등학교에 진학하여 헬라어 선생님인 졸디브아를 만났습니다. 이분은 폴 트루니에를 자신의 집에 초청해서 대화도 하고 책도 빌려 주었습니다. 이러한 과정 속에서 폴 트루니에의 마음이 열리고 자신감을 갖게 되었습니다.

그후 그는 열심히 공부해서 제네바 대학에 입학을 하고, 제네바 대학에서 학생 회장을 지낼 정도로 아주 활달한 성격이 되었습니다. 그 당시 전국 학생회 총연맹 회장에 피선될 정도로 활발한 활동을 했다고 합니다.

고아이며 자폐증 환자인 버려진 인생이 좋은 선생님을 만나 새사람이 되었습니다. 이렇듯 누구를 만나느냐는 얼마나 중요한지 모릅니다. 세상에서 좋은 사람 한 사람만 만나도 내 인생이 변합니다.

삼중고의 고통 속에서 짐승처럼 울부짖던 헬렌 켈러도 앤 설리번이라는 선생님을 만난 뒤 새사람이 되었고, 수많은 사람들에게 희망과 용기를 주는 지도자가 되었습니다.

사람을 잘 만나면 이렇게 인생이 달라집니다. 하물며 예수님을 바로 만나면 인생에 있어 얼마나 놀라운 변화가 일어나겠습니까?

예수님은 우리 인간의 모든 불행을 행복의 조건으로 바꾸어 주신 분입니다. 대표적인 말씀이 이사야 53장 5-6절 말씀입니다. 그리고 시편 103편 1-5절 말씀은 제 신앙고백이기도 합니다.

마귀와 죄가 빼앗아 가버린 모든 것들과 하나님이 주셨던 좋은 선물을 되찾아주신 분이 바로 예수 그리스도이십니다(고후 5:17). 주님은 나의 모든 저주와 불행과 고통을 가져가시고 대신 주님의 생명과 행복과 주님의 나라와 주님의 몸을 나에게 주셨습니다.

그러므로 그분 안에서만 인간 본질이 바뀔 수 있습니다. 그렇기 때문에 예수님 그분이 진정한 행복이요 능력입니다.

성경에 보면, 주님을 만난 모든 사람들이 변화를 받았고 새로운 피조물이 되었습니다. 주님을 만난 사람은 문제를 해결받았고, 새로운 인생을 살게 되었습니다. 주님은 지금도 동일하게 일하십니다(히 13:8).

어거스틴은 탕아였지만 예수님을 영접한 후 거룩한 성자로 변화되었습니다. 5만 번 기도 응답을 받은 것으로 유명한 고아의 아버지 조지 뮬러 목사도 어릴 때 도둑질하고 소년원을 들락거렸던 문제아였지만 예수님을 만나고 변하여 새사람이 되어 위대한 사역자가 되었습니다.

멜 트레더는 알코올 중독자였지만 주님을 만나 시카고의 수많은 알코올 중독자를 주님께로 인도하는 종이 되었습니다. 김익두, 이기풍 같은 분들도 깡패였지만 예수님으로 인하여 성령의 사람이 되어 복음을 전하는 주의 종이 되었습니다.

예수님은 우리의 죄 문제만 해결해 주신 것이 아니라 죄가 가져다주었던 모든 불행으로부터 구원해 주셨습니다(요 10:10; 눅 4:18~19). 주님이 주신 풍성한 삶, 이것이 바로 새 포도주입니다.

2. 우리의 마음을 새롭게 하면 새로운 인생의 길이 열립니다(마 9:17)

새해라고 달라질 것이 무엇입니까? 해 아래 새것은 없습니다. 문제는 우리 마음이 새롭게 되어야 합니다. 은혜를 담을 수 있는 부대가 바로 우리 마음의 자세입니다.

교회에 등록하고 신앙생활을 처음 시작할 때에는 매주일이 기쁘고 신이 나지만 오래 다니다 보면 어느새 그 기쁨이 사라지고 습관적인 마음과 의무감만 남을 수 있습니다. 그러다 보니 중요한 것을 잊어버리고 별 볼일 없는 것을 중요시합니다. 새로운 한 해를 맞이하는 이 시점에서 우리는 다시 한 번 심령을 기경하여 갈아엎을 필요가 있습니다.

잠언 4장 23절에는 "모든 지킬 만한 것 중에 더욱 네 마음을 지키라 생명의 근원이 이에서 남이니라"고 하였습니다.

윌리엄 제임스라는 유명한 심리학자는 이런 말을 했습니다.

"마음을 바꾸라. 그리하면 너의 운명이 달라질 것이다."

그렇습니다. 하나님의 은혜는 준비되어 있는 마음에 부어 주시는 것입니다. 그러므로 우리는 새 부대가 되게 해달라고 기도해야 합니다.

성경 에스겔 36장 26절에는 "또 새 영을 너희 속에 두고 새 마음을 너희에게 주되 너희 육신에서 굳은 마음을 제거하고 부드러운 마음을 줄 것이며"라고 약속하셨습니다. 그러므로 우리는 다윗처럼 "하나님이여 내 속에 정한 마음을 창조하시고 내 안에 정직한 영을 새롭게 하소서"(시 51:10)라고 기도해야 합니다.

새 포도주는 예전에 우리가 경험하지 못한 새로운 은혜요, 새로운 은총입니다. 새 포도주는 새로운 하나님의 신선한 기름 부으심이요, 능력입니다. 새 포도주는 새로운 즐거움, 새로운 기쁨입니다.

안 된다는 고정관념은 낡은 가죽 부대입니다. 할 수 없다는 패배 의식도 낡은 가죽 부대입니다. 이만하면 되었다는 보신주의도 낡은 가죽 부대입니다. 은혜를 사모하지 않는 무성의한 마음도 낡은 가죽부대입니다. 이런 마음에 하나님이 은혜를 주실 수 없습니다.

그러므로 이 시간 우리의 낡은 상념을 다 날려 버리고 새 마음을 달라고 기도하십시오. 새롭게 하시는 주님의 은혜를 구하십시오(롬 12:2). 에베소서 4장 22-24절 말씀처럼 되게 해달라고 기도하십시오.

3. 변화받은 마음은 선한 행동으로 나타납니다

새 마음을 갖는 것은 오직 성령으로 됩니다(삼상 10:6).

성경에서 성령에 대하여 말씀하실 때 '오직'이라고 하신 대목이 많이 나옵니다. 이는 다른 방법으로는 안 된다는 것을 분명히 하신 것입니다.

잠언 3장 6절에 "너는 범사에 그를 인정하라 그리하면 네 길을 지도하시리라"고 하셨습니다. 이 한 해를 주님과 함께, 주님을 의지하면서 시작하시기를 바랍니다.

시편 32편 8절에 "내가 네 갈 길을 가르쳐 보이고 너를 주목하여 훈계하리로다"라고 하셨습니다. 이 한 해 주님의 음성에 귀를 기울이고, 말씀 묵상을 통해 주시는 그 음성을 따라 살면 복된 삶이 열리게 될 것입니다.

주님은 요한복음 8장 12절에서 "나를 따르는 자는 어둠에 다니지 아니하리라"고 하셨습니다. 새 마음을 가진 증거는 주님을 따라 살아가는 것입니다.

그런 의미에서 새해에는 작은 것 하나부터 실천해 보십시오. 행동이 습관을 낳고, 습관이 운명을 바꾼다는 말이 있습니다.

우리 교회가 '음식물 쓰레기 제로 운동'을 하고 있는데 아직 제대로 되지 않습니다. 2년 전 통계 기준을 보면 음식물 쓰레기를 처리하는 데 사용된 비용이 20조라고 합니다. 여기서 우리의 마음과 생활습관을 바꾸면 이 금액이 크게 달라집니다.

하나님께 예배드리기 위해 주님의 전에 오실 때 시간을 지켜 일찍 오셔서 앞자리부터 앉아 보십시오. 유치원 아이들 교육시키는 것 같지만 잘 지켜지지 않고 있습니다. 앉고 일어서는 것은 여러분의 자유이지만 앞자리부터 채워 앉으면 공동체 예배에 은혜를 더할 수 있습니다.

교회당에 오실 때 걸어서 올 수 있는 분들은 운동 삼아 걸어서 오든지 아니면 버스를 타고 오면 원거리 성도들이 수월하게 교회당 지하에 주차할 수 있을 것입니다. 또 기존 성도들이 교회를 처음 방문하는 분들을 위해 섬기는 자세로 일반 도로에 주차해 준다면 주님이 은혜를 더하여 주실 것입니다.

매일 말씀 묵상을 밥 먹는 것처럼 소중하게 생각하고 실천해 보십시오.

새해에는 매일 가정예배를 드리면서 그 가운데 주시는 하나님의 은혜를 간증하고 나눌 수 있기를 바랍니다.

우리는 오래된 굳은 마음을 바꿔야 합니다. 그렇지 않으면 나의 삶에 변화나 축복을 기대하기 어렵습니다. 예수님은 씨 뿌리는 비유와 밭의 비유를 통해 좋은 열매를 맺고 풍성한 열매를 맺기 위해서는 우리 마음이 옥토가 되어야 한다고 하셨습니다. 옥토는 착한 마음이고 순종하는 마음입니다.

새해에 여러분의 마음이 새롭게 변화를 받아 새 부대가 되고 새 포도주를 담는 역사가 일어나기를 바랍니다.

 나눔

1. 성령과 말씀을 통해 마음이 새롭게 변화되기를 원하는 마음이 있습니까? 그렇다면 구체적으로 어떻게 변화되기를 원하는지 서로 나누어 보십시오.

2. 과거에 주님을 만나 성령 충만했던 경험이 있습니까? 그렇다면 지금은 어떠합니까? 주님께서 당신의 마음을 변화시켜 주시기를 열망하고 있는지 말씀해 보십시오.

3. 이제 본문 말씀을 붙잡고 새 마음을 주시도록 합심하여 간절히 기도합시다.

2. 새 힘으로 살아야 합니다 (사 40:27-31)

신년

신앙에는 3단계가 있습니다.

첫째, 듣는 단계입니다.
교회에 와서 설교를 듣고 성경공부 시간에 인도자를 통해 배움으로 하나님을 알아가는 단계입니다. 그러나 여기서 머물러 있을 것이 아니라 그다음 단계로 올라가야 합니다.

둘째, 체험 단계입니다.
말로만 듣던 하나님을 실제적으로 체험하는 것입니다. 내 삶 속에서 인격적인 하나님을 만나 눈물 흘리고 감격하는 은혜의 단계가 있어야 합니다. 야곱은 벧엘에서 말로만 듣던 하나님, 귀로 들어서 지식으로만 알고 있던 하나님을 전인격적으로 만나는 체험을 하게 되었습니다. 욥도 체험 후 "내가 주께 대하여 귀로 듣기만 하였사오나 이제는 눈으로 주를 뵈옵나이다" (욥 42:5)라고 고백했습니다.

셋째, 성령 충만의 단계입니다.

체험은 좋은 것이지만 이것도 한없이 오래간다고 볼 수는 없습니다. 그래서 우리는 매일매일 삶 속에서 공급하시는 새 힘이 필요합니다. 올 한 해 승리의 삶을 살고, 내 인생에 진정 행복한 삶, 능력의 삶을 기대한다면 우리는 하나님으로부터 나오는 성령의 기름 부으심을 경험하며 살아야 합니다. 본문에서는 이것을 새 힘이라고 표현했습니다.

1. 새 힘을 공급받지 못하면 낙심과 좌절의 인생이 됩니다 (27절)

"야곱아 어찌하여 네가 말하며 이스라엘아 네가 이르기를 내 길은 여호와께 숨겨졌으며 내 송사는 내 하나님에게서 벗어난다 하느냐"(27절)

이스라엘 백성들이 자기들의 인생에 있어 보이지 않는다고 말합니다. 그들 스스로 부정적 사고로 인하여 인생의 활기를 잃어버렸습니다. 그들은 하나님을 믿는다고 하면서도 실상은 그 삶 속에 하나님의 도우심과 인도하심을 믿지 못하고 있는 것입니다. 그들은 자신들이 하나님께 올려드리는 억울한 사정과 모든 기도를 하나님이 외면하신다고 생각하고 있습니다. 그리스도인들 중에도 이런 사람들이 있습니다.

이들이 범하는 잘못은 자기 힘으로 인생을 계획하고 자기 힘으로 무엇인가를 이루어 보려는 것 때문에 하나님의 전능하심을 경험하지 못하는 것입니다.

이 세상에는 많은 돈을 투자하여 자녀교육에 열심을 내는 사람들이 많습니다. 지식은 때에 따라 대단한 힘이 될 수 있습니다. 그러나 많은 지식을 가졌어도 번민과 갈등으로 불행한 삶을 사는 사람들이 우리 주변에 너무나 많습니다. 돈의 힘도 대단합니다. 돈을 가지면 권력도 살 수 있고 사람도 살 수 있는 세상입니다. 그러나 돈을 가지고도 불행한 인생을 사는 사람들도 많습니다.

권력의 힘, 군사력, 과학의 힘, 정보의 힘은 대단합니다. 현대는 디지털 정보 혁명 시대로 무한경쟁을 통한 정보력이 성패를 좌우한다고 말합니다. 정신력 또한 대단합니다. 세상 사람들도 '정신일도 하사불성'(精神一到何事不成)이라고 하여 정신을 한곳으로 집중하면 이루지 못할 일이 없다고 합니다. 하지만 이런 힘을 가진 사람들도 한순간에 무너지고 실패한 인생이 되는 것은 우리 인간의 힘은 한계가 있기 때문입니다.

그런데 환경을 초월하는 힘이 있습니다. 그것은 하나님께서 우리 마음과 영혼에 부어 주시는 새 힘, 즉 영력입니다. 이 힘이 한 개인에게 임하면 개인이 변화되고, 가정과 지역과 나라와 민족이 변하는 역사가 일어납니다.

이 새 힘을 받으려면 하나님을 바로 아는 지식을 가져야 합니다. 성경은 여호와를 경외하는 것이 지혜의 근본이요, 하나님을 아는 것이 명철이라고 하였으며, 내 백성이 지식이 없어 망한다고 했습니다.

본문에는 믿음의 병이 들어 패배감과 절망감에 빠져 있는 백성들에게 이사야를 통해 들려주시는 희망과 소망의 메시지가 있습니다. 그것은 바로 새 힘을 주셔서 승리의 삶을 살게 해주시겠다는 말씀입니다.

그렇다면 새 힘과 승리의 삶은 어디로부터 오는 것일까요?

2. 영원하신 창조주 하나님을 알고 그분을 만나야만 합니다
(28절)

"너는 알지 못하였느냐 듣지 못하였느냐 영원하신 하나님 여호와, 땅 끝까지 창조하신 이는 피곤하지 않으시며 곤비하지 않으시며 명철이 한이 없으시며"(28절)

과학자들은 우주가 영원히 존재하는 것이 아니라는 것을 밝혀냈습니다. 지금도 별들 중에는 사명을 다하고 사라지는 것들이 있는가 하면 새로 생성되는 별들도 있다고 합니다. 성경은 이미 오래 전에 이 사실을 기록하여 알려 주고 있습니다.

요한계시록 21장 1절에 보면 "또 내가 새 하늘과 새 땅을 보니 처음 하늘과 처음 땅이 없어졌고 바다도 다시 있지 않더라"라고 하였고, 베드로후서 3장 10절에는 "그러나 주의 날이 도둑같이 오리니 그 날에는 하늘이 큰 소리로 떠나가고 물질이 뜨거운 불에 풀어지고 땅과 그중에 있는 모든 일이 드러나리로다"라고 말씀하심으로 영원히 있을 것 같은 은하계도 언젠가는 사라질 것이라고 하였습니다.

이 세상 모든 것이 영원하지 않습니다. 오직 하나님만이 영원하십니다. 주님만이 시간의 영향을 전혀 받지 않는 분이십니다. 처음 상태 그대로 영원하시고 변함이 없으신 분, 바로 그분이 하나님이십니다. 영원한 분이 나의 아버지라는 것, 이것이 우리 인생에게 가장 큰 희망입니다.

"너는 알지 못하였느냐 듣지 못하였느냐 영원하신 하나님 여호와, 땅 끝까지 창조하신 이"가 반복적으로 알지 못했느냐고, 듣지 못했느냐고 물으십니다.

이들은 여호와에 대하여 많이 듣고 그분에 대하여 알아왔습니다. 그렇지만 많이 듣는다고 해서 하나님을 아는 것은 아닙니다. 아는 것은 그분을 내가 실제적으로 경험하는 것입니다. 내 인생에서 만남을 통해 하나님을 직접 체험하는 것을 말합니다.

그렇습니다. 새 힘의 능력은 창조주 하나님을 만나는 것입니다. 어떤 분은 감옥에 들어가서 주님을 만나기도 하고, 어떤 분은 사업에 실패하여 주님을 만나기도 하며, 어떤 분은 병들어 병원에서 주님을 체험하고, 어떤 분은 사람으로부터 배신당하여 눈물 흘릴 때 주님을 만나기도 합니다.

나의 인생길에서 절대적 주권을 가지고 행하시는 분은 창조주 하나님이십니다. 큰 힘과 능력으로 나를 도와주셔서 복된 삶이 되게 하시는 분이 바로 하나님이십니다. 그러므로 인생 승리의 길은 전적으로 하나님의 도우심밖에 없다는 것을 믿으시기 바랍니다.

3. 하나님은 피곤한 자들과 무능한 자들에게 능력을 주십니다(29절)

"피곤한 자에게는 능력을 주시며 무능한 자에게는 힘을 더

하시나니 소년이라도 피곤하며 장정이라도 넘어지며 쓰러지되"(29-30절).

현대인들은 모두 피곤을 호소하고 있습니다. 많은 정보가 쏟아져 나오지만 인간은 그런 정보만을 담는 기계가 아니기에 오히려 더 피곤해합니다. 유치원생들도 피곤해하고 가정주부, 직장인들도 모두 피곤해합니다.

이명박 대통령은 피곤할 때 쌀밥에 계란 하나를 깨 넣어 참기름과 비벼서 먹으면 피곤이 물러가고 거뜬해진다고 하였습니다만 모든 사람이 다 그런 것은 아닐 것입니다.

TV에서 아로나민, 컨디션, 박카스 등 드링크제 광고하는 것을 보면 한 병을 사서 마시면 금방 힘이 날 것 같지만, 두 병을 마셔도 피곤이 풀리지 않고 오히려 잠을 방해하는 경우가 많습니다.

아무리 젊은 사람이라도 피곤한 인생이라는 것을 부인할 수 없습니다. 내가 내 인생을 운전해 가면 피곤한 인생이 될 수밖에 없습니다.

서울시 여성가족재단이 서울 시내 초·중·고교생 1,750명을 대상으로 조사한 바에 의하면, 중학생은 42.8%가, 고등학생은 35.5%가 '자살을 생각해 본 적이 있다'고 답했고, 그 원인은 35% 가량이 '학교 성적 때문'이라고 했습니다. 공부로 인해 학생들이 피곤을 호소합니다. 그래서 본문에는 소년이라도 피곤하며 장정이라도 쓰러진다고 하였습니다.

직장인들은 직장에서 스트레스가 이만저만이 아닙니다. 상사로부터 폭언을 듣는 것은 예사고 업무 실적 평가에 대한 스트레스도만만치 않습니다. 거기에다 일을 끝내고 마시는 술이 더욱 피곤을 부채질합니다. 사업하는 분들도 피가 마르는 전쟁을 하고 있습니다. 가정주부도 피곤을 호소하고 있습니다. 우리 가운데 이렇게 힘들고 지친 인생 살기를 원하는 사람은 아무도 없을 것입니다.

영원하신 하나님을 알지 못하고 창조주 하나님을 경험하지 못한 소년과 장정은 피곤하고 넘어지고 쓰러집니다. 이것이 이 땅에서의 인간의 한계입니다. 그러나 나를 만드시고, 나를 사용하시기를 원하시는 하나님 앞에 나의 모든 것을 내려놓고 하나님을 신뢰하고 믿음으로 나아가는 사람들에게 하나님은 힘을 더하여 주신다고 하였습니다.

주님께서는 이 땅에 오셔서 이런 자들을 고치시고 이런 자들에게 새 힘을 주셨습니다(눅 4:18-19; 행 10:38).

유명한 음악가 헨델은 57세가 되었을 때 재정이 바닥나고 파탄에 이르러 우울증 환자가 되었습니다. 그러자 많은 사람들이 등을 돌리고 그를 떠나가며 그를 멸시하기 시작했습니다. 영국 언론은 그를 '멍청한 독일 놈'이라고 조롱했습니다. 모두가 그의 곁을 떠나가고, 갈 길도 살 길도 없었습니다.

그는 하나님 앞으로 나아갔습니다. 눈물로 하나님을 찾았습니다. 3주간 금식하며 두문불출하면서 하나님의 이름을 부르는 가운데 그는 놀라운 은혜를 체험했습니다. 하늘이 열리고 하늘의 영광을 보았습니다. 그는 큰 은혜를 체험하고 작곡하고 작사했습니다. 거기서 나온 것이 유명한 헨델의 "메시아"입니다.

4. 우리 모두는 하나님을 앙망해야 합니다(31절)

"오직 여호와를 앙망하는 자는 새 힘을 얻으리니 독수리가 날개 치며 올라감 같을 것이요 달음박질하여도 곤비하지 아니하겠고 걸어가도 피곤하지 아니하리로다"(31절)

정말 중요한 것은 영원하신 하나님을 알고 창조주 하나님을 알았다면 이제는 이 하나님을 앙망하는 것입니다. '앙망' 이라는 말은 히브리어로 '코에' 인데 '기다린다, 찾는다, 바란다' 는 뜻을 가진 말입니다. 기다린다는 것은 말씀을 묵상하는 것이고, 찾는다는 것은 기도하는 것이고, 바란다는 것은 사모하고 갈망하는 것을 의미합니다.

여기서 우리가 알아야 할 것은, 우리 하나님은 영원한 하나님이시요, 창조주 하나님이시요, 명철이 한이 없는 하나님이시지만 우리가 이러한 하나님을 믿음으로 앙망할 때 비로소 새 힘을 주신다는 것입니다.

독수리가 땅에서 하늘 위로 날아오를 때 가장 많은 에너지가 소모된다고 합니다. 마치 비행기가 이륙할 때 가장 많은 기름을 소비하는 것과 같은 이치입니다. 그러나 비행기가 이륙한 후에는 아주 편안한 비행이 되는 것처럼, 독수리가 날개 치며 올라갈 때 거기에 강력한 에너지가 집중되어야 하지만 일단 공중에 올라가면 날개를 펴고 유유히 공기의 흐름을 타면서 사냥도 하고 즐기기도 합니다.

우리도 쓰러져 있을 때나 낙심해 있을 때 올라갈 힘이 필요합니다. 이럴 때 힘을 얻을 수 있는 길은 오직 주님을 앙망하는 것뿐입니다.

나에게 가장 필요한 능력, 새 힘을 하나님이 주신다는 것입니다. 실패와 좌절 가운데 인생의 희망을 잃어버리고 있을 때, 다시 일어서야 할 그때 즉 가장 많은 에너지를 소비해야 할 때 하나님은 새 힘을 주신다고 약속하셨습니다. 하늘을 향하여 비상할 수 있는 이 힘은 오직 하나님만이 주시는 것입니다.

이 약속을 믿으십시오. 절대로 포기하지 마십시오. 하나님이 주실 때까지 간절히 찾고 기다리며 끝까지 바라보시기 바랍니다. 하나님은 이런 자들에게 반드시 새 힘을 주십니다(대하 16:9; 렘 33:2-3).

19세기 최고의 시인 롱펠로는 인생에서 쓰라린 체험을 한 사람입니다. 그의 아내는 오랫동안 앓다가 죽었고, 재혼한 아내마저 몇 년 안 되어 부엌에서 화상을 입고 앓다가 세상을 떠났습니다.

롱펠로가 75세가 되어 임종이 가까웠을 때 한 기자가 물었습니다. "선생님은 두 부인과의 사별뿐 아니라 많은 고난을 겪으며 살아오신 것으로 아는데, 그런 환경에서 어떻게 그토록 아름다운 시를 쓰실 수 있었습니까?" 그 질문에 롱펠로는 마당의 사과나무를 가리키며 말했습니다.

"저 사과나무는 몹시 늙었습니다. 그러나 해마다 꽃이 피고 열매가 맺힙니다. 옛 가지에서 새 가지가 조금씩 나오기 때문입니다. 나도 생명의 주 예수 그리스도께 새 생명을 공급받아 인생의 새로운 꽃을 피우고 열매를 맺으면서 살아올 수가 있었습니다."

하나님의 한량없는 은혜는 한 번 받고 마는 것이 아닙니다. 야곱은 벧엘에서도 받았고, 얍복 나루터에서도 받았고, 세겜에서도 받았습니다. 그는 생애 가운데 계속 부어 주시는 하나님의 은혜를 받고 그 힘으로 살았습니다.

　인생의 어떤 고통과 환난과 역경과 시련을 만날지라도 주님의 은혜만 있으면 우리는 망하지 않습니다. 올 한 해에 어떤 일이 벌어질지 우리는 알 수 없고, 내일 일이 어떻게 전개될지 알 수 없지만, 우리가 하나님의 은혜를 체험하고 주님이 나와 함께하심을 믿는 임재의 확신 속에 살아간다면 반드시 승리할 줄 믿습니다.

 나눔

1. 인생의 어려운 문제를 만나 하나님에 대하여 오해한 경험이 있습니까? 그런 자리에서 하나님을 찾아 새 힘을 얻은 경험이 있다면 서로 나누어 보십시오.

2. 새 힘을 얻기 위해서는 하나님을 앙망해야 합니다. 당신이 하나님을 앙망하기로 결심한 그 마음을 고백해 보시고, 구체적으로 어떻게 할지 서로 나누어 보십시오.

3. 본문 말씀을 붙잡고 하나님이 주시는 새 힘을 얻기 위해 합심하여 간절히 기도하십시오.

3. 지금은 은혜받을 때입니다 (고후 6:1-2)

신년

'은혜'라는 말은 그리스도인들이 제일 많이 쓰는 말 중에 하나입니다. '은혜'는 헬라어로 '카리스'라고 하는데, '하나님의 호의' 혹은 '친절, 자비, 선물'이라는 뜻입니다. 신약에 와서 바울 사도가 그의 서신에서 88회 사용하였고, 다른 성경까지 합치면 신약에서 128회나 기록되었습니다.

오래전에 휴가를 마치고 승합차를 타고 서울로 돌아오던 중 대관령 고개에서 자동차 기름이 떨어져 큰 사고를 당할 뻔하였고, 가족 전체가 어려움을 겪었던 경험이 있습니다. 아무리 성능이 좋은 자동차라도 기름이 떨어지면 무용지물이요, 값비싼 자동차나 방금 공장에서 출고된 새 자동차라도 기름이 떨어지면 제자리에 서야 하고 한 발자국도 움직일 수 없습니다.

은혜는 마치 기름과 같습니다. 밤 같은 인생길에서 한 번도 가보지 않은 내일 길을 은혜 없이 갈 수 있겠습니까? 아무리 재능이 많고 훌륭한 사람도 하나님의 은혜가 없으면 불행하고 실패한 인생일 수밖에 없습니다.

1. 하나님의 은혜는 무엇입니까?

1) 일반적으로 주시는 은혜가 있습니다.

이 은혜는 신자나 불신자나, 악인이나 선인이나 할 것 없이 누구에게나 주시는 은혜입니다. 그렇지만 이 은혜는 깨닫지 못하면 은혜가 될 수 없습니다. 물고기가 물 속에서 살면서도 물이 무엇인지 모르듯이 세상 사람들은 살아가는 데 필요한 모든 것이 하나님이 주신 은혜임을 알지 못하고 있습니다.

공기와 물과 태양도 하나님이 거저 주시는 은혜입니다. 그것들이 없다면 우리는 몇 분도 살 수 없을 것입니다. 호흡할 수 있다는 것도 은혜입니다. 제가 알던 목사님이 병원에 입원하여 폐농증으로 수술하여 사경을 헤매다 저를 보고는 라면 한 젓가락도 하나님의 은혜라고 하였습니다.

사도 바울은, 나의 나 된 것은 하나님의 은혜라고 하였습니다.

2) 믿는 자에게 주시는 구원의 은혜가 있습니다.

이 은혜는 너무 커서 우리가 다 측량할 수 없는 은혜입니다. 이것은 우리 지식으로 헤아려 설명할 수 없는 은혜입니다.

첫째, 성부 하나님께서 우리를 택하여 주신 은혜가 있습니다(엡 1:4).

우리가 하나님을 택한 것 같지만 성경은 아니라고 말씀하고 있습니다. 예수님께서는 "너희가 나를 택한 것이 아니요 내가 너희를 택하여 세웠다"라고 하셨으며, "아버지께서 내게로 이끌지 아니하면 내게 올 자가 없다"라고 하셨습니다. 임금이 나를 택하여 주신 것도 감개무량해서 충성하는데, 우주의 왕 되신 하나님께서 창세 전에 나를 택하여 주셨으니 이것이 크신 은혜입니다.

둘째, 성자 예수님께서 피로 나를 구속하신 은혜입니다(엡 1:7).
"현대판 노예살이"라는 제목의 영상을 보았습니다. 사람들의 제보로 방송국 직원들이 취재를 해 보니 정신적으로 미성숙한 김 씨라는 분을 악독한 사람이 자기 종으로 부리고 몸이 아파 일을 쉬면 매질을 하고 10년 이상 그 집에서 짐승처럼 일하는 것을 보고 이웃이 제보하였습니다. 그를 구출하여 병원에 입원시키고 목욕을 시킨 뒤 옷을 입히고 편안한 잠자리를 제공해 주어도 두려워하고 불안해합니다. 밥을 주자 밥그릇을 가지고 돌아서서 밥을 먹습니다. 속아서 살아왔기 때문입니다.

우리는 마귀와 죄의 노예가 되어 살았습니다. 하나님과 나를 잃어버리고, 삶의 목적과 가치도 모른 채 우연히 존재하는 진화된 동물로 알고 속아 살아 왔습니다.

그런데 하나님의 아들이 인간으로 이 땅에 오셔서 나를 구원하기 위하여 십자가에 못 박혀 살을 찢고 피를 쏟아 속죄 제물이 되심으로 나를 죄와 저주에서 해방하사 자유를 주셨고, 지옥의 멸망에서 구원해 주셨습니다. 이 은혜가 너무나 귀하고 중합니다.

셋째, 성령께서 아버지의 놀라운 사랑과 예수 그리스도의 십자가의 은혜를 우리에게 알게 해주시고 믿게 해주신 은혜입니다(엡 1:13).
우리 모두는 죄인으로 태어나 무수한 죄를 지은 지옥 갈 사람들입니다. 하나님의 심판대 앞에 의롭다고 말할 수 있는 사람이 누구입니까? 그렇지만 십자가 사건 이후로 사람들이 죄인이라서 지옥 가는 것이 아니라, 예수님이 십자가에서 치르신 속죄의 은혜를 믿지 않아서 지옥 가는 것입니다. 그런데 믿어지는 것은 성령이 나에게 도장을 치신 은혜입니다.

3) 믿는 자들에게 계속하여 공급해 주시는 은혜가 있습니다.

"우리 주 예수 그리스도를 변함없이 사랑하는 모든 자들에게 은혜가 있을지어다"(엡 6:24)

험한 세상을 살아가는 우리를 성령과 말씀으로 위로해 주시고, 지치고 곤하여 넘어질 때 힘 주시고 붙들어 주시는 은혜입니다. 신자에게 사명을 감당하도록 은사와 능력 주시고, 마귀의 유혹을 이길 수 있도록 지혜와 담대함을 주시어 승리케 하시는 은혜입니다. 질병에서 치유해 주시고, 타락한 자리에서 새롭게 회복시켜 주시는 은혜입니다. 무엇보다도 마음을 새롭게 하여 기쁨과 감사가 넘치게 하시고, 삶을 긍정적으로 보게 하시며, 적극적이고 능동적인 삶을 살도록 항상 도와주시는 은혜입니다.

2. 이런 하나님의 은혜를 헛되이 받으면 안 됩니다

하나님의 은혜를 헛되이 받지 말라는 말씀의 뜻은 구원의 은혜가 실로 크고 중한데도 불구하고 이 은혜를 잊어버리고 은혜의 감동을 상실한 채 살아가는 사람들에게 회복을 촉구하는 말씀입니다. 그러므로 우리는 항상 구원의 은혜에 젖어 살고 구원의 감격 속에 살아야 합니다. 우리가 자주 부르는 찬송가 가사처럼 은혜는 날로 더욱 귀해야 합니다.

3. 은혜받을 때는 지금입니다

흘러간 물로는 물레방아를 돌릴 수 없다는 말처럼 과거에 받았던 은혜는 과거로 지나갔고, 미래는 아직 우리의 시간이 아닙니다. 그러므로 지금은 은혜를 받아야 합니다. 성경에는 우리를 위하여 쌓아 두신 은혜가 있다고 기록되어 있습니다. 에베소서 1장 7절에는 풍성한 은혜가 있다고 했고, 히브리서 4장 16절에는 때를 따라 돕기 위하여 베푸시는 은혜가 있다고 말씀하고 있습니다.

'지금'이란 말은 카이로스라는 단어를 썼는데, 이것은 크로노스라는 물리적 시간을 말하는 것이 아니라 결정적인 시간, 즉 나에게 주어진 현재를 말합니다.

몇 년 전에 인천 호프집에 화재가 나서 여고생 수십 명이 불에 타 죽었습니다. 그때 한 여고 3학년 학생이 그 화재 사고가 나기 며칠 전에 어머니에게 교회에 열심히 나가겠다고 약속했습니다. 그런데 그날 친구를 만나서 하필이면 난생 처음 호프집에 가서 그런 참변을 당했습니다. 새삼 느끼는 것은, 인간의 때는 늘 준비되어 있지 않다는 것입니다. 우리는 내일 일을 자랑할 수 없습니다. 내일 어떻게 될지 알 수 없습니다. 우리의 때는 지금입니다. 그러므로 지금 은혜받아야 합니다.

4. 은혜를 받으면 어떻게 됩니까?

1) 은혜가 임하면 나 자신을 봅니다.
은혜가 임하면 다른 사람의 허물을 보지 않습니다. 소위 성령받았다고 하는 사람들이 다른 사람의 죄를 책망하고 날카롭게 비판한다면 문제가 있습니다. 은혜받으면 받을수록 자신의 부족한 점과 잘못을 보고 늘 회개하고 고치는 생활을 하게 됩니다.

2) 은혜가 임하면 기도의 문이 열립니다.
은혜가 임하면 5분도 기도를 못 하시던 분들이 샘솟듯 기도가 터지고, 물 흐르듯 막힘 없이 기도가 되고, 무시로 기도하게 됩니다. 그러나 은혜가 떨어지면 전에 기도하던 분들도 기도가 귀찮아지고, 기도가 힘들어집니다. 은혜의 도수와 기도의 도수는 정비례합니다.

3) 은혜가 임하면 말씀이 달게 느껴집니다.
머리로만 믿는 신앙이 아니고 실제로 하나님의 말씀이 송이 꿀보다 더 달게 느껴집니다. 말씀을 들을 때 그 말씀이 얼마나 은혜가 되는지 모릅니다. 그리고 말씀이 내게 능력이 되고, 축복이 되고, 현실에서 기적처럼 이루어지는 것을 보게 됩니다.

4) 은혜가 임하면 감사와 기쁨이 넘치고 행복합니다.
남들이 볼 때 고난이 있고, 문제가 많은 것 같고, 돈이 없고, 사업이 안 되고, 몸이 병들어도 은혜가 임하면 행복한 것입니다. 오래전에 어떤 분이 "목사님! 지난 세월을 돌아보니 은혜 받을 때가 가장 행복했습니다"라고 했습니다. 옳은 말입니다. 은혜 받고 사는 삶이 곧 천국입니다.

5) 은혜가 임하면 성품이 아름답게 변합니다.
은혜 받았다고 하면서 괴팍스럽고, 사람들과의 관계가 막히고, 교만하면 은혜 받은 것이 아닙니다. 은혜 받으면 그리스도의 성품으로 변합니다.

6) 은혜가 임하면 권능이 주어집니다.
'카리스마타', 즉 은사가 오는 것입니다. 전도할 수 있는 능력, 봉사할 수 있는 능력, 충성할 수 있는 능력이 임하므로 교회 활동이 힘들지 않고 즐겁습니다. 고무 보트와 요트의 예를 들 수 있습니다. 노를 저어 바다를 항해하는 보트는 한 시간도 힘들지만 바람의 힘으로 가는 요트는 태평양도 횡단할 수 있습니다. 우리에게 은혜가 임하면 불가능한 일도 가능해집니다.

7) 은혜가 임하면 형통하게 됩니다.
에스겔 47장 1-12절에 성전 문지방에서 생수가 흘러나와 강을 이루어 그 물이 흘러가는 곳마다 죽었던 개펄과 바다가 살고, 오곡백과가 풍성하고, 어족이 풍족하고 번성하는 역사가 일어납니다.
요한복음 10장 9절에 예수 그리스도가 곧 생명수의 강이 흘러오는 문이라고 하셨고, 4장 14절에 내가 주는 물을 마시는 자는 영원토록 목마르지 않는다고 하셨으며, 요한복음 7장 38절에는 생수의 강이 흘러나오리라고 하셨습니다.

며칠 전 아프리카 대륙에 있는 에티오피아에 대한 영상을 보았습니다. 비가 오지 않아 산에서부터 흘러오는 물줄기가 끊어져 호수가 말라 식수도 없고 농업 용수도 없어 많은 사람들이 고통을 겪는 것을 보았습니다.

어려운 문제를 만났나요? 마음이 답답한가요? 고여 있는 물은 썩어 버립니다. 사해처럼 흘러가지 않는 물은 죽어 버립니다.

주님으로부터 흘러나오는 은혜의 물을 공급받아야만 형통합니다. 어려운 문제가 해결될 것입니다. 답답한 마음이 탁 트일 것입니다. 모든 것을 치유하고 모든 것을 살리는 것은 주님의 은혜입니다.

5. 어떻게 은혜를 받습니까?

1) 하나님의 은혜는 회개하는 자에게 주어집니다.

예레미야 5장 25절에 "너희 허물이 이러한 일들을 물리쳤고 너희 죄가 너희로부터 좋은 것을 막았느니라"라고 했습니다. 하나님과 나 사이를 이런 죄와 생활의 나쁜 습관들이 가리지 않도록 해야 합니다.

2) 하나님의 은혜는 겸손한 자에게 주어집니다.

잠언 3장 34절에 "진실로 그는 거만한 자를 비웃으시며 겸손한 자에게 은혜를 베푸시나니"라고 했고, 야고보서 4장 6절에 "하나님이 교만한 자를 물리치시고 겸손한 자에게 은혜를 주신다 하였느니라"고 했습니다.

사도행전 10장의 고넬료는 로마 제국의 고급 장교지만 그들이 지배하는 식민지 나라의 어부 출신에다 무학자였던 베드로를 하나님의 종으로 알고 그 앞에 엎드려 절을 하였습니다. 그가 가족과 종들과 친구들이 보는 앞에서 겸손히 무릎을 꿇고 큰절을 올리며 "우리가 하나님 앞에 있나이다"라고 하자 하나님이 고넬료를 보시고 그 모인 무리에게 성령을 부으시고 큰 은혜를 베풀어 주셨습니다.

3) 하나님의 은혜는 말씀을 통하여 주어집니다.
　연세 드신 분들은 콩나물이 어떻게 자라는지 아실 것입니다. 깨끗이 씻은 콩을 약 두 시간 정도 물에 불립니다. 건진 후 그릇 또는 바구니 등에 얇게 깔고 그후 콩이 마르지 않게 항상 수분이 축축히 유지되게 물을 수시로 부어 줍니다. 3일 정도 지나면 싹이 트기 시작합니다. 싹이 난 후 콩나물시루나 기타 용기에 옮기고 물을 자주 부어 줍니다. 일주일 후면 콩나물을 뽑아 먹을 수 있습니다.
　마찬가지로 우리도 매일 말씀을 묵상하고, 그 말씀을 붙잡고 기도할 때 하나님의 은혜가 임하게 되는 것입니다.

4) 하나님의 은혜는 사모하는 자가 받습니다.
　사도 바울은 고린도후서 6장 12절에서 마음이 좁아져서 은혜를 받지 못한다고 지적하면서 고린도후서 6장 13절에 "너희도 마음을 넓히라"고 했습니다. 시편 81편 10절에 "네 입을 크게 열라 내가 채우리라"고 하셨습니다. 입을 벌리고 다니라는 말씀이 아니라 사모하는 마음을 가지라는 말씀입니다.
　다윗은 큰 임금이었지만 하나님의 은혜를 사모했습니다. 밤중에도 일어나서 은혜를 사모하고, 새벽에도 하나님의 은혜를 사모했습니다. 두 손 들고 기도하며 은혜를 사모했습니다. 그것이 시편입니다.

우리는 늘 은혜의 통로가 막히지 않도록 해야 합니다. 항상 우리 자신의 영적 건강과 자녀의 영적 건강을 지켜야 합니다. 은혜 생활에서 벗어나면 안 됩니다. 은혜의 길에서 떠나면 안 됩니다. 멀어지면 안 됩니다. 지금 회복해야만 합니다.

1. 나에게 주신 하나님의 은혜를 서로 나누어 보십시오.

2. 지금도 나에게 계속하여 공급하시는 은혜를 받기 위해 어떤 자세를 가져야 하는지 서로 나누어 보십시오.

3. 본문 말씀을 붙잡고 은혜를 사모하며 서로 합심하여 간절히 기도하십시오.

4. 생각을 바꾸십시오 (엡 3:20-21)

신년

철학자 파스칼은 우리 인간을 생각하는 갈대라고 했습니다. 과연 인간은 갈대같이 연약한 존재입니다. 높은 데서 떨어지면 다치거나 죽고, 물 속에 빠져들면 죽습니다. 음식도 조심해서 먹어야 하고, 기온의 변화에도 민감하게 반응하고, 눈에 보이지 않는 세균 앞에 쓰러져 병들어 신음하고, 작은 어려움을 견디지 못하여 목숨을 끊는 사람들도 있습니다.

이처럼 인생이 갈대인 것만은 분명하지만 생각하는 갈대입니다.

1. 생각은 현실에 큰 능력을 만들어냅니다

커피만 마시면 쉽게 잠을 이루지 못하는 사람들이 있습니다. 그 사람들을 대상으로 실험을 해보았습니다. 커피에서 카페인 성분을 빼고 마시게 한 것입니다. 물론 실험 대상으로 모인 사람에게는 비밀로 하였습니다. 그 사람들은 커피를 마시고 그날 밤에도 잠이 오지 않아 힘들어했습니다. 커피를 마셨으니 이제 잠을 이루지 못하겠구나 하고 생각하였기 때문입니다.

그다음에 우유에다 카페인을 타서 마시게 했습니다. 그런데 카페인을 탄 우유를 마시고는 쉽게 잠들었습니다. 이것은 생각이 우리의 육체적, 정신적 건강에 큰 영향을 미친다는 것을 보여주는 실험입니다.

독일이 제2차 세계대전 때 사형수들을 상대로 실험을 한 내용입니다. 사형수를 의자에 묶어 놓고 몸에서 피를 빼내는 실험이었습니다. 사람의 몸에서 어느 정도 피가 빠져나가면 죽는가 하는 실험이었습니다. 다른 방의 유리창 너머로 다른 사형수들이 그 광경을 보게 하였습니다. 호스를 통해 피가 빠져나가는 것을 보고 군의관이 카운트다운하며 시간을 체크하고 있었습니다. 이윽고 몇 분 후에 피를 뺀 사람이 쓰러져 죽었습니다. 그 광경을 유리창 너머로 지켜보고 있던 사람들이 크게 두려워하였습니다. 이번에는 지켜보던 사람들 중에서 한 사람을 데리고 밀실에 가서 눈을 가린 몸에 주사기를 꽂은 다음 피를 뽑는 듯이 말을 하였지만 사실은 피를 뽑지 않았는데도 그 사람은 자기 몸에서 피가 빠져나간다는 두려움 때문에 결국 죽고 맙니다.

2. 그러므로 우리는 나쁜 생각을 버려야 합니다

본문 말씀에도 우리의 온갖 구하는 것이나 생각하는 것에 더 넘치도록 능히 하신다고 했습니다. 하나님을 향하여 긍정적인 생각과 생산적이고 창조적인 생각을 가지고 있으면 하나님이 그 사람에게 축복으로 역사하시지만 하나님에 대하여 부정적인 생각, 불신앙, 불순종의 생각, 나쁜 생각, 악한 생각을 품고 있으면 마귀가 역사하는 것입니다.

로마서 8장 6절에 "육신의 생각은 사망이요 영의 생각은 생명과 평안이니라"고 말씀하셨고, 이사야 55장 7절에도 "악인은 그의 길을, 불의한 자는 그의 생각을 버리고 여호와께로 돌아오라 그리하면 그가 긍휼히 여기시리라"고 했습니다.

악한 사람은 언제나 악한 생각을 합니다. 간음하는 자나 호색하는 자는 음란한 생각을 하게 되어 있고, 도둑은 언제나 탐욕에 잡혀 있으며, 폭력을 행사하는 사람은 미움과 분노의 생각을 가지고 있고, 교만한 사람은 교만한 생각을 가지고 있습니다.

'회개'란 말의 헬라어 '메타노이아'는 생각의 방향을 바꾼다는 뜻입니다.

성경에 "땅이여 들으라 내가 이 백성에게 재앙을 내리리니 이것이 그들의 생각의 결과라 그들이 내 말을 듣지 아니하며 내 율법을 거절하였음이니라"(렘 6:19)고 하였습니다. 왜 이 땅에 재앙이 왔느냐 하면 사람들의 생각이 허망해지고 우둔하게 되었기 때문이라는 것입니다.

1) 교만한 생각을 버려야 합니다.

성경에 "그런즉 선 줄로 생각하는 자는 넘어질까 조심하라"(고전 10:12)고 하였습니다.

2) 욕심을 제거해야 합니다.

성경은 "욕심이 잉태한즉 죄를 낳고 죄가 장성한즉 사망을 낳느니라"(약 1:15)고 하였고, 탐심은 곧 우상숭배라고 하였습니다.

3) 우리 마음속에서 미움과 분노의 생각을 제거해야 합니다.

성경은 "분을 내어도 죄를 짓지 말며 해가 지도록 분을 품지 말라"(엡 4:26)고 말씀하고 있습니다.

4) 두려운 생각을 제거해야 합니다.

성경에 "하나님이 우리에게 주신 것은 두려워하는 마음이 아니요"(딤후 1:7)라고 했습니다.

5) 염려를 제거해야 합니다.

성경은 "너희 염려를 다 주께 맡기라 이는 그가 너희를 돌보심이라"(벧전 5:7)고 하였습니다.

6) 열등의식을 제거해야 합니다.

성경에 "너희는 택하신 족속이요 왕 같은 제사장들이요"(벧전 2:9)라고 말씀하고 있습니다. 하나님은 우리의 존재 가치를 높여 주시고 자존심을 회복시켜 주십니다. 그러므로 우리는 부정적인 생각과 악한 생각을 모두 떨쳐버려야 할 줄 믿습니다.

3. 우리는 긍정적이고 창조적인 생각을 해야 합니다

성경에 "예수께서 이르시되 할 수 있거든이 무슨 말이냐 믿는 자에게는 능히 하지 못할 일이 없느니라"(막 9:23)고 하셨고, "내게 능력 주시는 자 안에서 내가 모든 것을 할 수 있느니라"(빌 4:13)고 하였습니다.

1999년 2월 4일 미국 링컨센터에서 스테파니 바스토스라고 하는 스물한 살의 자매가 발레를 해서 기립박수를 받았습니다. 그런데 스테파니 바스토스는 1995년도에 교통사고로 오른쪽 발목을 절단한 자매입니다. 그는 발레리나로서의 생명이 이제 끝났고 자신의 인생은 빈 껍데기요 거품 같은 존재라고 생각하면서 하루하루 절망하며 살았습니다. 그런데 믿음이 좋은 그의 어머니가 딸에게 "네가 잃은 것은 그것 하나뿐이다. 너는 의족을 하고 멋진 춤을 출 수 있다. 너는 다시 일어설 수 있다"라고 늘 격려해 주었습니다. 그래서 의족을 하고 다시 시작해서 세계적인 발레리나가 된 것입니다.

　빌립보서 2장 13절에 "너희 안에서 행하시는 이는 하나님이시니 자기의 기쁘신 뜻을 위하여 너희에게 소원을 두고 행하게 하시나니"라고 하여 성령께서 잘될 소원, 성공할 소원, 교회 안에서 열심히 봉사하여 존경받는 소원, 가르치고 양육하는 소원, 전도해서 교회를 채우는 소원을 주신다고 하였습니다.

　진돗개 전도왕으로 불리는 박병선 집사는 교회 처음 나온 날 예배당 안을 둘러보니 빈 자리가 많이 보였습니다. 그는 '내가 이 빈 자리를 채우면 되겠구나'라는 생각을 하였답니다. 그때부터 그는 그 생각대로 전도하기 시작하여 전도왕이 되었습니다. 우리 교회에 간증자로 오신 분들도 사실 대단한 분들이 아닙니다. 다만 생각의 방향을 바꾼 사람들일 뿐입니다. 그러므로 나는 기도할 수 있다, 전도할 수 있다, 헌금할 수 있다, 봉사할 수 있다, 성공할 수 있다, 행복할 수 있다고 생각을 바꾸시기를 바랍니다.

4. 생각을 바꾸는 방법을 알고 실천해야 합니다

먼저 우리 마음을 보혈로 씻어야 합니다. "예수님의 피로 내 마음을 씻어 주시고, 내 생각을 씻어 주시옵소서"라고 기도한 다음 하나님 말씀으로 채우는 것입니다. 컵의 공기를 어떻게 뺄 수 있을까요? 진공 흡입기로 공기를 빼냅니까? 후 불면 빠집니까? 아닙니다. 물을 부으면 공기는 빠져나가는 것입니다.

마찬가지로 우리 안에 있는 나쁜 생각과 할 수 없다는 부정적인 생각과 비생산적인 생각을 제거하려면 하나님 말씀으로 채워 넣으면 됩니다. 하나님 말씀은 가장 긍정적이고, 가장 능력 있고, 창조적이며, 생산적인 생각이기 때문에 하나님 말씀을 우리 안에 두면 우리의 생각이 바뀌는 것입니다.

시편 77편 12절의 "또 주의 모든 일을 작은 소리로 읊조리며 주의 행사를 낮은 소리로 되뇌이리이다"라는 말씀과 히브리서 8장 10절에 "또 주께서 이르시되 그날 후에 내가 이스라엘 집과 맺을 언약은 이것이니 내 법을 그들의 생각에 두고 그들의 마음에 이것을 기록하리라"고 하신 말씀을 믿으십시오.

하나님의 말씀이 여러분의 심령에 들어와서 여러분의 생각과 마음을 지키고 생각을 바꾸기를 바랍니다. 믿음의 배짱을 가지고 좋은 생각, 긍정적인 생각, 창조적이고 생산적인 생각을 하시기를 주님의 이름으로 축복합니다.

 나눔

1. 생각이 우리 인생에 미치는 영향이 얼마나 큰가를 알았습니다. 당신이 버려야 할 생각이 있다면 어떤 생각인지 솔직히 서로 나누어 보십시오.

2. 당신이 긍정적인 생각을 갖기 위해 앞으로 어떻게 할 생각인지 나누어 보십시오.

3. 본문 말씀을 붙잡고 좋은 생각, 복 받을 생각을 가지도록 성령의 도우심을 구하며 합심하여 간절히 기도하십시오.

1. 절대 가치에 대한 확신 (시 84:1-12)

예배

본문은 '순례자의 노래'라고 불리는 시편입니다. 본문을 기록한 시편 기자는 얼마나 성전을 사모하고 예배를 그리워하는지 모릅니다.

유대인들은 예루살렘에 세워진 성전이 삶의 중심이었고 신앙의 중심이었습니다. 그들은 매년 유월절, 오순절, 장막절 같은 절기 때마다 예루살렘에 올라가 시온 산 성전에서 예배를 드렸습니다. 이스라엘의 모든 남자들은 이 절기를 기다리다가 때가 되면 절기에 바칠 제물을 준비하여 멀리 시온 산을 향하여 노래를 부르며 순례의 길을 떠납니다. 그들이 예루살렘에 도착하면 짧게는 일주일 절기를 지킵니다. 가고 오는 기간을 합친다면 적어도 한 번 절기를 지키는 데 보름 정도는 소요될 것입니다.

한 달에 한 번 월삭이라 하여 매월 첫날을 하나님께 바쳐서 예배드렸고, 일주일에 한 번 '쉬나고그'라고 불리는 회당에서 안식일을 철저히 지켜 예배를 드렸습니다. 이것을 보면 이스라엘 백성들은 성전에서 살다시피했다는 것을 알 수 있습니다. 그들의 삶의 즐거움은 성전에 있었고, 사는 목적이 성전에서 하나님을 만나는 것이었습니다. 그러기에 몇 날 며칠을 걸어서 성전이 있는 곳으로 나아가기를 즐거워하였던 것입니다.

현대인들은 거리가 멀면 가지 않고, 힘들다고 생각되면 가지 않습니다. 가치 같은 것은 생각하지 않습니다. 하지만 머냐 가까우냐, 힘드냐 힘들지 않느냐가 중요한 것이 아닙니다. 우리는 하나님 앞에 이 일을 해야 하느냐 하지 않아도 되느냐 하는 영적인 가치를 가지고 판단하고 움직여야 합니다.

'예배'는 영어로 '워십'이라고 하는데 이 말은 '가치를 돌려드린다'는 뜻입니다. 성경은 인생 최고의 가치가 하나님을 알고 그분을 바로 예배하는 것이라고 밝히 말씀하고 있습니다(전 12:13).

예루살렘으로 올라가는 길은 어려워도 가야 합니다. 예배하는 길은 힘들어도 가야 합니다. 세상 일이 아무리 중요하다 할지라도 하나님 앞에 나아가는 것 이상으로 중요한 것은 없습니다.

미국의 존 워너메이커(1838-1922)는 학력은 없었지만 어려서부터 주일을 잘 지켰습니다. 미국의 23대 해리슨(1833-1901) 대통령이 그에게 우정장관을 맡아 달라고 부탁했을 때, 그는 "각하, 저는 필라델피아에 있는 제 교회에 내려가서 주일학교 학생들을 가르쳐야 합니다. 그것을 허락하시면 우정장관을 맡겠습니다"라고 말했습니다.

지금부터 100년 전이니 필라델피아까지는 열 시간 이상 걸렸을 것입니다. 그는 우정장관으로 근무하는 5년 동안 교회에 가려고 10만 마일을 왔다갔다했습니다. 그러면서 한 번도 주일을 결석한 적이 없었다고 합니다. 영적인 가치를 가졌던 그의 이름과 신앙의 발자취는 오늘날까지 많은 사람들에게 감동과 도전을 주고 있습니다.

그렇다면 성경 기자들이 왜 예배를 절대 가치라고 말하고 있습니까? 두말할 것도 없이 구원받은 백성들이 구원의 은혜를 기억하며 하나님을 영화롭게 하는 최상의 행위이기 때문입니다. 그뿐 아니라 예배를 드리는 개인과 가정에도 큰 복이 임하기에 예배는 절대 가치라고 말하는 것입니다.

1. 순례자는 예배를 통하여 새 힘을 얻습니다

"그들이 눈물 골짜기로 지나갈 때에 그곳에 많은 샘이 있을 것이며 이른 비가 복을 채워 주나이다"(6절).

이 세상은 시편 기자가 지적한 대로 눈물의 골짜기입니다. 인간은 태어날 때 울음소리와 함께 태어나 살아가면서 많은 눈물을 흘립니다. 시와 소설, 노래도 눈물을 이야기하고 있습니다. 목포의 눈물, 눈물 젖은 두만강, 눈물의 엘레지……

민족전쟁으로 이 땅에 얼마나 많은 눈물이 흘렀는지 젊은이들은 잘 모릅니다. 300만 명 이상이 죽거나 실종되었고, 50만 명의 전쟁 미망인들, 10만 명의 고아들의 눈물이 강같이 이 땅 곳곳을 적시고 흘렀습니다.

지금도 병원마다 눈물이 흐르고, 화장터와 공동묘지에 눈물이 강같이 흐르고 있고, 각 가정마다 많은 눈물이 흐르고 있습니다. 죽을 때도 가족들의 통곡 속에 죽는 것이 우리 인생입니다.

인생의 눈물 골짜기를 지나가는 길은 너무 힘들어 지쳐서 쓰러질 수밖에 없습니다. 하지만 하나님께로 나아가는 자들은 눈물 많은 이 세상에서 힘을 얻어 나아갈 수 있도록 샘을 마련해 주셨다는 것입니다. 이 광야 세상에서 천성을 향하여 나아가는 순례자들에게 있어 샘물은 예수 그리스도의 말씀이요, 성령이 주시는 생수입니다. 우리를 위로해 주시는 분은 바로 주 예수이십니다.

예수는 나의 힘이요 내 생명 되시니
구주 예수 떠나 살면 죄 중에 빠지리
눈물이 앞을 가리고 내 맘에 근심 쌓일 때
위로하고 힘 주실 이 주 예수 (찬송가 93장)

"그들은 힘을 얻고 더 얻어 나아가 시온에서 하나님 앞에 각기 나타나리이다"(7절).

사과나무에서 사과 열매가 떨어지는 것을 본 존 뉴턴은 우주의 별들이 서로 당기는 힘을 발견하였습니다. 그것은 바로 만유인력입니다. 이 땅에는 국방력, 경제력, 원자력, 전력, 풍력, 지력, 체력 같은 힘이 있습니다. 그런데 우주에 있는 모든 힘의 근원이 되시는 분은 바로 하나님이십니다. 하나님의 힘은 '전능하다, 무한하다, 강하다, 신비하다' 라는 뜻이 있습니다. 이 힘으로 하나님은 천지를 창조하셨고, 다스리고 계시며, 이 힘으로 보존하시고 심판하시는 것입니다.

성경은 "너희가 주 안에서와 그 힘의 능력으로 강건하여지고"(엡 6:10)라고 말씀합니다. 그 힘이 모세가 사용하던 낡은 지팡이에 역사하니 만능의 무기가 되었습니다. 그 힘이 삼손의 몸에 역사하니 당나귀 턱 뼈 하나로 블레셋 군사 1천 명을 죽이는 천하장사가 되었습니다. 그 힘이 엘리야의 두루마기 겉옷에 역사하니 요단 강을 가르는 능력의 도구가 되었습니다.

그 힘이 베들레헴의 목동 다윗에게 임하니 거인 골리앗을 넘어뜨리고 전쟁에 나갈 때마다 승리하게 되었습니다. 다윗은 하나님의 힘을 경험하고 "나의 힘이신 여호와여 내가 주를 사랑하나이다"(시 18:1)라고 노래하였습니다.

그 힘이 바울에게 임하자 아시아와 유럽을 복음으로 뒤집어 놓는 대전도자가 되게 하였습니다. 바울은 "내게 능력 주시는 자 안에서 내가 모든 것을 할 수 있느니라"(빌4:13)고 하였습니다. 그 힘은 바로 하나님을 알고 예배할 때 위로부터 주어지는 힘입니다.

현대인들은 지식에서 힘을 얻으려고 고학력을 위해 피나는 노력을 합니다. 현대인들은 소유에서 힘을 얻으려고 시장을 헤매입니다. 세상 사람들은 권세, 명예, 물질, 지식을 소유하면 잠시 힘을 얻는 것 같지만 그런 것들이 없어지면 그와 함께 힘을 잃어버립니다.

세상 사람들은 힘을 잃어버리면 절망하고 자살합니다. 하지만 하나님께 나아가 예배드리는 자들은 마음에 힘을 얻습니다. 왠지 모르게 감격스럽고, 감사하고, 기뻐하게 됩니다. 말씀 듣는 가운데 죄 사함의 은혜와 구원의 은총에 감사하여 눈물이 납니다. 찬송 중에 거하시는 주님의 은혜가 임하면 마음에 기쁨이 충만해집니다.

2. 순례자는 예배를 통하여 모든 문제의 해답을 얻습니다

우리는 험악한 나그네 길에서 해결할 수 없는 문제를 가지고 괴로워합니다. 때론 억울한 일을 당하기도 하고, 경제적인 문제, 질병의 문제, 가정의 문제로 고민하기도 합니다.

짜웻 박사는 "우리에게 염려 근심 슬픔이 가득할 때 무조건 감사의 찬송을 부르기 시작하면 우리 마음의 우수사려의 반은 사라진다. 찬송의 열도가 높아짐에 따라 모든 우수의 전부가 해양의 빙산같이 다 녹아 없어진다"고 했습니다.

찬송은 능력이 있습니다. 찬송은 세상 노래와 달라 비관적인 내용이 한마디도 없습니다. 모두 긍정적인 내용뿐입니다. 찬송 자체가 곡조 있는 기도이기에 믿음으로 찬송을 부르면 찬송가 가사 그대로 이루어지는 것은 기도의 응답입니다. 이 사실을 잘 아는 시편 기자는 "종일토록 주를 찬송하리이다"(시 35:28)라고 했습니다.

지금 우리는 많은 문제를 가지고 있습니다. 우리 마음속에는 풍랑처럼 요동하는 여러 걱정들이 있습니다. 이 험악한 세상에서 파도처럼 밀려오는 문제들을 무엇으로 해결하려고 하십니까? 우리는 하나님 전에 와서 예배를 드리며 기도해야 합니다.

"만군의 하나님 여호와여 내 기도를 들으소서 야곱의 하나님이여 귀를 기울이소서 우리 방패이신 하나님이여 주께서 기름 부으신 자의 얼굴을 살펴보옵소서"(8-9절).

아닥사스다 왕은 느헤미야의 안색이 좋지 못한 것을 알고 물어보았습니다. 그리고 그 근심을 해결해 주었습니다. 부모님은 자녀의 얼굴을 살펴보면서 자녀의 문제를 알아보려고 합니다. "너 안색이 안 좋구나. 무슨 일이 있는 거지. 혼자 고민하지 말고 말해 봐라."

하나님도 우리 얼굴을 살피십니다. 이는 하나님이 지대한 관심을 가지고 우리 삶의 문제에 개입하신다는 말씀입니다. 그리고 예배를 통하여 우리의 문제를 해결해 주신다는 것입니다. 부부싸움 하면 할수록 교회 나와야 합니다. 부부간에 상처받은 것들도 주님 전에서 치유를 받을 수 있습니다. 사업이 부도가 나도 나와야 합니다. 주의 집에서 사업의 문제도 해결받을 수 있습니다.

내가 마음으로 내 길을 계획할지라도 그 걸음을 인도하시는 분은 하나님이십니다. 직장에서 명퇴, 동퇴, 황퇴(황당하게 나가는 것)되어도 나와야 합니다. 이태백(이십대 태반이 백수다), 사오정, 오륙도, 삼팔선(삼십팔 세가 퇴직)되어도 교회에 나와야 합니다. 교회에 와서 위로를 받고 힘을 얻어서 다시 살아가는 것입니다. 주일 인생은 모든 문제를 하나님께 맡기고 나아가기에 하나님이 책임져 주시는 것입니다.

3. 순례자는 예배를 통하여 참된 가치와 행복을 누립니다

프랑스의 작가 모파상의 작품 중에 〈목걸이〉라는 단편소설이 있습니다.

주인공은 아름다운 여성이지만, 가난한 처지에 사치스런 생활을 합니다. 남편이 하급 공무원이라 경제적으로 어려웠는데, 늘 생활이 불만투성이였습니다. 그러던 어느 날 남편이 장관 관저에서 열리는 파티의 초대장을 갖고 옵니다. 하지만 그녀는 짜증을 냅니다. 입고 갈 옷이 없다는 것입니다. 남편은 할 수 없이 몰래 모아두었던 4백 프랑을 내놓았고, 그것으로 옷 문제를 해결합니다. 하지만 장신구가 문제입니다. 그래서 투정을 부리다 생각 끝에 부자 친구를 찾아가 값비싼 목걸이를 빌립니다. 덕분에 파티에 참석한 그녀는 사람들 앞에서 한껏 아름다움을 뽐낼 수 있었습니다.

그런데 그만 신나게 놀다가 목걸이를 잃어버립니다. 깜짝 놀란 그녀가 파리 시내를 샅샅이 뒤져 똑같은 목걸이를 구하지만, 그 값이 자그마치 3만 6천 프랑입니다. 그녀는 친구에게 숨긴 채 전 재산을 털고 빚까지 내서 사다 줍니다. 그후 그녀는 10년 동안 빚을 갚느라 온갖 허드렛일을 하며 죽을 고생을 했고, 팍삭 늙어 버립니다.

겨우 빚을 갚고 한시름 놓던 어느 날, 거리에서 우연히 그 친구를 만났고, 홀가분한 마음으로 비밀을 털어놓습니다. 그때 친구의 입에서 나온 말이 기가 막혔습니다.

"얘! 그건 5백 프랑짜리 짝퉁이었어! 네가 진짜를 내게 주었구나. 그런데 어쩌지! 짝퉁인 줄 알고 오래돼서 그냥 버렸어."

그 말을 들은 이 여인이 얼마나 황당했을까를 상상해 보십시오. 이 소설은 빈껍데기, 가짜 행복, 짝퉁 행복에 속아서 고생만 하다 허무하게 끝나는 인생을 풍자하고 있습니다. 안타깝게도 많은 사람들이 이런 것을 행복인 줄로 착각하고 살아갑니다. 그것은 행복이 아니라 속는 것입니다.

이 작품을 쓴 모파상은 본래 신학교에 들어갔다가 퇴학당한 청년이었습니다. 그는 신앙과 결별하기로 하고 자신이 주인이 된 인생을 살겠다고 결심합니다. 그후 문학에 뜻을 두고 정진하여 10년 만에 유명 작가가 되어 노벨상을 받았고, 돈을 많이 모으게 되었습니다.

그는 지중해에 요트를 가지고 있었고, 노르망디에 대저택을, 파리에는 호화 아파트를 갖고 여인들을 바꾸어 가며 살았습니다. 비평가들은 그에게 찬사를 보냈고, 군중들은 그를 흠모했고, 그의 은행에는 돈이 항상 넉넉했지만 그는 안질과 불면중에 시달리기 시작했습니다. 1892년 1월 1일 새해가 밝았지만 인생의 의미를 잃은 그는 칼로 자신의 목을 찔러 자살을 시도하다 빨리 발견되어 간신히 목숨을 건졌습니다.

또 한번은 총으로 자살을 시도하였지만 다행히 하인이 총알을 미리 빼내두어 목숨은 구했습니다. 하지만 정신이 파탄 난 그는 정신병동에서 몇 달을 알 수 없는 소리로 허공을 향해 절규하다가 43세를 일기로 세상을 떠났습니다. 그의 무덤 묘비명에는 그가 말년에 자주 외친 삶의 독백이 기록되어 있습니다. "나는 모든 것을 소유하고자 했지만 결국 아무것도 갖지 못했다." 부자의 꿈을 이룬 것 같았으나 실상은 가장 처절하게 가난한 인생을 살다 간 것입니다.

세계사 가운데 가장 행복한 사람으로 불리는 사람이 있습니다. 그 사람은 바로 괴테입니다. 그런데 그는 세상을 떠나면서 이런 말을 남겼습니다. "세상 사람들이 나를 다 행운아라고 합니다. 불행을 모르는 사람으로 압니다. 그러나 제 평생 저 자신이 행복하다고 생각한 적은 단 하루도 없었습니다."

얼마나 충격적인 말입니까? 그는 좋은 교육을 받고 국가의 재상까지 지냈습니다. 작가로서도 명성을 떨쳤습니다. 82세에 쓴 《파우스트》는 세계적인 걸작으로 평가받습니다. 가장 존경받던 최고의 인물인 괴테, 당대에 '가장 행복한 사람'이라고 불렸던 괴테도 스스로 행복하다고 생각한 적이 없었다는 그 고백은 한마디로 돈이 행복을 주지 못하고, 명예나 권력이 행복을 주지 못한다는 사실입니다.

그렇습니다. 인간의 진정한 행복은 하나님 안에 있습니다.

본문 10-11절을 보십시오.

"주의 궁정에서의 한 날이 다른 곳에서의 천 날보다 나은즉 악인의 장막에 사는 것보다 내 하나님의 성전 문지기로 있는 것이 좋사오니 여호와 하나님은 해요 방패이시라 여호와께서 은혜와 영화를 주시며 정직하게 행하는 자에게 좋은 것을 아끼지 아니하실 것임이니이다."

이는 예배의 최고 가치를 인정하는 고백이요 노래입니다.

스위스의 철학자 칼 힐티는 그의《행복론》에서 "인생 최대의 행복은 하나님을 가까이함에 있다"라고 말했습니다. 그는 77세로 세상을 떠나기까지 자기가 모은 수많은 자료와 학설, 이론을 통해 그런 결론을 얻었다고 고백했습니다.

"하나님께 가까이함이 내게 복이라" (시 73:28). "하나님을 가까이하라 그리하면 너희를 가까이 하시리라" (약 4:8).

하나님을 가까이하는 것이 바로 예배입니다. 예배는 절대 가치입니다. 예배를 소중히 여기시기를 축복합니다.

 나눔

1. 예배의 중요성과 가치에 대해 서로 나누어 보십시오.

2. 당신이 예배를 통하여 받은 은혜와 힘을 서로 나누어 보십시오.

3. 본문 말씀을 붙잡고 눈물 골짜기인 세상에서 힘을 얻고 더 얻도록 합심하여 간절히 기도하십시오.

2. 존귀한 날 (사 58:13-14)
예배

　에이브러햄 헤셸(Abraham Heschel)은 "안식일은 시간 안의 궁전"이라고 하였습니다.
　옛날에는 한 나라에서 임금이 사는 궁궐이 가장 웅장하고, 아름답고, 큰 건물이었습니다. 안식일이 시간 안에서의 궁궐이라고 하는 것은 하나님께 예배드리는 한 시간이 다른 시간과는 비교가 될 수 없는 복되고 영광스러운 시간이라는 말입니다. 일주일에 168시간이 있지만 주일 하나님 전에서 예배드리는 한 시간이 가장 소중하고 가장 가치 있는 시간입니다.
　왜 그렇습니까? 그 시간은 하나님과 만나는 시간이기 때문입니다. 물론 일주일 모두 귀하고 중요합니다. 가정생활, 직장생활, 사회생활이 모두 중요하지만 하나님께 예배하기 위하여 구별된 그 시간과는 비교할 수 없습니다. 예배드리는 시간은 시간의 궁궐 속에 들어와 있는 시간입니다.
　십계명 중 제4계명은 "안식일을 기억하여 거룩히 지키라"는 것입니다. 출애굽기 20장 8절에 거룩히 지키라고 하였는데 여기서 '거룩히' 라는 말은 헬라어로 '하기오스', 히브리어로 '카다쉬' 인데 '구별되다, 분리되다' 의 뜻으로 '세속에서 빼내어 하나님께 순결하게 바치다' 라는 의미가 있습니다.

하나님께서는 그분의 무한하신 지혜로 우리가 어느 특정한 날에 우리의 마음을 지상에서 천국으로, 세상에서 하나님께로 향하도록 하는 것이 필요함을 아시고 한 날을 택정하신 것입니다.

이단들은 구약의 안식일이 토요일인데 로마 사람들이 태양신을 섬기던 일요일을 안식일로 바꾼 것은 잘못이라고 말합니다. 그러나 예수 그리스도께서 부활하신 날이 안식 후 첫날 즉 일요일이었고, 성령께서 다락방에 강림하시어 신약의 교회가 세워진 날이 일요일이었으므로 이 두 사건은 천지창조에 버금가는 사건이요 구원을 얻은 우리에게는 최고의 날이기에 초대교회는 자연스럽게 주일을 예배드리는 날로 지켜왔습니다.

또 성경은 안식일의 날을 가지고 논쟁하지 말라고 가르치고 있습니다. 골로새서 2장 16절에는 "그러므로 먹고 마시는 것과 절기나 초하루나 안식일을 이유로 누구든지 너희를 비판하지 못하게 하라"고 하였습니다. 바울은 예배의 날이 안식일에서 주일로 바뀐 것은 더 이상 논란거리가 되지 않는다고 하였습니다.

이미 유대인들이 지키던 구약의 안식일을 폐하고 온 천하 만민이 지켜야 할 주일이 예배의 날이 된 것은 바울 당시에도 기정사실이었습니다. 하지만 주일을 안식일로 지키지만 성경에 기록된 안식일의 개념은 변하지 않았습니다.

그렇다면 어떻게 진정한 안식일을 지킬 수가 있습니까?

1. 먼저 엿새 동안 힘써 일해야 합니다

출애굽기 20장 9절에는 "엿새 동안은 힘써 네 모든 일을 행할 것이나"라고 했습니다. 바울 사도도 "누구든지 일하기 싫어하거든 먹지도 말게 하라"(살후 3:10)고 했습니다.

하나님은 불한당이나 건달을 싫어하십니다.

가나안 농군학교 생활헌장 10개 중 1, 2조를 보면, "1. 일하기 싫거든 먹지도 말자. 음식 한 끼에 반드시 네 시간씩 일하고 먹자. 2. 버는 재주 없거든 쓰는 재주도 없게 하자"라고 하였습니다.

노동은 형벌이 아니라 특권입니다. 그러므로 우리는 괴롭게 일해서는 안 됩니다. 병원 중환자실에는 움직이지 못하는 분들도 많고, 사고로 지체를 잃어버리고 일평생 장애를 안고 살아가는 분들도 많습니다.

그러므로 우리는 즐겁게 찬양하며 일해야 합니다. 일을 주신 하나님, 그리고 일할 수 있는 건강을 주신 하나님께 감사함으로 즐겁게 일해야 합니다.

집에서 일하는 그리스도인 주부들의 경우에도 그것을 가사 노동으로 생각하고 집에서 즐겁게 일할 수 있어야 합니다. 자녀양육도 마찬가지입니다. 성경에 자녀는 기업이라고 하였고, 선물이라고 하였습니다. 그러므로 감사함과 기쁨으로 양육하고 즐거움으로 양육하셔야 합니다. 그것이 성령 충만한 성도의 모습입니다.

노동은 하나님의 창조사역 중 하나로 신성한 것입니다. 따라서 어떠한 직업을 가졌느냐가 중요한 것이 아니라 내가 그 일을 어떻게 감당하고 있느냐가 중요한 것입니다. 신앙인은 열심히 일하지 않는 것이 제4계명을 범하는 죄임을 알고 기쁨과 감사함으로 엿새 동안 주어진 일에 충성해야 합니다.

2. 주일은 일하지 말고 쉬어야 합니다

출애굽기 20장 10절을 보십시오.

"일곱째 날은 네 하나님 여호와의 안식일인즉 너나 네 아들이나 네 딸이나 네 남종이나 네 여종이나 네 가축이나 네 문 안에 머무는 객이라도 아무 일도 하지 말라."

히브리어로 안식일은 '샤바트'인데 '중지하다, 삼가다, 그치다'의 뜻으로, 사사로운 세속 일은 중지하고 하나님을 위해 드리는 특별한 날이라는 의미입니다.

창세기 기사에 보면 하나님께서는 엿새 동안 세상을 창조하시고 일곱째 날에 안식하셨습니다. 이것은 십계명이 생기기 이전 태초부터 있었던 법입니다.

"하나님이 그가 하시던 일을 일곱째 날에 마치시니 그가 하시던 모든 일을 그치고 일곱째 날에 안식하시니라 하나님이 그 일곱째 날을 복되게 하사 거룩하게 하셨으니 이는 하나님이 그 창조하시며 만드시던 모든 일을 마치시고 그날에 안식하셨음이니라"(창 2:2-3).

또 출애굽한 후 가나안으로 가는 40년 동안의 여정에서도 이 원리는 변함없이 실천되고 있습니다. 그들은 40년 동안 광야에서 먹을 양식이 필요했습니다. 그때마다 하나님께서는 하늘에서 만나를 내려 주셨습니다. 백성들은 매일 그들이 필요한 만큼 만나를 모았습니다. 만일 그들이 필요한 분량 이상을 모으면 만나는 썩었습니다.

그런데 제6일에는 그들이 필요한 것보다 두 배를 모으라고 했습니다. 그렇게 해서 안식일에도 이스라엘 백성들이 충분히 먹을 수 있도록 했습니다. 그리고 그것은 썩지 않았습니다. 어떤 사람들은 안식일 날 만나를 모으러 나갔다가 아무것도 발견하지 못했습니다.

그러므로 안식일은 계명 이상의 것입니다. 하나님께서 친히 본을 보이셨기 때문입니다. 바울은 우리에게 하나님을 본받는 자가 되라고 했습니다. 그러므로 주일을 성수하고 안식일을 지키는 것은 하나님을 닮아 가는 것입니다.

1980년도 초 아카데미 상의 주요 부문을 휩쓴 〈불의 전차〉라는 영화는 1924년 파리 올림픽의 영웅이자 영국 육상선수인 '에릭 리델' 의 실화를 영화한 것입니다. 그 당시 전세계인들의 관심이 100미터 육상 결승전에 집중되었는데 결승전이 주일이었습니다. 그런데 에릭 리델은 하나님을 경외하는 믿음의 사람이었습니다. 그는 당연히 주일 출전을 거부하였고 영국의 황태자가 직접 와서 명령하였지만 뜻을 굽히지 않았습니다.

그는 "나는 내 조국을 사랑하지만 주님을 더욱 사랑한다"고 말한 뒤 주일에 교회에 가서 예배를 드렸습니다. 언론과 본국 국민 중에서 불신자들이 에릭을 비난하기 시작하였습니다. 다음 날 에릭 리델에게 400미터 출전의 기회가 왔습니다. 그러나 400미터와 100미터는 달리기 주법이 다른데다 설상가상으로 출발하자마자 넘어져 버렸습니다. 그럼에도 불구하고 일어나 무서운 속도로 달려서 금메달을 목에 걸었고, 그가 세운 올림픽 신기록은 16년간이나 깨지지 않았습니다. 그는 세상과 결코 타협하지 않았고, 주일을 생명같이 지켰습니다.

영성신학자 마르바 던은 그녀의 책에서 이런 이야기를 들려주고 있습니다.

서부 개척시대에 한 무리의 포장마차가 미국의 중부 도시 센트루이스를 떠나 서부 오리건으로 향하고 있었습니다. 일행은 모두 독실한 그리스도인들이어서 안식일에는 이동을 안 하고 쉬었습니다. 그러나 겨울이 빠르게 다가오고 있어서 일부 사람들은 폭설이 내리기 전에 목적지에 도착하지 못할지도 모른다는 불안 때문에 안식일에도 계속 달리자고 제안했습니다.

의견의 일치를 보지 못한 그들은 두 팀으로 나뉘어 여행하게 되었습니다. 안식일에 쉬는 팀과 안식일에도 달리는 팀으로 말입니다. 어떻게 되었을까요? 말할 것도 없이 안식일에 쉬는 팀이 더 빨리 오리건에 도착했습니다. 안식일에 충분히 쉰 활력으로 엿새 동안 더 빨리, 더 힘차게 달릴 수 있었던 것입니다. 마르바 던은 이 이야기의 결론을 이렇게 맺었습니다.

"하나님은 자신의 계명을 존중하는 자들을 존중하신다."

그러므로 안식일은 하나님이 인간에게 주시는 최고의 선물 중 하나입니다.

인간의 육체는 회복을 필요로 합니다. 휴식 없이 일주일 내내 일하는 것보다 하루를 쉬는 것이 훨씬 더 효율적이라는 것은 이미 역사 속에서 실제적인 실험에 의해 입증된 사실입니다.

소련에서 공산당 혁명이 성공한 후 공산당 지도자들은 회의를 거쳐 노동자들의 생산량을 높이고자 기독교 문화의 산물인 제7일 주일 휴무를 깨려고 10일 동안 일하고 쉬게 하였습니다. 결과는 엉망이었습니다. 아픈 사람, 병든 사람이 속출하는 사고 등으로 시행 1년을 넘기지 못하고 일요일 휴무로 돌아갔습니다. 쉴 때는 쉴 수 있어야 합니다. 제일 불쌍한 사람들은 죽어라고 일만 하다가 죽는 사람입니다. 주님께서는 우리의 행복을 위해 안식을 지키게 하신 것입니다. 육체의 안식으로 행복을 지키십시오.

여기서 잊지 말아야 할 사실은 아들, 딸, 남종, 여종, 가축이나 객이라도 아무 일도 하지 말라는 것입니다. 도우미도 쉬게 하고 종들, 즉 핸드폰, 블랙베리, 스마트폰, 컴퓨터, 각종 가전제품도 쉬게 하여야 합니다. 십일조를 드려서 손해 보는 일이 없는 것처럼 안식일을 지켜서 행복하지 않은 사람도 없습니다. 이것은 하나님께서 친히 제정하신 계명이기 때문입니다. 주의 날에 즐겁게 안식하며 쉬시기를 주의 이름으로 축원합니다.

3. 주일을 존귀하게 여기고 나와서 예배드려야 합니다

연합뉴스가 건강보험심사평가원에서 입수한 '2004~2008년 우울증 환자 항우울증 진료 실적' 자료를 분석한 결과, 4년 사이에 약 5배가 늘었다고 합니다. 성별로는 남성보다 여성이 우울증 치료제를 더 많이 복용했습니다. 여성의 항우울제 투여 횟수는 2006년 처음으로 남성 투여 횟수의 두 배를 넘기 시작해 지난해에는 남성의 투여 횟수보다 무려 2.17배나 많았습니다.

항우울제를 가장 많이 복용하는 연령층은 50대였습니다. 지난해 50대의 항우울제 투여 횟수는 1,506만 6천 회로 연령대별 최다였고, 투여 횟수의 비율은 22.1%였습니다. 전문가들은 일반적으로 50대는 사교육비 등으로 경제적 부담이 큰데다 직장에서도 정년퇴직을 맞는 시기여서 이 연령대에 정신적 스트레스로 인한 우울증 환자가 많이 발생한 것 같다고 진단했습니다.

서울대병원 신경정신과 권준수 교수는 "우울증으로 병·의원을 찾는 분들이 부쩍 늘어나면서 항우울제 소비가 크게 증가한 것으로 보인다"라고 설명했습니다.

우리는 안식하면 일반적으로 육체적인 안식을 먼저 떠올리지만 더 중요한 것은 영적인 안식입니다. 아무리 육체의 건강을 힘쓴다 해도 마음이 상하거나 심각한 스트레스를 받으면 몸은 쉽게 망가집니다. 혈기 한번 부려 보십시오. 혈압약도 필요없습니다. 열 받으면 신경안정제도 수면제도 말을 안 듣습니다. 사람은 영적인 존재이기 때문입니다. 그러므로 마음의 평안이 필요합니다.

예수께서 이 땅에 오신 목적이 바로 참된 쉼을 모르고 사는 인생들에게 영적인 쉼을 주고자 함입니다. 그래서 주님은 "수고하고 무거운 짐 진 자들아 다 내게로 오라 내가 너희를 쉬게 하리라"(마 11:28)라고 우리를 초대하셨습니다.

인생이 쉬지 못하는 근본 원인은 죄의 짐 때문이기에 예수께서는 친히 십자가에서 우리 죄의 짐을 대신 지심으로 우리를 구원하신 것입니다. 그러므로 어떤 의미에서 구원은 안식의 다른 이름이라고 할 수 있습니다.

영적인 쉼은 주님 안에서의 쉼을 말합니다. 주님 안에서의 쉼은 예배를 통해 이루어집니다. 주일에는 주님 전에서 예배를 드릴 때 진정한 안식을 누릴 수 있기 때문입니다.

본문에 두 번이나 "오락을 행하지 아니하고, 오락을 구하지 아니하며"라고 하여 주일에 세상 일하는 곳에 가서 물건을 사거나 결혼식장이나 돌잔치 등 세상적인 일로 주일을 범해서는 안 된다고 하였습니다.

느헤미야는 그 당시 백성들이 안식일을 범하여 고통을 자초한 일을 상기시키면서 "너희가 안식일을 범하여 진노가 이스라엘에게 더욱 심하게 임하도록 하는도다"(느 13:18)라고 질책하였습니다.

우리는 왜 주일에 교회에 나옵니까? 우리는 주일을 기쁨의 날로 알고 하나님께 감사함으로 예배를 드립니다. 우리의 기쁨의 샘이 바로 주일 날 예배 가운데 솟아오릅니다. 주일은 예수님이 십자가에서 우리를 위해 죽으시고 다시 사신 날입니다. 우리의 모든 죄를 도말하신 날입니다. 그래서 우리는 이날을 거룩하게 기쁨으로 지키는 것입니다.

트루먼 대통령은 낚시를 매우 좋아했지만 주일에는 낚시를 하지 않고 하나님께 예배를 드렸습니다. 낚시가 주는 기쁨보다 하나님께 더 감사했습니다. 후버 대통령도 주일에는 결코 오락을 하지 않고 주일을 거룩하게 지켰다고 합니다. 멕켄리 대통령은 여행을 좋아하고 관광을 좋아해도 주일만큼은 하지 않았다고 합니다. 페스타가필드도 그렇게 좋아하는 경마를 주일에는 안 갔다고 합니다. 윌슨 대통령은 주일에 일하지 못하도록 온 국민에게 이야기하였고, 카터 대통령은 우리나라에 와서 최전방에서도 주일예배를 드렸습니다. 워싱턴과 링컨 대통령은 전쟁 중에도 주일을 지켰습니다. 어떤 경우에도 이날을 거룩한 날, 생명의 날, 구원의 날, 축복의 날로 알고 하나님께 기쁨의 감사예배를 드렸습니다.

주일은 우리의 안식일입니다. 초대교회는 누가 시키지도 않았는데 주일에 모두 모여서 예배를 드렸습니다. 초대교회의 교부인 안디옥의 이그나티우스는 "우리는 새 안식일인 주일을 지킨다. 하나님께서는 주일에 우리를 새롭게 하신다"라고 했습니다. 월요일부터 토요일까지가 주님의 날이 아닌 것은 아닙니다. 다 주님이 주시는 날이지만 이날을 구별해서 교회에 모여 예배를 드린다는 것입니다.

두 사람이 길을 가는데 강아지가 따라갑니다. 누구의 개인지 알 수 없습니다. 그러나 갈림길에서 강아지는 제 주인을 따라갑니다. 그때 강아지의 주인을 알게 됩니다.

이 땅에는 두 길이 있습니다. 그것은 주님을 따르는 길과 세상을 따르는 길입니다. 우리 하나님이 우리의 주님이시라면 당연히 주님을 따라가야 할 것입니다. 그것을 증거하는 행위가 바로 주일 성수입니다.

예배드리는 것은 쉬운 일이 아닙니다. 시간을 내어야 하고, 중요한 다른 일보다도 우선적으로 교회에 나와 예배를 드려야 하니 어렵습니다. 하지만 주일을 거룩히 지키는 자들에게 하나님이 약속하신 것은 우리를 흥분하게 합니다.

첫째, 주 안에서 즐거움을 얻을 것이라고 하셨습니다.

주일 인생의 즐거움은 세상 것과 비교할 수 없는 즐거움입니다. 찬양의 은혜와, 말씀의 은혜와, 성도의 교제 가운데 주시는 즐거움을 얻습니다. 이 세상 어디에 평안이 있나요? 오직 하나님의 집에 나와 예배드릴 때 위로부터 내리는 은혜를 받으면 한없는 즐거움을 누리게 되는 것입니다.

둘째, 땅의 높은 곳에 올려 주신다고 하셨습니다.
우리의 믿음이 올라가게 하시고, 새 힘을 주시어 저 천성을 향하여 올라가게 하시고, 땅에서도 사람들이 우러러보도록 만들어 주시고, 환난이나 위험에서 건져 주신다는 말씀입니다(사 40:29-31).

셋째, 야곱의 기업으로 기르리라고 하셨습니다.
야곱이 어디로 가든지 보호하시고 길러 주신 것처럼 주일을 성수하는 자에게 어디로 가든지 책임져 주시고, 친히 길러 주시고, 가면 갈수록 점점 더 잘되는 길을 열어 주신다는 말씀이며, 복의 근원이 되게 하시겠다는 말씀입니다(시 23:1-3). 이 사실은 역사가 증명해 주고 있습니다.

우리는 구원을 얻기 위하여 주일을 지키거나, 두려워서 주일을 지키거나, 마지못하여 주일을 지키지 않습니다. 구원받은 주의 백성들이기에 주일을 마땅히 지켜야 하고, 또 우리의 복을 위해 주일을 지키는 것입니다. 그러므로 주일을 지켜 복된 삶을 사시기를 축복합니다.

1. 당신은 엿새 동안 힘써 일하고 주일에 쉼을 가지고 있나요? 참된 안식은 어떤 것인지 서로 나누어 보십시오.

2. 주일을 거룩하게 지켜 힘을 얻고 복을 받은 경험들을 서로 나누어 보십시오.

3. 이제 본문 말씀을 붙잡고 안식일을 지켜 나와 내 자녀들이 복을 받도록 합심하여 간절히 기도하십시오.

3. 그 이름을 부르십시오 (창 4:19-26)

예배

　아이돌 가수인 '2PM'과 '원더걸스'가 소속되어 있는 연예인 기획사를 운영하는 가수 박진영 씨가 텔레비전 프로그램〈힐링캠프〉에 나와 자신은 신을 찾고 있다고 하였습니다. 그가 말하길 우리 몸에는 100조 개가 넘는 세포가 있는데 현대과학의 모든 것들을 다 합쳐도 그 세포 하나만 못하다고 하였습니다. 그는 이러한 인간이 우연히 생겼다고는 생각하지 않는다고 하면서 반드시 만드신 분이 계신데 그분을 찾고 있다고 하였습니다.

　그는 돈이 인간의 만족과 행복 33%를 채우고, 인기나 명예가 66%, 이웃을 사랑하여 선을 행하는 것이 99%라고 하였습니다. 자기는 현재 이 모든 것을 다 가졌지만 1%가 부족한데 이것이 바로 신의 자리라고 하였습니다. 이 1%가 채워지지 않으니 모든 것이 허무하고 무의미하게 여겨진다면서 자신은 늘 신의 존재를 갈망하고 있다고 하였습니다.

　그러나 신은 인간이 찾는다고 하여 찾아지는 분이 아닙니다. 신은 오직 하나님 한 분이신데, 그분이 자기 자신을 나타내 보여 주지 않으시면 하나님을 스스로 알 자가 없습니다. 만드신 만물을 통해 하나님을 알 만한 것이 보이지만 그것으로 하나님을 바로 알지 못합니다.

그래서 하나님은 선지자들을 통해 성경을 기록하게 하시어 그 성경을 통해 하나님 자신을 알려 주셨습니다. 하나님께서 친히 알려 주시지 않으면 타락한 인간은 하나님을 알 수도 없고 볼 수도 없습니다.

그래서 하나님께서 보이는 모습으로 오셨는데 그분이 바로 예수 그리스도이십니다. 예수님을 통해서 우리는 하나님을 만나고, 그분을 알고, 그분을 진심으로 경배할 수 있는 것입니다.

아담과 하와가 타락한 후 하나님께서는 아담과 하와에게 복음을 주셨습니다. 여인의 후손을 통해 하나님의 아들이 오신다는 사실을 알고 마귀는 가인을 충동질하여 아벨을 죽이게 하였습니다. 아벨이라는 이름의 뜻은 '소망이 연기되어 의기가 소침하다' 라는 뜻인데 과연 그 이름대로 아벨이 죽자 아담과 하와는 슬픔과 함께 소망을 잃어버렸습니다.

그러자 하나님께서는 죽은 '아벨' 대신에 '셋' 을 주셨는데 그 이름의 뜻은 '두다, 지정하다, 대신하다' 였습니다. 이 '셋' 이 바로 아벨 대신에 구원 역사의 맥을 이어 갈 사람이었습니다. 셋이 아들을 낳아 그 이름을 '에노스' 라고 하였습니다.

1. 그때에 타락한 인간의 문화가 넓게 퍼져 갔습니다

가인은 에덴 동편 놋 땅에 거한 후 성을 쌓고 그 안에 안주하였습니다. '놋' 은 '유리함' 이란 뜻인데, 아무리 자신의 성을 쌓아도 하나님을 떠난 삶은 방황할 수밖에 없는 것입니다. 하나님이 없는 그들은 세속적인 일에만 열중하였습니다.

야발은 장막에 거하며 목축하는 자의 조상이 되었습니다. 라멕은 두 아내를 맞이하여 일부다처의 원조가 되었고, 장난삼아 사람들을 죽이는 대담한 모습 속에 살인자의 피가 흐르는 것을 볼 수 있습니다. 야발에게는 유발이라는 아우가 있었는데 그는 수금과 퉁소를 타는 자였습니다. 음악으로 공허와 허무를 채우려고 하지만 하나님 없는 음악은 오히려 죄를 부추기는 역할만 할 뿐입니다.

씰라는 라멕에게서 두발가인을 낳았는데, 그는 구리와 쇠로 각양 기계를 만들어 공업을 발전시켜 나갑니다. 하나님 없는 죄악의 문화가 대담하게 온 세상으로 번져 가는 것을 볼 수 있습니다.

창세기 4장 19-24절의 가인의 후손들의 족보에는 여자의 이름이 나옵니다.

'아다'는 '장식' 혹은 '아름다움'이란 뜻이고, '씰라'는 '굵은 머리'라는 뜻이고, '나아마'는 '즐겁게 하는 이'란 뜻과 '황홀하게 마음을 사로잡는 매력'이란 뜻입니다. 이것을 볼 때 가인 가문의 여인들이 셋 가문의 여인들보다 더 값진 옷을 입고 몸을 치장하는 데 더 신경을 쓰면서 육체의 향락에 몰두했다는 것을 알 수 있습니다. 하지만 그들에게는 하나님이 없었고 소망도 없었습니다.

그때나 지금이나 마찬가지입니다. 이 세상은 온갖 죄악으로 관영한 세상이 되었습니다. 텔레비전 연속극, 영화, 노래, 소설 등의 타락한 문화와 소주방, 노래방, 채팅방, 터치방 등 타락한 방 문화와 학교폭력, 학생들의 탈선 등.

예수께서는 요한복음 7장 7절에서 "세상이 너희를 미워하지 아니하되 나를 미워하나니 이는 내가 세상의 일들을 악하다고 증언함이라"라고 하셨고, "너희는 이 세대를 본받지 말라"(롬 12:2)고 하셨습니다(엡 4:22-24).

지식과 문명의 발달로 모든 생활이 편리하고 풍성해진 것 같습니다. 그러나 많은 사람들이 더 많은 소외감과 패배감을 안고 낙오자의 마음을 가지고 살아갑니다. 많은 사람들이 불안해하고 정신적으로 고통을 당한다고 호소하고 있습니다. 더 많이 챙기고 더 많이 가져도 기쁨이 없고 만족이 없습니다.

진정 가까이해야 할 그분을 떠났기 때문입니다. 예레미야 2장 13절에 보면 "내 백성이 두 가지 악을 행하였나니 곧 그들이 생수의 근원 되는 나를 버린 것과 스스로 웅덩이를 판 것인데 그것은 물을 가두지 못할 터진 웅덩이들이니라"라고 하였습니다. 찬송가에도 "멀리멀리 갔더니 처량하고 곤하며 슬프고 또 외로워 정처 없이 다닌다"는 가사가 있습니다.

그러나 그분이 나와 함께하고 그분의 말씀과 그분의 은혜만 있으면 초막이나 궁궐이나 그 어디나 하늘나라요, 비록 땅에서 적은 것을 가져도 만족을 누릴 수 있는 것입니다.

미국 캘리포니아의 한인교회에서 부흥회를 인도한 적이 있는데, 그 교회에서 며칠 전 캘리포니아 교도소에서 죄수들에게 복음을 전한 목사님이 간증을 하였습니다. 그 목사님 말에 의하면, 교도소에 수감된 죄수들 중에는 사형선고를 받은 뒤 사형당할 날을 기다리는 사람들이 있는데, 자기 수인 번호를 부르면 대개 그날이 자기 죽을 날이라는 것을 직감적으로 안다는 것입니다.

교도관들에게 끌려나오면서 바지에 소변과 대변을 보는 사람들이 종종 있다고 합니다. 사형장을 향하여 걸어가는 그들의 다리가 풀려 제대로 걷지 못하고 눈동자도 초점을 잃어버린다고 합니다. 흉악범들이지만 죽음 앞에서는 두려워 정신이 나가는 것입니다.

그러나 교도소 안에서 복음을 듣고, 성경을 읽고, 예배를 드리고 기도하면서 죽음을 기다린 죄수들은 사형장으로 들어가면서 목사님께 감사하고, 오늘이 주님을 만나는 날이라고 하면서 웃으며 들어간다고 합니다. 예수님이 있는 사람들과 없는 사람들의 차이입니다.

우리 교회에 자주 오셨던 신용태 선교사님은 지금은 천국에 가셨지만 이 땅에 계실 때 두 눈이 실명되고 신장이 다 상하여 투석하고 온몸이 성한 곳이 없었습니다. 그렇지만 제가 전화할 때마다 언제나 밝고 경쾌한 목소리로 주님이 주신 기쁨이 넘친다고 하였습니다.

시편 73편 28절에서 다윗은 "하나님께 가까이함이 내게 복이라"고 하였고, "하나님이여 나를 멀리하지 마옵소서"라고 기도하였습니다. 하나님을 가까이할 때 나와 내 가정이 행복하고, 하나님과 멀어지면 마귀가 붙어 죄를 짓고, 건강한 몸이 병들고, 웃음이 사라지고, 우울과 슬픔이 파도처럼 몰려오는 것입니다.

본문에 기록된 그때는 바로 하나님을 떠나 타락한 세상 문화와 정욕적인 삶이 신자들을 유혹하던 때였습니다.

2. 그때에 믿음의 사람들이 모여 공적인 예배를 드렸습니다

"그때에 사람들이 비로소 여호와의 이름을 불렀더라"라고 하였습니다. 그때의 시간적 형편은 대단히 좋지 않았습니다. 처음에는 가인 부족의 후손들과 셋 부족의 자녀들이 서로 떨어져 살았습니다. 약속을 받은 자와 받지 못한 자, 믿는 자와 믿지 않는 자가 서로 떨어져 왕래나 교제가 없었습니다.

하지만 세월이 흐르면서 경건한 자녀들이 가인의 후예들이 살아가는 모습을 보게 되었습니다. 죄악이 오락과 상업이라는 포장을 하고 이들에게 다가왔습니다. 유혹의 물이 흘러 들어오자 참된 신앙을 지키기 위해 그들 스스로 방어할 필요를 느꼈습니다. 그들의 힘만으로는 죄를 이길 수 없다는 것을 알고 하나님의 도우심을 구하는 공적인 모임을 가졌습니다. 마음으로 믿은 것을 입술로 고백하지 않으면 안 되었던 것입니다.

그들은 공개적으로 모여 하나님의 백성이라고 고백하였고, 하나님의 이름으로 불리는 것을 부끄러워하지 않았습니다. 최초의 공적인 예배가 시작된 것입니다.

예배의 회복은 부흥을 가져옵니다.

베들레헴에 흉년이 들자 엘리멜렉과 나오미 부부가 베들레헴을 떠나 모압으로 내려갔습니다. 그곳에 살던 나오미의 가정이 큰 불행을 당했습니다. 남자들이 다 죽고 세 과부만 남았습니다. 그제야 나오미는 다시 예배가 있는 베들레헴으로 올라가기로 작정합니다. 그래서 룻과 함께 베들레헴으로 올라갑니다. 다시 예배가 있는 곳으로 돌아오자 그 가정에 하늘의 복이 임하여 메시아의 조상이 되고, 다윗 왕가의 증조모가 되는 복을 누리게 되었습니다.

유대의 역사를 보더라도 성경은 그들이 하나님을 찾을 때는 형통하였다고 기록하고 있습니다(대하 26:5, 31:21).

언제나 하나님의 백성들이 주님의 이름을 높이기 위해 모일 때 부흥이 일어났습니다. 여러분 안에서 예배가 회복되기를 바랍니다. 예배가 복이고, 예배가 은혜이며, 예배가 능력입니다. 하나님은 예배를 통해 만나 주시고 그 백성에게 하늘의 복과 땅의 기름진 복을 주시는 것입니다.

우리 모두 예배가 생명이고, 예배가 축복이며, 거룩인 것을 알아 주님의 날에 주의 전에 모여 기쁨으로 예배를 드리고, 주중에는 순 공동체에 모여 나눔을 가짐으로 영혼에 항상 성령의 기름을 발라 죄악 세상에 물들지 않고 거룩한 삶을 살아가시기를 축복합니다.

3. 그때에 믿음의 사람들이 모여 여호와의 이름을 불러 기도하였습니다

여호와, 이 얼마나 거룩하고 지존하신 이름입니까? 모든 만물과 인간의 창조주이시며 뉘우치고 돌아오는 자들에게 자비로우시며 은혜를 베푸시는 하나님의 이름입니다. 우리가 이 지존하신 이름을 부를 수 있다는 것이 얼마나 큰 특권입니까?

그러나 너무 거룩하여 구약에서는 함부로 부르지 못하도록 하신 지엄하신 이름입니다. 구약에는 '여호와'라는 이름이 6,823회나 기록되었습니다. 그러나 신약에서는 단 한 번도 그 이름이 기록되지 않았습니다.

이제는 여호와 하나님 그분이 직접 사람의 몸을 입고 이 땅에 오셔서 우리에게 너무나 친근한 이름을 주셨기 때문입니다. 그 이름이 바로 예수입니다. 이제는 예수의 이름을 마음껏 부르고, 마음껏 사용하도록 하셨습니다. 그러므로 이 악한 세상에서 예수 이름을 높이고 부르십시오.

1) 예수 이름은 모든 죄에서 구원하는 능력이 있습니다.

"누구든지 주의 이름을 부르는 자는 구원을 받으리라"(행 2:21).

"자녀들아 내가 너희에게 쓰는 것은 너희 죄가 그의 이름으로 말미암아 사함을 받았음이요"(요일 2:12).

예수 이름을 믿으면 하나님의 자녀가 되는 권세를 받습니다(요 1:12).

2) 예수 이름으로 명령하면 귀신들이 떠나갑니다.
누가복음 10장에 보면, 제자들이 전도하고 기뻐하며 돌아와 보고하기를 "주여 주의 이름으로 귀신들도 우리에게 항복하더이다"라고 하였습니다.

3) 예수 이름으로 병이 치유됩니다.
사도행전 3장 1-8절에 보면, 나면서부터 하반신이 마비되었던 사람이 베드로가 일러 준 예수 이름으로 일어나 걷고 뛰는 역사가 일어났습니다.

4) 예수 이름으로 기도하면 응답을 받습니다(요 14:13, 15:7, 16:24).

그러므로 이 존귀하신 이름, 영원하신 이름, 권세와 능력이 무한하신 이름, 지금도 살아서 그 이름을 부르는 자들을 부요하게 하시는 그 이름 예수를 부르시기 바랍니다. 그리고 그 이름을 높이시고, 선포하시고, 전하시기 바랍니다.

하나님의 관심은 우리가 소유한 지위, 권세, 부귀영화, 물질 등에 있지 않고 오직 예수의 이름에 있다는 것을 믿으시기 바랍니다.

골로새서 3장 17절에 "또 무엇을 하든지 말에나 일에나 다 주 예수의 이름으로 하고"라고 하였습니다.

우리가 영원히 기억해야 할 그 이름 예수, 영원히 부르고 찬송해야 할 그 이름 예수, 영원히 높이고 자랑해야 할 그 이름 예수, 우리가 영원히 전하고 선포해야 할 그 이름 예수 그 이름으로 살아가시기를 바랍니다.

 나눔

1. 지금 우리가 살아가는 이 시대의 타락에 대해 서로 나누어 보십시오.

2. 이러한 세상에서 우리의 믿음을 지키고 죄의 유혹으로부터 승리하기 위해 무엇을 해야 할지 말씀해 보고 기도를 통해 응답받은 간증을 서로 나누어 보십시오.

3. 본문 말씀을 붙잡고 타락한 이 세대로부터 우리 자신과 가정과 자녀들을 보호하기 위해 더욱 하나님 앞으로 나아가게 해달라고 합심하여 부르짖어 기도하십시오.

4. 당신은 참된 예배자입니까? (요 4:23-24)

예배

유명한 찬양팀이 인도하는 찬양집회에 한 교회 찬양사역자가 참석하였습니다. 그는 찬양팀이 부르는 찬양을 듣고 있던 중 "저 팀은 유명한 팀인데 저게 뭐야. 겨우 이 정도야?" 하면서 다리를 꼬고 앉아 이런 저런 비평을 하고 있었습니다. 그때 갑자기 하나님께서 이런 질문을 하시는 것 같은 감동을 받았습니다.

"너는 지금 나를 예배하러 왔느냐?"

"너는 수준 높은 찬양을 알고 있는데 그만큼 나를 예배하고 있느냐?"

"지금 이 사람들은 나를 예배하고 있는데 너도 그러하냐?"

그는 예배 방법과 찬양 수준만 생각했지, 하나님께 예배를 드리고 있지 않았던 것입니다. 그는 당황하여 즉시 회개하고 눈물로 찬양을 드렸습니다. 그때 부른 찬양이 "난 예수가 좋다오"였다고 합니다.

여러분, 예배의 구경꾼이 되지 마시고 예배에 집중하십시오. 예배는 가치를 드리는 것입니다. 하나님께 우리의 최고의 가치를 드려야 합니다.

본문은 개역한글성경에 "아버지께 참으로 예배하는 자들은 신령과 진정으로 예배할 때가 오나니 곧 이때라 아버지께서는 이렇게 자기에게 예배하는 자들을 찾으시느니라 하나님은 영이시니 예배하는 자가 신령과 진정으로 예배할지니라"라고 기록되었습니다.

'예배'라는 말은 'proskunevw'(프로스퀴네오) 즉 '고개를 숙이다, 경배하다'이며, 'proskunetes'(프로스퀴네테스)는 '예배자'를 말합니다. 오늘 본문의 "예배하는 자들은" 바로 이 단어입니다. 이 단어가 옛날 독일어에서 kuss(입맞추다)와 연결되어 사용되었습니다.

1. 하나님은 그 백성들에게 예배를 명하셨습니다

하나님께서 그 백성을 지으신 것은 예배를 위해서입니다. 이사야 43장 21절을 보십시오.

> "이 백성은 내가 나를 위하여 지었나니 나를 찬송하게 하려 함이니라."

하나님께서 이스라엘 공동체를 선택하시고 그들을 한 민족으로 만들어 출애굽시키신 것도 그들을 통하여 예배를 받으시기 위함이었습니다.

> "그들이 이르되 히브리인의 하나님이 우리에게 나타나셨은즉 우리가 광야로 사흘 길쯤 가서 우리 하나님 여호와께 제

사를 드리려 하오니 가도록 허락하소서 여호와께서 전염병이나 칼로 우리를 치실까 두려워하나이다"(출 5:3).

이런 표현이 출애굽기 8장 8절, 27절 등에 계속 나옵니다.
우리 예배의 대상은 여호와 하나님이십니다. 이분은 창조주 하나님이십니다. 이것이 예배의 초점입니다. 창조자 하나님을 예배하는 것이 성경에서 요구하는 참된 예배입니다. 사도신경은 하나님을 고백하는 아름다운 신앙고백입니다. 그것은 우리가 믿는 여호와 하나님을 고백하는 것이고 그 하나님께 경배하는 것입니다. 우리가 섬기는 여호와 하나님을 향한 예배의 대상은 결코 타협할 수 없고 양보할 수 없는 예배의 최고 가치입니다.

"여호와 외에 다른 신에게 제사를 드리는 자는 멸할지니라" (출 22:20).

시편 기자는 "너희 권능 있는 자들아 영광과 능력을 여호와께 돌리고 돌릴지어다"(시 29:1)라고 표현했습니다. 여기서 "돌리고 돌릴지어다"는 일회성이 아닙니다. 반복되고 지속적인 것을 말합니다. 그렇습니다. 우리는 숨질 때 되도록 늘 찬송하면서 주께 더 나가기 원해야 할 것입니다.

2. 하나님은 바른 예배를 드리는 자들을 찾으십니다

'아버지께서는 이렇게 예배하는 자들을 찾고 계신다' 는 것입니다. 이 문장은 현재형입니다. 하나님께서는 지금 바로 이러한 예배자를 찾으신다는 것입니다.

요한계시록 11장 1절에서는 "또 내게 지팡이 같은 갈대를 주며 말하기를 일어나서 하나님의 성전과 제단과 그 안에서 경배하는 자들을 측량하되"라고 하십니다. '측량하되'(metrevw 메트레오)는 '재보겠다'는 것입니다. 우리는 교회 안에 들어와서 여러 사람들 속에 포함되어 있습니다. 그러나 하나님은 그 가운데서 예배하는 한 사람 한 사람을 재보시겠다는 것입니다.

사도행전 8장 26-39절에 보면 에티오피아 여왕 간다게의 모든 국고를 맡은 큰 권세가 있는 내시가 예배하러 예루살렘에 왔다가 돌아가는데 하나님께서 그 사람을 주목하셨습니다. 그는 저 남쪽 아프리카에서 수십 일을 걸려 산을 넘고 물을 건너 사막을 지나 이집트를 통과하여 그 무더운 날씨를 견디며 예루살렘으로 왔습니다. 그 목적은 예루살렘 성전에서 하나님께 예배를 드리는 것이었습니다.

그는 예루살렘에 왔지만 성전에 들어갈 수 없었습니다. 왜냐하면 그는 이방인이었기 때문입니다. 그는 이방인의 뜰이라고 하는 곳에서 성전 외형을 바라보면서 하나님께 예배드리고 돌아가는 길이었습니다. 그는 받은 은혜를 간직하고 돌아가는 길에 마차에서 성경을 읽고 있었습니다. 하나님은 빌립을 통해 이 사람에게 세례를 베푸시어 에티오피아를 기독교 국가로 만드는 통로로 사용하셨습니다.

역대하 16장 9절에는 "여호와의 눈은 온 땅을 두루 감찰하사 전심으로 자기에게 향하는 자들을 위하여 능력을 베푸시나니"라고 하셨습니다.

사도행전 10장에는 로마 부대의 장교인 고넬료라는 사람이 경건하여 하나님께 항상 기도하고 백성들을 구제하더니 하나님이 이 사람을 주목하시어 천사를 보내어 베드로를 청하라 하신 후 그 가정에 성령을 부어 주셔서 이방에 복음이 흘러가는 통로가 되게 하셨습니다.

"하나님은 영이시니 예배하는 자가 영과 진리로 예배할지니라"는 "$\epsilon\nu$ $\pi\nu\epsilon\acute{\upsilon}\mu\alpha\tau\iota$ $\kappa\alpha\grave{\iota}$ $\dot{\alpha}\lambda\eta\theta\epsilon\acute{\iota}\alpha$ $\delta\epsilon\iota$' $\pi\rho\sigma\kappa\upsilon\nu\epsilon\iota\nu$"(엔 프뉴마티 카이 알레데이아 데이 프로스퀴네온)입니다.

우리는 여기서 두 개의 단어에 주목할 필요가 있습니다. 하나는 '엔' 입니다. 이것은 '~안에서' 입니다. 또 하나의 중요한 단어가 나옵니다. 이것은 '데이' 라는 동사인데 진리(알레데이아)와 예배 사이에 들어가 있습니다. 이 뜻은 '반드시 ~해야 한다', 즉 '마주치다, 틀림없다' 입니다.

그래서 본문을 다시 번역하다면 "하나님은 영이시니 예배하는 자가 영과 진리 안에서(엔) 반드시(데이) 예배할지니라"가 됩니다. 즉 내 영이 깨어 하나님과의 만남이 있어야 하고 성령의 감동을 받아들이는 예배가 되어야 한다는 말씀입니다. 그러므로 우리가 드리는 예배가 영감 있는 예배, 감동 있는 예배, 주님의 임재를 경험하는 예배가 되어야 할 것입니다.

동방의 박사들은 오직 메시아를 만나 그에게 경배를 드리기 위해 그 먼 길을 여행하여 천신만고 끝에 베들레헴에 도착하여 아기 예수께 경배를 드리고 예물을 드린 후 다시 먼 길을 돌아갔습니다. 이들의 예배는 역사 속에 수많은 사람들에게 귀감이 되고 있습니다.

　예배에는 희생과 대가 지불이 있어야 합니다. 교회당이 멀리 떨어져 있습니까? 전철을 타고 오십니까? 예배에 대가가 지불되어야 경배를 경험하게 됩니다. 예수 그리스도를 만나는 감격이 있으면 오는 길이 어려워도 힘들다고 생각하지 않습니다. 아무도 나를 알아주지 않아도, 반겨주지 않아도 예수 그리스도만을 경배하기 위하여 교회에 오셔야 합니다.

　어떤 사람은 교회에 아는 사람이 없으면 교회에 오는 재미가 없다고 합니다. 이렇게 되면 주님을 만날 수 없습니다. 주님을 만나 경배하러 교회에 오셔야 합니다. 사람을 만나기 위해 교회에 오는 분은 없습니까? 무작정 별 하나만 따라 먼 길을 온 동방박사처럼 하나님 한 분만을 기대하십시오. 그 사람의 예배를 하나님이 받으시고 크신 은혜를 베풀어 주시는 것입니다.

　예배는 사람을 위한 것이 아니고 하나님을 위한 것입니다. 예배는 하나님께 드리는 것이므로 하나님께서 받아 주시지 않는 예배라면 그 형식과 내용을 불구하고 소용없는 것입니다. 멋있는 분위기, 많은 사람의 운집, 아름다운 찬양과 음악, 적당한 시각적 배려, 설교의 논리성, 헌금의 다소 등 여러 가지 요소가 조화롭다 하여도 예배는 우선 하나님이 받으셔야 합니다. 하나님이 받으신 예배가 은혜로운 예배입니다.

　요즘 교회 예배는 기획된 한 편의 인기 드라마처럼 진행되어야 즐거움과 감동을 받습니다. 편안함과 안락한 시설 속에서 분위기 있고 고급스러운 한 편의 예배가 연출될 때 감동을 받고 흡족한 마음을 가지게 됩니다.

그러나 중요한 사실이 있습니다. 그것은 당신이 예배에 참여한 관객이 아니라 예배자라는 것입니다. 하나님은 우리의 외형을 보시는 것이 아니라 우리의 중심을 보십니다. 하나님은 좋은 연극을 보러 찾아온 관객을 찾으시는 것이 아니라 예배하는 자를 찾으십니다.

그러므로 우리 모두는 하나님이 보시기에 바른 예배자들이 되어 예배를 드릴 때마다 하나님이 주목하시는 사람들이 되기를 바랍니다.

3. 하나님은 바른 예배자들에게 은혜와 복을 주십니다

창세기 4장 3-5절을 보십시오.

"가인은 땅의 소산으로 제물을 삼아 여호와께 드렸고 아벨은 자기도 양의 첫 새끼와 그 기름으로 드렸더니 여호와께서 아벨과 그의 제물은 받으셨으나 가인과 그의 제물은 받지 아니하신지라."

아주 간단한 기록입니다. 그러나 이 기록 속에는 성공한 예배와 실패한 예배의 모습이 기록되어 있습니다. 예배가 열납되었는가 열납되지 않았는가에 따라 그 성패가 갈립니다. 제물이 문제가 아니라 사람입니다. 가인은 죄를 품고 예배를 드렸습니다. 가인의 마음이 하나님께 합당치 않았기에 하나님께서는 가인의 예배를 받지 않으셨던 것입니다.

예배에 실패하면 인생도 실패합니다. 예배에 실패한 가인은 결국 살인자가 됩니다. 그의 인생은 이것으로 끝난 것입니다. 5절에서 "가인과 그의 제물은 받지 아니하신지라 가인이 몹시 분하여 안색이 변하니"라고 했습니다. 안색이 변했다는 것은 기쁨이 사라지고 근심이 가득했다는 말입니다. 아벨에 대한 분노로 가득 찬 것입니다. 이게 바로 지옥입니다. 반대로 아벨은 믿음으로 하나님께 예배를 드렸습니다(히 11:4). 그 결과 하나님이 기쁘게 받으신 것입니다.

영국의 청교도들이 배를 타고 신대륙으로 건너간 이유가 무엇입니까? 예배의 자유를 위해서 그들은 생명을 걸고 배에 몸을 실었습니다. 4개월의 항해 끝에 그들은 1620년 12월 11일 플리머스에 도착했습니다. 항해 중에 많은 성도들이 죽었고, 오랜 항해 끝에 신대륙에 도착한 그들도 지치고 병들어 있었습니다. 혹독한 추위 속에 그리고 인디언의 화살이 날아오는 벌판에서 그들은 도착 감사예배를 드렸습니다. 추위와 풍토병으로 고생하는 가운데, 이듬해 가을까지 46명이 괴혈병과 폐렴으로 죽었습니다. 살아남은 사람들이 1621년 가을 추수를 하고 나서 제일 먼저 한 일이 무엇입니까? 예배였습니다. 눈물의 예배, 감격의 예배였습니다. 이것이 미국 추수감사절의 시작입니다.

하나님은 청교도의 희생이 들어간 예배를 받으시고 그 땅과 그 후손들을 축복하시어 오늘날 미국이 강대국으로 세계에 큰 영향을 끼치고 있으며, 몇 세기를 걸쳐 세계복음화에 앞장서고 있습니다.

영국의 총리를 세 번이나 역임한 세계 3대 위인 가운데 한 분인 글래드스턴 경은 이런 말을 하였습니다.

"내가 정사에 바빠 분망하게 돌아다니며 시간 가는 줄도 몰라 아침인지 저녁인지 분간하지 못할 정도였지만 주일 예배 시간을 잊어버려서 예배에 빠진 적은 단 한 번도 없습니다. 제가 나라 일을 바로 감당할 수 있었던 힘은 주일 예배를 통해 은혜를 받기 때문입니다."

우리는 예배를 통하여 전능하신 하나님을 만나고, 하나님이 위로부터 주시는 힘과 위로와 용기와 소망을 얻습니다. 예배는 무거운 짐을 벗는 것입니다. 예배는 우리에게 있는 죄의 짐, 고통의 짐, 슬픔과 괴로움의 짐, 저주와 가난의 짐, 질병과 아픔의 짐 등을 벗어 버리는 은혜의 자리입니다. 바른 예배를 드리기만 하면 하나님은 우리의 무거운 모든 멍에를 꺾어 주실 것입니다.

미국의 테네시 주에 있는 제일 보험회사 사장인 제임스 빌리에스는 일리노이 주 스프링필드의 가난한 가정에서 태어났습니다. 그는 어릴 때 가난으로 고생하면서도 신앙을 지키고 하나님께 철저한 예배 중심의 삶을 살았습니다.

그는 사무엘상 2장 30절의 "나를 존중히 여기는 자를 내가 존중히 여기고 나를 멸시하는 자를 내가 경멸하리라"는 말씀을 명심하고 예배 때 최선을 다해 예배를 드렸더니 하나님이 그에게 그런 복을 주셨다고 하였습니다.

우리나라 출신으로 세계무역협회 수석 부총재인 이희돈 장로님의 간증을 들어 보면 그가 하나님께 얼마나 정성스러운 예배를 드리는지 알 수 있습니다. 몇 년 전 우리나라 제주도에서 APEC 총회가 열려 각국 통치자들과 회담을 하는 중에 주일이 다가오자 그는 비행기로 미국 버지니아에 있는 본 교회로 날아가 그곳에서 예배를 드린 후 다시 참석하였다고 합니다.

영국 빅토리아 여왕 대관식 때 헨델의 오라토리오 "메시아"가 연주되었습니다. 44번 '할렐루야'가 합창될 때는 모두 일어나는 것이 관례였습니다. 그러나 대관식에서 왕은 어떤 경우에도 일어서지 않는 것이 왕실의 규례였습니다. 드디어 할렐루야가 합창되었습니다. 모두가 다 일어났습니다. 장엄한 합창을 들으며 여왕은 일어서고 싶은 충동을 강하게 받았습니다. 그러나 왕실의 규례를 지키려고 참고 앉아 있었습니다.

그러나 할렐루야의 마지막 부분이 합창될 때 여왕은 "왕의 왕, 주의 주, 할렐루야"가 찬송될 때 모든 것을 무시하고 자리에서 벌떡 일어나서 두 손을 가슴에 얹고 고개를 숙이고 왕의 왕이신 예수님께 경배했습니다. 여왕은 "높으신 하나님 앞에 지상의 왕권은 아무것도 아닙니다. 땅의 평화는 모든 인간이 하나님을 높일 때 오는 것입니다"라고 말했습니다.

우리 하나님은 우리를 창조하신 우리 아버지시요 우리를 구원하신 우리의 구속주이시니 마땅히 우리 온 마음과 정성을 다하여 예배를 드려야 합니다. 우리 하나님은 참된 예배를 드리는 사람을 찾아 복을 주십니다. 예배 성공자는 인생 성공자가 되고, 그는 반드시 역사의 주역이 되고 행복한 인생이 됩니다. 그러므로 참으로 예배하는 자가 되시기를 축복합니다.

 나눔

1. 당신은 예배를 드릴 때 성령의 감동으로 드리고 준비된 예배를 드리고 있나요? 아니라면 그 이유가 무엇이라고 생각하십니까?

2. 하나님은 바른 예배를 드리는 자를 지금도 찾고 계십니다. 당신이 오늘 말씀을 통해 바른 예배를 드리기를 원한다면 구체적으로 어떻게 예배하기를 원하는지 나누어 보십시오.

3. 이제 본문 말씀을 붙잡고 바른 예배자가 되기 위해 합심하여 간절히 기도하십시오.

1. 환난에서 건져 주십니다 (시 91:14-16)

고난 극복

연평도에 북한군의 포격이 가해져 연평도가 불바다가 되었고, 병사들과 민간인들이 죽거나 부상을 당하였고, 많은 사람들이 섬에서 육지로 피난 나왔습니다. 사람들은 이런 일이 일어날 줄 꿈에도 생각하지 못했다고 합니다.

살다 보면 국가적인 환난으로 6·25 같은 전쟁을 만나기도 하고, IMF 구제금융 같은 환난을 당하기도 합니다. 또 집단적으로 연평도에서 일어난 날벼락 같은 일이 일어나기도 합니다. 개인적으로는 화재, 교통사고, 도둑이나 강도, 성폭행, 실직, 사업부도, 이혼, 암 발생, 자녀들의 탈선, 가족의 이별 등의 환난을 만날 때가 있습니다.

1. 환난은 누구나 당할 수 있는 보편적인 것입니다

하나님이 기뻐하셨던 성경의 위대한 인물들도 모두 환난을 많이 겪은 분들이고, 백성들이 존경하였던 이스라엘의 지도자들의 삶을 보아도 환난을 통과한 사람들이 대부분입니다. 우리는 왜 나만 겪는 고난이냐고 반문할 수도 있습니다. 하지만 종류와 정도의 차이는 있을지언정 고난은 누구에게나 다 있는 것입니다.

우리에게 주어진 날들은 평범하게는 1년이 365일 모두 동일합니다. 그런가 하면 내게만 특별한 의미가 있는 소중한 날들도 꽤 많습니다. 예를 들어 생일날, 입학식 날, 졸업식 날, 약혼식 날, 결혼식 날, 진급한 날, 칠순잔치 등……이 모두 다 언제나 기억하고 싶은 소중한 날들이 아니겠습니까? 반대로 환난의 날들은 대부분 기억조차 하고 싶지 않은 저주의 날들이라고 생각합니다.

하지만 하나님께서는 당신의 자녀들이 이 땅에서 환난을 당하는 것을 아십니다. 주님은 요한복음 16장 33절에서 "이것을 너희에게 이르는 것은 너희로 내 안에서 평안을 누리게 하려 함이라 세상에서는 너희가 환난을 당하나 담대하라 내가 세상을 이기었노라"고 말씀하셨습니다.

하나님께서는 당신의 자녀가 인생길을 가는 동안에 만나야 할 갖가지 환난들을 알고 계실 뿐만 아니라 어떻게 하면 그 환난을 벗어날 수 있는지를 이렇게 자상하게 가르쳐 주십니다. 그 사실이 우리를 감격하게 만듭니다. 환난이 문제가 아니라, 환난 날에 도와줄 이가 없는 것이 문제라는 사실을 다시금 깨우쳐 주신 것입니다.

요즈음 자살하는 사람들의 데이터를 분석해 볼 때 놀랍게도 돈과 명예와 권력이 없어 죽는 사람보다는 많이 가진 자들, 소위 엘리트라고 하는 사람들의 자살률이 급증하고 있음을 알 수 있습니다.

오랫동안 교회에 몸담고 있다고 해서 하나님을 바로 믿고 있다고 말할 수는 없습니다. 실생활 속에서 도와주시는 하나님을 환난 날에 부를 수 없다면 그 사람은 하나님을 진실로 믿는 사람이라고 볼 수 없습니다. 하나님을 죽어서나 만나 볼 수 있는 미래의 하나님 정도로 알고 있는 사람들은 현재 나를 건져 주시는 하나님에 대해 알 수 없는 것입니다.

2. 주님은 사랑하는 자들을 친히 환난에서 건져 주십니다

본문 14절을 보십시오.

"하나님이 이르시되 그가 나를 사랑한즉 내가 그를 건지리라 그가 내 이름을 안즉 내가 그를 높이리라."

이 말씀은 주님이 우리를 사랑하시기에 우리를 건져주신다는 말과 같은 말입니다.
성경은 우리가 주님을 사랑한 것이 아니라 주님이 우리를 먼저 사랑하셨다고 말씀하셨습니다. 요한일서 4장 10절을 보십시오.

"사랑은 여기 있으니 우리가 하나님을 사랑한 것이 아니요 하나님이 우리를 사랑하사 우리 죄를 속하기 위하여 화목 제물로 그 아들을 보내셨음이라."

성경에 보면 주님을 부인하고 배신한 제자들이 갈릴리로 내려갔습니다. 사람들은 자기를 배신하고 저주한 사람들과 상종하지 않을 것입니다. 하지만 부활하신 주님은 먼 갈릴리까지 오셔서 친히 숯불을 피워 떡과 생선을 구워 놓고 배고프고 허기진 제자들을 먹

이시고 다시 회복시켜 주셨습니다. 사랑하기에 버릴 수 없었던 것입니다.

우리가 죄를 짓고 불의해도 주님은 우리를 사랑하십니다. 나 같은 죄인은 예수께서 관심을 가져 주시지 않을 것이라고 생각하십니까? 그렇지 않습니다. 예수님은 누구든지 죄를 회개하고 주님을 찾으면 반드시 만나 주시고, 그 사람을 웅덩이에서 건져 주시는 것입니다(시 40:1-3).

미국 서부의 한 농가에서 젊은 어머니가 곡식을 마당에 말리고 있었습니다. 그런데 그 어머니가 처마 밑 베란다에 갓난아이를 요람에 넣어 두었는데 큰 독수리가 날아가다가 그 요람을 낚아채 가 버리고 말았습니다. 그러자 젊은 어머니가 비명을 지르며 독수리가 날아가는 방향으로 쫓아갔습니다. 마을 사람들 중에 그 여인의 외침을 듣고 따라가는 사람들이 있었습니다.

독수리는 마을 밖 깎아지른 바위 절벽 위의 둥지에 아기를 내려놓고 눈을 껌벅이며 밑을 내려다보고 있었습니다. 아기 엄마는 소리쳤습니다. "우리 아길 살려 주세요!"

해병대 출신의 건장한 젊은이가 절벽 위를 오르기 시작하더니 중간 부분에서 더 이상 오르지 못하고 있었습니다. 인디언 전사 한 사람이 역시 절벽을 기어오르다 중간에서 포기하고 말았습니다. 그런데 한 사람이 둥지 가까이로 올라가고 있는 모습이 보였습니다. 손에 피를 흘리며 미친 듯이 올라가는 그 사람은 다름아닌 아기의 어머니였습니다. 자식을 생명보다 사랑하였기에 자식이 위기를 당하자 앞뒤를 재지 않고 죽음을 두려워하지 않았던 것입니다.

성경은 '사랑은 죽음보다 강하다'고 하였습니다. 우리 주님은 우리를 사랑하셔서 십자가에서 자기 살을 찢고 보배로운 피를 쏟아 생명을 주심으로 우리를 살리셨습니다(롬 5:8). 성경은 하나님이 우리에게 보여주신 가장 위대한 사랑이 바로 십자가라고 하였습니다. 하나님 아버지는 우리 한 사람 한 사람을 너무나 사랑하시기에 자기의 심장을 우리에게 떼어 주듯이 가장 소중한 독생자 예수를 십자가에 내어주신 것입니다. 아들을 우리에게 내어주신 하나님이 우리를 환난에서 건져 주시지 않겠습니까? 누가복음 14장에 보면, 주 예수께서 안식일에 한 바리새인의 집에서 음식을 잡수시던 중 수종병으로 오랫동안 고통하던 한 사람을 고쳐 주셨습니다. 그러자 율법 교사들과 바리새인들이 안식일에 병자를 고쳤다고 속으로 주님을 비난하였습니다. 주님은 그들에게 "너희 중에 누가 그 아들이나 소가 우물에 빠졌으면 안식일에라도 곧 끌어내지 않겠느냐"고 하셨습니다.

하물며 하나님께서 하나님의 자녀인 당신을 건져 주시지 않겠습니까? 하나님의 사랑에 대한 믿음을 가지십시오. 하나님의 약속을 믿으십시오.

사드락과 메삭과 아벳느고를 풀무불 속에서 건져 주신 하나님(단 3:27), 다니엘을 사자굴 속에서 건져 주신 하나님(단 6:27), 베드로를 감옥에서 건져 주신 그 하나님(행 12:11)께서 바로 당신의 하나님이 되시는 것을 믿으시기 바랍니다.

3. 기도하는 자들을 환난에서 건져 주십니다

"그가 내게 간구하리니 내가 그에게 응답하리라 그들이 환난 당할 때에 내가 그와 함께하여 그를 건지고 영화롭게 하리라"(15절).

기도하기만 하면 하나님께서 친히 당신의 손으로, 당신의 영광을 위하여 환난 속에 있는 나를 건져 주시겠다는 약속이 이렇게도 분명합니다.

그렇다면 내가 환난 속에 들어간 것이 저주가 아니라 그곳에서 건짐을 받은 후 하나님께 영광을 돌릴 수 있는 아주 멋진 기회로, 축복의 날로 바꿀 수가 있다는 것입니다!

그런데도 이 사실을 망각한 우리가 환난을 겪을 때마다 기도하기보다는 먼저 낙심부터 하는 데 문제가 있다는 것을 알아야 합니다.

시편에는 "환난 날에 나를 부르라 내가 너를 건지리니 네가 나를 영화롭게 하리로다"(시 50:15)라고 하셨는데, 여기서 부르라는 말씀은 곧 기도하라는 말씀입니다. 이 얼마나 반갑고 놀라운 약속입니까? 이런 약속이 있음에도 울고만 있다면 참으로 슬픈 일입니다. 이런 말씀을 두고도 환난 날에 낙심하고 있다면 참으로 안타까운 일입니다.

이 약속은 하나님을 알고 하나님의 인도하심을 받는 사람은 환난을 당해도 두려워할 이유가 없다는 것을 확신시켜 줍니다.

그러나 문제는 기도하려 해도 기도의 문이 닫혀 있다고 느껴질 때가 있다는 것입니다. 그렇다면 기도의 문은 왜 닫혀 있는 걸까요? 우리의 기도를 가로막는 원인은 하나님께 있지 않습니다. 우리 속에 있습니다. 그것은 바로 죄책감과 불신입니다.

우리 스스로 하나님께 담대히 나아갈 수 없다고 느끼는 것입니다. 기도할 줄 모른다고 느끼거나, 불순종과 죄 때문에 하나님께서 우리 기도를 들어주실 리 없다는 생각 때문에 스스로 기도에 자신을 잃고 좌절하는 것입니다. 사탄이 바로 우리의 이러한 약점을 가지고 우리의 기도 생활을 방해하는 것입니다. 그러므로 기도 문제의 해결도 우리에게 있습니다. 하나님께서는 이미 다 열어 놓고 계십니다(요 14:13-14).

"지금까지는 너희가 내 이름으로 아무것도 구하지 아니하였으나 구하라 그리하면 받으리니 너희 기쁨이 충만하리라"(요 16:24).

예수님의 이름으로 기도하라는 것은 하나님께서 우리의 기도를 들으시는 것이 결코 우리 자신의 공로를 보시기 때문이 아니고, 예수님이 우리와 함께하셔서 그 기도도 예수님이 하시는 기도로 보시기 때문입니다.

제자들이 기도 응답의 약속을 받고도 누리지 못할 때가 있었습니다. 그때 그들은 너무나 약했습니다. 십자가 앞에서 기도하지 않고 도망부터 갔습니다. 그러나 실제로 기도하기 시작하면서 제자들은 달라졌습니다. 정말 세상을 이기는 성도가 된 것입니다. 환난을 당하여도 그들의 기쁨은 충만하였습니다.

기도의 축복을 놓치면 신앙생활의 능력과 축복을 다 놓친 것과 같습니다. 그러므로 어떠한 경우라도 기도만은 결코 놓치지 말아야 합니다.

'학습된 무력증' 이라는 말이 있습니다. 인도나 태국에서 아주

몸집이 큰 코끼리를 길을 들여 집안일을 시키는 경우가 많습니다. 그런데 이 코끼리를 길들이기 위해 어린 야생 코끼리를 잡아 마당 가운데 말뚝을 박고 발목을 묶어 둡니다. 그러면 처음에는 도망을 치려고 발목에서 피가 나도록 몸부림을 칩니다. 오랜 날이 지난 후 발목에 매인 쇠사슬을 풀어 줍니다. 그러나 코끼리는 자기 발목에 채워졌던 쇠사슬이 풀린 줄을 모릅니다. 그리고 도망할 것을 체념하고 사람이 하자는 대로 하게 됩니다.

사람도 이렇게 패배와 무기력에 사로잡히는 경우가 있습니다. 승리의 약속이 있음에도 불구하고 세상이 주는 패배에 길들어 할 수 없다는 생각에 사로잡혀 있습니다. 기도하면 주님이 일하셔서 모든 것을 바꾸어 주신다는 약속을 믿지 못하고 과거의 패배를 오늘의 것으로 안고 살아가는 그런 사람이 우리 주변에 많이 있습니다.

제 어머니는 비염으로 늘 재채기를 하고 고생하시면서도 비염을 향해 너와 나는 친구라는 말을 입버릇처럼 하시는 것을 들었습니다. 어떤 분들은 너무 오랫동안 고생을 해서 자기는 고생하고 살게끔 되어 버렸다고 생각하고 체념하며 살아갑니다. 너무 오랫동안 병석에 누워 있어서 도저히 고칠 수 없다고 체념하고 살아가는 사람들도 있습니다. 이와 같이 자기는 기도하여도 응답받을 수 없다는 기도 무력증에 사로잡힌 사람들이 얼마나 많은지 모릅니다.

완전히 절망한 사람에게는 하나님도 손을 쓰시지 않습니다. 우리가 아무리 낙심하고 절망하더라도 하나님을 찾아 나아가는 힘을 가지고 살아야 합니다.

시편 107편 19~21절을 봅시다.

"이에 그들이 그들의 고통 때문에 여호와께 부르짖으매 그가 그들의 고통에서 그들을 구원하시되 그가 그의 말씀을 보내어 그들을 고치시고 위험한 지경에서 건지시는도다 여호와의 인자하심과 인생에게 행하신 기적으로 말미암아 그를 찬송할지로다"(시 107:19-21).

여기서 "이에 그들이……"라는 말은 그 앞의 구절들을 받쳐 주는 말씀입니다. '이에'라는 말은 그들이 죄악의 길을 따르고 악을 범하기 때문에 고난을 받게 되었다는 말입니다(시 107:17). 하지만 이런 사람들일지라도 회개하고 기도할 때 하나님이 모든 고난에서 건져 주신다고 하신 것입니다.

"이 곤고한 자가 부르짖으매 여호와께서 들으시고 그의 모든 환난에서 구원하셨도다"(시 34:6).

환난 날에 부를 수 있는 이름이 있고, 도와주실 분이 계시니 얼마나 감사합니까? 주님의 이름을 부르십시오. 마음껏 부르십시오. 기도하며 도움을 구하십시오. 주님께서 반드시 들으시고 응답하실 것이요, 건져 주실 것입니다.

1. 하나님께서 우리를 고난 가운데서 건지시는 이유가 무엇인지 말씀해 보십시오.

2. 당신이 고난 가운데서 기도할 때 하나님의 도움으로 벗어난 경험들을 간증해 보십시오.

3. 이제 본문 말씀을 붙잡고 어떠한 경우에도 하나님의 사랑을 믿고 하나님께 나아가 간구하기로 결단하는 기도를 합심하여 간절히 드리십시오.

2. 빈 그릇에 채워 주소서 (왕하 4:1-7)

고난 극복

가난한 자의 삶은 힘들고 어렵습니다. 더군다나 빚을 지고 채무에 시달리는 사람은 말로 표현할 수 없는 심적인 고통을 당합니다. 카드 빚으로 자살한 사람들이 많고, 고리 사채에 시달리다 가정이 파괴되거나 정신적 충격을 견디지 못하여 병든 사람들과 자살한 사람들도 많습니다. 요즈음 사채업자들의 횡포는 무자비합니다. 그럼에도 불구하고 사람들이 사채를 끌어다 쓰는 것은 매우 절박한 현실 때문입니다.

사채업자들은 돈을 갚지 않으면 전화를 걸어 인격적으로 모독하고 온갖 협박의 말을 서슴지 않습니다. 빌려간 돈을 기한 내에 갚지 않으면 가족들을 가만두지 않겠다느니, 직장에 알려 직장생활을 못하게 하겠다느니, 사회에서 매장을 시키겠다느니 온갖 공갈 협박을 일삼기에 채무자는 견디지 못합니다.

본문의 여인도 빚을 지고 채주에게 두 아들을 종으로 내어주어야 할 위기를 만났습니다. 잠언 22장 7절에도 "빚진 자는 채주의 종이 되느니라"고 말하는데, 빚을 진 자는 마음에 근심과 걱정이 가득하게 되고, 빚에 대한 고민으로 잠을 이루지 못하며, 삶 전체가 빚에 눌려 정상적인 생활을 할 수 없게 됩니다.

본문에 기록된 이 여인의 가정은 주의 일을 하면서 나름대로 열심히 살았습니다. 어떤 성경학자들은 이 여인의 남편이 아합 왕으로부터 핍박받는 주의 종들을 위해 물질로 도움을 주었다고 합니다.

이 여인은 자기 남편이 '하나님을 경외하는 사람' 이었다고 말합니다. 그런데도 이렇게 빚을 지게 되었습니다. 살다 보면 예수를 잘 믿어도 어려움을 당하고, 빚을 져 고통을 당하기도 합니다.

이런 가운데 이 여인은 주의 종을 찾아 어려움을 호소함으로 하나님의 도우심으로 위기를 면할 뿐 아니라, 절망이 변하여 기쁨이 넘치는 삶이 되었고, 가난이 변하여 부요한 삶이 되었고, 기적을 체험한 주인공이 되었습니다. 저는 이 말씀을 통해 이와 같은 기적이 우리 모두에게 일어나기를 바랍니다.

1. 어려운 때일수록 하나님의 말씀을 찾고 기도해야 합니다 (1절).

"선지자의 제자들의 아내 중의 한 여인이 엘리사에게 부르짖어 이르되"(1절).

이 여인은 주의 종 엘리사를 찾아왔습니다. 그 당시 하나님은 선지자들을 통해 그 백성들에게 말씀을 주셨기 때문입니다. 말씀을 받은 여인은 불과 몇 시간 후 모든 빚을 청산하고 오히려 풍족하게 되었습니다.

우리도 어려울수록 더욱 말씀을 찾아야만 합니다. 교회에 나와 말씀을 들어야만 내게 기름이 있다는 것을 알게 되고, 문제 해결의 방법을 깨닫게 됩니다. 하나님은 교회를 통해 기적을 경험하게도 하시고, 살아 계신 하나님의 사랑을 체험하게 하고 풍성한 삶을 누리게 하시는 것입니다. 그러므로 우리는 교회당에 나와 말씀을 들어야 하고, 주님께 물어야 하고 부르짖을 필요가 있습니다.

비록 힘들고 어려울지라도 낙심하거나 절망하지 마시고, 포기하지 마시고 하나님 앞에 나와 말씀 듣고 기도하면 사는 길이 열리게 될 것입니다. 혼자만 고민하지 마시고 그 문제를 하나님께로 가지고 나오십시오.

엘리사는 돈을 주어서 이 여인의 문제를 해결해 주지 않았습니다. 그것은 하나님이 방법이 아니었기 때문입니다. 엘리사는 말씀을 주어서 그 여인이 그 말씀을 믿고 순종함으로 직접 하나님의 도우심과 사랑을 경험하게 하였습니다.

오늘날에도 교회는 주의 백성들에게 말씀을 선포하여 그 말씀을 따라 살게 함으로 세상을 이기게 하고, 문제를 해결하며, 하나님을 경험하게 하는 곳입니다.

그러므로 어려운 시대에 하나님의 교회를 찾고, 말씀을 찾아 하나님을 경험하고 기적을 체험하는 성도들이 되시기를 바랍니다.

2. 어려울 때 내게 있는 것을 기억하고 그것을 사용해야 합니다

선지자는 당신에게 무엇이 없느냐고 묻지 않고, 무엇이 있느냐고 물었습니다. 당신에게는 무엇이 있습니까? 하나님께서는 모세에게 네 손에 있는 것이 무엇이냐고 물으셨습니다. 그는 지팡이라고 대답하였습니다. 그러자 하나님이 그것을 던지라고 하여 던졌습니다. 그랬더니 뱀이 되었고, 잡으라고 하여 다시 꼬리를 잡았더니 지팡이가 되었습니다. 하나님께 드렸다 돌려받은 그 지팡이는 이제 예전의 그 지팡이가 아니었습니다. 모세는 그것으로 이스라엘 백성의 목전에서 기적을 행하였습니다.

이 여인은 "한 그릇 기름이 있나이다"라고 말했어야 할 터인데 "기름 한 그릇 외에는 아무것도 없나이다"라고 하여 '빈곤 마인드'를 가졌음을 나타냅니다. 믿음이 없으면 없는 것이 더 커 보이고, 없는 것이 염려가 되는 것입니다. 자나깨나 이 여인의 걱정은 없는 것이었습니다. 돈도 없고, 갚을 수 있는 능력도 없고, 도움을 줄 사람도 없고, 소망도 없고, 미래도 없다는 것입니다.

그러나 주님은 문제의 산보다 우리의 믿음이 문제라고 말씀하셨습니다.

조지아 주립대학의 데이비드 교수는 성공한 사람들을 연구하여 논문을 발표하였는데, 결론만 말씀드린다면 성공은 사람들의 성장 배경이나 학력이나 외모나 조건에 달려 있지 않았고 그들이 얼마나 긍정적인 생각을 하느냐에 달려 있었다고 합니다.

이 여인은 빚 때문에 생각이 어두워진 것입니다. 어두움을 생각하면 어두움이 오고, 빛을 생각하면 밝음이 옵니다. 당신의 미래는 당신이 생각하는 그것이 될 수 있습니다.

모든 것을 다 잃었다고 하여도 남아 있는 것이 여전히 있습니다. 남아 있는 그것 속에 축복의 씨앗이 있고, 기적의 재료가 있습니다. 자녀들에게 없는 것을 말하고, 아내에게 없는 것을 말하면 그들의 인생이 그렇게 될 수밖에 없습니다. 반대로 이것도 있고, 저것도 있다고 말하면 그 말하는 대로 그 인생이 그렇게 될 것입니다. 자살하는 사람들은 많이 남아 있음에도 불구하고 없는 것을 되새기다가 결국 자살하고 마는 것입니다.

예수 믿는 것은 세상 사람들과 다르게 생각하고 다르게 말하는 것을 의미합니다. 탁월한 사람들은 사과 씨 속의 사과나무를 보고, 사과가 떨어지는 것을 보고도 우주 속에 작용하는 힘을 발견하는 것입니다. 하나님은 없는 것을 생각하지 말고 있는 것을 보고 감사하고 그것을 사용하라고 말씀하십니다. 여인은 생각지 못하였지만 하나님은 선지자에게 여인에게 있는 것을 가지고 행하라고 말씀하신 것입니다.

한 젊은 여성이 고등학교를 졸업하고 얼마 되지 않아 결혼을 하였습니다. 어느 날 남편이 운영하던 세탁소가 불황을 이기지 못하고 문을 닫게 되었습니다. 문제는 세탁소를 인수하기 위해 빌려 쓴 돈 5,000달러를 갚을 길이 없는 것이었습니다. 집에서 살림만 하고 아이들만 키워 온 그녀가 직업을 가지는 것은 쉬운 일이 아니었습니다.

나이 23세, 학력 고졸, 기술이나 자격증 없음, 거울 앞에 선 자신의 모습은 그것이 전부였습니다. 계속하여 일자리를 찾아보았지만 번번이 퇴짜를 맞았습니다. 그러던 중 어느 커피숍에서 설거지를 하는 주방 보조 자리를 얻게 되었습니다. 그러나 하루 만에 해고당하고 말았습니다. 일하는 것이 어설퍼 보였기 때문이었습니다.

그날 도저히 잠을 이룰 수 없었습니다. 나라는 존재는 이것밖에 안 되는가? 아픈 생각으로 가슴을 치는데 성경에서 읽은 기름 한 그릇의 기적이 떠올랐습니다. 자신과 마찬가지로 절망에 빠진 여인의 이야기였습니다.

'그래, 우리 집에 있는 것 중에서 그릇들을 채울 수 있는 것은 무엇일까?'

그 순간 고등학교 때 국어 선생님의 얼굴이 떠올랐습니다. 선생님은 그녀의 작문 실력이 뛰어나다고 칭찬하시며, 학교 신문을 편집하는 일을 맡겨 주셨습니다. 그녀는 일어나 신문을 뒤적이며 혹시 글 쓰는 일에 관련된 구인 광고가 없는지 유심히 살폈지만 눈에 띄지 않았습니다.

그때 그녀의 눈에 광고의 문장들이 좀 유치하다는 생각이 들었습니다. '나라면 이 지경으로 쓰지는 않을 텐데……'

나름대로 광고 문안을 수정하여 보았습니다. 아침이 될 때까지 그렇게 광고 문안을 고치면서 그녀는 이상하리만큼 기분이 상쾌함을 느꼈습니다. 갑자기 어디서 그런 용기가 생겼는지 그녀는 새 옷을 갈아입고 신문사를 찾아가 사장을 만나 일주일 분 광고 지면을 자기가 다 사겠다고 말한 다음 광고주를 찾아갔습니다. 그러고는 자신이 만든 광고 문안을 보여주며 신문에 실어 주고 이익을 붙여 신문사에는 일주일 후 돈을 지불한다는 내용이었는데 놀랍게도 이것이 받아들여졌습니다. 그녀는 유명한 광고 대행업자가 되었고, 세계 최고의 작가가 되었으며, 유명한 성공학 강사가 되었습니다. 그녀가 바로 도티 월터스(Dottie Walters)입니다.

도티 월터스는 23세에 파산한 남편을 둔 가난한 여인이었고, 빚에 쪼들려 잠을 이루지 못하던 한 여인에 불과하였습니다. 그러나 자신에게 남은 기름 한 그릇을 발견하고는 이렇게 인생이 달라졌습니다.

우리 모두에게 그 모양은 다르다고 할지라도 분명히 기름 한 그릇은 남아 있을 것입니다. 도티 월터스의 기름 한 그릇은 글쓰기 재능이었습니다. 당신에게 그것은 무엇입니까? 그것이 당신의 취미와 취향일 수도 있고, 당신이 즐길 수 있는 일이 될 수도 있습니다.

돈 슈나이더라는 분은 콜게이트 대학의 영문학 교수였습니다. 그런데 어느 날 총장으로부터 해고 통지서를 받았습니다. 처음에는 사무 착오인 줄 알았습니다. 그런데 나중에 사실이라는 것을 알고 '좋아, 얼마든지 다른 대학에서 교수가 될 수 있어' 라고 생각하였습니다. 그는 아내에게는 출근하는 것처럼 하고 이 대학 저 대학에 이력서와 서류를 넣어 보았지만 번번이 퇴짜를 맞았습니다.

2년 동안 무려 101개 대학에서 퇴짜를 맞은 뒤 그는 현실을 받아들여 교수 자리를 포기하고 청소부, 목수 보조공, 나중에는 페인트공이 되어 일했습니다. 그러던 중 그는 아직 그에게 남은 것이 있다는 것을 알고 가난한 사람들과 만나면서 그들의 삶의 애환을 듣고 그것을 타이핑하여 《절벽을 산책한 사람》(부제-페인트공이 된 교수)이라는 책을 내었는데 순식간에 베스트셀러가 되어 엄청난 위치로 올라섰습니다.

당신에게 남아 있는 것이 무엇입니까? 없는 것을 생각하지 마시고 지금 당신이 가지고 있는 것, 그것을 주님 앞에 드려 보시고 기름을 부어 달라고 기도하십시오. 그리하면 오병이어의 기적이 일어날 줄 믿습니다.

3. 어려울 때 빈 그릇을 준비해야 합니다

"이르되 너는 밖에 나가서 모든 이웃에게 그릇을 빌리라 빈 그릇을 빌리되 조금 빌리지 말고"(3절).

여기 빈 그릇은 우리의 마음 상태를 상징하고, 많이 빌리라는 것은 믿음의 분량을 의미하는 것입니다. 그리고 기름은 두말할 것 없이 성령 하나님을 상징하는 것입니다. 성령의 기름이 빈 그릇에 부어진다는 것이고, 많이 사모하는 자에게 많은 은혜가 임한다는 말씀입니다.

누가복음 11장 9-13절을 보십시오.

"내가 또 너희에게 이르노니 구하라 그러면 너희에게 주실 것이요 찾으라 그러면 찾아낼 것이요 문을 두드리라 그러면 너희에게 열릴 것이니 구하는 이마다 받을 것이요 찾는 이는 찾아 낼 것이요 두드리는 이에게는 열릴 것이니라 너희 중에 아버지 된 자로서 누가 아들이 생선을 달라 하는데 생선 대신에 뱀을 주며 알을 달라 하는데 전갈을 주겠느냐 너희가 악할지라도 좋은 것을 자식에게 줄 줄 알거든 하물며 너희 하늘 아버지께서 구하는 자에게 성령을 주시지 않겠느냐 하시니라."

우리는 마땅히 빌 바를 알지 못합니다. 그래서 하나님께서 가장 좋은 것을 주시기를 원하시는데도 받지 못하는 것입니다. 그런데 하나님께서 그 해결책으로 우리에게 주신 것이 바로 성령의 기름 부으심입니다. 성령의 기름 부으심 안에 모든 좋은 것들을 다 넣어 주신 것입니다.

그런데 어떤 사람에게 성령의 기름 부으심이 임합니까? 하나님에 대한 빈 마음으로 목말라하는 사람입니다. 하나님 말씀을 많이 알고, 연구하고, 종교의식을 집행하는 사람들은 많지만 하나님에 대하여 갈급해하는 사람은 적습니다.

주님은 "심령이 가난한 자는 복이 있나니 천국이 그들의 것임이요"(마 5:3)라고 하셨고, "의에 주리고 목마른 자는 복이 있나니 그들이 배부를 것임이요"(마 5:6)라고 하셨습니다.

오늘날 그리스도인들이 구하는 것들은 세상 사람들과 별로 차이가 없습니다. 그러니 하나님의 능력을 경험하지 못하는 것입니다. 성경은 세상에 있는 것들이나 세상을 사랑하지 말라고 말씀하고 있습니다. 솔로몬이 모든 부귀영화를 누리고 난 뒤 "헛되고 헛되다"라고 고백한 것을 우리는 찾고 구하지 않습니까? "우물가의 여인처럼 난 구했네 헛되고 헛된 것들을……."

이 여인과 아들들이 문을 닫고 기름을 부었듯이 우리도 잠시 세상에 대하여 문을 닫고 오직 하나님께로만 향하여 마음을 열고 성령을 갈구해 보지 않으시렵니까? 반드시 성령 충만하게 되실 것입니다. 시편 130편 6절을 보십시오.

"파수꾼이 아침을 기다림보다 내 영혼이 주를 더 기다리나니 참으로 파수꾼이 아침을 기다림보다 더하도다."

성령의 채우심을 경험하십시오. 어려움을 이기고 승리할 수 있는 분명하고 확실한 비결은 오직 성령의 기름 부으심뿐입니다.

마귀의 공격을 이길 수 있는 길도, 세상을 이길 수 있는 길도, 자신을 이길 수 있는 길도, 가난을 이길 수 있는 길도, 시련과 역경을 이길 수 있는 길도, 마음속에 다가오는 온갖 의심과 회의를 이기고 날마다 확신 속에 살아갈 수 있는 길도 오직 성령의 기름 부으심을 받는 길뿐입니다.

오 주님 채우소서
나의 잔을 높이 듭니다
하늘 양식 내게 채워 주소서
넘치도록 채워 주소서 ("우물가의 여인처럼" 중에서).

성령의 기름 부으심은 모든 인생의 문제를 해결하는 능력이요, 열쇠입니다.

 **나눔**

1. 당신이 어려움을 당해 고민하던 중 하나님의 말씀을 받고 문제 해결을 받은 적이 있다면 서로 나누어 보십시오.

2. 당신이 성령의 기름 부음을 받기 위해 무엇을 해야 한다고 생각합니까? 그리고 주님께 무엇을 드려야 한다고 생각하는지 나누어 보십시오.

3. 오늘 주신 말씀을 붙잡고 우리에게 주어진 것들을 하나님께 드려 기적을 체험하도록 합심하여 간절히 기도하십시오.

3. 기쁨으로 거두리라(시 126:1-6)

고난 극복

　이스라엘이 70년 가까이 포로 생활을 하면서 민족의 정체성을 잃어버릴 위기에 처하였고, 정치, 경제, 사회의 지도자들은 모두 사라진 것 같았습니다. 이 민족이 다시 일어날 수 있겠는가? 결론은 불가능하다는 것입니다. 무너진 예루살렘 성과 성전을 다시 재건할 수 있겠는가? 그 일은 생각조차 할 수 없었습니다.
　현실은 너무나 암담하고 참담했습니다. 희망은 조금도 보이지 않았습니다. 미래를 생각해 보면 한숨밖에 나오는 것이 없었습니다. 모두들 슬피 울고 낙심하고 절망 상태에 있을 때, 하나님께서 선지자들을 통하여 희망의 메시지를 주셨습니다. 지금은 힘들고 어려워도 머지않은 장래에 하나님께서 포로 된 자리에서 풀어 주실 것이요, 자유와 해방을 주실 것이며, 고향에 돌아가 하나님께 예배드릴 날이 반드시 올 것이라고 하셨습니다.

1. 모든 인생은 절망의 포로가 되었습니다(1, 4절)

　"여호와께서 시온의 포로를 돌려보내실 때에 우리는 꿈꾸는 것 같았도다"(시 126:1).

포로는 자유가 없고, 희망이 없고, 기쁨도 없습니다. 포로는 하루하루가 불안하고 불확실한 날들입니다. 포로 된 그 자체가 슬픔이요 비참한 일입니다.

1) 사람들은 모두 죄의 포로가 되어 있습니다.

성경은 "욕심이 잉태한즉 죄를 낳고 죄가 장성한즉 사망을 낳느니라"(약 1:15)고 하셨습니다. 우리의 피 속에는 조상의 죄가 흐르고 있고, 유전자 속에도 원죄의 DNA가 있습니다. 우리의 생각, 무의식 속에도 죄가 묻어 있습니다. 이러면 안 되는데 하면서도 죄를 벗어 버리지 못하는 것은 죄의 굴레가 너무나 견고하기 때문입니다.

많은 사람들이 죄책감에 사로잡혀 살고 죄에 눌려 살아가고 있기에 기쁨이 없습니다. 사형수는 잘 먹어도, 잘 입어도 사형수이고, 포로는 장군, 대통령이라도 포로에 불과한 것입니다. 죄의 포로가 되었다는 것은 곧 마귀의 포로, 정욕의 포로가 된 것을 말하는 것입니다. 사람들은 시기, 미움, 질투, 원망, 불평, 비난의 포로가 되어 살아가고 있습니다.

우상숭배—사람들은 미신과 악습과 우상숭배의 포로가 되어 살아가고 있습니다.

물질—돈이 제일이라고 생각하고 돈을 버는 데 수단과 방법을 가리지 않습니다. 사채를 빌려 주고 높은 이자를 받으면서 이자를 주지 않으면 몸을 팔게 하고 장기를 팔게 하여 원금의 수십, 수백 배를 챙기는 사람들도 있고, 돈을 주면 살인도 서슴지 않는 사람들도 있습니다. 돈의 포로가 되었기 때문입니다.

중독-술과 마약과 음란과 도박과 게임에 중독된 사람들이 많습니다.

헛된 사상과 철학-우리 인간을 아메바로부터 진화된 하나의 물질로 보는 진화론 학설을 수많은 사람들이 진리인 줄 믿고 있습니다. 인간이 자연의 한 조각에 불과하다고 생각하는 노자의 사상과 삶과 죽음이 하나라는 불교의 사상에 속아 살아가는 사람들이 얼마나 많은지 모릅니다.

낙심과 절망-많은 사람들이 잘못된 생각에 사로잡혀 있고, 많은 사람들이 할 수 없다는 병에 걸려, 자신을 비하하고 무가치하게 생각하며 살아가고 있습니다.

허무와 무의미, 불안과 초조, 낙심과 절망의 병을 앓고 있는 현대인들-물질문명의 숲에 숨어 자신을 은폐하며 살아가는 가련한 21세기의 아담들이 얼마나 많은지 알 수 없습니다.

2) 사람들은 모두 죽음의 포로가 되어 있습니다.

죽음은 모든 사람에게 왕 노릇 하고 있고, 모든 사람들은 사망 권세 아래 있습니다. 그 누구도 사망에서 벗어날 수 없습니다. 그래서 절망하는 것입니다. 죽음과 삶은 하나가 아닙니다. 육체는 죽어도 영원한 죽음에서 벗어날 수 없는 것입니다. 모든 인생은 죄의 포로가 되어 절망합니다. 모든 인생은 죽음의 포로가 되어 절망하고 있습니다.

2. 오직 하나님만이 포로 된 자들을 풀어 주실 수 있습니다
(1, 4절)

본문에 여호와께서 하셨다는 말씀이 네 번 반복되고 있고, 큰일을 행하셨다는 말씀이 두 번 기록되어 있으며, 포로를 돌려보내셨다 즉 풀어 주셨다는 말씀이 두 번 기록되어 있습니다. 그렇습니다. 인간이 연약하여 할 수 없는 그 일을 하나님이 하셨습니다.

예수께서 자라나신 나사렛 회당에 오시어 성경을 펴서 읽으셨습니다. "주의 성령이 내게 임하셨으니 이는 가난한 자에게 복음을 전하게 하시려고 내게 기름을 부으시고 나를 보내사 포로 된 자에게 자유를, 눈먼 자에게 다시 보게 함을 전파하며 눌린 자를 자유롭게 하고 주의 은혜의 해를 전파하게 하려 하심이라"(눅 4:18-19). 그리고 "이 글이 오늘 너희 귀에 응하였느니라"고 하셨습니다. 즉 주님이 바로 인류를 포로 된 자리에서 풀어 줄 기름 부음을 받은 자, 즉 메시아라고 분명히 하셨습니다.

로마서 8장 1-2절에는 "그러므로 이제 그리스도 예수 안에 있는 자에게는 결코 정죄함이 없나니 이는 그리스도 예수 안에 있는 생명의 성령의 법이 죄와 사망의 법에서 너를 해방하였음이라"라고 말씀하고 있습니다.

하나님이 구약에서 보내주시기로 약속하신 하나님의 아들 그분이 오셔서 죄의 포로 된 자들, 율법의 저주에 묶여 포로 된 자들, 죽음의 포로 된 자들에게 자유를 주셨고, 지금도 그분을 찾는 자들에게 자유를 주시는 것입니다. 할렐루야!

미국의 오성장군 출신인 아이젠하워 대통령이 마지막 임종을 미육군 병원에서 맞이하게 되었습니다. 그가 세상을 떠나기 얼마 전 빌리 그레이엄 목사가 그를 방문하였습니다. 30분의 면회 시간을 마친 후 병실 문을 나서려는 빌리 그레이엄 목사를 아이젠하워 대통령이 붙잡았습니다. 그레이엄 목사님이 "더 하실 말씀이 있으십니까?"라고 묻자 그는 이렇게 말했습니다.

"하나님을 어떻게 만나야 할지 제게는 확신이 없습니다. 도와주십시오."

빌리 그레이엄 목사는 가방에서 성경을 꺼내어 어떻게 죄 사함을 받을 수 있으며, 어떻게 하나님의 자녀가 될 수 있는지에 대해 진지하게 설명해 주었습니다. 그리고 예수 그리스도를 소개하고 구원의 확신을 심어 주었습니다. 그제야 아이젠하워는 "목사님, 고맙습니다. 이젠 되었습니다. 이젠 안심입니다" 하고 웃었습니다. 아이젠하워는 전쟁의 영웅이요, 미국의 대통령으로서 세상에서 가장 많은 부귀영화를 누렸는데도 인생의 마지막에서 불안하고, 초조하여 견딜 수 없었던 것입니다.

우리 인생의 문제는 부자로 사는가 가난하게 사는가 하는 것이 아닙니다. 사람들에게 칭찬과 존경을 받는가 그렇지 못한가의 문제도 아닙니다. 윤리 도덕적으로 착하게 살았는가 그렇지 못한가의 문제도 아닙니다. 뭇 사람들 위에 군림하고 명성을 얻느냐 하는 것도 중요한 문제가 아닙니다. 중요한 것은 하나님과의 관계이며, 영적 생명의 문제입니다. 즉 인생의 궁극적인 문제는 죄의 포로에서 벗어났느냐, 죽음의 포로에서 벗어난 확신이 있느냐 하는 것입니다(요 5:24).

"진리를 알지니 진리가 너희를 자유롭게 하리라 그러므로 아들이 너희를 자유롭게 하면 너희가 참으로 자유로우리라"(요 8:32).

"그리스도께서 우리를 자유롭게 하려고 자유를 주셨으니"(갈 5:1).

그렇습니다. 죄의 저주 아래 있는 자들과 죽음의 그늘에 앉은 자들에게 예수의 피가 떨어지면 자유와 해방 즉 구원이 주어집니다. 애굽에서 종살이하던 이스라엘 백성들이 어린 양의 피로써 구원받아 풀려난 것처럼 누구든지 주 예수를 믿기만 하면 그의 피로 구속함을 입어 죄와 저주에서 해방됩니다.

3. 눈물을 흘리는 자리에서도 희망을 잃지 말아야 합니다(5-6절)

"눈물을 흘리며 씨를 뿌리는 자는 기쁨으로 거두리로다 울며 씨를 뿌리러 나가는 자는 반드시 기쁨으로 그 곡식 단을 가지고 돌아오리로다"(시 126:5-6).

그들은 포로가 된 지 오랜 세월이 흘러 절망할 수밖에 없는 자리에서 하나님의 말씀을 믿고 한 가닥 소망을 가지고 희망의 씨를 뿌렸습니다. 소망 가운데 기도하면서 기다리고 준비하였습니다. 눈물로 씨를 뿌린 것입니다.

우리의 참된 소망이 어디에 있습니까? 바로 예수 그리스도 안에 있습니다. 인간의 행복은 소유나 성취에 있는 것이 아닙니다. 어떠한 소망을 가지고 사는가는 매우 중요한 문제입니다. 미래가 없는 것을 아무리 많이 소유해도 소용이 없습니다.

말씀을 받은 시편 기자는 하나님이 하실 일을 기대하며 눈물 속에서도 희망이라는 씨를 심었습니다. 그렇습니다. 비전의 사람은 환경의 지배를 받지 않습니다. 비전의 사람은 잠시 낙심할 수는 있어도 어떤 악천후 속에서도 다시 일어서게 되어 있습니다. 비전에 잡히면 오히려 위기를 축복의 기회로 선용합니다.

1865년 8월 10일, 도스토예프스키는 친구에게 편지를 보냈습니다. "오늘 아침에도 호텔에서 식사나 차를 주지 않는다. 빵 한 조각 못 먹고 물만 먹고 며칠을 견뎠다. 그런데 이상하게도 빵을 주지 않는 것보다 저녁에 촛불을 주지 않는 것이 불쾌했다."

도스토예프스키가 40세 되던 해에 그의 정신적 지주였던 형이 세상을 떠났습니다. 게다가 그는 형이 남긴 엄청난 부채와 가족을 떠안게 되었습니다. 가난의 고통도 힘들었지만 고리대금업자들의 위협을 견딜 수가 없었습니다. 그러나 그는 친구에게 편지를 쓴 지 이틀 뒤에 펜을 들었고, 어려운 상황에서도 집필에 몰두해 세계 최고의 걸작 《죄와 벌》을 탄생시켰습니다. 그를 그렇게 만들었던 동력은 신앙의 힘이었습니다. 신앙은 그에게 무한한 가능성과 희망을 주었다고 하였습니다. 그래서 도스토예프스키는 가장 배고픈 상황 속에서도 촛불을 찾았고, 촛불은 그를 세계적인 작가로 밝혀 주었습니다.

요즘 세계가 경제난과 실직의 공포에 떨고 있습니다. 방황하고 낙심하는 이들도 많습니다. 그렇지만 오늘 아무리 힘들고 어려울지라도 내일을 밝혀 줄 촛불을 구하는 것을 포기하지 말아야 합니다.

사실 희망보다 더 크고 강력한 리더십은 없습니다. 희망을 만들고 희망의 씨앗을 퍼뜨리는 희망의 리더십이야말로 최고의 리더십입니다. 희망보다 더 강한 동력도 없습니다. 희망은 다시 일어서게 만들고, 막힌 곳을 뚫게 하며, 앞으로 전진하게 하는 힘입니다. 희망보다 더 큰 보물이 없습니다.

페르시아 원정을 떠나는 알렉산더 대왕에게 "가장 아끼는 보물이 무엇이냐"고 한 신하가 묻자 그는 단호하게 "희망!" 이라고 대답했습니다.

세상 사람들에게는 돈이 희망이고, 자녀들이 희망이며, 살아온 것이 희망입니다. 그렇지만 그리스도인들에게는 현재 자유를 주시고, 부활의 소망이 되신 예수님이 유일한 희망입니다. 죽어도 다시 사는 소망이야말로 인생 최고의 희망이 분명합니다.

성경에 포기하고 죽으라는 말씀이 없고, 안 된다는 말씀도 없습니다. 성경은 우리에게 무한 가능성을 주시고, 절대 희망을 갖게 합니다. 우리에게 주어진 어려움은 다음을 위하여 더 준비하라고 준 기회입니다. 눈물을 삼킬 수밖에 없는 억울한 일을 당하여도 죽지 말고 살아야 합니다. 눈물이 앞을 가리는 상황일지라도 희망의 씨를 뿌려야 합니다. 그리하면 머지않아 기쁨의 단을 거두게 될 것입니다.

4. 하나님이 큰일을 행하실 것을 믿고 기대해야만 합니다(2-3절)

"그때에 우리 입에는 웃음이 가득하고 우리 혀에는 찬양이

찼었도다 그때에 뭇 나라 가운데에서 말하기를 여호와께서 그들을 위하여 큰일을 행하셨다 하였도다 여호와께서 우리를 위하여 큰일을 행하셨으니 우리는 기쁘도다"(시 126:2-3).

시편을 기록한 기자는 1절에서 하나님께서 이루신 큰일로 인하여 꿈꾸는 것 같았다고 하였습니다. 도대체 이게 꿈이야 생시야! 2-3절에서는 입에는 웃음이 가득하고 혀에는 찬양이 넘쳐나게 되었다고 간증하고 있습니다. 살다 보니 이런 날이 있습니다. 그러니 우리가 아무리 어렵고 힘들어도 하나님이 하실 일을 기대해야만 합니다.

이랜드 그룹 박성수 회장의 간증입니다. 대학 시절 초까지 그의 삶은 아무런 문제가 없었습니다. 그런데 졸업을 앞두고 몸에 이상이 오기 시작했습니다. 온몸에 기운이 없어지고, 모든 일에 의욕을 잃어가고 있었습니다. 어떤 의사도 원인을 밝혀내지 못했습니다. 몇 년이 지나고 나서야 '근육무력증'이란 희귀한 질병임을 알았습니다.

병이 악화되면서 연필을 드는 것조차 힘들었습니다. 걷기조차 힘들었고, 한두 시간 앉아 있으면 다음 날은 꼬박 누워 있어야 했습니다. 자연히 대학 졸업 후에도 직장을 가지고 못하고 5년 동안 누워 지냈습니다. 그 기간 동안 많은 양의 독서를 하였고, 신문들을 읽고, 스크랩을 하였습니다.

그러던 어느 날 기적적으로 하나님의 치유의 손길로 병마에서 벗어나게 되었습니다. 그는 사업을 시작하였고, 단기간 내에 대기업을 이루는 놀라운 신화를 이루어냈습니다. 그는 다음과 같이 고백하고 있습니다.

"근육무력증으로 고생할 때는 왜 하나님께서 나에게 이런 어려운 상황을 주셨을까 불평하며 원망도 했습니다. 그러나 하나님은 그 시간에 놀라운 계획을 가지고 계셨습니다. 그 일을 위해 준비시키는 기회였다는 것을 깨달았습니다. 5년 동안 읽었던 많은 책과 자료들이 그 뒤에 회사를 이끌어 가는 데 꼭 필요한 재산이 되었습니다. 인생의 황금기를 병상에서 아무 할 일 없이 보낸다고 생각하였던 5년 동안 하나님은 나의 삶에 있어서 가장 중요한 훈련을 시키고 큰일을 준비하셨던 것입니다."

요단 강에서 사는 물고기 중 어떤 물고기는 요단 강을 거슬러 올라가고, 어떤 물고기는 흐르는 물살을 따라 밑으로 내려갑니다. 밑으로 내려가는 물고기는 물살을 따라 가니 편하게 쉽게 갑니다. 하지만 그 끝인 사해 호수에 도달하면 어떤 물고기든 죽고 맙니다. 하지만 물살을 거슬러 올라간 물고기는 올라가기 힘들어도 그 끝은 물이 맑고 깨끗한 갈릴리 호수가 있어 먹이가 풍부하고 바다 같은 호수에서 자유롭게 헤엄쳐 다니며 살 수 있습니다.

우리가 살아가는 이 세상은 영원히 살 수 없습니다. 반드시 그 끝이 있습니다. 우리 그리스도인들은 힘들어도 세상을 거슬러 올라가야만 합니다. 그러므로 힘들어도 말씀에 의지하여 주일을 성수하고, 힘들어도 기도하고, 힘들어도 복음을 전하고, 힘들어도 말씀하신 대로 십일조를 드리고, 힘들어도 용서하고, 힘들어도 서로 섬겨 주어야 합니다. 왜냐하면 그리스도 안에 무한 자유가 있고, 그리스도 안에 무한 가능성이 있으며, 그리스도 안에 영원한 소망이 있기 때문입니다. 그러므로 그리스도만을 목적하고 살아가는 지혜로운 성도들이 되시기를 축복합니다.

1. 당신이 미신이나 악습 혹은 나쁜 습관이나 두려움에서 벗어나 자유를 누리고 있다면 그 사실을 간증하고 나누어 보십시오.

2. 당신이 주님을 만난 후 소망을 가지고 미래에 대한 희망을 가졌다면 그것을 간증하고 서로 나누어 보십시오.

3. 이제 본문의 말씀을 붙잡고 우리 모두 자유와 가능성과 소망이 되신 주님을 더욱 사랑하는 마음과 믿음을 더하여 달라고 합심하여 간절히 기도하십시오.

4. 환난 중에 위로하시는 주님 (고후 1:3-9)

고난 극복

이 세상은 험하고 우리는 약합니다. 우리 가운데는 경제적인 어려움으로, 건강 문제로, 자녀 문제로, 부부 갈등으로, 미래에 대한 문제로 고민하는 사람들이 있습니다. 많은 사람들이 가정에서, 학원에서, 직장에서, 사업전선에서 정신적 육체적으로 시달리고 있고 피곤을 호소하고 있습니다. 사람들은 고통을 속으로 삼키다가 그것이 울화병, 심장병, 우울증, 노이로제, 정신분열증 등으로 발전하여 몸과 마음이 더 깊이 병들어 갑니다. 또 고통을 당하면서도 고통을 풀 수 있는 방법을 몰라 절망하고 자살해 버립니다.

성경은 우리가 이런 연약한 인생임을 아시고 그 해결책을 제시하고 있습니다. 그것은 창조주 하나님의 위로입니다.

오늘 본문은 짧은 문장 가운데 열 번이나 '위로' 라는 단어를 기록하였습니다. 사전에 보면 '위로' 를 '어루만져 고통을 잊게 하는 것, 마음을 즐겁게 하고 수고를 알아주는 것' 이라고 풀이하고 있습니다.

주일은 하나님의 전에 와서 위로받는 날입니다. 수고하고 무거운 짐을 모두 내려놓고 주님의 품에 안겨 안식을 누리는 날입니다.

통계적으로 그리스도인들이 불신자들보다 정신적으로 육체적으로 더 건강한 것은 주일 인생이기 때문입니다. 찬송을 통하여 우리는 슬픔 대신 화관을 쓰고, 말씀을 통하여 낙심 대신 새 힘을 얻는 것입니다.

"나 여호와가 시온의 모든 황폐한 곳들을 위로하여 그 사막을 여호와의 동산 같게 하였나니 그 가운데에 기뻐함과 즐거워함과 감사함과 창화하는 소리가 있으리라"(사 51:3).

여기서 시온은 교회를 말합니다. 즉 세상에서 시달린 주님의 백성들이 하나님의 교회에서 주일 예배를 통해 새 힘을 얻고 성령의 기쁨을 누리게 될 것을 말씀하신 것입니다.

"어미가 자식을 위로함같이 내가 너희를 위로할 것인즉 너희가 예루살렘에서 위로를 받으리니"(사 66:13).

이 말씀은 궁극적으로는 하늘의 위로를 말씀하고 있고, 교회를 통한 위로를 말씀하고 있는 것입니다. 주님은 우리를 위로하시는 위로의 주님이십니다.

1. 주 예수님만이 우리의 진정한 위로자가 되십니다

우리 주님은 이 땅에 오셔서 우리 인생들의 모든 고통을 다 경험해 보신 분이십니다. 그래서 고통당하는 우리를 능히 위로하실 수 있는 분이십니다.

슬픔에 젖어 울고 있는 사람들에게 다가오셔서 "얘야, 나는 더 많이 울었단다. 땅에 있을 때 심한 눈물과 통곡으로 세월을 보냈단다"라고 하십니다.

"난 너무너무 아파요"라고 말하는 사람들에게 "나는 채찍에 맞아 등허리가 다 찢어졌고, 십자가에 못 박혀 너무 심한 고통을 당하였단다"라고 하십니다.

"난 너무너무 가난해요"라고 말하는 사람들에게 "난 방 한 칸 없었고 머리 둘 곳이 없었단다"라고 하십니다.

"난 너무 배가 고파요"라고 말하는 사람들에게 "나는 40일 금식을 금식하고 식사할 시간도 없었단다"라고 하십니다.

"난 너무 억울해요"라고 말하는 사람들에게 "나는 죄 없이 너의 죄를 지고 말 한마디 하지 않았단다"라고 하십니다.

"난 너무 부끄럽습니다"라고 말하는 사람들에게, "나는 발가벗겨져 십자가에 매달려 수치와 조롱거리가 되었단다"라고 하십니다.

"난 사람들에게 버림받았어요"라고 말하는 사람들에게 "나는 제자들에게 배신당하였고, 하나님으로부터 버림을 받았단다"라고 말씀하십니다.

주님의 위로가 임하면 우리는 넉넉히 이길 수 있고, 어떤 고난도 견딜 수 있습니다. 그러므로 우리는 주님 앞에 고민하는 내 마음을 솔직히 쏟아 놓고 고백해야 합니다. 아픔과 슬픔과 괴로움과 연민과 갈등과 섭섭함과 울화와 우울함을 털어놓아야만 합니다.

고통을 당할 때 상담가를 찾아가는 사람들이 있습니다. 물론 상담은 약간의 도움이 되고 임시 처방도 될 수 있습니다. 하지만 완전한 해결책은 될 수 없습니다. 오직 주님만이 우리를 치유하시고, 고통의 문제를 해결하실 수 있는 유일한 분이십니다.

주님은 우리 한 사람 한 사람을 인격적으로 만나 주십니다. 세상은 우리를 인격적으로 대하지 않을 때가 많습니다. 군대 가면 군번으로 대신합니다. 학교에 가면 번호를 부르고, 사회에서는 주민등록번호로 대신하고, 인터넷에서는 아이디나 비밀번호로 대신합니다. 하지만 우리 주님은 그렇지 않습니다. 우리를 소중하게 보시고, 자상하게 돌보십니다.

성경에 주님은 상한 갈대도 꺾지 않으시고 꺼져 가는 심지도 끄지 않는 분이시라고 하였습니다. 세상은 상한 갈대는 여지 없이 꺾어 버리고 불을 질러 버립니다. 또 꺼져 가는 심지는 연기 나고 냄새난다고 바로 꺼버립니다. 주님은 상한 갈대 같은 나를 다시 회복시키시고, 꺼져 가는 심지 같은 나를 다시 살리십니다.

주님은 우리의 아픔도 받아주시고, 투정도 받아주시고 언제나 자비로운 손으로 어루만져 주십니다. 로뎀 나무 아래 쓰러져 죽기를 구하던 엘리야를 만져 주신 그 손, 율래 강가에 쓰러져 있던 다니엘을 만져 주신 그 주님의 손으로 당신을 만져 주실 것입니다.

"수고하고 무거운 짐 진 자들아, 다 내게로 오라. 내가 너희를 쉬게 하리라."

저는 제 자신에게 실망할 때가 많았고, 때로는 마귀의 참소에 걸려 의욕을 상실할 때도 있었지만 그때마다 엎드리면 주님의 음성을 들을 수 있었습니다. 언제나 주님은 "난 널 사랑한다"라고 말씀하시는 것입니다. 주님의 음성을 듣고 나면 눈물이 납니다. 그러면 용기가 나고 얼마나 새 힘을 얻는지 모릅니다.

예수님은 우리의 단점을 보지 않으시고 장점을 보시고, 현재의 부족함을 보지 않으시고 미래의 성숙한 모습을 보십니다. 주님의 위로를 받으면 우리가 조금씩 변화되기 시작합니다.

지금 환난을 만난 분들은 주님이 나를 떠나 계시다고 생각하지 마십시오. 그때가 주님을 가장 가까이에서 만날 수 있는 기회인 것을 믿으시기 바랍니다. 자녀가 병들어 병원에 입원하면 부모는 자식을 가장 가까이하고 지극 정성을 쏟아 붓습니다. 하물며 사랑이 많으신 주님은 어떠하시겠습니까?

스바냐 3장 17절에는 우리를 사랑하시는 하나님의 놀라운 사랑이 기록되어 있습니다. 그리고 그 앞의 16절에는 "그날에 사람이 예루살렘에 이르기를 두려워하지 말라 시온아 네 손을 늘어뜨리지 말라"고 기록되어 있습니다. 이 말을 쉽게 말하면 '기죽지 말고 위축되지 말라'는 것입니다. 왜 그렇습니까? 우리가 죄를 짓고 불의하고 부족하고 연약함에도 불구하고 하나님이 사랑하시기 때문입니다.

그런데 이스라엘 백성들에게 하신 이 말씀은 우리에게도 동일하게 해당되는 말씀이라는 사실을 아십니까? 세상에서 환난을 당하고 경제적으로 고난을 당한다 할지라도 기죽지 마시고 주님의 도우심으로 힘을 얻으시고 일어나 다시 시작하시기 바랍니다.

2. 고난당하는 분들은 주님만을 의지하십시오

9절에 "우리는 우리 자신이 사형 선고를 받은 줄 알았으니 이는 우리로 자기를 의지하지 말고 오직 죽은 자를 다시 살리시는 하나님만 의지하게 하려 하심이라"고 하였습니다. 사도 바울 일행은 심한 고난과 고통으로 이제 죽음이 왔다고 생각했을 정도였지만 지나고 보니 그 고난에는 하나님을 의지하게 하시려는 하나님의 선한 의도가 담겨 있었음을 깨달았다는 것입니다. 그러므로 고난당할 때 기도하게 하시려는 하나님의 신호인 줄 알고 하나님 앞에 엎드리는 성도들이 되시기를 바랍니다.

폭풍으로 바다에 해일이 일고 거센 파도가 소용돌이칠 때, 사람들은 견딜 수 없는 고난이라고 생각합니다. 그러나 그렇게 함으로써 바다의 적조 현상을 말끔히 씻어 버리고 새로운 생명 활동이 시작되듯이, 고난은 인간의 영혼을 풍부하게 만들어 줍니다. 용광로에 들어간 철이 찌꺼를 다 벗어 버리고 순수한 금과 은이 되는 것처럼 사람들은 고난을 통해서 순수성을 되찾게 된다는 말입니다.

미국에서 제재소에 다니던 한 직원이 출근해 보니 책상 위에 해고 통지서가 놓여 있었습니다. 그는 퇴직을 하고 몇 달 동안 방황을 하며 가진 돈을 다 소비하고서 아내에게 이렇게 말했습니다. "이 일 저 일 다 해보았지만 아무것도 되는 일이 없소. 더 이상 살 용기도 소망도 없소. 이제 나는 끝이오. 죽고 싶소."

그 말을 들은 그의 아내가 이렇게 위로하였습니다. "여보, 힘을 내요. 다해 보았지만 진지하게 기도해 보신 적은 없잖아요."

그 말에 감동이 되어 그는 기도하기 시작했고, 기도하는 중에 직장 상사에게 가졌던 미움과 복수의 마음이 다 사라지고, 새로운 아이디어가 생겨 은행 돈을 빌려 조그마한 건축업을 시작하여 5년 만에 자기 사업을 일으켜 세워 호텔을 지었는데 그 호텔이 세계적인 호텔 체인인 '홀리데이 인' 호텔이고, 그가 바로 케몬스 윌슨입니다.

　세계적인 패스트푸드점의 하나인 KFC 체인점 앞에는 안경을 쓰고 콧수염을 기른 언제나 따뜻하고 넉넉한 모습의 할아버지 인형이 서 있습니다. 그것은 바로 이 회사의 창시자인 커넬 샌더슨의 모형입니다.

　그는 6세 때 아버지를 잃고 초등학교도 졸업하지 못한 채 농장 인부로 일했습니다. 22세 때 램프 제조 판매업을 하다 전 재산을 탕진하였습니다. 39세 때 주유소 경영에 손을 대었다가 경제공황으로 또다시 전 재산을 날렸습니다. 40세 때 식당과 모텔을 운영하였지만 아들을 잃는 큰 슬픔을 겪었습니다. 49세 때 화재로 인하여 식당과 모텔이 전소했습니다.

　다시 재기하여 켄터키 주 코빈이라는 마을에서 독특한 양념의 닭튀김을 개발했습니다. 소문이 날 무렵 고속도로가 뚫려 가게는 경매로 넘어가 버렸습니다. 너무 큰 충격에 그는 정신병원에 입원하게 되었습니다. 아내마저 그를 버리고 떠나가 버렸습니다. 절망감에 사로잡혀 하루하루 낙심과 슬픔 가운데 살아가던 중 어느 날 아침에 작은 예배당에서 들려온 찬송 소리를 듣고 그 예배당 뒷자리에 앉았습니다.

1. 너 근심 걱정 말아라 주 너를 지키리
　주 날개 밑에 거하라 주 너를 지키리
2. 어려워 낙심될 때에 주 너를 지키리
　위험한 일을 당할 때 주 너를 지키리
3. 너 쓸 것 미리 아시고 주 너를 지키리

구하는 것을 주시며 주 너를 지키리

후렴) 주 너를 지키리 아무 때나 어디서나
주 너를 지키리 늘 지켜 주시리 (찬송가 382장).

이 찬송소리를 듣고 그는 눈물을 펑펑 흘리며 고백하였습니다. "주님, 제가 예수님 없이 평생 돈만 벌려다가 이렇게 되었습니다. 주님, 저를 불쌍히 여겨 주시고 저를 용서하여 주십시오." 한참 동안 울었더니 정신이 맑아져 병원에서 검진해 보니 정신병이 나았다는 것이었습니다.

샌더슨은 이제 기도하고 하나님의 지혜를 구하였습니다. 마침내 그는 열한 가지 양념을 넣은 치킨을 개발하여 압력솥과 양념통을 싣고 65세의 나이에도 낡은 중고차를 몰고 미국 전역을 돌아다녔습니다. 그는 자신의 노하우인 양념 치킨 만드는 열한 가지 기술을 사줄 사람을 찾고 있었던 것입니다. 미국 전역을 돌며 함께 동업할 프랜차이즈 레스토랑을 찾았지만 모두 그의 양념 치킨이 맛있다고 칭찬만 할 뿐 투자할 생각을 하지 않았습니다.

그는 포기하지 않고 1,009개의 레스토랑을 찾아다닌 끝에 드디어 "예스"라는 말을 들었습니다. 그는 1,008번이나 퇴짜를 맞았지만 믿음이 있었기에 포기하지 않고 도전할 수 있었던 것입니다. 이렇게 시작한 그의 KFC는 전세계 100여 개국에 3만 개의 체인점을 가지고 있습니다. 그가 포기하지 않고 끝까지 견딜 수 있었던 것은 매일 기도하였기 때문입니다. 그가 기도하지 않았다면 결코 이룰 수 없었을 것입니다.

10절에 보면 "그가 이같이 큰 사망에서 우리를 건지셨고 또 건지실 것이며 이후에도 건지시기를 그에게 바라노라"고 하였습니다.

하나님은 하나님의 백성의 고난을 보고만 계시는 분이 아니고 건지시는 분이십니다. 하나님은 모세를 떠내려가는 나일 강물에서 건지셨습니다. 그후 모세는 하나님의 사명을 따라 이스라엘 백성을 종 되었던 애굽 땅에서 건져내었습니다. 예수님은 우리를 죄에서 건지셨고, 죽음의 문턱에서 바울을 건지셨습니다.

건진다는 것은 환난의 불 속에서 건진다는 것이며, 고난의 강물 속에서 건진다는 것입니다. 하나님은 지난 날 고난과 어려움 중에서 우리를 건지셨고, 지금도 건지시며, 앞으로도 건지실 것입니다.

우리가 사방으로 우겨쌈을 당하여도 싸이지 아니하며 답답한 일을 당하여도 낙심하지 아니함은 질그릇과 같은 우리 안에 능력의 하나님, 생명의 주님이 계시기 때문입니다(고후 4:7-8).

살다 보면 절박한 문제를 만나고 온갖 아픔과 시련을 만납니다. 그러나 힘들고 외로울 때 나 혼자가 아님을 기억하시기 바랍니다. 사람을 바라보지 말고, 사방을 바라보지 말고, 하늘을 바라보십시오. 지금도 주의 이름을 부르는 사람들을 건지시는 하나님, 그 하나님을 찾으며 만나서 그 하나님의 손을 붙잡고 승리하시기를 바랍니다.

3. 이제 주님의 위로를 경험한 사람들은 이웃을 위로해야 합니다

오래전 프랑스 국영 텔레비전 방송에서 방영한 내용입니다. 어항에 병든 금붕어와 건강한 금붕어 두 마리가 있는데 건강한 금붕어가 먹이를 물고 와서 병든 금붕어 입을 벌리고 넣어 주는 것이었습니다. 금붕에게도 이런 동료애가 있는 것을 보고 놀랐습니다.

주님은 선한 사마리아인의 비유를 통하여 "너희도 가서 이와 같이 하라"고 하셨습니다. 가정에서 가장 가까운 사람들부터 먼저 위로해야 합니다. 남편과 아내가 서로 불쌍히 여기고 위로자가 되어야 합니다. 그래야 가정이 화목하고 평안합니다. 가정에서 서로 위로하고 용기를 주고 칭찬해 주어야 사회생활에서 지치지 않고 낙심하지 않고 용기를 얻을 수 있는 것입니다.

늙으신 부모님을 위로하여 드리십시오. 황혼에 얼마나 외롭고 허전하겠습니까? 자주 전화를 드리시고 문안도 하십시오.

교회 안에서도 서로 위로해 주어야 합니다. 사람들은 위로받기를 원하고 있습니다. 남편을 먼저 저 세상으로 보내고 혼자 된 젊은 자매에게는 남편이 있는 사람들의 위로가 별로 도움이 되지 않지만 25세에 혼자 되어 자녀 둘을 키워 온 권사님의 눈물 어린 이야기, 가슴 아팠던 이야기들을 하면서 위로할 때 위로가 되었습니다.

우리가 어떤 환경 속에서도, 어떤 어려움 속에서도 낙심하지 않을 것은 주님의 위로가 우리에게 넘치기 때문입니다. 환난 날에 주님을 의지하고 주님만을 신뢰하시기 바랍니다. 그리고 주님의 도우심으로 승리하시기를 축복합니다.

1. 당신이 힘들고 어려웠던 적은 언제입니까? 그 어려움 속에서 이길 수 있었던 비결은 무엇이었는지 서로 나누어 보십시오.

2. 당신이 하나님의 위로를 받은 경험이나 다른 사람들을 주님의 이름으로 위로한 경험이 있다면 서로 나누어 보십시오.

3. 오늘 주신 말씀을 붙잡고 주님의 위로를 확신하고 다른 사람들을 위로하며 사는 사람이 되겠다고 합심하여 간절히 기도하십시오.

5. 내 인생 드라마의 감독 (롬 8:26-28)

고난 극복

　이 땅에 계속하여 태양만 비춘다면 맑고 따뜻한 날씨가 좋을지 모르나 머지않아 세상은 사막으로 변할 것입니다. 반대로 계속하여 비가 온다면 홍수가 나서 세상은 물로 덮이고 말 것입니다. 그래서 하나님은 이슬도 주시고 비도 주시며, 바람과 안개도 주시고 태양도 주시고 구름도 주시는 것입니다.

　우리 인생에 항상 좋은 날만 있으면 행복할 것 같지만 내가 잘나서 된 것으로 알고 교만하고 나태해질 위험이 많습니다. 그래서 하나님은 때때로 우리에게 고난을 허락하시는 것입니다.

　우리 가운데 고난을 좋아할 사람은 아무도 없을 것입니다. 할 수만 있다면 고난을 피하고자 할 것입니다. 하지만 성경은 이렇게 말씀하고 있습니다.

　"고난당한 것이 내게 유익이라 이로 말미암아 내가 주의 율례들을 배우게 되었나이다"(시 119:71).

　"내 형제들아 너희가 여러 가지 시험을 당하거든 온전히 기쁘게 여기라"(약 1:2).

"그러므로 내가 그리스도를 위하여 약한 것들과 능욕과 궁핍과 박해와 곤고를 기뻐하노니 이는 내가 약한 그때에 강함이라"(고후 12:10).

이런 말씀은 믿음이 없이는 받을 수 없는 말씀입니다. 어떻게 고난이 유익이며, 고난을 기뻐할 수 있을까요? 오늘 본문은 그 이유를 말씀하고 있습니다.

1. 하나님은 고난을 통해 우리를 깨뜨려 귀하게 사용하십니다

요나가 탄 배가 풍랑을 만나 배 안에 탄 사람들이 다 죽게 되었고 요나 자신도 죽게 되었지만 이 고난을 통하여 하나님은 요나를 회개시키셨고 다시 귀하게 사용하셨습니다.

고난은 분명히 잘못을 바로잡아 줍니다. 그래서 고난은 변장된 축복이라고 합니다. 축복 중의 축복은 죄를 깨닫게 하고 바로잡아 주는 것입니다. 죄를 깨닫고 회개하지 않은 상태에서 물질의 축복을 많이 받은들 무엇하겠습니까? 그 물질로 하나님께 영광을 돌리겠습니까? 아닙니다.

죄를 버리지 못한 채로 건강의 복을 받아 보십시오. 건강한 몸으로 또 죄를 짓다가 불행해지지 않겠습니까? 아무리 지식이 많고, 재능이 특출해도 죄에서 떠나지 못한 사람은 그런 것으로 인해 교만해질 수밖에 없습니다.

그렇습니다. 하나님이 가장 싫어하시는 사람이 바로 교만한 사람이기에 그것은 결국 축복이 아닌 저주가 될 수밖에 없는 것입니다. 그래서 하나님께서는 사랑하는 자식들을 징계하시고 고난을 통해 주의 뜻을 깨닫게 하시는 것입니다.

이것은 자녀교육의 원리에도 적용되어야 합니다. 많은 부모들이 자녀를 키울 때 착각하는 것 중 하나가 자기는 고생하며 자랐기 때문에 자기 자녀만큼은 고생시키지 않겠다는 생각입니다. 그래서 어떤 엄마는 딸에게 설거지도 안 시키고, 빨래도 안 시키고, 청소도 시키지 않습니다. 모든 혜택을 베풀어 주면서 완전히 공주님같이 키웁니다. 심지어 바느질 숙제 같은 것은 엄마가 대신 다 해줍니다. 그렇게 키우면 일생 동안 공주처럼 행복한 삶을 살 것 같고 엄마에게도 평생 감사하며 살 것이라고 생각합니다.

그러나 그게 착각입니다. 오히려 그 반대 현상이 나타납니다. 고생 고생하면서 열심히 키운 자식이 효도하는 것이고, 자식을 우상처럼 호강스럽게 오냐오냐 하고 키우면 작은 어려움이 와도 이기지 못하고 쓰러져 오히려 부모를 원망한다는 사실입니다. 이런 자녀는 자기밖에 모르는 이기적인 사람이 되기 쉽고, 희생할 줄도 모르고, 헌신도 없으며, 남에 대한 배려도 없습니다. 어떤 부모는 자식 고생한다고 단기선교 한번 보내지 않습니다. 그것은 자식을 바로 키우는 것이 아닙니다.

고난 속에서 연단받지 않은 믿음은 약한 믿음이요, 시험 풍파에 쉽게 넘어지는 믿음인 것입니다. 그래서 하나님은 때로 하나님의 사람을 고난의 풀무에 넣은 후에 귀하게 쓰시는 것입니다. 레바논 정상에서 자라는 백향목은 비바람을 맞으며 북풍한설을 견디어 나무 중에 왕인 향기 나는 나무요, 가장 육질이 단단한 나무요, 해충이 덤비지 못하는 나무가 되는 것입니다. 하지만 가로수는 작은 바람에도 쉽게 넘어지고, 온실의 화초는 영하의 날씨에 밖에 내놓으면 얼어 죽고 마는 것입니다.

고난이 올 때 그 고난을 잘 소화하면 고난이 우리에게 큰 축복이 되고 인생의 좋은 거름이 되는 것입니다. 그러므로 고난이 올 때 고난을 통해 회개할 것이 없는지 생각해 보고 회개하면 축복의 문이 활짝 열리기 시작하는 것입니다.

2. 하나님은 고난을 허락하시어 오직 하나님만 의지하도록 만드십니다

우리는 사무엘상 1장에서 상처를 입고 고통스러워하는 한 여인의 모습을 볼 수 있습니다. 한나의 남편 엘가나에게는 브닌나라는 첩이 있었습니다. 그런데 브닌나가 한나를 얼마나 업신여기고 괴롭히는지 한나의 마음이 아파서 견딜 수가 없을 정도였습니다.

고대 사회에서는 자식이 없는 여자에게는 아무 권리도 없었습니다. 자식이 몇 명이나 있는 브닌나는 아쉬울 것이 없었습니다. 그런데도 틈만 생기면 한나를 못살게 굴었습니다. 성경에 보면 "그의 적수인 브닌나가 그를 심히 격분하게 하여 괴롭게 하더라" (삼상 1:6)고 하였습니다.

사람을 괴롭히는 데도 천재 같은 사람이 있습니다. 말 한마디를 해도 남의 속을 뒤집어 놓는 재주가 있습니다. 표정 하나를 지어도 상대방을 격동시키는 연기를 하는 재주가 있습니다. 브닌나가 그

런 여자였습니다. 그런데 그런 여자와 한 지붕 밑에서 살아야 했으니 한나가 얼마나 힘들었겠습니까?

　원수는 멀리 있지 않습니다. 그런 시어머니, 그런 올케, 그런 사람이 우리 주변에도 있을 수 있습니다. 아주 가까이에 있으면서 나를 인정해 주지 않거나 나의 약한 부분을 자주 건드리는 가족이나 친척이나 상사가 있을 수 있습니다.

　한나는 매일같이 괴롭히는 브닌나로 인하여 속이 상하고 원통하였지만 그와 마주 대항하여 싸우지 않았다는 점이 참 훌륭하고 대단하다고 하겠습니다. 한나는 그 일로 인하여 오히려 하나님을 더 의지하고 하나님께 매달려 기도하게 되었습니다. 결국 그는 실로에 있는 성소에서 기도하다가 응답을 받고 아들을 낳아 하나님께 드렸는데 그 아들이 바로 이스라엘의 대 사사요, 제사장이요, 선지자인 위대한 사무엘입니다. 그뿐 아니라 한나는 3남 2녀의 자녀를 더 낳아 위대한 어머니의 대명사가 되었고, 기도의 여인이라는 칭호를 받아 대대에 그 이름이 빛나고 있습니다.

　우리가 하나님을 만나는 시간은 평안할 때보다 고난의 때입니다. 어린아이가 아플 때 엄마를 더 찾게 됩니다. 평소에는 어머니의 사랑을 모릅니다. 그러나 우리가 아플 때 밤새도록 간호해 주는 어머니의 깊은 사랑에 눈을 뜨게 되는 것입니다.

　별은 환한 낮에 보이지 않습니다. 그러나 캄캄한 밤에 하늘에 떠 있는 무수한 별들을 볼 수 있습니다. 하나님께서는 때로 우리의 환경을 어둡게 하신 후에 우리를 만나주실 때가 많습니다.

　어떤 분들은 몸이 병들어 고통할 때 주님을 더욱 깊이 알게 되었고, 어떤 분들은 남편의 외도와 도박, 술 취함 등으로 인한 고난으로 주님께 매달리다 주님을 더욱 가까이하게 되었고, 어떤 분들은 자녀들이 속을 썩이고 방탕한 생활을 하므로 주님을 가까이하게 되었고, 어떤 분들은 사업에 실패하고 곤란을 당할 때 주님을 더욱 의지하게 되었습니다.

예수님과 함께 항해하던 제자들이 탄 배에도 풍랑이 왔고 그들은 큰 고난을 겪게 되었습니다. 하지만 주님께서 이 풍랑을 허락하신 것은 이 풍랑을 통해 제자들을 훈련시키시려는 목적이 있었습니다. 제자들은 고난을 당하여 주님을 불렀고, 주님께서 바람과 바다를 꾸짖어 잔잔하게 하시는 것을 보고 엎드려 절하면서 경배하게 되었습니다. 고난을 통해 그들은 주님의 능력을 보았고, 주님이 어떠한 분이신가를 알게 되었으며, 앞으로 이런 고난을 무서워할 것이 아니라 주님을 믿고 의지하면 된다는 것을 배우게 된 것입니다.

그러므로 고난이 오고 시련을 당한다고 할지라도 낙심하거나 뒤로 물러가지 마시고 더욱 주님을 의지하시기 바랍니다.

3. 하나님은 시련을 주시어 내 인생을 아름답게 만들어 가십니다

어린 나무가 자랄 때 바르게 자라도록 부목을 대어 줍니다. 그 부목을 나무 둥치에 묶어 놓으면 나무가 힘들어도 그것으로 인하여 튼튼하고 아름다운 나무로 자라가는 것입니다. 다 자란 후에 나무를 바로잡으려고 하면 잡히지 않기에 바로잡을 수 있을 때 부목을 사용하여 나무를 휘어서라도 바로잡으려고 하는 것입니다.

아름다운 보석인 진주는 조개 속에 모래가 들어가 조개의 살을 건드려 몹시 아플 때 조개가 자기 몸속에 '나카'라는 물질을 만들어 그 모래를 덮는데 그것은 고통을 덜기 위한 것입니다. 그래서 아플 때마다 조금씩 분비하는 그 '나카'라는 물질이 덮이고 쌓여서 아름답고 우아한 진주를 만들어 내는 것입니다.

창세기에서 요셉을 보십시오. 그는 형들의 손에 팔려 미디안 상인들에게 넘겨져 애굽으로 끌려갔습니다. 형들은 이제 눈엣가시 같았던 놈이 사라졌으니 잘되었다고 하며 이제 요셉의 꿈은 깨졌다고 비웃었을 것입니다. 요셉은 애굽 왕의 경호실장인 보디발 집에 노예가 되었습니다.

아버지 집에서 호의호식하며 아버지의 사랑을 독차지하면서 행복하였던 요셉이 졸지에 자유를 잃어버린 노예가 되었으니 얼마나 슬프고 불행한 일입니까? 요셉은 이런 일이 일어날 줄 꿈에도 생각하지 못하였고, 자신에게 몰아닥친 이 일들이 꿈이기를 바랐을 것입니다. 그러나 현실은 너무 가혹하였고 그는 철저히 버림받았습니다.

하지만 그는 하나님을 믿는 신앙이 있었기에 그 어려움을 이기고 성실하게 일하여 주인의 눈에 들었고, 그 집의 가정총무가 되었습니다. 이제 하나님의 도우심이 있어 인생길이 열리나 싶었는데 보디발의 아내가 요셉의 용모가 준수함을 보고 흠모하다가 날마다 윙크하면서 요셉을 유혹하기 시작하였습니다.

어느 날 주인이 멀리 출타했을 때 여주인이 요셉을 불러 안방에 들어가 보니 갑자기 요셉을 끌어안고 동침을 요구하였습니다. 하지만 요셉은 응하지 않고 겉옷을 벗어 버리고 도망쳐 나왔습니다. 이에 자존심이 상한 이 여인이 소리쳐 히브리 종이 나를 강간하려

하였다고 하면서 그 증거물로 요셉의 옷을 보여주었습니다. 요셉은 억울하게 잡혀 매를 맞고 감옥에 들어가게 되었습니다.

얼마나 억울합니까? 그렇지만 요셉은 원망하거나, 낙심하거나, 절망하지 않았습니다. 신앙으로 이겨내고 성실하게 수감생활을 하였습니다. 그랬더니 감옥을 책임지는 간수장이 요셉으로 하여금 감옥에 있는 죄수들의 식사와 옷 등을 배분하는 일을 맡겨 주었습니다.

어느 날 애굽 왕의 술 맡은 관원장 즉 비서실장과 떡 맡은 관원장 즉 총무실장 정도 되는 두 사람이 감옥에 들어왔고, 그들의 꿈을 해몽해 준 그대로 되어 술 맡은 관원장은 복직되었고 떡 맡은 관원장은 죽임을 당하였습니다. 그런데 복직되면 요셉을 기억해 준다고 철석같이 약속했던 관원장이 요셉을 잊어버렸습니다. "버림받은 사람보다 더 불쌍한 사람은 잊혀진 사람이다"라는 말이 있는데 요셉이 바로 그런 사람이 되었습니다. 하지만 하나님은 역전 드라마의 명감독이십니다.

애굽 왕이 하루는 꿈을 꾸고 그 꿈을 해몽하기를 원했지만 아무도 그 꿈을 시원하게 해몽하지 못하자 그제야 술 맡은 관원장이 요셉을 기억해 내었고, 요셉은 감옥에서 나와 의복을 갈아입고 왕 앞에 불려가 왕의 꿈을 바로 해몽해 주었습니다. 그 일로 인해 요셉은 일약 애굽의 국무총리가 되어 애굽과 그 주변 나라 민족들을 살리고, 자기 가족들을 살리고 하나님의 구원 역사의 주역으로 귀하게 쓰임받게 되었습니다.

요셉의 아버지는 아들을 잃고 비통하여 울었고, 그의 형들은 요셉의 인생이 이제 끝났다고 생각하였으며, 요셉 자신도 너무 가슴 아프고 비참하게 생각하였을 것입니다. 하지만 한 분 하나님은 야곱의 가족들을 살리고 많은 사람들을 살리기 위해 요셉을 애굽으로 먼저 유학 보내셨던 것입니다. 하나님은 구원 역사의 드라마를 쓰신 분이고 연출하신 분이십니다. 그래서 요셉에게 시련을 허락하셨지만 해피엔딩으로 끝나게 하시고 대대에 위대한 인물로 높여 주신 것입니다. 이와 같이 하나님은 모든 것을 합력하여 선을 이루시는 분이심을 믿으시길 바랍니다.

영국의 전도자 존 번연이 복음을 전하다 체포되어 감옥에 갇혔습니다. 그는 12년 형을 선고받고 낙심하지 않을 수 없었으나 주님 앞에 엎드려 기도하는 중에 천국을 보고 감옥에서 방해받지 않고 그 유명한 《천로역정》을 집필할 수 있었습니다. 그렇습니다. 성경 다음으로 불후의 명작이라고 불리는 기독교의 위대한 작품이 고난을 통하여 나오게 되었습니다.

밀라노의 예배당에서 한 여인이 통곡하며 기도하고 있었습니다. 울음이 그치기를 기다린 한 사람이 그 여인에게 다가가 왜 우느냐고 물었더니 여인은 방탕한 자식으로 인하여 마음이 아파 운다고 하였습니다. 그러자 그 성직자는 조용히 그리고 분명히 말해 주었습니다.

"눈물로 기도하는 어머니를 둔 자식은 망하지 않습니다."

그가 바로 암브로시스였고 그 여인은 어거스틴의 어머니 모니카였습니다. 암브로시스가 말한 대로 탕자는 회개하고 돌아와 위대한 목회자요 신학자가 되었습니다.

모니카의 돌아온 아들 어거스틴은 《신의 도성》(City of God)이란 책에서 '고통과 섭리' 에 대해 다음과 같이 말했습니다.

"고통은 동일하나 고통을 당하는 사람은 동일하지 않다. 악한 사람은 똑같은 고통을 당하면서도 하나님을 비방하고 모독하지만, 선한 사람은 그 고통 속에서도 하나님을 찾으며 찬양한다. 모든 사람이 무슨 고통을 당하느냐가 문제가 아니라 어떻게 당하느냐가 문제다. 똑같은 미풍이 불지만 오물은 더러운 냄새를 풍기고, 거룩한 기름은 향기를 뿜어낸다."

그렇습니다. 고통을 당할 때 하나님께서 당신을 사랑하시어 선한 쪽으로 이끌어 가심을 믿으십시오. 고통에는 하나님의 섭리가 있습니다. 우리가 들어온 길이 어둡고 캄캄한 길이라 할지라도 그 길은 동굴이 아니고 터널입니다. 반드시 출구가 있기 마련입니다. 하나님이 지금 그곳으로 당신을 인도하고 계심을 믿으시고, 감사하시고, 찬양하시면 빛이 보일 것입니다.

고난 가운데 더욱 주님을 의지하시고 기도하시면서 하나님을 신뢰하십시오. 어떤 경우라도 결코 포기하지 마십시오. 반드시 합력하여 선을 이루실 줄 믿습니다. 할렐루야!

1. 당신의 지난날을 돌아보고 고난을 당한 적이 있다면 말씀해 보고, 그 고난이 유익이 되었다면 간증해 보십시오.

2. 당신이 시련 가운데 하나님을 의지하여 승리한 경험이 있다면 간증해 보고 서로 나누어 보십시오.

3. 이제 본문 말씀을 붙잡고 어떠한 고난이 온다 할지라도 고난을 통해 더욱 성숙하게 하시고 합력하여 선을 이루시는 주님에 대한 믿음을 확고히 가지게 해달라고 합심하여 간절히 기도하십시오.

1. 부활의 증인 (마 28:1-10)

부활

안식 후 첫날 즉 일요일 새벽에 여인들이 어둠을 헤치고 예수님 무덤에 가까이 왔을 때, 하늘에서 햇빛같이 밝은 옷을 입은 천사들이 내려와 무덤의 돌을 굴려내고 그 위에 앉아 있는 것을 보았습니다. 천사들은 두려움에 떨고 있던 그들에게 예수님의 부활 메시지를 전하였습니다.

1. "무서워하지 말라"고 하셨습니다

예수님께서는 마리아에게 나타나셔서 "평안하냐?"(마 28:9)라고 하셨고, 요한복음 14장 1절에 "너희는 마음에 근심하지 말라 하나님을 믿으니 또 나를 믿으라"고 하셨으며, 마가복음 5장 36절에 "두려워 말고 믿기만 하라"고 하셨고, 마태복음 14장 27절에도 "안심하라 나니 두려워하지 말라"고 하셨습니다. 또한 부활하신 그날 마가 다락방에 모여 문을 걸어 잠그고 두려워 떨고 있던 제자들 가운데 나타나셔서 제일 먼저 "너희에게 평안이 있을지어다"라고 말씀하셨습니다.

세상은 전쟁의 소문과 난리의 소문, 그리고 범죄와 끔찍한 사건과 괴질의 소문이 들려오고 있습니다. 경제가 어려워진다느니, 북한의 핵문제로 인해서 앞으로 한반도에 전쟁이 일어나게 된다느니 우리를 움츠러들게 하고 두렵게 하는 소문이 들려옵니다. 그러나 부활하신 주님은 우리가 평안을 가지기를 원하십니다.

그러므로 두려워하지 마십시오. 왜냐하면 우리 주님이 하늘과 땅의 모든 권세를 가지고 계시기 때문입니다.

정태기 박사는 바위 틈 사이에 뿌리를 박고 몇십 년을 자라는 소나무에도 그런 자생력을 주시며, 미국 캘리포니아 연안의 그 격심한 파도 속에서 자라가는 미역 풀도 하나님이 힘을 주셔서 살리신다고 하였습니다. 하물며 그분의 자녀인 우리를 돌보아 주시지 않겠습니까? 그러므로 염려하지 마시고 기도하십시오.

세상은 좋은 것을 주지 않고 우리를 항상 두렵게 합니다. 이 세상은 갈수록 점점 더 더러워지고, 악해져 가고, 더 광폭해져 가고, 복잡다단해져 가는 것 같습니다. 그럼에도 불구하고 위에서 주시는 하나님의 평안이 우리와 함께할 줄 믿으시기 바랍니다.

2. "그가 여기 계시지 않고 그가 말씀하시던 대로 살아나셨느니라"고 했습니다

천사들은 "십자가에 못 박히신 예수를 너희가 찾는 줄을 내가 아노라"(5절)고 했습니다. 여인들은 죽은 예수를 찾았습니다. 천주교에서는 십자가에 머리를 숙이고 죽어 있는 예수의 고상을 높이 달아 놓습니다. 그러나 우리 개신교에서는 십자가만 걸어 둡니다. 왜냐하면 예수님은 말씀대로 사흘 만에 부활하셨기 때문입니다. "그가 말씀하시던 대로 살아나셨느니라."

그분은 몇 번이나 자신이 못 박혀 죽고 사흘 만에 부활할 것을 가르치셨습니다. "요나가 밤낮 사흘을 물고기 뱃속에 있었던 것처럼 인자도 사흘 동안 땅 속에 있을 것이다"라고 말씀하셨습니다.

그분은 "나와 아버지는 하나"라고 하셨고, "나를 본 자는 아버지를 보았거늘 어찌하여 아버지를 보이라고 하느냐"라고 하셨으며, "나는 알파와 오메가요 처음과 나중이니라"고 하셨습니다. "누구든지 목마르거든 내게로 와서 마시라. 나를 믿는 그 사람은 그 배에서 생수의 강이 흘러나리라"고 하셨습니다. 예수님은 당신이 창조주라고 하셨고, 아버지와 똑같은 하나님이라고 하셨습니다.

그렇다면 그분의 말씀이 진리이거나 아니면 그분이 정신이상이 된 미친 사람이거나 둘 중에 하나일 것입니다. 그러나 예수님이 무덤에서 다시 살아나심으로 그분이 과대망상증 환자나 미치광이가 아니라 살아 계신 하나님이요, 창조주라는 것을 증명해 보이셨습니다. 할렐루야!

마호메트나 석가모니나 공자나 소크라테스는 죽어서 지금 무덤에 있습니다. 이슬람교의 창시자 마호메트는 나이 60세에 한 여인의 무릎에 머리를 묻고 죽었습니다. 철학자 소크라테스도 70세에 사형선고를 받고 사약을 마신 뒤 죽었습니다. 유교의 창시자 공자도 72세에 제자들이 보는 앞에서 죽었습니다. 불교의 창시자 석가모니도 80세에 음식을 잘못 먹고 설사병으로 죽었습니다.

플라톤도 80세까지 살다가 죽었습니다. 소위 세상 사람들이 성인으로 추앙하던 분들이 이 땅에 잠시 살다가 죽어 무덤에 묻혀 흙이 되고 말았습니다. 그들 역시 죄인이었고 연약한 인간들이었기 때문입니다.

그들을 신봉하는 신도들은 그들 교주의 무덤을 대단한 것으로 압니다. 그렇지만 우리 예수님은 지금도 살아 계셔서 우리가 어둠 속을 헤맬 때 구원해 주시며, 슬퍼할 때 우리 곁에서 위로해 주시며, 연약할 때 강하게 해주시며, 죽을 때 천국으로 인도해 주십니다. 부활하셔서 살아 계신 예수님이 내 곁에 있다는 것이 얼마나 놀라운 사실입니까?

예수님은 요한계시록에서 이렇게 말씀하셨습니다.

"두려워하지 말라 나는 처음이요 마지막이니 곧 살아 있는 자라 내가 전에 죽었었노라 볼지어다 이제 세세토록 살아 있어 사망과 음부의 열쇠를 가졌노니"(계 1:17-18).

그렇습니다. 오직 예수님입니다. 모든 문제 해결의 키를 가지고 계신 예수님! 천국과 사망과 음부의 열쇠를 가지실 뿐만 아니라, 모든 문제 해결의 열쇠를 가지시고 문을 열어 주시는 살아 계신 예수임을 믿으면 건강의 문, 진학의 문, 사업 확장의 문, 진급의 문, 형통의 문, 부의 문, 평안의 문을 열어 주실 줄 믿습니다.

"하늘과 땅의 모든 권세를 내게 주셨으니 그러므로 너희는 가서 모든 민족을 제자로 삼아 아버지와 아들과 성령의 이름으로 세례를 베풀고 내가 너희에게 분부한 모든 것을 가르쳐 지키게 하라 볼지어다 내가 세상 끝 날까지 너희와 항상 함께 있으리라 하시니라"(마 28:18-20)고 하셨습니다. 모든 권세를 가지시고 천국과 사망과 음부의 열쇠를 가지신 주님! 세세토록 살아 계신 주님! 그 주님이 나와 함께 하십니다.

우리 가운데 교회생활 잘하고 봉사도 하지만, 육의 생활 속에서 변화되지 않고, 다람쥐 쳇바퀴 돌듯이 여전히 고정되어 있고, 굳어진 사람들, 자라나지 못하는 미숙아들이 있습니다. 체험이 없으면 종교인일지언정 신앙이 자랄 수 없습니다.

우리 모두 부활하신 예수님을 체험하고 변화를 받아야 합니다. 세상이 변해도 변치 않는 체험! 눈을 떠도 감아도 확신할 수 있는 체험! 달려가도, 걸어가도 피곤치 않은 체험을 달라고 기도하시고 그런 확신 속에 살아가시기를 바랍니다.

3. "빨리 가서 전하라"고 하셨습니다

"빨리 가서 전하라." 언제나, 어느 곳에서나, 누구든지 체험한 자는 빨리 가서 전하라는 것입니다. 교리나 의식이나 제도나 절차나 예배나 성경공부 등이 필요하지만, 이런 것들만 지키지 말고 삶의 현장으로 가서 부활의 복음을 전하라는 것입니다.

이 세상 사람들은 예수 부활을 알지 못하기 때문에 이 세상 것이 다인 줄 알고 살아갑니다. 그들은 물질 위주, 육체 위주, 세상 중심의 인본주의 삶을 살아가고 있습니다. 이런 자들에게 영생하는 부활의 복음을 전하고, 부활을 소망하는 삶을 보여주어야 할 것입니다.

바울은 이 세상에서 영광스러운 성공자의 삶을 살 수 있었고, 부귀영화와 권세를 누리며 호의호식할 수 있었습니다. 그러나 그가 부활하신 예수님을 만나고 난 다음에 그 모든 것을 배설물로 여겼다고 했습니다. 그런데 오늘날 그리스도인들 중에서 바울이 배설물같이 여긴 것을 잡으려고 안간힘을 쓰는 분들이 있습니다.

죽음을 담보로 한 바울의 증언은 믿는 자들의 심령에 깊은 감동을 주는 힘이 있습니다. 고린도전서 15장은 부활장인데, 58절에 보면 "그러므로 내 사랑하는 형제들아 견실하며 흔들리지 말고 항상 주의 일에 더욱 힘쓰는 자들이 되라 이는 너희 수고가 주 안에서 헛되지 않은 줄 앎이라"고 했습니다.

여기서 '그러므로'라는 말이 무슨 말입니까? '부활이 확실하므로'라는 말입니다. 내가 보았고, 제자들이 다 보았고, 일시에 500명이 보았고, 만져 보았고, 직접 대화를 나누었다는 것입니다. 바울 사도는 이렇게 부활이 틀림없는 역사적 사실이므로 부활을 증언하는 일에 더욱 힘쓰라고 하였습니다.

초기 기독교 성도들이 전한 메시지의 대부분은 그리스도의 부활이었습니다. 그 당시 600명 이상의 사람들이 주님의 부활을 목격하였습니다. 40일 동안 지상에 머물러 계시면서 열한 번 이상 공개적으로 나타내 보이셨고, 오랫동안 함께하시면서 잡수시기도 하셨고, 말씀을 가르치기도 하셨고, 그들이 보는 가운데 하늘로 올라가셨습니다. 이렇게 틀림없는 부활을 목도한 제자들은 목숨을 걸고 주님의 부활을 증언하였습니다.

우리도 주님의 부활의 증인이 되어야 합니다. 두려워하지 마십시오. "그가 여기 계시지 않고 그가 말씀하시던 대로 살아나셨느니라"고 하였습니다. 예수님의 말씀은 진리입니다. 그분이 말씀하신 대로 그분은 부활하셨습니다. 그리고 지금 살아 계시며, 우리와 함께하십니다. 부활을 확신하고 빨리 가서 전하는 삶을 사시기를 바랍니다.

1. 환난이나 죽음을 두려워하였던 적이 있다면 말씀해 보시고 부활을 믿는 지금은 어떤지 말씀해 보십시오.

2. 당신은 살아 계신 주님에 대한 확신을 가지고 부활을 증언하고 있나요? 그렇다면 어떻게 증언할 것인지 서로 나누어 보십시오.

3. 이제 나눈 말씀을 붙잡고 부활의 증인이 되기 위해 성령의 도우심을 구하며 합심하여 간절히 기도하십시오.

2. 부활의 확신 (눅 24:36-53)

부활

　겨우내 얼어붙었던 땅이 풀리고 풀들이 자라나고 이름 모를 꽃들이 앞을 다투어 피어나고 있습니다. 앙상한 나뭇가지에 새순이 돋아나고 가지마다 연두색 새잎이 무성하게 자라나고 있습니다. 한 알의 옥수수 알갱이를 땅 속에 심으면 연한 순이 돋아나고 줄기가 자라 수많은 열매를 맺습니다. 이 모든 식물의 세계가 죽은 후의 부활을 시각적으로 보여주고 있는 것입니다.
　굼벵이가 땅 속에서 7년 이상을 살다가 어느 날 매미가 되어 하늘을 향해 노래합니다. 징그럽게 생긴 푸른 애벌레가 어느 날 실을 내어 고치를 만들고 그 속에 들어간 뒤 아름다운 날개를 가진 호랑나비가 되어 하늘을 날며 꽃잎에 앉아 꿀을 빨고 있습니다. 징그럽게 생긴 벌레가 어느 날 꿈틀거리더니 몸에서 날개가 나오고 왕눈을 가진 잠자리로 변신하여 하늘을 날아다닙니다. 하나님이 만드신 곤충들의 세계도 우리에게 사후의 부활을 보여주고 있는 것입니다.
　할렐루야! 예수님께서 죽음을 정복하시고 다시 사셨습니다. 믿음으로 외쳐 보십시오.
　"우리도 주님과 함께 부활할 것을 믿습니다."

예수님은 십자가에 못 박혀 피를 흘리며 죽으셨지만 3일 만에 무덤에서 다시 살아나셨습니다.

1. 부활하신 예수님은 죽음에 매여 있는 인생에게 평강을 주셨습니다

"이 말을 할 때에 예수께서 친히 그들 가운데 서서 이르시되 너희에게 평강이 있을지어다 하시니"(36절).

제자들은 유대인들을 두려워하여 문을 걸어 잠그고 불안에 떨고 있었습니다. 그들은 공포와 근심과 슬픔으로 인하여 약해질 대로 약해져 있었습니다.

인간의 모든 공포의 뿌리는 죽음입니다. 죽음은 모두에게 찾아옵니다. 죽음은 슬픈 것입니다. 죽음은 비참한 것입니다. 죽음은 절망입니다. 그래서 죽음은 모두에게 두려운 것입니다.

죽음은 모든 화려함과 권력과 부귀와 영화와 미모와 지식과 문명을 다 삼켜 버립니다. 죽음에서 벗어날 인생은 아무도 없고, 죽음을 이길 인생도 아무도 없습니다. 죽음 앞에서는 모두 다 무력하기에 죽음을 말하면 모두 침묵합니다.

그런데 죽음을 이기시고 다시 살아나셔서 죽음의 포로가 된 우리에게 "평강이 있을지어다"라고 하신 분이 계십니다. 바로 하나님의 아들이신 예수님이십니다.

예수께서는 죽음을 정복하시고 다시 살아나심으로 그를 믿는 모든 자들에게 산 소망이 되셨습니다. 한 사람의 과학자가 백신을 만

들어 내면 모든 사람이 그 병으로 고통하지 않아도 되는 것처럼 한 분 예수 그리스도께서 죽음을 정복하시고 다시 살아나심으로 우리에게 죽음을 넘어선 부활의 백신을 넣어 주신 것입니다.

그리스도인들은 죽음의 문제에 대한 해답을 가지고 있습니다. 예수께서 죽음의 문제를 해결하여 주셨습니다. 바로 그 해답이 부활입니다.

부활을 확신하는 그리스도인에게 있어 죽음은 잠시 잠자리에 들어가는 안식일뿐입니다. 어젯밤 잠자리에 드시면서 불안해하고 공포에 사로잡혔던 분이 계십니까? 아마도 없을 것입니다. 왜 그렇습니까?

내일 아침 다시 눈을 뜨고 새로운 하루가 시작될 것을 믿기 때문입니다. 부활을 믿는 성도들은 죽음 후에 곧 천국에서 영생의 눈을 떠서 주님을 보게 될 것을 알기 때문에 사도 바울이 외친 그대로 "사망아 너의 승리가 어디 있느냐 사망아 네가 쏘는 것이 어디 있느냐" (고전 15:55)고 죽음을 향하여 명령할 수 있습니다.

부활을 확신하는 성도는 죽음에 입을 맞출 수 있고 죽음을 환영할 수 있습니다. 그리스도인들은 죽음 앞에서도 노래할 수 있는 것입니다. 왜냐하면 죽음은 우리를 그리스도께로 안내하는 안내자에 불과하고, 죽음은 천국의 문을 열고 들어가는 한 과정이기 때문입니다.

한 달 전 한 방송에서 오토바이를 타고 아르바이트를 하던 중 교통사고를 당한 아들의 장례를 치렀는데, 그 아버지가 아들을 잊지 못하여 매일 새벽 몇 시간을 달려 아들의 무덤에 가서 음식을 차려 놓고 대화하다가 오는 것을 보았습니다. 그 아버지의 자식 사랑을 얼마든지 알 수 있고 자식을 향한 어버이의 그리움을 십분 이해합니다만 그 아버지가 부활을 확신하였다면 그렇게 흙이 되어 버린 아들의 무덤을 찾지는 않았을 것이라고 봅니다.

올리버 로지(Oliver J. Lodge)는 영국의 물리학자였고, 버밍엄 대학의 창설자입니다. 그의 아들이 제1차 세계대전 당시 전쟁에 나갔다가 전사했습니다. 그런데 아들이 전사하기 전 아버지에게 보낸 편지 속에 다음과 같은 구절이 있었습니다.

"아버님, 제가 죽더라도 제 무덤엔 오지 마세요. 전 거기에 없을 테니까요."

그의 아들은 부활을 확신하였기 때문입니다.

그 유명한 어거스틴의 어머니 모니카도 어느 날 아들에게 "내가 죽거든 장지 문제로 고민하지 말고 아무 데나 묻어 주기 바란다. 나는 그곳에 있지 않고 바로 하나님께로 가게 될 테니까"라고 말했다고 합니다.

부활을 믿는 그리스도인들의 삶은 떳떳하고 평안합니다. 이유는 죽음을 넘어선 신앙을 가졌기 때문입니다.

2. 부활하신 예수님은 의심하는 자들에게 부활을 확신시켜 주셨습니다

"예수께서 이르시되 어찌하여 두려워하며 어찌하여 마음에 의심이 일어나느냐 내 손과 발을 보고 나인 줄 알라 또 나를 만져보라 영은 살과 뼈가 없으되 너희 보는 바와 같이 나는 있느니라"(38-39절).

1) 이 말씀을 하시고 손과 발을 친히 보이셨습니다.

예수님은 못 박힌 자국을 가지고 계셨습니다. 십자가에서 우리 죄를 대신 짊어지시고 고난을 당하시고 죽으신 바로 그분이 분명합니다. 결코 주님 닮은 다른 사람을 내세워 조작하지 않았다는 것을 분명히 한 것입니다.

도마는 주님의 못 자국을 만져 보았고 옆구리의 창 자국을 만져 보았습니다. 다른 예수는 없습니다. 주님은 다른 모습으로 오시지 않고 그 모습 그대로 오신다고 하셨습니다. 천국에 가도 주님은 우리에게 손과 발을 보이실 것입니다. 우리는 그분의 발 앞에 엎드려 경배하고 그 상처에 입을 맞추게 될 것입니다.

2) 먹을 것을 달라고 하시어 구운 생선 한 토막을 드리니 잡수셨습니다.

생선을 잡수셨다는 것은 주님이 환영이나 유령으로 나타나신 것이 아니라 몸의 부활임을 것을 확신시켜 주신 것입니다. 제자들이 주님을 그리워한 나머지 환상을 본 것이 아님을 분명히 하는 사건이요, 우리와 같은 육체를 입고 부활하셨음을 증명하는 것입니다.

우리의 몸도 주님의 몸처럼 부활할 것을 주님이 약속하셨습니다. 부활한 육체는 다시는 병들지 않고, 늙지도 않고, 썩지도 않는 몸이 됩니다. 다시 죽지 않는 몸이고, 시공간의 제한도 받지 않는 신령한 몸이 됩니다.

고린도전서 15장 42-44절에는 "죽은 자의 부활도 그와 같으니 썩을 것으로 심고 썩지 아니할 것으로 다시 살아나며 욕된 것으로 심고 영광스러운 것으로 다시 살아나며 약한 것으로 심고 강한 것으로 다시 살아나며 육의 몸으로 심고 신령한 몸으로 다시 살아나나니 육의 몸이 있은즉 또 영의 몸도 있느니라"라고 하였고, 49절에는 "우리가 흙에 속한 자의 형상을 입은 것같이 또한 하늘에 속한 이의 형상을 입으리라"고 하시어 그리스도인들이 주님의 몸과 같은 몸을 입을 것이라고 약속하고 있습니다. 생각만 해도 흥분이 되는 말씀입니다.

3) 부활하신 주님은 구약성경에 기록된 십자가와 부활에 대한 말씀을 풀어 깨닫게 해주심으로 부활을 확신시켜 주셨습니다.

주님의 부활에 대한 수많은 증거와 증인들이 있지만 가장 확실한 것은 구약에 이미 하나님이 예언하신 그대로 이루어졌다는 것입니다. 성경대로 죽으시고 성경대로 부활하신 것입니다. 엠마오 도상의 제자들도 주님이 말씀을 풀어 주시자 마음이 뜨거워졌다고 하였고, 본문에서도 주님은 제자들에게 구약성경에 기록된 부활에 대한 말씀을 풀어 주셨습니다.

이렇게 강력한 성경의 증거에도 불구하고 그리스도의 육체 부활을 믿지 못하는 자들이 있는 까닭은 무엇입니까? 그 이유는 그리스도의 육체 부활을 자연과학의 법칙과 인간 이성에 근거하여 판단하기 때문입니다. 그러나 보다 근본적인 이유는 사탄의 속임수 때문입니다. 그리스도의 부활은 사탄의 패배를 의미하기 때문에 사탄은 사람들이 그리스도의 부활을 믿지 못하도록 역사합니다. 즉 사탄은 한계를 갖는 자연과학 법칙이나 인간 이성에 호소하여 너무나 분명히 존재하는 하나님의 초자연적인 역사를 믿지 못하도록 합니다. 그리스도의 부활이 부정되면 기독교 신앙은 무너지고 말 것이기 때문입니다. 따라서 그리스도의 부활을 역사적 사실로 믿지 않고 단지 신화나 전설 정도로 여기는 것은 미혹하는 자인 사탄의 유혹에 빠진 것입니다.

그리스도의 부활은 인류 역사 속에서 놀라운 영향력과 자취를 남겼음을 확인할 수 있습니다. 로마 교회에는 카타콤이라는 지하묘지가 있습니다. 로마 제정 시대에 기독교 신자들은 땅 속에 폭 1미터 높이 3미터 가량의 지하통로를 만들고 그곳에 기도처와 은신처를 마련했습니다. 현재 이탈리아에 산재해 있는 카타콤을 합치면 그 전체 길이는 880킬로미터, 벽에는 약 700만 명에 이르는 기독교 신자의 시체가 매장되어 있다고 합니다.

초대 기독교인들이 이와 같이 지하묘지에서 250년 동안이나 박해와 순교를 두려워하지 않고 세대에서 세대로 믿음을 지켜 드디어 기독교를 로마 제국의 국교로 삼게 했으니 참으로 놀라운 일이 아닐 수 없습니다.

이 놀라운 힘은 어디서 왔을까요? 그와 같은 힘이 혹 단순한 공상이나 착각에서 비롯되었을까요? 날조된 기만적인 이야기 때문에 그렇게 많은 사람들이 자진하여 기꺼이 목숨을 던질 정도로 어리석었을까요? 자신의 목숨도, 재산도, 명예도 아낌없이 내던진 것은 그리스도의 부활의 확실성과 이에 대한 신앙 때문이었습니다. 부활하신 주님은 의심하였던 제자 도마에게 "믿음 없는 자가 되지 말고 믿는 자가 되라"고 하셨습니다.

3. 부활하신 예수님은 부활의 증인이 되라고 하셨습니다

"너희는 이 모든 일의 증인이라"(48절).

부활하신 주님이 승천하시기 전 남기신 말씀을 보면 마태복음28장 18-20절, 마가복음 16장 15-18절, 사도행전 1장 8절 등인데 모두 부활의 증인이 되라는 것입니다. 요한복음 20장 21절에도 "아버지께서 나를 보내신 것같이 나도 너희를 보내노라"고 하셨습니다.

사복음서와 사도행전 초두에 기록된 부활하신 주님의 유일무이한 관심사가 무엇이었습니까? 그를 믿는 자들이 오직 예수 그리스도의 부활의 증인이 되는 것이었습니다.

그리스도의 부활은 기독교 진리 가운데 가장 중요한 진리입니다. 부활 없는 기독교는 생각할 수도 없습니다. 그러므로 전도하는 자가 그리스도의 부활을 전하지 않는다면 온전한 복음을 전하는 것이 아닙니다.

초대교회 사도들이 전했던 메시지의 대부분이 "예수 다시 사셨다"였습니다. 사도행전 2장 24절에 "하나님께서 그를 사망의 고통에서 풀어 살리셨으니 이는 그가 사망에 매여 있을 수 없었음이라"고 하였고, 32절에는 "이 예수를 하나님이 살리신지라 우리가 다 이 일에 증인이로다"라고 하였습니다.

주님은 승천하시기 전 복음 전도를 위해 성령을 보내주시겠다고 약속하셨습니다. 과연 그 약속하신 대로 성령이 오셨습니다. 그리고 성령을 통해 지금도 보지 않고 믿을 수 있게 하셨고, 부활을 증거하는 증인이 되게 하신 것입니다.

그리스도의 부활은 한쪽 구석에서 은밀하게 조작된 이야기가 아닙니다. 수많은 증거들과 증인들이 있고, 역사 속에서 수많은 순교자들이 그것을 증거하고 있고, 믿음의 체험을 통해서도 우리는 부활을 확신할 수 있습니다.

이 시간 그리스도를 죽음에서 다시 살아나게 하신 하나님의 능력의 손이 당신을 붙잡고 계심을 믿으시기 바랍니다. 부활하신 예수님의 은혜가 당신에게 넘치기를 바랍니다.

1. 당신에게 평안이 있나요? 평안은 어디로부터 오는지 말씀해 보십시오.

2. 부활이 역사적인 사실임을 믿습니까? 그렇다면 당신이 어떻게 부활을 증언하려고 하는지 서로 나누어 보십시오.

3. 본문의 말씀을 붙잡고 부활 확신을 가지고 만나는 사람에게 담대히 주의 부활을 증언하게 해 달라고 합심하여 간절히 기도하십시오.

3. 예수 부활 나의 부활 (고전15:35-49)

부활

　제 메일에 들어오는 어느 목사님의 묵상 편지에 들어 있는 내용입니다.
　기독교에는 다섯 가지 신비가 있습니다. 이 다섯 가지 신비가 기독교 신앙의 뼈대를 이룹니다.
　첫째는 우주만물을 창조하시고 이끄시는 위대하신 하나님께서 우리 한 사람 한 사람을 사랑하시고 관심을 가지시고 이끄신다는 신비입니다.
　둘째는 그 위대하신 하나님께서 사람의 모습으로 세상에 오셨다는 신비입니다. 그렇게 오신 하나님이 바로 우리가 믿는 예수 그리스도이십니다.
　셋째는 세상의 주인이신 하나님께서 세상에 오셨는데, 대접받으시고 높임 받으러 오신 것이 아니라, 우리를 죄와 사망에서 구원하시기 위해 고난당하시고 십자가에 죽임을 당하셨다는 신비입니다.
　넷째는 죽임을 당하시고 무덤에 묻히신 예수 그리스도께서 죽음을 이기시고 부활하셨다는 신비입니다. 그래서 부활 신앙은 기독교 신앙의 절정과 중심을 이루고 있습니다.

다섯째는 위에서 말씀한 네 가지 신비를 믿어 예수 그리스도를 주인으로 모시는 사람은 하나님의 자녀가 되어 죽음에서 생명으로 옮겨지게 된다는 신비입니다. 이런 사람들을 일컬어 크리스천이라고 부릅니다.

기독교는 예수 그리스도께서 사망 권세를 이기시고 부활하심으로 빈 무덤에서 시작되었습니다. 그러나 부활은 갑자기 일어났거나 한쪽 구석에서 은밀하게 일어난 일이 아닙니다.

1. 예수님의 부활은 구약성경에 이미 예언되어 있었습니다

고린도전서 15장 4절에 보면 "장사지낸 바 되셨다가 성경대로 사흘 만에 다시 살아나사"라고 되어 있습니다.

여기서 '성경대로'라는 말씀은 구약성경에 메시아가 죽었다가 살아나야 할 것이라고 예언되었는데 예언된 그대로 예수께서 다시 살아나셨다는 말씀입니다.

시편 16편 10절에 "이는 내 영혼을 음부에 버리지 아니하시며 주의 거룩한 자로 썩지 않게 하실 것임이니이다"(개역한글)라고 기록되었고, 시편 30편 3절에 "여호와여 주께서 내 영혼을 스올에서 끌어내어 나를 살리사 무덤으로 내려가지 아니하게 하셨나이다"라고 하였습니다. 그리고 이사야 26장 19절에는 "주의 죽은 자들은 살아나고 그들의 시체들은 일어나리이다"라고 하였습니다.

구약에 이미 메시아의 부활과 그 백성들의 부활을 예언하였고, 그것이 이루어졌습니다.

예수님 당시 종교지도자들이 예수님께 메시아임을 증명할 수 있는 표적을 보여 달라고 요청하자, 예수님께서는 요나가 사흘 동안 물고기 뱃속에 있다가 나온 것같이 인자도 밤낮 사흘 동안 땅속에 있을 것이라고 말씀하셨습니다(마 12:38-40). 이것은 분명히 예수께서 죽으신 지 사흘 만에 부활하실 것을 예언하신 것이며, 부활의 능력을 통해서 하나님의 아들임을 입증하시겠다는 말씀입니다.

주님은 예루살렘으로 올라가시는 길에서 제자들에게 말씀하시기를 인자가 예루살렘에 올라가서 제사장들과 서기관들에 의해 십자가에 못 박혀 죽임을 당할 것이라고 말씀하신 다음 제3일에 다시 살아날 것이라고 하셨습니다(마 20:17-19). 마태복음 28장 6절에서는 천사들이 이르기를 "그가 여기 계시지 않고 그가 말씀하시던 대로 살아나셨느니라"고 하였습니다.

그러므로 주님의 부활은 구약을 이루신 사건입니다.

2. 예수님의 부활은 역사적인 사실이요, 수많은 증거가 있습니다

사도행전 1장 3절에는 "그가 고난받으신 후에 또한 그들에게 확실한 많은 증거로 친히 살아 계심을 나타내사 사십 일 동안 그들에게 보이시며 하나님 나라의 일을 말씀하시니라"라고 되어 있습니다.

예나 지금이나 많은 사람들이 예수님의 메시아 되심과 그리스도의 부활을 부인하고 있습니다. 그러나 예수께서는 부활하신 후 40일 동안 확실한 많은 증거로 친히 사심을 증거하셨다고 기록하고 있습니다.

고린도전서 15장 5절 이하에 보면 열두 제자와 여인들에게 몇 번

씩이나 부활을 보이셨고, 그들은 죽으시기 전의 주님의 모습을 확실하게 구분할 수 있었습니다.

고린도전서 15장 6절에서는 많은 사람들에게 일시에 보이셨습니다. 대중적인 확인을 위하여 나타내 보이셨던 것입니다.

바울은 고린도전서 15장 8절에서 "맨 나중에 만삭되지 못하여 난 자 같은 내게도 보이셨느니라"라고 하여 주님을 핍박하던 그에게 부활하신 주님이 나타나셔서 핍박자를 전도자로 만드셨고, 부활을 반대하던 그를 부활의 증인이 되게 하셨다고 증언한 것입니다.

예수님의 부활에 대한 가장 결정적인 증거는 목격자들이 많다는 사실입니다. 예수님은 부활하신 후 승천하시기 전까지 40여 일 동안 여러 사람들에게 보이셔서 부활의 확실한 증거를 주셨는데, 그 목격자의 수가 무려 500여 명이나 된다고 사도 바울은 성경에 기록하였습니다(고전 15:6).

예수께서 부활하신 후 25년이 지난 서기 56년경 바울이 이 성경을 기록할 때에도 목격자의 대부분이 살아 있었기 때문에 함부로 과장을 하거나 거짓을 기록할 수가 없었습니다.

주님의 부활을 목격한 사람들 대부분은 순교를 두려워하지 않고 예수님을 증거하는 데 여생을 바쳤습니다. 이들이 만약 예수님의 부활을 실제로 목격하지 않았다면 어떻게 그런 일이 가능했겠습니까?

예수님의 제자 요한은 복음을 전하다가 체포되어 밧모 섬에 유배되어 있다가 주님의 날에 기도하던 중 부활하신 예수님을 만났습니다. 요한계시록 1장 17-18절에는 그때 일어난 일을 이렇게 기록하고 있습니다.

"내가 볼 때에 그의 발 앞에 엎드러져 죽은 자같이 되매 그가 오른손을 내게 얹고 이르시되 두려워하지 말라 나는 처음이요 마지막이니 곧 살아 있는 자라 내가 전에 죽었었노라 볼지어다 이제 세세토록 살아 있어 사망과 음부의 열쇠를 가졌노니."

부활하신 주님은 요한에게 나타나시어 장차 될 일을 보여주신 것입니다.

현재도 그리스도의 부활을 의심하던 사람들이 부활에 대하여 조사하다가 부활을 믿고 돌이킨 경우가 많습니다.

미국 〈시카고 트리뷴〉(Chicago Tribune)지의 기자로서 불신자였던 리 스트로벨(Lee Strobel)이라는 사람은 예일 대 출신의 탁월한 언론인으로 인정을 받고 있었습니다. 그는 예수님의 부활을 비롯한 기독교의 여러 가지 믿기 어려운 내용들을 취재하여 기독교를 반박하는 내용의 글을 쓰려고 했습니다. 그런데 각 분야의 여러 전문가들을 인터뷰한 후 믿을 수밖에 없는 충분한 증거들이 있음을 깨닫고, 오히려 지금은 목사가 되어 기독교를 변증하는 여러 권의 책들을 저술하였는데 그의 책 가운데 《창조 세계의 비밀》, 《예수는 역사다》, 《특종 믿음 사건》은 모든 분들에게 권하고 싶은 책들입니다. 그는 지금 윌로우크릭 교회를 거쳐 새들백 교회에서 왕성한 선교활동을 하고 있습니다.

어느 날 두 사람이 자리를 함께하여 어떻게 하면 이 세상에서 기독교를 파괴할 수 있을까를 의논하였습니다. 한 사람은 영국의 재무장관을 지낸 리틀톤이란 사람이고, 한 사람은 그의 친구인 법률가 길버트 웨스트였습니다. 이 두 무신론자가 합의한 것은 기독교의 두 진리 기둥인 예수의 부활과 바울 사도의 회심사건이 거짓이며 허무맹랑한 속임수임을 책으로 펴내 세상에 알리자는 것이었습니다. 그래서 길버트 웨스트는 예수의 부활에 대해 조사하여 반박하기로 하고, 리틀톤은 사도행전에 기록된 바울의 회개와 변화가 엉뚱하게 꾸며진 이야기임을 증명하기로 하였습니다. 얼마 후에 두 사람이 만났을 때 리틀톤이 웨스트에게 물었습니다.

"자네의 연구와 쓰는 책은 어떻게 되어 가고 있는가?"

이에 길버트 웨스트는 "사실은 예수의 부활에 대해 조사한 결과 복음서에 나타난 예수의 부활이 사실이라는 결론에 도달했네. 오히려 나의 책은 부활을 증거하는 책이 될 것이네"라고 대답했습니다.

"그래, 나도 자네와 똑같은 결론에 도달하여 은근히 고민하고 있었네. 바울에 대한 자료들을 전부 수집하고 보니 사도행전에 나타난 바울의 회심과 그의 활동이 모두 사실임을 확실히 알게 되었네. 그래서 나는 바울의 회심과 그의 사도 직분만을 보아서도 기독교의 진리가 참되다는 내용의 책을 쓰기로 했다네."

길버트 웨스트의 예수님의 부활에 대한 책과 리틀톤의 사도 바울의 회심에 대한 책은 그렇게 해서 세상에 나오게 된 것입니다.

그 외에도 예수님의 부활에 대한 증거는 수없이 많아 일일이 열거할 수가 없습니다. 그러므로 부활이 역사적 사실이고 진리임을 믿으시기 바랍니다.

3. 예수님의 부활은 영이 아니고 육체의 부활입니다

누가복음 24장 39절에는 부활하신 예수께서 제자들에게 "내 손과 발을 보고 나인 줄 알라 또 나를 만져 보라 영은 살과 뼈가 없으되 너희 보는 바와 같이 나는 있느니라"라고 말씀하심으로 예수님의 부활이 분명히 몸의 부활임을 확인시켜 주신 것을 기록하고 있습니다.

예수 그리스도는 부활한 자신을 유령으로 생각하는 제자들에게 먹을 것이 있느냐고 물으신 후 구운 생선을 드리자 직접 먹어 보이시면서까지 육체의 부활임을 증명해 보이셨습니다(눅 24:42-43). 이처럼 그리스도께서는 육체를 입고 이 땅에 오셨을 뿐 아니라 육체로 부활하셨음을 확실히 보이심으로써 육체를 지닌 우리에게 예수님을 주인으로 믿을 때 장차 있을 육체의 부활을 소망할 수 있게 하셨습니다.

그런데 부활하신 주님의 몸은 아름답고 신비스러운 몸이었습니다. 사람들이 알아볼 수도 있고, 알아보지 못할 수도 있었습니다(눅 24:31).

신비하게도 문이 닫혀 있었지만 들어올 수 있는 몸이었습니다(요 20:19).

의심하던 도마가 손으로 만져볼 수 있는 몸이었습니다(요 20:27).

제자들이 볼 때 하늘로 올라갈 수도 있는 몸이었습니다(막 16:19; 행 1:9).

부활하시기 전에는 우리와 똑같은 육체를 가지셨으나 부활하시는 순간 신령한 몸으로 변화하여 부활하신 것입니다.

본문 42-44절에는 이 몸에 대해 "죽은 자의 부활도 그와 같으니 썩을 것으로 심고 썩지 아니할 것으로 다시 살아나며 욕된 것으로 심고 영광스러운 것으로 다시 살아나며 약한 것으로 심고 강한 것으로 다시 살아나며 육의 몸으로 심고 신령한 몸으로 다시 살아나나니 육의 몸이 있은즉 또 영의 몸도 있느니라"라고 말씀하셨습니다.

한마디로 말씀드리면 주님의 몸은 천국 체질로 변화된 것입니다(마 22:30). 그 몸은 시간과 공간의 제한을 받지 아니하며 고통을 당하거나 병들거나 늙거나 죽음이 다시 없는 몸입니다. 할렐루야!

4. 주님의 부활은 바로 나의 부활입니다

1) 예수 그리스도는 부활의 첫 열매이고, 우리 성도들은 그다음 열매로 주님께서 입으신 그 몸을 우리도 입을 것입니다(고전 15:23).

우리가 부활하신 주님과 똑같은 몸을 입는다니 이 얼마나 놀라운 복입니까? 예수님을 믿는 자들에게 상상을 초월하는 엄청난 복이 주어진 것입니다.

2) 성경은 우리의 낮은 몸을 부활하신 주 예수님의 그 영광의 몸과 같이 변화시켜 주실 것이라고 하셨습니다.

빌립보서 3장 21절에는 "그는 만물을 자기에게 복종하게 하실 수 있는 자의 역사로 우리의 낮은 몸을 자기 영광의 몸의 형체와 같이 변하게 하시리라"고 분명히 말씀하셨습니다.

3) 주께서 다시 지상에 재림하실 때 우리 모두 홀연히 부활체로 변화되어 구름 속으로 끌어 올려 공중에서 주를 영접하게 된다고 하였습니다(살전 4:16-17).

고린도전서 15장 52-53절에는 "나팔 소리가 나매 죽은 자들이 썩지 아니할 것으로 다시 살아나고 우리도 변화되리라 이 썩을 것이 반드시 썩지 아니할 것을 입겠고 이 죽을 것이 죽지 아니함을 입으리로다"라고 하였습니다.

우리는 하나님의 창조 세계 속에서도 변화의 몸을 읽을 수 있습니다. 주 하나님께서는 이미 만드신 만물에 부활을 심어 놓으셨습니다. 우리가 관심을 가지고 보면 애벌레가 변하여 성충이 되고, 그것이 고치 속에 들어갔다가 아름다운 나비가 되어 하늘을 나는 것을 보게 됩니다. 매미의 애벌레나 성충이 얼마나 추하고 보기 흉한지 모릅니다. 그것이 땅 속에서 7년 이상을 살다가 다시 지상에 나와 매미가 되어 아름답게 노래하는 것을 봅니다.

우리가 분명히 알아야 할 것은, 부활한 몸은 생전의 몸과 같지 않다는 사실입니다. 성경은 우리 몸이 부활할 때 변하여 새롭게 된다고 말씀합니다. 예를 들어, 신체장애자로 죽은 사람이 장애자로 부활하거나 얼굴이 추하고 못생긴 사람이 못생긴 대로 부활하지 않는다는 것입니다. 병들어 고통을 당하던 그 몸이 아니라 영원히 병이 없는 강건한 몸을 입을 것이고(계 21:4), 늙어 주름지고 굳어진 몸이 아니고 너무나 젊고 아름다운 몸이요 빛나는 몸을 입을 것입니다.

그리고 부활한 몸은 물질적 형체만 변하는 것이 아니라 질적으로도 변화될 것입니다. 예를 들어, 예수님은 부활 후 사람들을 천사에 비유하셨습니다(마 22:30-32). 이것은 하나님께서 이미 계획하신 그대로 그리스도를 닮은 온전한 사람을 뜻하는 것입니다.

그러나 부활한 몸은 부활 이전의 몸의 열매로서 여전히 동질성을 유지할 것입니다. 가령 갑이라는 사람이 죽어 부활한다면 갑이라는 사람으로 부활하는 것이지 변하여 다른 사람이 되는 것은 아닙니다.

천국에서 우리 모두는 알아볼 수 있습니다. 각자가 가진 다양한 개성을 그대로 가지게 될 것입니다. 그러나 우리 모두는 자신의 몸에 대해 만족할 것이고, 완전한 몸을 가질 것입니다. 이처럼 부활의 첫 열매이신 그리스도의 공로로 부활에 참여케 되는 사람들은 하나님의 자녀로 영광스러움을 입는 한 단계로서 부활에 동참하게 될 것입니다(고전 15:43).

이제 부활을 약속받은 우리는 부활하신 주님께서 우리에게 주신 명령을 지켜야 합니다. 우리는 죽음의 영에 묶여 절망하는 세상 사람들에게 예수 그리스도의 부활을 담대히 증거하여야 합니다. 가난한 자들에게 부활을, 병들어 고통하는 자들에게 부활을, 늙은 몸으로 젊음을 동경하는 노인들에게 부활을, 죽음 앞에 두려워하는 자들에게 부활을, 소망이 없는 자들에게 영원한 소망을 주는 부활을 전해야 합니다.

1. 구약이나 신약이나 모두 부활을 증언하고 있습니다. 당신이 이 사실을 믿는다면 당신이 가진 확신을 서로 나누어 보십시오.

2. 주님의 부활은 곧 나의 부활임을 믿나요? 우리가 장차 입을 부활의 몸에 대해 서로 나누어 보십시오.

3. 우리가 항상 부활신앙으로 무장하고 부활에 대한 소망으로 충만하도록 합심하여 간절히 기도하십시오.

4. 부활의 희망을 향하여 (왕하 5:1-14)

부활

　세상에 문제 없는 사람은 아무도 없을 것입니다. 성균관대 정신과 교수인 이시영 박사는 "대한민국은 병든 사회이다"라고 진단하였습니다.
　우울증, 중독증, 스트레스로 인한 정신 계통의 질병에 걸린 사람들이 너무나 많고, 많은 가정들이 병들어 있습니다. 한국 사람들이 많이 걸리는 병으로 20-30대는 우울증, 40대는 간경화, 50대는 암, 60대는 뇌졸중이라고 했습니다. 본문의 나아만은 크고 존귀한 사람이었습니다. 왕과 백성들로부터 신임을 받는 국방장관이었습니다. 그는 전쟁에서 나라를 구한 영웅이었고, 권력의 실세였습니다. 그는 부귀영화를 누리고 있었습니다. 아내와도 좋은 사이였고, 종들도 그를 아버지라고 부를 정도로 그를 따르고 존경하였습니다.
　하지만 그것은 겉으로 보이는 모습이었고, 그의 속은 겉과는 달리 심각한 문제를 안고 있었습니다. 그의 의복 안에 감추어진 그의 몸은 썩어 들어가고 있었습니다. 그가 나병에 걸린 것입니다.
　나병은 얼굴 모양이 일그러지고, 손과 발이 썩어 떨어져 나가고, 몸에서 악취와 진물이 나고, 형체가 문드러져 가는 끔찍한 병입니다.

이 병에 걸리면 몸만 썩어 들어가는 것이 아니라 정신적으로 큰 충격과 고통이 오고, 결국은 인생 전체를 파멸에 이르게 하는 무서운 병입니다. 그 당시 의학으로는 도저히 고치지 못하는 불치의 병이었습니다. 나병에 걸린 사람은 결국 가족과 사회와 격리되어 동굴이나 깊은 산 속에서 살 수밖에 없었습니다. 그 당시 사회에서의 나병은 저주의 병이었고, 천벌을 받아 생긴 병이라는 통념이 있었습니다.

그에게는 권력도 있었고, 돈도 있었고, 주변에 많은 사람들도 있었지만 도움이 되지 못했습니다. 많은 의원에게 치료를 받았지만 아무 소용이 없었습니다. 온갖 좋다는 약을 다 사용해 보았지만 효과가 없었습니다. 나아만은 깊은 고민을 가지게 되었습니다.

나아만 장군만 그런 것이 아닙니다. 이 세상 사람들 모두 남모르는 고민이 있습니다. 저 가정은 행복하겠지, 저 사람은 고민이 없겠지라고 생각하지만 그들의 사정을 알아보면 문제가 없는 가정이 하나도 없다는 것을 알 수 있습니다.

파리에 세계적으로 유명한 정신과 의사가 있었습니다. 어느 날 영국에서 우울증 환자 한 사람이 이 의사의 명성을 듣고 찾아왔습니다. 한참을 상담한 다음 의사가 친구를 사귀어 볼 것을 권유하였습니다. 그러자 그 사람이 친구는 너무 많다고 하였습니다. 다시 운동을 해볼 것을 권하였습니다. 그러자 안 해본 운동이 없다고 말했습니다. 그렇다면 여행을 다녀 볼 것을 권하였습니다. 그러자 1년에 몇 번 세계여행을 다닌다고 하였습니다.

그 사람이 힘없이 일어나 문을 열고 나가려고 하자 의사가 무엇인가 생각난 듯 "당신 영국 어디에 사십니까?"라고 물었고, 그 사람은 "런던에 살고 있습니다"라고 대답하였습니다. 의사는 "예, 그렇다면 찰스 메티스를 아시지요? 그는 유명한 희극 배우입니다. 그 사람의 공연장을 찾아서 한번 실컷 웃어 보십시오. 그러면 당신의 우울증이 많이 해소될 것입니다"라고 말했습니다. 그러자 그 환자는 쓴 웃음을 지으며 말없이 나가 버리고 말았습니다.

의사는 도대체 상담이 통하지 않는 이 환자가 누구인지 알고 싶어 차트를 넘겨 이름을 보는 순간 깜짝 놀랐습니다. 이름을 적는 칸에 '찰스 메티스'라고 적혀 있었던 것입니다.

권력과 돈이 많고, 자녀들이 있고, 좋은 직장이 있고, 좋은 주택, 좋은 자동차 타고 다니는 사람은 아무 문제도 없을 것이라고 생각하지만 그렇지 않습니다. 인생은 모두 문제를 안고 살아갑니다. 누가 우리의 문제를 해결할 수 있나요? 누가 우리에게 도움을 줄 수 있나요?

1. 나아만은 희망의 말을 듣고 희망을 선택하였습니다

이스라엘과의 전쟁에서 포로로 잡아온 소녀, 그 아내의 종으로 삼은 어린 여자아이가 나아만의 아내에게 한 몇 마디 말, "우리 주인이 사마리아에 계신 선지자에게로 가면 나을 수 있을 것입니다"라는.

과학적이지도 않고 논리적이지도 않은 말, 보잘것없는 소녀의 이 말이 결국 나아만의 나병을 치료하고 문제를 해결하는 계기가 되었습니다.

모두 안 된다고 할 때 어린 소녀는 된다고 말하고, 할 수 있다고 말했습니다. 그 소녀는 믿음이 있었습니다. 사람으로서는 할 수 없지만 하나님으로서는 다 할 수 있다는 확신이 있었습니다. 세상 사람은 어려움 앞에 안 된다고 하고, 어렵다 힘들다 이제는 끝장이 났다고 말합니다. 그러나 믿음의 사람은 하나님께는 능치 못하심이 없다고 말합니다. 왜 그렇습니까? 믿음의 차이입니다. 믿음이 문이고, 믿음이 열쇠고, 믿는 자에게는 길이 있습니다.

우리 인생에 위기가 오고 어려움을 만나면 어떤 사람은 마음의 문을 닫아 걸고 혼자 고민하고, 자기 힘으로 그 문제를 풀려고 하다가 절망하고 맙니다. 하지만 마음의 문을 열고 주변에서 희망을 들으려고 하는 사람은 문제 해결의 길이 열리게 됩니다.

성경에 절대 절망 가운데 인간의 힘으로 해결할 수 없는 문제를 안고 살아가던 사람들이 예수님에 대한 소문을 듣고 희망을 품고 있던 중 기적을 체험한 내용이 많이 나옵니다.

우리 성도들의 말 한마디가 세상에 희망이 될 수 있습니다.

"당신의 문제는 하나님께로 나아오면 됩니다. 당신의 고민, 당신 가정의 고민, 자녀의 문제, 사업의 문제 그 어려운 문제들을 가지고 주님께로 나아오십시오. 우리 교회로 나오시면 해결될 것입니다"라고 말씀해 보십시오.

사람들이 희망을 듣고 희망을 선택하면 반드시 희망대로 되는 것이 복음의 능력입니다.

2. 나아만은 희망을 품고 행동하였습니다

5절에 보면 나아만이 왕의 허락을 받고 친서를 가지고 많은 선물을 가지고 곧 떠났다고 하였습니다.

성경에 보면 희망을 가지고 예수님을 찾아온 사람들은 모두 문제 해결을 받고 돌아갔다는 사실을 발견하게 됩니다.

열왕기하 6장에 보면 아람 왕이 군대를 보내어 이스라엘의 수도인 사마리아를 포위하여 사마리아 성 안에 있던 백성들이 모두 굶어 죽게 되었습니다. 극심한 굶주림 속에 자기 아이를 삶아 먹는 패륜이 생겨났습니다.

그런데 성문 어귀에 앉아 있던 네 사람의 나병환자가 '성에 들어가도 굶어 죽을 것이요 여기 앉아 있어도 죽을 것이니 우리가 아람 나라 진으로 가자. 그들이 살려주면 살 것이다' 하고 아람 나라 진으로 향하여 가다가 그곳에 아람 군대가 한 사람도 없고 장막이 텅 비어 있으며 먹을 것과 입을 것 그리고 온갖 보물들이 가득하기에 그 소식을 성에 전하였다는 기록이 있습니다.

우리도 희망을 향하여 나아가야 합니다. 그리할 때 그 희망이 성취되는 것을 보게 될 것입니다.

나아만은 여러 생각이 있었겠지만 이스라엘을 향하여 나아갔습니다. 이스라엘은 그에게 있어 적국이었습니다. 사신으로 가는 것도 아니고, 나병을 가진 몸으로 적국의 왕의 어전에 나아간다는 것은 목숨을 걸어야 할 일이었습니다. 대단히 위험한 일이었지만 그는 한 가닥 희망을 가지고 나아갔습니다.

유종록 씨의 간증을 들었습니다. 그는 우상을 숭배하는 가정에서 자라나 어릴 적부터 온갖 우상숭배에 젖어 살았습니다. 결혼하여 사업을 하던 중 아내가 병이 들었습니다. 백약이 무효였습니다. 온갖 미신 굿을 다 해보았습니다. 그런데 차도가 없었습니다. 아는 분이 "그런 병을 고치려면 교회로 가보십시오" 하기에 그는 아내의 병을 고치려고 교회에 나가 주일을 철저히 지키고 새벽에 나가 기도하였습니다. 놀랍게도 아내가 1년 후 병에서 놓여나 건강하게 되었습니다.

그런데 곧 IMF를 만났습니다. 동대문에서 가방 도매상을 하는데 부도를 만났습니다. 말씀을 듣는 중에 아내의 병을 고치신 하나님께서 사업도 잘되게 해주실 것 아니겠는가 하는 믿음이 생겼습니다. 그는 사업을 위해 새벽을 깨워 기도하면서 성경을 읽고, 어려울수록 더 철저히 십일조를 하였습니다. 어려워도 그는 정직하게 하나님을 섬겼더니 매상이 올라 하루 매상이 7천만 원이 되고, 3억, 5억, 10억까지 매상이 올라갔다고 하였습니다. 그는 그 교회에서 헌금을 제일 많이 하는 사람이 되었고, 장로가 되었다고 합니다.

말씀이 믿음을 주고 믿음을 가지면 희망의 사람이 됩니다. 당신이 말씀을 믿고 희망을 가지고 교회로 나오면 주님께서 당신의 문제를 해결해 주실 것입니다.

3. 나아만은 희망을 버리지 않고 순종하였습니다

처음에 그는 엘리사의 행위와 말을 듣고 분노하였습니다. 하마터면 모든 일이 수포로 돌아갈 뻔했습니다. 그가 가지고 있던 교만 때문이었습니다. 자신이 곧 죽을 수밖에 없는 썩어진 나병환자임을 알지 못하고 한 나라의 군대장관이요, 부자요, 권력가인 것으로 착각하고 '감히 나에게 이럴 수가' 하고 교만한 마음으로 분노하였던 것입니다.

그에게 있어 교만은 문제 해결의 장벽이었습니다. 그의 교만과 분노는 그가 이곳에 온 목적을 잊어버리게 하였습니다. 교만은 하나님의 은혜와 능력을 체험하는 데 가장 큰 장벽이 됩니다. 하나님은 교만한 자를 미워하시고, 겸손한 자에게 은혜를 베푸십니다.

　하나님은 나아만의 교만을 깨트리시기 위해 엘리사를 사용하신 것입니다. 그리고 내 생각을 버리지 못하고 자기의 선입견으로 판단하고 돌아서 버리고 맙니다. 하나님의 말씀도, 하나님이 하시는 일도 내 생각에 맞아야만 한다고 생각하는 사람들이 있습니다. 이런 사람들은 결코 하나님의 은혜를 받을 수 없고, 능력을 체험하고 문제 해결을 받을 수도 없습니다. 소위 똑똑하다는 사람들 중에 이런 사람들이 있을 수 있습니다.

　오늘 우리의 굳어진 생각이 하나님의 은혜를 받지 못하게 합니다. 하나님의 은혜가 임하려면 부정적인 생각을 버려야 하고 우리의 닫힌 마음을 열어야만 합니다. 세상 사람들은 하나님의 능력을 비웃고 기적을 믿지 않습니다. 하지만 세상에서 생명 있는 것들이 태어나고 변화하고 사라져 가는 모든 현상 그 자체가 기적입니다.
　화를 내며 돌아서 가던 나아만 장군이 종의 말을 듣고 깨우치고 회개하고 돌아섭니다.
　하나님은 당신의 남편이나 아내나 자녀나 주변의 가족들이나 여러분의 목사들을 통하여 말씀하시는 경우가 있습니다. 그러므로 들을 줄 아는 경청의 귀가 있어야만 합니다. 하나님은 오늘날 주위의 많은 분들을 통해 우리를 깨우쳐 은혜의 길, 축복의 길을 가게 하시길 원하시지만 우리가 들을 수 있는 귀가 열려 있지 않고, 마음이 열려 있지 않기에 축복을 놓치고 마는 것입니다.
　나아만은 종의 말을 듣고 엘리사의 말씀에 순종하였습니다. 그는 부하들 앞에서 장군의 복장을 벗고, 나병으로 문드러진 환부를 드러내고 요단 강에 들어갔습니다.

존 번연은 "하나님의 말씀에 어떻게 순종하느냐에 따라 그 행복이 결정된다"라고 하였습니다. 제레미 테일러는 "하나님은 순종할 때 꼴찌를 일등 되게 하신다"라고 하였습니다.

요단 강물이 신비한 능력이 있었던 것이 아닙니다. 믿고 순종하는 그것이 곧 기적을 일으켰습니다.

하나님은 우리를 살리시고 우리를 치료하시는 하나님이십니다. 그 아들을 보내서 우리를 구원하신 하나님이십니다. 누구든지 보혈의 강에 들어갈 수 있습니다. "흐르고 있네 흐르고 있네, 귀하신 주 보혈……."

우리는 나병보다 더 더럽고 무서운 죄악의 병을 앓고 있습니다. 이 죄 때문에 저주와 불행이 왔고, 눈물과 한숨과 고통과 괴로움이 왔고, 온갖 질병과 고초가 왔습니다. 이 죄 문제를 해결하지 않으면 평안도 없고, 행복도 없고, 영생도 얻지 못합니다.

나아만은 끝까지 순종하였습니다. 그가 일곱 번까지 계속하여 순종하였더니 놀라운 일이 일어났습니다. 그의 몸을 덮고 있던 더러운 나병이 사라지고 그의 살이 어린아이 살처럼 되었습니다.

예수님은 나아만에 대하여 말씀하셨습니다. 그 당시 이스라엘에도 많은 나병환자들이 있었지만 하나님의 은혜를 입고 나병에서 고침받은 사람은 이방인인 나아만 한 사람뿐이었다고 하셨습니다. 왜 그렇습니까? 나아만은 사모하는 마음을 가지고 희망을 향하여 나아갔기 때문입니다. 그리고 나아만은 믿고 순종하였기 때문입니다.

나아만은 하나님의 능력을 체험하게 되었고, 하나님을 알고 하나님을 경외하는 믿음의 사람이 되어 그의 온 집안이 다 하나님 한 분만을 섬기는 가정이 되었습니다. 그는 엘리사에게 간증하고 하나님께 영광을 돌리게 되었습니다. 오직 하나님만이 참 신이요, 세상의 모든 신은 헛것이라는 것을 알게 되었습니다. 나아만은 구약에서 부활을 체험한 사람이 되었고, 일시적이나마 부활의 몸을 상징하는 축복을 받은 것입니다.

어떤 문제가 있든지 전능하신 주님을 향하여 희망을 가지고 나아가 문제 해결을 받고 기적을 체험하는 삶을 사시기를 바랍니다.

1. 당신이 작은 희망을 가지고 나아갔을 때 그 희망이 이루어진 경험이 있다면 서로 나누어 보십시오.

2. 당신이 순종하여 축복을 받은 경험이나 불순종하여 낭패를 당한 경험이 있다면 서로 나누어 보십시오.

3. 이제 본문의 말씀을 붙잡고 희망을 가지고 나아갈 때 이 땅에서 우리도 부활의 기적을 체험하게 해달라고 기도하고, 순종하는 사람이 되게 해달라고 합심하여 간절히 기도하십시오.

1. 행복한 가정을 원하십니까? (엡 5:22-33)

가정

　제 사돈과 식사하는 자리에서 사돈이 하시는 말씀이 "요즘 유행하는 말 중에 남자들이 평생 형통한 길을 가려면 두 여자의 말을 잘 들어야 한다고 합니다"라고 하시기에 제가 "한 여자는 부인이겠지요?"라고 하니 "맞습니다. 또 다른 한 여자는 내비게이션에서 안내하는 여자의 말입니다"라고 하셨습니다.

　괴테는 이런 말을 하였습니다. "임금이든 백성이든 자기 가정에서 평화를 찾는 자가 가장 행복한 사람이다."

　레위기 25장 10절에는 기쁨의 해가 오면 자기 가족에게로 돌아가야 한다고 했습니다.

　하나님은 우리 인간의 생존과 번영을 위해 모든 것을 주셨습니다(창 1:28). 그렇지만 인간의 행복을 위해서는 오직 한 가지, 가정을 주셨을 뿐입니다. 그러므로 가정을 떠나서는 지구상 어느 곳에서도 행복을 누릴 수 없습니다.

　가정은 천국의 축소판입니다. 가정은 성부, 성자, 성령 삼위일체의 반영입니다. 그래서 가정을 통해서 하나님의 이미지를 알게 됩니다. 가정에서 어머니를 통하여 하나님의 사랑을 배우고, 아버지를 통하여 하나님의 공의를 배우게 됩니다.

"여호와 하나님이 이르시되 사람이 혼자 사는 것이 좋지 아니하니 내가 그를 위하여 돕는 배필을 지으리라 하시니라"(창 2:18).

가정에서 남편과 아내가 서로 상처 난 존재로 살아가는 것은 하나님의 마음을 아프게 하는 것입니다. 우리 가정이 쓸쓸하고 고독하다면 하나님의 창조 목적에서 벗어난 것입니다. 가정이 행복하게 세워져 갈 때 하나님이 기뻐하시는 것입니다.

하나님은 가정에서 쉼을 얻고, 서로 사랑을 나누며, 풍성한 삶을 누리라고 하셨습니다. 그런데 현재 우리 가정의 현실은 그렇지 못합니다. 가정의 순결이 무너지고, 가정이 불화하고, 많은 가정이 고통하며 신음하고 있습니다. 이것은 하나님의 형상인 가정을 파괴하려는 마귀의 공격입니다.

가정이 무너지면 교회도 무너지고 이 사회도 무너집니다. 우리 예수님은 가정에서 태어나셨고, 가정에서 자라나셨으며, 사역을 처음 시작하시면서 물로 포도주를 만드셔서 가정을 축복하셨습니다. 이러한 가정을 힘써 지키고 우리의 가정이 거룩하고 행복한 가정이 되도록 만들어 나가야 하겠습니다.

지금까지 가정생활이 행복하지 못하였고 실패하였다고 할지라도 괜찮습니다. 지금부터라도 잘 세우면 됩니다. 이제라도 늦지 않았습니다.

1. 부부가 함께 하나님을 섬기며 서로를 섬기는 가정입니다

청년들에게 설교하면서 기독 연예인 가운데 정혜영 씨와 션 부부, 차인표 신애라 부부같이 서로 사랑하고 이웃 사랑하면서 살아야 진짜 행복한 그리스도인 가정이라고 하였더니 어떤 청년이 "나도 그런 배우자를 만나면 그렇게 살 수 있을 것입니다"라고 말했습니다. 저는 형제가 그런 자매를 만나면 형제로 인해 그 자매가 불행해질 수 있다고 말해 주고 싶었습니다.

물론 어느 정도 조건을 갖춘 부부도 있습니다. 그러나 인간은 가슴 깊은 곳에 죄의 본성이 있기에 모두에게 불만과 괴로움이 있습니다. 가정의 행복은 조건이나 환경에 의하여 좌우되는 것이 아니라 부부가 서로 만들어 가는 것이고, 행복도 서로 가꾸어 가는 것입니다.

똑같이 주어진 인생이지만 어떤 사람은 행복하고 원만한 가정생활을 이루고, 어떤 사람은 고통의 긴 세월을 지나며 불행한 가정을 만들기도 합니다.

영국의 심리학자, 자기 계발 전문가들 여섯 명이 행복한 결혼의 비결을 연구하여 발표하였습니다. 그것은 "행복한 결혼생활은 피아노 연주와 같고, 자전거 타는 것과 같다" 즉 마음먹었다고 저절로 되는 것이 아니라 꾸준하게 연습하여 숙달해야 가능하다는 것입니다. 소경 3년, 귀머거리 3년이면 행복한 결혼생활을 할 수 있다는 옛말은 일리가 있는 말입니다.

《행복한 부부생활을 위하여》라는 책을 써서 유명해진 김희자 씨는 그 책에서 이렇게 고백하고 있습니다.

"나의 행복 나의 필요 등 나의 것만을 추구할 때 결혼생활이 사해로 변해 버리고 말았습니다. 그러나 나를 완전히 잊어버리고 상대방의 필요와 행복에 초점을 맞추면 내게 필요한 것이 채워지니 참으로 신기한 일입니다."

그녀는 여성 해방 운동가였습니다. "가정에서 여성들이 남편들로부터 해방되어야 한다"고 외치던 분이 미국에서 예수님을 만나고 난 뒤 변화를 받았습니다. '하나님은 남편을 돕는 배필로 아내를 지으셨구나!' 하고 말입니다.

서로 네 탓이라고 손가락질하면 불행이 끝없이 이어진다는 사실을 그녀는 성경을 통해 알게 되었습니다.

지난번 우리 교회에 오신 가정사역하시는 이희범 목사도 가정에서 자신의 권위를 세우고 자신의 유익을 구할 때 갈등과 분쟁과 아픔이 끊임없이 이어졌지만 아내의 모습 그대로를 존중하고 아내를 섬기기 시작할 때부터 가정 천국을 이루었다고 하였습니다.

서로 성격과 성품이 들어맞는 부부가 몇 명이나 될까요? 아마도 지구상에 그런 부부는 단 한 쌍도 없을 것입니다. 모두 덮어 주고 참고 사는 것뿐입니다.

저희 부부도 이만저만 다른 것이 아니었습니다. 신혼 초부터 서로 달라 혼란스러웠고, 식생활도 많이 달랐습니다. 저는 찹쌀밥을 싫어하지만 아내는 너무 좋아하고, 저는 고구마를 싫어하지만 아내는 너무 좋아하고, 저는 콩을 너무 좋아하지만 아내는 너무 싫어합니다. 잠버릇도 다르고, 치약 짜는 것도 정반대요, 옷걸이를 거는 것도 정반대였습니다. 많이 갈등하고 다투고 그후에 터득하였습니다. 틀린 것이 아니고 다른 것일 뿐이며, 서로 잘못되었다고 지적하면 고쳐지는 예가 없다는 것을 말입니다. 그저 이해하고 용납하고, 받아주고, 그 모습 그대로 사랑하고 섬기며 살 때만이 행복하다는 것입니다.

행복은 받는 것에 있지 않고 주는 것에 있습니다(눅 6:38). 상대방의 행복을 위해 하나님이 나를 보내셨다는 것을 믿고 섬기기 시작하면 가정생활과 자녀들에게도 열매가 맺히고, 사회생활에까지 좋은 열매가 맺히게 됩니다.

며칠 전 제가 잘 아는 목사님을 만났는데, 목사님께서 그 교회 한 남자 집사님을 천사라고 하셨습니다. 십여 년을 지켜보면서 감동을 받을 때가 많았다고 합니다.

그 집사님은 우리 교회 전면 간판과 밤에 불이 들어오는 붉은 간판을 제작하여 시공하신 분인데, 부인이 당뇨병과 여러 합병증으로 정상적인 생활을 할 수 없을 뿐 아니라 신부전증으로 피를 투석하고 있는데 제가 보아도 오랜 세월 병에 시달려 너무 고통스러워하는 표정이었습니다.

그런데 남편 되시는 분이 지극 정성으로 부인을 간호하고 섬긴다고 합니다. 부인이 병원에 입원해 있을 때 병실에 함께 입원한 환자들과 환자들을 간호하는 가족들이 그를 보고 천사라고 하였답니다. 실제로 그 부인도 자기 남편을 천사라고 말합니다.

아시아연합신학교 전 총장 임택권 박사가 목사 부부 수양회 마지막 강의를 마치며 손가락을 펴보라고 하였습니다. 모두 손가락을 오므렸다 펴니 "여러분은 27만(약 3억) 불을 벌었습니다. 저는 12년 동안 제 아내 병수발을 하고 있습니다. 제 아내가 손가락을 펼 때까지 들어간 돈이 27만 불이었습니다"라고 하시며 눈물을 글썽이며 "있을 때 잘해 주시오"라고 했습니다.

행복한 부부에게는 공통점이 있습니다.

① 열등의식이 없습니다.
② 부부 사이에 열린 대화가 있습니다.
③ 꾸준히 성숙을 위하여 노력합니다.
④ 부부가 서로를 잘 이해하려고 노력합니다.
⑤ 삶을 즐길 줄 압니다.
⑥ 서로를 향해 정직합니다.
⑦ 부부간의 예절을 지킵니다.
⑧ 항상 삶의 의미를 느끼려고 노력합니다.
⑨ 남편(아내)의 목표를 돕는 동반자가 됩니다.
⑩ 신앙관이 일치해 가도록 서로 신앙을 교류합니다.

이것이 가장 중요합니다. 자갈과 모래, 시멘트는 서로 따로 놀지만 여기에 물이 들어가 배합되면 단단한 콘크리트가 되어 빌딩을 건축하고 도로와 교량을 건설하게 되는 것처럼 부부가 성격, 성품, 기질 등이 달라 서로 따로 놀아도 하나님의 은혜의 물이 들어가면 하나가 될 수 있습니다.

당신의 가정은 이 열 가지 사항 중 몇 가지를 실천하며 살아갑니까? 부부가 서로 점검해서 이것을 지키고 살아간다면 하루하루가 기쁨이 충만해질 것입니다.

〈기독교 가정사역 연구소〉가 서울 수도권 근교에 거주하는 기혼 남녀 400명을 대상으로 배우자로부터 가장 듣기 싫은 말과 듣고 싶은 말을 조사 발표한 바 있습니다. 아내들이 가장 듣기 싫어하는 말입니다.

① 당신이 뭐 하나 제대로 하는 게 있어.(18%)
② 아무것도 모르면 가만히 있어.(12%)
③ 됐어! 포기한 지 벌써 오래야.(11%)
④ 다른 여자들 하는 것 좀 배워.(11%)
⑤ 당신네 집안 다 그렇지 뭐.(10%)

반대로 남편들이 가장 듣기 싫어하는 말입니다.
① 그러니 회사에서 안 쫓겨나겠어요?
② 돈도 제대로 못 벌면서 큰소리치기는!
③ 옆집 아무개 아빠 좀 봐요.

남녀 모두의 기를 살리고 서로를 행복하게 하는 말입니다.
① 여보 사랑해.
② 음식 솜씨가 일품이야.
③ 당신 갈수록 멋있어요.
④ 당신 안 만났으면 나 큰일 날 뻔했어.
⑤ 다시 태어나도 당신뿐이야.

말만 잘해도 가정은 행복할 수 있습니다. 죽이고 살리는 것은 말에 있습니다. 부부가 한 신앙 안에서 서로를 위해 주고 섬겨 주는 가정은 행복합니다.

2. 부모를 공경하는 가정입니다

부모 공경은 하나님께서 우리에게 주신 약속이 있는 계명입니다. 하나님은 신·구약 성경을 통해 100회 이상 부모 공경에 대한 명령을 하셨습니다. 이 명령은 우리의 선택이 좌우할 수 없고, 그 어떤 이유로도 피할 수 없는 것입니다.

1) 우리 모두는 부모님으로부터 생명을 이어받고 살과 피를 물려받았기에 마땅히 부모님을 공경해야 합니다.

부모님은 생명 걸고 우리를 낳으셨고, 진자리 마른자리 갈아 뉘시며 손발이 다 닳도록 고생하시어 오늘에 이르게 했습니다. 그래서 부모님의 흰머리는 면류관이요, 얼굴의 주름은 가장 고귀한 훈장이요, 늙으신 모습은 최고의 영광이라고 해야 할 것입니다.

예부터 효자 가문에서 효자가 나오고 불효자 가문에서 불효자가 나온다고 하였습니다. 성경에도 심은 대로 거둔다고 하였습니다.

요한일서 2장 3-5절에 눈에 보이는 부모님을 섬기지 못하면서 하나님을 섬긴다고 하는 것은 거짓말하는 자라고 했습니다.

성경 잠언 30장 17절에는 "아비를 조롱하며 어미 순종하기를 싫어하는 자의 눈은 골짜기의 까마귀에게 쪼이고 독수리 새끼에게 먹히리라"고 하여 불효자가 저주를 받게 될 것이라고 하였습니다.

부모님은 과거의 수고를 통해서 현재의 자녀를 만들어 주신 분입니다. 그러므로 부모님이 무식하거나 빈약하거나 세대 차이가 나도 마땅히 공경해야만 합니다.

2) 부모님을 공경하는 것을 뒤로 미루어서는 안됩니다.

옛 사람은 시조를 지어 "어버이 살아실 제 섬기기를 다하여라 가시고 난 후면 애닯다 어이 하리 평생에 고쳐 못할 일 이 뿐인가 하노라"라고 교훈하였습니다.

잠언 23장 25절에도 "네 부모를 즐겁게 하며 너를 낳은 어미를 기쁘게 하라"고 했습니다. 부모님의 요구가 무엇인지 살펴서 부모님을 기쁘게 하는 성도들이 되시기를 바랍니다.

요즘 자식들이 늙으신 부모님을 찾지 아니하여 골방에서 외롭게 지내다 죽은 후에도 발견되지 아니하여 시신이 방치되는 일이 종종 발생합니다. 이는 참으로 안타까운 일입니다.

3) 부모를 공경하는 자녀들에게는 하나님이 복을 주십니다.

"이는 네가 잘되고 땅에서 장수하리라"(엡 6:3).

이삭은 자기를 죽이려는 아버지 아브라함을 얼마든지 밀치고 살 수 있는데도 죽기까지 순종하므로 그의 평생에 형통한 삶을 살았고 100배나 더한 복을 받았습니다. 요셉도 아버지 야곱에게 효성스러운 아들이었으므로 하나님이 영화와 존귀로 관을 씌워 주셨습니다. 룻기에 나오는 룻도 시어머니 나오미를 공경하여 보아스를 만나 귀족의 부인이 되었고, 메시아의 조상이 되었습니다.

부모에게 효도하는 것 중 가장 큰 효도는 부모님으로 하여금 예수님을 믿게 하는 것입니다.

3. 자녀를 잘 양육하여 하나님 앞에 세우는 가정입니다

시편 127편에 "자식들은 여호와의 기업이요 태의 열매는 그의 상급이로다"라고 하여 하나님으로부터 받은 가장 귀한 선물이 자녀임을 말씀하셨습니다. 그 자녀를 하나님이 맡겨 주신 선물인 줄 알고 잘 양육하여 세우면 장차 하늘나라에 가서 그 자식이 나의 기업이요 상급이 된다고 하셨습니다.

1) 하나님의 말씀으로 자녀들을 잘 양육하여야 합니다.
신명기 6장 4-9절에 "이스라엘아 들으라 우리 하나님 여호와는 오직 유일한 여호와이시니 너는 마음을 다하고 뜻을 다하고 힘을 다하여 네 하나님 여호와를 사랑하라 오늘 내가 네게 명하는 이 말씀을 너는 마음에 새기고 네 자녀에게 부지런히 가르치며 집에 앉았을 때에든지 누워 있을 때에든지 일어날 때에든지 이 말씀을 강론할 것이며 너는 또 그것을 네 손목에 매어 기호를 삼으며 네 미간에 붙여 표로 삼고 또 네 집 문설주와 바깥 문에 기록할지니라"라고 하였습니다."
가나안 땅에 들어가면 그 땅 족속은 음란하고 악하여 우상을 숭배하고 더러운 문화에 젖어 살기에 그런 문화에 물들지 않으려면 하나님 말씀을 암송하여 성령으로 살아야 함을 분명히 하셨습니다.
우리 역시 이 세대의 타락한 문화로부터 우리 자녀들을 영적으로 보호하는 길은 성경을 가르치는 길뿐임을 알고 성경을 통독시키고 암송시켜야 할 것입니다. 잠언 22장 6절에도 "마땅히 행할 길을 아이에게 가르치라 그리하면 늙어도 그것을 떠나지 아니하리라"고 하였습니다.

2) 부모들은 신앙의 본을 보이며 축복해야 합니다.

어느 가정에 예쁜 딸이 고등학생이 되고 난 뒤부터 엄마의 마음을 섭섭하게 하고 속상하게 하였습니다. 엄마는 마음이 아파서 "너도 커서 결혼하여 꼭 너 닮은 아이를 낳아 보아라. 그래서 이 엄마에게 한 그대로 너도 받아 보아라. 그때 엄마의 속을 알 것이다"라고 하고 싶었지만 꾹 참고 축복하였다는 것입니다.

성장하는 과정에 있기에 실수하고 잘못할 수도 있습니다. 그러므로 기다려야 합니다. 미숙하고 부족한 자녀일수록 부모의 격려가 필요합니다.

대개 사람들은 어릴 때 부모로부터 상처를 많이 받습니다.

얼마 전 KBS 방송에서 방영한 것을 보면 아이들이 권위적인 아버지로부터 상처를 많이 받고 자라는 것을 알 수 있습니다. 아버지가 술 먹고 늦게 들어와 엄마에게 함부로 말하고 사회에서 스트레스 받은 것을 집에 와서 풀고 하니 자녀들이 엄마에게 이혼하고 우리끼리 살자고 조르는 가정이 많다고 합니다.

두란노에서 하는 아버지학교 과정을 마친 분들 가운데 70%가 불신자라고 하는데, 통곡을 하면서 아버지로서 잘못 살아왔다고 한답니다. 그들도 자신들의 아버지로부터 그런 상처를 받고 난 뒤 자기도 모르게 그런 행동을 답습하고 있었다는 것을 알고 놀란다는 것입니다. 과거 자신들의 아버지를 용서하지 못하여 괴로워하는 분들도 많았습니다.

3) 부모들은 자녀들을 사랑하고 때로는 엄격하게 징계하여 양육해야 합니다.

통계적으로 사랑을 받고 자라난 아이들이 어른이 되면 사랑할 줄 안다고 합니다. 우리 자녀들이 영육 간에 바르게 자라게 하는 가장 좋은 영양소가 바로 사랑입니다. 사랑으로 말하고, 사랑으로 안아주고, 사랑의 눈빛으로 바라보십시오.

실험 결과 사랑을 먹고 자란 사람들은 그렇지 못한 사람들보다 생존력과 창조력이 더 강하고 더 긍정적이라고 합니다.

행복한 가정은 남편과 아내가 서로를 위해 희생하고 섬기는 가정입니다. 이것은 나를 버림으로 가능합니다. 행복한 가정은 부모를 공경하는 가정입니다. 주 안에서 부모님을 즐겁게 해드리십시오. 행복한 가정은 자녀들을 주 안에서 올바로 양육하는 가정입니다.

이런 가정을 만들어 주님 앞에 세우시기를 축복합니다.

1. 당신의 가정은 행복합니까? 아니라면 무엇이 문제라고 생각합니까? 나누어 보십시오.

2. 당신의 가정이 행복하기 위해 무엇을 해야 한다고 생각합니까? 그것을 서로 나누어 보십시오.

3. 이제 오늘 주신 말씀을 붙잡고 가정의 행복을 위해 합심하여 간절히 기도하십시오.

2. 자녀가 잘되기를 원하십니까? (전 12:9-14)

가정

　사람의 몸 안에는 누구에게나 암세포가 있지만 이것들이 번식하지 못하도록 막는 힘이 우리 몸 안에 자생하기에 건강한 사람들에게는 암 세포가 퍼지지 못하고 있는 것뿐입니다. 그런데 건강 사이트에 실린 글을 보니 백설탕은 우리 몸 안에 있는 암세포를 번식시키는 주범이라고 합니다. 설탕은 비만과 당뇨 그리고 암을 유발시키는 가장 해로운 물질이라고 합니다. 그런데도 우리 식단에는 이 설탕이 많이 사용되고 있습니다.

　한 TV방송국에서 생로병사에 대하여 방영하였는데, 어린 아기 다섯 명이 낯선 사람을 보고 울고 있을 때 작은 수저에 설탕물을 담아 입에 적셔 주자 즉시 조용해졌습니다.

　조금 후 몸에 좋은 쓴 약을 아이들 입에 넣어 주었습니다. 그러자 모든 아이들이 울기 시작하였습니다.

　하지만 입에 쓴 것들은 대부분 우리 몸에 좋은 것들입니다. 예를 들면 씀바귀, 쑥, 나물, 한약재 같은 것들입니다. 어릴 때부터 초콜릿이나 단 것을 좋아하면 80% 이상 비만이 될 확률이 높다고 합니다. 그런 줄 알면서도 왜 백설탕이나 초콜릿을 먹습니까? 달고 맛이 있기 때문입니다.

이와 마찬가지로 우리 자녀들에게 세상이 주는 달콤한 성공관이나 가치관을 심어 주면 그 영혼은 반드시 병들게 되고, 나중에는 돌이킬 수 없는 후회를 하게 될 것입니다.

반대로 성경말씀은 처음에는 입에 쓸지 모르지만 이 말씀을 섭취하면 우리의 영혼과 전 인생을 승리로 이끌어줄 것이며, 행복한 인생을 만들어 줄 것입니다.

1. 우리 자녀들에게 인생의 참된 목적을 알려 주어야 합니다

세상을 살아가면서 내가 왜 사는지 알지 못하고 아무 목적 없이 살아간다면 이것보다 더한 비극이 없을 것입니다.

이 세상 그 어떤 생명체나 물건 하나라도 그냥 만들어진 것은 없습니다. 미생물인 박테리아 하나까지도 뭔가 목적을 가지고 존재하는 것입니다.

하나님은 우리 인간을 지으실 때 가장 큰 목적을 가지고 창조하셨습니다. 우리 인간은 그냥 먹고, 자고, 자식 낳고, 일하려고 사는 것이 아닙니다. 하나님이 인간을 가장 귀하게 창조하신 것은 숭고한 목적이 있기 때문입니다. 하나님은 우리를 대량 생산한 것이 아니고 목적을 가지고 주문 생산하셨습니다. 하나님께서는 한 사람, 한 사람을 큰 계획을 가지시고 만드셨다는 것입니다.

미국을 다녀올 때 무슨 비행기를 탔느냐, 일등석 이등석 탔느냐, 어느 호텔에서 잠을 잤고 무슨 음식을 먹었느냐가 중요한 게 아닙니다. 무슨 목적을 가지고 다녀왔느냐가 중요한 것입니다.

결혼을 해도 어느 예식장에서 결혼을 했느냐, 무슨 드레스를 입었느냐, 어디로 신혼여행을 가느냐 하는 것이 중요한 것이 아니라 우리가 결혼하는 목적이 무엇이냐 하는 것이 중요한 것입니다.

인생의 목적은 하나님을 나의 하나님으로 믿고, 하나님의 자녀가 될 때만 깨닫게 됩니다. 우리의 삶이 하나님이 우리 인간을 창조하신 목적과 하나 될 때 그 결혼은 행복한 결혼이 되고, 그 교육은 훌륭한 교육이 되며, 그 가정은 위대한 가정이 되고, 그 인생은 위대한 인생이 될 것입니다.

오늘날 교육이 발달하고 과학이 발달하면서 더 많은 공부를 하지만 현대인들은 좌절과 절망과 고독과 죄와 방탕과 술 취함과 도박과 가정의 붕괴와 인격의 붕괴와 반항과 저항과 살인과 온갖 악하고 더럽고 추한 일들 속에 살아가고 있습니다. 어느 시대보다 좋은 음식 먹고, 좋은 옷 입고, 좋은 혜택을 누리며 사는데도 청소년들이 많이 방황하고 탈선하고 있습니다.

요즈음 교육의 문제점은 자녀들이 강퍅해졌다는 데 있습니다. 그래서 요즘은 학생들이 욕을 많이 합니다. 욕을 얼마나 하는지 교실에서도, 집에서도, 초등학교에 다니는 여자아이가 자기 친구에게 전화할 때도 말 끝마다 욕을 합니다. 어머니가 너무 놀라서 너 왜 그렇게 욕을 하느냐고 묻자 "엄마 요즘 학교에서 욕 안하면 왕따 당해"라고 하였답니다. 그래서 더 심한 욕을 하게 되고, 아이들이 점점 더 강퍅해지는 것입니다.

하나님이 없는 교육은 고등동물을 만드는 것과 같습니다. 하나님을 경외하는 마음이 없으니 반항하고 타락하는 것입니다.

텍사스 주립대 상담센터에서 발표한 조사에 의하면, 정신질환을 진단받고 학교상담센터에서 약물을 복용하면서 치료를 받는 학생의 비율이 1992년 7%에서 2001년 18%로 급증했으며 지금은 20%에 달한다고 합니다. 왜 그렇습니까? 하나님이 없는 교육, 하나님이 없는 과학, 하나님 아버지를 모르는 지식은 우리에게 더 큰 고독과 외로움과 허무함만 가져다주기 때문입니다.

본문 12절에도 "내 아들아 또 이것들로부터 경계를 받으라 많은 책들을 짓는 것은 끝이 없고 많이 공부하는 것은 몸을 피곤하게 하느니라"라고 하였습니다.

지식이나 과학이 우리 인간에게 삶의 질을 높여 주고 보다 나은 생활을 하도록 도와주는 것은 사실입니다. 그것들이 우리를 더 편리하게 하고 더 건강하게는 할 수 있습니다. 그러나 인생의 목적을 알려 주는 것은 아닙니다. 그것은 지식이나 과학의 역할이 아닙니다.

본문에서 전무후무한 지혜의 사람 솔로몬이 우리에게 인생의 해답을 주기를 "일의 결국을 다 들었으니 하나님을 경외하고 그의 명령들을 지킬지어다 이것이 모든 사람의 본분이니라"(13절)라고 분명하게 인생의 목적을 가르쳐 주고 있습니다.

유대인들의 자녀 교육 방법 중 하나는 어렸을 때 자연과 더불어 마음껏 놀게 하는 것입니다. 공부에만 집중하는 게 아니라 하나님을 믿는 영적인 눈을 뜨게 해주는 것입니다. 하나님을 경외하는 이 신앙만 가지면 어디를 가든지, 무엇을 하든지 반드시 승리할 수 있다는 이것 하나를 철저히 가르칩니다. 그래서 150여 명 이상의 유대인들이 노벨상을 받았습니다. 하나님 아버지를 잘 믿고 믿음으로 나아갈 때 좋은 성품, 좋은 인격, 훌륭한 지도자, 세계적인 인물, 건강한 사람이 될 수 있는 것입니다.

세계적인 지도자 이희돈 박사는 세계무역협회 수석 부총재입니다. 그는 스페인으로 유학을 떠날 때 부모님이 봉투를 주었는데 그 봉투를 비행기 안에서 뜯어 보니 그 안에 돈은 하나도 없고 간단한 메모만 적혀 있었습니다. "너의 조상의 하나님이 너와 함께하리라." 그것만 적혀 있는 것이었습니다.

그분은 '하나님이 함께하시면 잘 살 수 있다' 는 믿음을 가진 부모님을 만나서 모든 어려움을 이기고 세계적인 지도자가 되었습니다. 사람이 돈 몇 푼 있다고 성공할 수 있습니까? 지식이 있고 건강하다고 성공할 수 있습니까? 사람이 동물입니까? 하나님이 함께하셔야 승리할 수 있습니다. 하나님을 섬기고 하나님 말씀대로 사는 것이 인생 최고의 목적입니다.

2. 주 예수님을 잘 믿는 것이 생명이요, 본분임을 알려 주어야 합니다

우리 인간은 하나님을 떠나 저주받고 영원한 죽음에 이르게 되었지만 하나님의 아들 예수 그리스도께서 이 세상에 사람이 되어 오셔서 우리 죄를 대신하여 십자가에 매달려 고난당하시고 보배로운 피를 흘려 우리 죄를 사하여 주셨으며, 사흘 만에 부활하셔서 우리에게 영원한 생명의 길을 열어 주셨습니다. 그러므로 주 예수님을 믿으면 하나님의 자녀가 되는 권세를 받아 존귀한 자가 되고, 잃어버린 복을 회복하여 이 땅에서도 승리하는 삶을 살 수 있다는 것을 가르쳐야 합니다.

유월절 어린 양의 피가 있었던 집은 모두 구원받았지만 그 피가 없었던 집은 재앙이 덮쳐 죽음과 통곡이 이어졌습니다. 예수 그리스도의 피만이 우리의 구원이요, 능력이요, 생명인 것을 전수하시기 바랍니다.

미국에서는 오래전부터 학교에서 예수님의 피에 대하여 전하지 못하도록 하였습니다. 아이들에게 정서적으로 좋지 않다는 것이었습니다. 그후부터 미국의 젊은이들이 심하게 타락하기 시작하였습니다. 히피족들이 생기고, 마약과 동성연애와 자살과 성적 타락으로 심각하게 골머리를 앓고 있습니다.

며칠 전 신문을 보고 너무 슬펐습니다. 한때 전세계에 성경을 반포하고 선교사를 보내어 복음을 전하던 선교 대국이었던 영국의 교회들이 문을 닫고 있고, 유서 깊은 교회당이 술집이나 오락실로 팔리고, 회교 사원으로 팔리기도 하며 심지어 귀신을 섬기는 전당으로 팔린다고 합니다. 큰 교회당에는 할아버지 할머니 몇 분이 앉아 예배를 드리고 있었습니다.

왜 그렇게 되었습니까? 자녀들에게 예수 그리스도의 피의 복음을 전하지 않았기 때문입니다. 오직 예수, 예수님을 떠나면 영원히 죽는다는 것을 전하지 않았기 때문입니다. 예수 그리스도만이 길이요, 진리요, 생명인 것을 전하지 않았기 때문입니다. 부흥이 일어났던 그 세대 어른들이 자녀들에게 세상 교육은 강조하였지만 교회교육은 등한히 한 결과입니다.

《아름다움은 마음의 눈으로 보인다》의 저자 이재서 교수는 전라남도 승주군의 가난한 시골 백운산 자락에서 태어났습니다. 그는 열네 살에 실명을 하였습니다. 눈이 아프다니까 배운 것 없는 부모들이 시골 장에서 약장사가 파는 고춧가루 같은 것을 눈에 넣으면 낫는다고 하여 계속 눈에 넣었다가 점점 악화되어 서울로 올라가 수술을 받았지만 끝내 실명이 되어 그때부터 좌절과 절망, 아픔과 고통의 날들이 시작되었습니다.

눈을 잃으면 99%를 잃은 것이라는 말은 맹인들 세계에서 하는 말입니다. 1%의 소망을 가지고는 도저히 살 수도, 살 용기도 없었던 그가 형의 도움으로 서울 맹아학교에 입학하였습니다. 그런 와중에 그가 1973년 여의도 빌리 그레이엄 전도 집회에 참석하여 예수님을 만나고 은혜를 받고 난 뒤 도전과 비전을 갖고 생각이 바뀌게 되었습니다.

그는 신학을 하기로 결심하고 장신대를 지망하였지만 장신대에서는 장애인이라고 받아주지 않았고, 총신대에서는 조건부로 받아주었습니다. 그때가 1977년이었습니다.

그는 공부한 것을 녹음하고 다시 점자로 옮기며, 점자책이 없어 읽을 책도 못 읽어 다른 사람의 도움을 받으며 힘겨운 4년의 시간을 보내었지만 2학년부터는 장학금을 받고 공부를 하였습니다. 그는 미국에 유학하여 템플 대에서 석사, 럿거스 대학원에서 박사학위를 받고 지금은 총신대 교수로 재직 중입니다.

1979년 10월 16일 드디어 그토록 소원하던 밀알선교단을 만들어 장애인 시설을 운영하는 곳을 다니며 선교를 하였습니다. 장애인을 사랑하는 일종의 자원봉사 운동이었습니다. 1년 만에 161명의 회원을 얻게 되었고 전국으로 확대되었습니다. 지금은 세계밀알선교단 단장이며, 국민훈장 목련장을 수상했습니다.

가난한 시골의 한 비참한 맹인 소년이 주 예수님을 믿고 난 뒤 어떻게 변화되었는가를 그 책은 증거하고 있습니다.

강영우 박사도 마찬가지입니다. 두 분의 공통점은 절망적 상황에서 예수님을 만나 주님을 따라갔더니 주님이 이 두 장애인을 이렇게 귀하게 만들어 주셨다는 것입니다.

자녀들에게 세상을 따라가게 할 것인가, 아니면 주님을 따라가게 할 것인가 하는 문제는 당신의 역할에 달려 있습니다. 오직 예수, 예수님을 따르게 하시고 자녀들의 가슴속에 예수 그리스도의 피가 흐르게 하십시오. 반드시 훌륭한 자녀가 될 줄 믿습니다.

3. 영원한 천국에 대한 소망을 가지도록 알려 주어야 합니다

이런 유머가 있습니다.

부인이 건강식품에 유념했던 덕에 건강을 유지했던 95세의 부부가 교통사고로 죽었습니다. 베드로는 화려한 부엌과 완벽한 장식이 된 거실과 안락한 침대가 딸린 저택으로 두 사람을 안내했습니다. 안뜰은 골프 코스로 이어지고 있었습니다. 너무나 아름답게 장식된 데코레이션, 눈으로 보는 것만으로도 황홀하게 만든 음식이 진열된 식당으로 안내되었습니다. 영감님이 베드로에게 물었습니다

"지방이나 콜레스테롤이 적은 음식을 먹으려면 어느 테이블에 가야 합니까?"

"먹고 싶은 걸 실컷 먹어도 살찌거나 탈나지 않습니다. 이곳은 천국이니까요"라고 베드로가 대답했습니다.

그 소리에 영감은 버럭 성을 내면서 할머니에게 소리쳤습니다.

"당신 때문에 이렇게 된 거요. 건강식품만 안 먹었어도 이미 40년 전에 여기 왔을 것 아니오."

천국이 그만큼 좋다는 유머입니다.

《수용소의 노래》라는 책을 써서 유명해진 강철환 기자는 탈북자 출신입니다. 강 기자는 북한의 정치범 수용소인 요덕수용소에 갇혀 지내다가 극적으로 탈출해서 남한으로 들어오게 된 사람입니다.

그가 요덕수용소에 있을 때에는 인생을 포기하다시피 하고 살았다고 합니다. 그러다가 남한에서 날려 보낸 전단지 이른바 '삐라'를 보고 나서 새로운 희망을 갖게 되었던 것입니다.

삐라를 통해서 알게 된 남한의 소식은 수용소에 갇혀 지내는 사람들에게 그야말로 복음과 같은 것이었다고 합니다. 강 기자는 최근 쓴 칼럼에서 이렇게 말했습니다. "수용소에 수감되는 순간, 모든 정치범들은 세상에서 버림받았다고 생각했다. 오직 보위부의 처분만 기다릴 뿐 하루하루 죽지 못해서 살아가던 그 암담한 시절, 남한에서 보낸 삐라 한 장은 수용소에 있는 많은 사람들에게 새 희망을 갖게 했다."

그가 쓴 《수용소의 노래》라는 책은 미국의 부시 대통령이 읽고 눈물을 흘렸다고 해서 뉴스가 되기도 했습니다. 그런 일을 계기로 해서 강 기자는 단독으로 부시 대통령을 면담하게 되었습니다.

그러니까 강 기자는 요덕수용소에 갇히는 순간 모든 것이 다 끝났다고 생각한 나머지 완전히 절망하고 있었는데, 어느 날 남한에서 날려 보낸 삐라를 통하여 남한 소식을 알게 되었고, 그것을 계기로 남한으로 가야겠다는 새로운 희망과 목표를 갖게 되었던 것입니다. 그리고 결국은 남한으로 들어와서 지금은 〈조선일보〉 기자로 활동하고 있고 새로운 인생을 살게 된 것입니다.

우리 자녀들에게 천국에 대한 소망을 심어 주어야 합니다. 이 세상은 죄가 많고, 질병이 많고, 눈물과 슬픔과 한숨과 괴로움이 많은 세상이라 결국 늙어서 죽지만 죽음으로 끝나는 것이 아니라 영원한 천국이 있다는 것을 확신시켜 주어야 합니다. 우리 자녀들이 천국에 대한 희망을 가지면 질병이나 고난이 오더라도 절망하거나 포기하지 않을 것입니다. 육신은 늙어 간다고 할지라도 한숨 쉬거나 외로워하지 않고 희망을 가지고 살아갈 수 있는 것입니다.

 사람들은 내일에 대한 소망을 잃어가고 하루하루 죽어 가고 있습니다. 아이들도 죽음에 대한 생각을 하면 비참함을 느낍니다. 우리 부모들은 자녀들에게 죽음 건너편에 있는 하나님이 우리를 위해 예비하신 영원한 집에 대해 자세히 일러 주어야 하고, 확신을 갖도록 만들어 주어야 합니다. 그래야 이 세상에서 희망과 용기를 가지고 살아갈 수 있고, 자기가 하는 모든 일에 대한 책임감을 가지고 성실히 살아갈 수 있는 것입니다.

 나눔

1. 당신의 자녀에게 혹은 주위 어린 영혼들에게 인생의 참된 목적을 알려 주고 있나요? 아니라면 앞으로 어떻게 자녀들에게 인생의 목적을 말할지 서로 나누어 보십시오.

2. 당신의 자녀들에게 예수님의 구원과 천국에 대한 소망을 전하고 있나요? 아니라면 앞으로 자녀교육을 어떻게 할 것인지를 서로 나누어 보십시오.

3. 오늘 주신 말씀을 붙잡고 우리 자녀들의 바른 신앙을 위해 간절히 합심하여 기도하십시오.

3. 마땅히 행할 길을 가르치라 (잠 22:4-6)

가정

    경상도 시골 버스정류장에 장 보러 가던 할머니 그리고 미군 한 사람이 버스를 기다리고 있다가 버스가 도착하자 할머니가 말하기를 "왔데이" 그러자 미군이 무슨 날인가 물어오는 줄 알고 "먼데이" 그랬더니 이번에 할머니가 "버스데이" 그러자 미군이 "오후 해피 버스데이 투유"라고 했답니다.

    가정에서 자녀들과 의사소통이 안 되면 가정교육이 제대로 될 리가 없습니다. 어린이의 말을 들어 주고 어린이는 어른들의 말을 잘 따라야만 그 가정에서 자녀들이 인격적으로 바로 자라날 수 있는 것입니다.

    유대교는 어린아이를 문화 종교적으로 교육시킵니다. 어머니가 어릴 때부터 무릎에 앉히고 성경을 읽어 줍니다. 창세기를 읽어 주고 율법을 읽어 줍니다. 너는 하나님이 창조하셨다. 우리 하나님은 천지를 지으신 여호와 하나님이시다. 그리고 넌 하나님의 백성이다라고 항상 일러 줍니다. 안식일에는 모든 활동을 멈추고 불도 켜지 않고 아무 일도 하지 않습니다. 안식일에 가족들이 식탁에 모입니다. 가족들이 식사를 하면서 하나님을 찬송하고, 간증하고, 말씀을 읽고, 세계 정치 역사에 대해 서로 이야기합니다. 교육이 그 자리에서 다 이루어집니다. 아이를 그렇게 훈련시키면 아이들 머리가 비상해집니다. 세상을 알게 됩니다. 그렇게 자란 아이는 눈빛이 다릅니다. 대를 물려가며 종교 교육을 시키니 유대교는 몇천 년이 지나도 변함이 없습니다. 유대인들 중에 노벨상을 받은 사람이 150명이나 되고, 세계 정치와 경제를 움직이는 인물들이 얼마나 많이 나오는지 모릅니다.

요즘 어떤 부모들은 바빠서 자녀들과 일주일에 한 번 같이 밥 먹기가 힘들다고 합니다. 그래서 부모와 자녀 사이에 대화가 안 됩니다. 우리도 일주일에 한 번이라도 다 모여서 식사를 하면서 하나님의 은혜와 사랑, 교회의 자랑스러운 전통, 정치 세계사를 이야기하며 교육을 시키지 않으면 이길 수 없고 세대를 이어 갈 수 없습니다.

유대교는 구약적으로 보면 성경적입니다. 하지만 우리는 그렇게 안 하니 한 세대가 끝나면 신앙 전수가 끝납니다. 가장 큰 전도와 선교는 집에 있는 어린이를 선교하는 것입니다.

가정의 달을 맞아 하나님께서 우리에게 주신 자녀들을 축복하시도록 하나님이 원하시는 어린이로 양육하기를 소원하십시오.

1. 가정에서 부모들이 신앙으로 본을 보여야 합니다

영국의 유명한 리처드 백스터 목사님은 교회 부흥을 위하여 오래도록 기도했습니다. 열심히 설교하고 성경을 연구하여 가르쳤습니다. 그러나 교회 분위기기는 냉랭하고, 피동적이었습니다. 부흥이 되지 않았습니다. 금식하며 기도하는데 하나님의 감동이 왔습니다.

"네가 교회 부흥을 교회에서 시작하니 안 되는 것이다." 가정에서부터 부흥운동을 시작하라는 감동이 왔습니다. 그래서 가정부흥운동을 일으켜 가정이 부흥되니 교회 부흥이 되었습니다.

가정 부흥을 어떻게 시키겠습니까? 부모님의 마음에 성령의 불이 붙으면 자녀들의 마음에도 성령의 불이 붙습니다. 부모님의 마음에 마귀의 불이 붙으면 자녀들의 마음에도 마귀의 불이 붙습니다. 마귀의 불은 성령의 불을 끄고, 성령의 불은 마귀의 불을 끕니다. 마귀의 불은 꺼진 불도 다시 보아야 합니다.

가정은 신앙을 전수하는 곳입니다. 아버지가 제사장이 되어 예배를 인도하고, 어머니가 선지자가 되어 자녀를 신앙으로 양육하는 곳이 가정입니다.

가정에서 부모는 자녀들에게 신앙과 교육의 모델입니다. 자녀 교육을 학교나 교회에 떠넘겨서는 안 됩니다. 자녀들은 인생을 사는 모든 기본을 가정에서 배웁니다. 아버지에게서 용기와 신념을 배우고, 어머니에게서 사랑과 용서를 배우고, 할아버지나 할머니에게서는 인생의 지혜를 배우며, 형제자매에게서는 더불어 살아가는 비결을 배웁니다.

어느 유대인 부모가 아이들과 함께 회당에 가다가 한 아이가 친구 집에 들렀다가 가겠다고 하여 회당에서 만나기로 하고 부모만 회당에 왔는데 아이가 오지를 않았습니다. 집에 돌아와 보니 아이가 냉장고 문을 열어 놓고 아이스크림을 먹고 있었습니다. 회당보다 아이스크림이 좋았던 것입니다. 그 어머니가 아이를 때렸는데 아버지는 말리지 않았습니다. 얼마나 때렸는지 병원에 입원했다고 합니다. 단 한 번 예배를 빠지는데도 유대인 부모는 가차 없이 사랑하는 자녀를 징벌한다고 합니다.

가정에서부터 철저히 신앙 분위기를 조성하니 언제나 신앙 중심으로 자라게 되고 일평생 신앙에서 떠나지 않는 것입니다. 그래서 유대인에게는 청소년 문제가 거의 없다고 합니다.

자녀를 사랑으로 돌보지 않으면 믿음을 배반한 자입니다. 특별히 자녀들의 믿음을 돌보지 않으면 불신자보다 더 악하다고 말씀하십니다.

2. 자녀 교육은 어릴 때가 가장 중요합니다

사도 바울은 사랑하는 믿음의 동역자인 디모데에게 "이는 네 속에 거짓이 없는 믿음이 있음을 생각함이라 이 믿음은 먼저 네 외조모 로이스와 네 어머니 유니게 속에 있더니 네 속에도 있는 줄을 확신하노라"(딤후 1:5)라고 하였습니다. 디모데후서 3장 14-15절에서는 "그러나 너는 배우고 확신한 일에 거하라 너는 네가 누구에게서 배운 것을 알며 또 어려서부터 성경을 알았나니 성경은 능히 너로 하여금 그리스도 예수 안에 있는 믿음으로 말미암아 구원에 이르는 지혜가 있게 하느니라"라고 하였습니다. 디모데의 좋은 믿음과 인격은 어려서부터 성경을 알았기 때문에 형성된 것입니다.

유대인들은 아버지가 흑인이든 백인이든, 러시아 사람이든 일본 사람이든 상관하지 않고 어머니만 유대인이면 그 자식을 유대인이라고 봅니다. 즉 유대인을 구분하는 것은 혈통이나 인종이 아니라 여호와 하나님에 대한 신앙교육이라는 것입니다.

루소는 "교육이란 기계를 만드는 것이 아니라 사람을 만드는 것이라고 했습니다. 굽은 나무는 어렸을 때 바로잡을 수 있습니다. 하지만 다 자란 나무는 교정이 불가능합니다. 다 자란 다음에 굽은 것을 바로 세우고자 하면 부러지고 마는 법입니다. 그러므로 부모의 품안에 있을 때 자녀 교육을 바로 하지 못하면 교육은 실패하는 것입니다.

실패한 자녀 교육의 모습을 보면 어릴 때에 무슨 말을 듣고 자랐는가에 그 원인이 있을 때가 많습니다. 일본 아이들이 자라면서 가장 많이 듣는 말은 "남에게 폐 끼치지 말라"는 말이라고 합니다. 그래서 그런지 일본 사람들은 공중도덕 지키는 것을 대단히 중요하게 생각합니다. 하지만 그것이 지나쳐 마음을 열지 않고 외식적인 사람들이 된 것입니다.

미국 아이들이 가장 많이 듣고 사는 말은 "남에게 나누어 주라"는 말이라고 합니다. 확실히 미국 사람은 고아가 있다는 소식을 들으면 당장 입양하고, 구제를 위해 재산을 기부하는 아름다운 문화를 가지고 있고, 전세계적으로 가난한 사람들을 가장 많이 돕는 나라입니다.

그러면 우리나라 아이들이 가장 많이 듣는 말 가운데 하나는 "남에게 기죽지 말라"는 말입니다. 많은 어린이들이 이 말을 들으면서 자랍니다. 그래서 학생들은 스승을 향해 삿대질을 하며 덤벼들고, 부모에게도 덤벼들고, 국회에서도 큰소리치고, 경찰서에 붙잡혀 와서도 큰소리를 치는 절대로 기죽지 않는 기상을 가진 나라가 우리나라입니다. 다툼이나 시비가 있으면 불문곡직하고 고함부터 지릅니다. 자동차 접촉사고나 주차 문제로 다툼이 일어나면 "목소리 큰 사람이 이긴다"는 속설이 있습니다.

물론 기가 죽어도 안 되겠지만 그보다 먼저 남을 사랑하는 법을, 인간답게 살아가는 법을 가르치고 키워야 합니다. 요즘 길 가다가 아이들에게 충고 한마디 하기가 겁이 납니다. 요즘 아이들은 집에서 기죽지 않고 커왔기 때문에 누가 뭐라고 해도 당장 눈을 부라리고 덤벼듭니다.

얼마 전에 십대들이 담배 피우는 것을 본 30대 가장이 타이르자 10대들이 달라들어 몰매를 가해 한 집안의 가장이 죽고 말았습니다. "기죽지 말고 살아라" 하는 이런 말이야말로 우리 자녀들의 영혼을 죽이는 말입니다.

이슬람을 시작한 마호메트는 한마디로 문제 있는 사람입니다. 마호메트가 만든 이슬람 교리는 사랑, 용서, 평화라는 개념이 없이 율법적이고, 율법을 통해 모든 것을 심판하는 인격적인 결함을 가지고 있습니다.

그 이유는 그를 낳기 전에 그의 아버지가 죽었고, 그는 어릴 때 유목민에게 맡겨져 자랐습니다. 또 마호메트가 열 살이 되기 전에 어머니도 죽었습니다. 그는 부모의 진정한 사랑을 느끼지 못하고 경험할 기회가 없었습니다.

그는 열여섯 살 연상의 세 번 결혼한 부유한 이혼녀와 결혼했습니다. 그래서 돈 걱정을 하지 않고 굴속에 들어가 명상하다 귀신을 보고 놀라 집으로 도망쳤습니다. 어떤 사람은 그것을 계시받았다고 말했습니다. 마호메트는 많은 부인이 있었습니다. 부모로부터 사랑을 못 받아 지나친 성적 욕구로 인한 인격적인 장애가 있었습니다. 이러한 인격적 장애가 있는 사람을 마귀가 사용하여 오늘날 수많은 사람들을 살해하고 여인들을 사람으로 대접하지 않는 이슬람교가 생겨나 인류에게 온갖 고통과 불행을 안겨 주고 있습니다.

어릴 때 교육이 중요합니다. 우리 교회에 두 번 다녀가신 황경애 사모는 잉태하기 전에도 금식기도하였고, 모태에서도 하나님을 경외하는 교육을 시켰다고 합니다. 그랬더니 그분의 자녀들이 하나님을 경외하는 자녀들이 되어 오늘 말씀대로 재물과 영광과 생명을 누리는 것입니다.

본격적인 교육은 서너 살부터 시켜야 합니다.

천주교에서는 7살까지만 자기들에게 맡겨 두고 그다음엔 데려가도 좋다고 가르칩니다. 연어가 자라난 곳을 떠나 바다로 가지만 알을 낳기 위해 다시 태어난 곳으로 돌아오듯이 어릴 적 교육이 평생을 좌우한다는 것입니다.

오늘날 북한은 전세계에서 가장 폐쇄된 사회요, 가장 가난한 나라요, 가장 자유가 없는 나라이지만 그 땅 사람들이 김정일에게 절대 충성하는 것은 어릴 적부터 철저한 주체사상 교육을 받았고, 김정일 신격화 교육을 받아서 감히 대항을 하지 못하는 것입니다.

우리 교회는 주일학교 교사들이 수고가 많습니다. 장년들이 교사를 맡아야만 흔들리지 않는 교육이 이루어질 것 같습니다.

어린이는 백지와 같고 옥토와 같습니다. 인생의 그림을 그리는 대로 그대로 되고, 씨를 뿌리는 대로 거두게 되는 것입니다.

3. 여호와를 경외하는 자녀로 양육해야 합니다

"겸손과 여호와를 경외함의 보상은 재물과 영광과 생명이니라"(4절).

"마땅히 행할 길을 아이에게 가르치라 그리하면 늙어도 그것을 떠나지 아니하리라"(6절).

여기서 마땅히 행할 길은 하나님을 존중히 여기는 것입니다. 즉 오직 하나님을 경외하는 삶을 살도록 말씀으로 철저히 양육하여야 한다는 말입니다.

하나님의 말씀은 인생 행복 교과서요, 인생 사용 설명서입니다.
하나님의 말씀 속에 창조의 역사, 성령의 역사가 있습니다.
하나님의 말씀 속에 행복이 있고, 자유가 있고, 치유와 회복이 있습니다.
하나님의 말씀 속에 생명이 있고, 능력이 있습니다.

우리나라의 청소년 수는 약 1,085만 명으로 전체 인구의 22.4%입니다. 그 중에 가출, 비행, 일탈 등으로 위기를 경험한 청소년은 약 220만 명 정도 됩니다. 전체 청소년 수의 20.3%로, 5명 가운데 1명꼴로 위기를 경험하고 있습니다. 그중에서도 가출하는 청소년의 수는 연간 15만 명입니다. 이 아이들이 폭력과 마약과 성폭행에 노출되어 있습니다. 그런 곳에서 빠져나오지 못하는 청소년들이 너무 많습니다.

제주도에는 들개가 많은데 이것은 주인을 잃어버린 개들이라고 합니다. 그 개들이 떼를 지어 다니며 사납게 굴고 목장을 공격하기에 고민이라고 합니다. 하나님을 잃어버린 자녀들은 그렇게 되고 맙니다. 하나님을 잘 믿고 그분을 경외하는 자녀들은 하나같이 좋은 성품을 가지게 되고 훌륭한 인격자가 되는 것을 봅니다.

우리 자녀들에게 인생의 목적을 바로 알려 주어야 합니다. 자녀가 이 땅에 태어나는 그 순간부터 부모들은 '이 자녀가 내 자녀다' 라는 생각을 가지면 안 됩니다. '하나님이 이 자녀를 내게 보내 주셨다'라고 생각하며 "넌 하나님이 주신 기업이란다. 넌 하나님이 내게 맡겨주신 하나님의 자녀란다"라고 말해 주어야 합니다. 그래서 부모는 그때부터 이 자녀가 보내 주신 분을 알고, 하나님 아버지를 경외하며, 그 하나님의 뜻을 따라 평생을 잘 살 수 있도록 하나님과 바른 관계를 가지도록 양육하여야 합니다. 이것이 부모가 할 일입니다.

저는 가정예배를 인도하면서 종종 제 딸들에게 "나는 너의 친아버지가 아니란다"라고 말합니다. 그러면 아이들이 놀랍니다. "나를 통해 너희들이 이 세상에 왔고, 나와 너의 엄마가 희생하며 너희를 양육한 것은 사실이지만 그래도 나와 네 엄마는 너희들 머리 털 하나 세포 하나도 만들지 못하였단다. 하나님 너의 아버지께서 네 엄마 모태에서 신비롭게 너희를 지어서 우리에게 기업으로 주셨단다"라고 하면 이해를 합니다.

오늘날 많은 부모들은 '내 자식'이라고 생각하면서 자기 마음대로 자녀를 기릅니다. 그러니까 자녀들이 잘 안 됩니다. 부모도 힘들고, 자녀들도 부모를 싫어하게 되는 것입니다.

목적을 가르쳐 주지 않았으니까, 인생을 방황하게 되며, 어려움이 오거나 충격이 오면 자살하거나 세상을 비관하고 절망합니다. 부모는 자녀를 진심으로 사랑하지만, 그 자녀는 그 사랑만을 받으려고 태어난 게 아닙니다. 더욱 중요한 하나님의 사랑을 받고, 하나님의 축복을 받도록 태어났는데, 부모가 그것을 연결해 주어야만 합니다.

오늘날 교육이 발달하고, 지식이 발달해서 공부만 하면 성공하는 인생이 되는 줄 알고 공부에 인생을 걸도록 가르칩니다. "너 공부해서 성공해라, 공부해서 남 주냐" 그런 말을 하면 안 됩니다. 그러니

공부해서 많은 지식을 가지고 사회 지도층 인사가 되어도 도둑질하고, 음란하며, 악하게 되는 사람들이 많은 것입니다.

한동대 김영길 총장은 공부해서 남 주라고 제자들에게 가르친다고 합니다. 옳은 말입니다. 오늘날 좌절과 절망과 고독과 죄와 방탕과 술 취함과 도박으로 가정이 붕괴되고 인격이 무너지고 인생이 망하는 것은 하나님을 경외하지 않고 이기적인 삶을 살기 때문입니다.

링컨 대통령을 보십시오. 아무 교육도, 아무런 뒷받침도 없었지만, 8살 이전부터 그 어머니가 하나님을 믿는 믿음을 확실하게 심어 주었습니다. 카터 대통령도 다섯 살부터 교회에 나가서 어른 예배에 참여하고 감사헌금을 드렸습니다. 주일을 반드시 지키고, 하나님을 경외하게 하였더니 전혀 교육의 효과가 없는 시골에서도 세계적인 인물이 될 수 있었던 것입니다.

장난감을 많이 사다 주고, 게임기를 사 주고, 그런 것들을 산더미처럼 쌓아 두어도 하나님을 경외하는 법을 가르치지 않으면 그 아이는 버림받은 아이가 되는 것입니다. 좋은 책을 읽게 하는 것도 좋지만, 어릴 적부터 영재교육을 시키고 특수학교에 보내 지식을 갖게 하는 것도 필요하지만 하나님을 경외하는 마음이 없다면 그 자녀는 무지한 자녀가 되어 버림받게 될 것입니다.

가정은 신앙을 전수하는 곳이며, 하나님을 경외하는 거룩한 예배를 드리는 곳이며, 하나님의 말씀으로 자녀를 양육하는 하나님 나라입니다. 이런 복을 받는 가정이 되기를 축복합니다.

 나눔

1. 당신은 가정에서 자녀에게 신앙의 본을 보이고 있습니까? 이 말씀을 읽고 느낀 점을 솔직하게 나누어 보십시오.

2. 당신의 자녀들에게 하나님을 경외하도록 가르치고 있습니까? 자녀들이 장성하였다고요? 지금도 늦지 않았습니다. 자녀들에게 무엇을 유산으로 물려줄지 서로 나누어 보십시오.

3. 오늘 말씀을 붙잡고 우리 자녀들에게 바른 신앙의 본을 보이고 바르게 가르쳐 하나님의 사람으로 온전하게 해달라고 합심하여 간절히 기도하십시오.

4. 축복의 통로가 되라 (막 10:13-16)

가정

아리랑의 어머니가 누구인지 아십니까? 아라리입니다. "아리랑 아리랑 아라리요 아리랑 아리랑 아라리가 '낳네' (났네)."

이 유머는 KBS 방송국에서 2010 감동대상을 받은 천주교 신부이자 의사인 고 이태석 신부가 의사들이 주는 진정한 의사 상을 받던 자리에서 한 유머입니다. 아프리카 수단의 작은 마을 톤즈에서 헌신적인 봉사활동을 펼치던 이 신부는 지난 1월 대장암으로 세상을 떠났습니다. 이 신부에 대한 다큐멘터리 영화를 잠깐 보았는데 천주교 신부이지만 저에게 감동을 주는 부분이 많았습니다.

그는 수단의 버려진 나병환자들을 찾아가 그들을 안아주고 치료하여 주었고, 죽어 가던 아이들을 모아 그들을 사랑으로 안고 글을 가르치고 음악을 가르쳐 주어 훌륭한 밴드를 만들었으며, 그들 중 일부는 한국으로 보내 공부를 하게 해주었습니다. 검은 아프리카인들이 신부의 죽음에 대한 소식을 듣자 큰 눈에서 굵은 눈물을 흘리는 것을 보았습니다. 사랑은 모든 것을 변화시키는 능력임을 실감하는 현장이었습니다.

사람을 변화시키는 것은 무엇일까요? 본문에서 주님을 통해 배워야 합니다.

1. 만져 주십시오―(이성 간에는 삼가고)

"사람들이 예수께서 만져 주심을 바라고 어린 아이들을 데리고 오매 제자들이 꾸짖거늘"(13절).

주님이 만져 주시면 아이들이 복을 받고 치유받는다는 믿음을 가지고 사람들이 주님의 만져 주심을 간절히 바랐던 것 같습니다.
우리 교회 양육국에서 교회 캠페인으로 안아주기를 시작했다는 말을 들었습니다. 교회에 정착되어야 할 좋은 운동입니다.
미국 플로리다 주에 있는 마이애미 대학 병원에서 실험을 하였습니다. 이 대학병원의 소아과에서는 조산아들을 전문적으로 치료하는 두 개의 조산아실이 있는데, A조산아실에 입원 치료한 아기들이 B조산아실에 입원하여 치료받은 아기들보다 회복이 매우 빠를 뿐 아니라 체중도 빠르게 늘어났고, 건강이 매우 향상된다는 사실을 발견하게 되었습니다.
의사들이 그 원인을 찾아내기 위해서 애를 썼지만, 그 이유를 알 수가 없었습니다. 두 조산아실을 같은 조건과 환경에서 운영하였지만, 항상 A조산아실에 입원한 아기들이 훨씬 빠르게 건강을 회복하였습니다. 똑같은 음식물, 똑같은 약을 똑 같은 양으로 투여하면서 지켜보았지만 결과는 항상 A조산아실 아기들이 좋게 나왔습니다.
그런데 우연히 연구원이 한 간호사가 하는 말을 듣게 되었습니다. "A조산아실에 근무하는 간호사들은 성격이 매우 밝습니다. 항상 아기들에게 애정을 표현해 주기를 좋아합니다. B조산아실 간호사들도 실력이 좋지만 그들의 태도는 항상 직업적입니다."

실험을 하던 연구원들은 간호사들의 말이 정말 맞는가를 실험해 보기로 하였습니다. 한 조산아실에 근무하는 간호사들에게 하루에 15분씩 세 번 인큐베이터에 있는 아기들을 어루만져 주도록 업무 지시를 내렸습니다. 그리고 다른 조산아실에 있는 간호사들에게는 이런 일을 하지 않도록 지시하였습니다. 그렇게 한 결과 정말 놀라운 일이 생겼습니다. 어루만지고 쓰다듬어 준 아기들의 건강이 훨씬 빠른 속도로 회복되었다는 것입니다.

그러나 이런 실험 결과도 A조산아실에 입원한 아기들의 회복 속도보다는 빠르지 않았습니다. 왜 그럴까? 실험에 참가한 간호사들은 의사가 지시한 내용을 그대로 옮긴 것에 불과하기 때문이었습니다. 즉 아무런 애정 없이 시간에 맞추어 만져 주고 쓰다듬어 주었기 때문이었습니다. 그러나 A조산아실의 간호사들은 정말 아기들을 좋아하는 사람들이었기 때문임이 밝혀졌습니다.

이 지구상에는 마음과 몸과 정신에 병이 든 사람들이 너무 많습니다. 이들이 하나님의 사랑과 우리의 사랑의 터치를 받는다면 반드시 치유가 일어날 것이라고 확신합니다.

쥐들을 실험대상으로 삼아 연구하였습니다. 첫 번째 장소에는 쥐 한 마리를 넣고, 두 번째 장소에는 쥐 다섯 마리를 넣어 쥐들만 생활하도록 하였고, 세 번째 장소에는 다섯 마리의 쥐를 넣되 사람이 만져주고 쓰다듬어 주면서 사람과 사귀면서 살도록 하였습니다. 장시간 실험한 결과 놀라운 일이 일어났습니다.

첫 번째 장소의 쥐는 외롭게 홀로 살았는데 600일을 살았고, 두 번째 장소의 쥐들은 친구들과 함께 살았는데 700일 정도 살았고, 세 번째 쥐들은 사람과 사귀면서 살았는데 무려 950일을 살았습니다.

더구나 자신들보다 더 탁월한 인간들이 만져 주고 함께 놀아 주었더니 이 쥐들은 다른 쥐에 비해 뇌신경 세포의 가지들이 많이 뻗어 나와 섬세하게 자랐고, 뇌의 무게도 훨씬 더 많이 나간다는 사실을 발견하였습니다.

동물도 이러한데 사람들이야 더 말할 것이 없습니다. 초월적인 하나님으로부터 사랑과 애정을 받는 자신을 확신하고 주변 그리스도인들의 사랑의 터치가 있을 때 훨씬 더 건강하고 행복한 삶을 살 수 있다는 것입니다.

지금 '터치 운동'이 세계적으로 일어나고 있습니다. 한국에서는 '스킨십'이라고 말합니다만 이것은 한국에서 만들어낸 영어입니다. 미국 사람들은 전혀 알지 못하는 말이라고 합니다.

심리학자와 의학자들의 연구에 의하면 이 '스킨십'은 사람에게 아주 중요하다고 합니다. 갓난아기를 마사지해 줄 경우 다른 아기에 비해 50%나 더 빨리 자란다고 합니다. 또한 피부 접촉이 어린아이의 두뇌 발달에 큰 효과가 있고, 정서 안정에도 도움이 된다고 합니다.

만일 어린 시절 접촉이 부족하면 지능지수도 낮아지고, 성장한 후 사회 적응력도 떨어질 뿐 아니라, 우울증에 시달릴 수도 있다는 것입니다. 심지어 어린 시절의 접촉 결핍이 암이나 난치병의 원인 중의 하나라고 주장하는 의학자들도 있습니다.

실제로 6 · 25 전쟁 당시 많은 고아들이 아무런 이유 없이 죽어 갔는데, 나중에 연구한 결과 '접촉 결핍증' 때문이었다고 합니다.

어른들도 마찬가지입니다. 어른들도 부부끼리, 친구끼리 접촉을 하여 안아 주고 쓰다듬어 주면 정서적 안정감을 느낄 뿐 아니라 면역력이 증진되고, 더 나아가 난치병 치료에도 탁월한 효과가 있다고 합니다.

오늘날 시대가 야박해지고, 개인화되면서 점점 하나님과의 접촉, 사람들과의 접촉이 줄어들고 있습니다. 그래서 고독한 외톨이가 되어 군중 속의 고독을 호소합니다. 마음을 터놓고 이야기할 친구가 없습니다. 가족이라도 불화와 갈등으로, 혹은 기러기 가족이 되어 멀리 떨어져 살다 보면 남남과 같이 외롭게 살아가기도 합니다.

젊은이들도 마찬가지입니다. 세계적으로 젊은이들 중에 우울증 환자가 증가하고 있다고 합니다. '은둔족' 이니 '외톨이 증후군' 이니 하는 말들이 생겨났습니다. 우리나라는 청소년 자살률이 세계 제1위라는 부끄러운 수치가 있습니다.

어린아이들도 마찬가지입니다. 맞벌이로 부모들이 모두 어린 자녀들을 어린이 시설에 맡겨 버립니다. 어린이집도 원장님이나 교사들이 그리스도인들이라면 그래도 좀 안심이 됩니다. 부모들도 삶에 지치고 힘들어 아이들을 충분히 만져 주지 못합니다. 그러므로 정신과 육체에 병든 아이들이 늘어 갑니다.

우리 인간은 접촉, 즉 터치가 필요한 존재입니다. 그런데 인간의 터치보다 먼저 해야 할 중요한 터치가 있습니다. 그것은 하나님의 터치입니다.

예수님께 나아가면 사랑으로 만져 주십니다. 우리 모두는 주님의 만져 주심을 체험해야 합니다. 로뎀 나무 밑에 쓰러져 있던 엘리야를 주님은 천사를 보내어 만져 주셨습니다. 그후 엘리야는 힘을 얻어 일어나 호렙 산으로 가서 주님을 만나고 다시 사명을 감당할 수 있었습니다. 바벨론의 을래 강가에 쓰러져 있던 다니엘을 주님은 천사를 통해 만져 주셨습니다.

진정한 사랑은 끝까지 함께하며 만져 주는 사랑입니다. 하나님이 우리를 만져 주시기 위해 이 땅에 사람의 몸을 입고 오셨습니다. 그 이름이 바로 임마누엘입니다. 임마누엘은 우리를 만져 주시는 하나님의 사랑입니다. 십자가는 죽기까지 우리를 만져 주신 현장이고, 성찬은 그 살을 통해 우리를 접촉하시고 그 피로 우리를 적셔 주시는 변함이 없는 주님의 사랑의 터치입니다.

만져 주면 병도 치유됩니다. 주님이 만져 주시기만 하면 모든 병이 나았습니다.

"예수께서 손을 내밀어 저에게 대시며 이르시되 내가 원하노니 깨끗함을 받으라 하신대 즉시 그의 나병이 깨끗하여진지라"(마 8:3).

예수님이 만져 주시자 오랫동안 온몸에 고통을 주던 더러운 나병이 떠나가고 병으로부터 놓임을 받았습니다.

"그의 손을 만지시니 열병이 떠나가고 여인이 일어나서 예수께 수종들더라"(마 8:15).

베드로의 장모가 열병을 앓고 있다는 말을 듣고 심방을 가서서 손을 만지심으로 병을 고쳐 주셨습니다.

오늘날 많은 병원들과 의약품들이 있고, 의사들도 많이 있지만 그럼에도 불구하고 여전히 못 고치는 병들이 많습니다. 엄밀히 말하면 수술을 할 때 의사는 칼로 째고 도려내고 꿰매 놓을 뿐입니다. 그 이후에 아물고 치유되는 것은 하나님이 해주셔야 합니다. 그래서 신실한 크리스천 의사들은 치료하고 하나님이 치유해 주시도록 겸손히 기도합니다.

우리는 주님의 도구요 지체입니다. 우리 안에 성령이 거하십니다. 우리 손은 하나님의 거룩한 도구입니다. 그러므로 우리가 주님의 이름으로 만지면 병이 낫습니다.

2. 말로 축복하십시오ᅳ(힘들지 않고 돈 들지 않습니다)

"예수께서 보시고 노하시어 이르시되 어린 아이들이 내게 오는 것을 용납하고 금하지 말라 하나님의 나라가 이런 자의 것이니라"(14절).

주님은 말로 어린아이들을 높여 주셨고, 천국은 이런 자의 것이라는 놀라운 말씀을 하셨습니다.

정연호 박사는 장신대 객원교수요 성지대학 교수입니다. 그는 자신이 경험한 것을 잡지에 기고하였습니다. 그분이 미국에 살 때 뒷마당을 텃밭으로 가꾸어 호박 농사를 지어 호박잎을 뜯어 쪄서 먹고 된장에 넣어 먹곤 하였는데 호박이 영글어 호박을 따는데 들 수 없을 정도로 큰 호박이 무려 15개나 되었습니다. 거름도 많이 주었지만 그것으로 그렇게 큰 호박이 생길 수 없었습니다. 그 비결은 부인이 매일 호박을 향하여 "얘들아 사랑해. 아버지, 얘들 잘 키워 주세요"라고 말로 축복하였다는 것이었습니다.

클리브 백스터 박사의 실험 실화입니다. 미국 연방수사관 교수로 있던 그는 1966년 어느 날 무심코 자기 책상에 있던 화초에게 거짓말 탐지기를 연결하였습니다. 그리고 물을 주니 갑자기 거짓말 탐지기의 바늘이 움직였습니다. 숨을 쉬는 듯한 평온한 움직임이었습니다.

순간 이상한 느낌을 받은 백스터 박사는 이번에는 잎사귀를 태워 보려고 성냥불을 켰습니다. 그러자 불을 갖다 대기도 전에 바늘이 거칠게 움직이기 시작하더라는 것입니다. 처음에는 우연이겠지 생각했지만 반복적으로 실험해도 결과는 마찬가지였습니다.

그는 예일대 교수들에게 자신의 우연한 경험을 설명하고 교수들에게 실험을 의뢰하였습니다. 4명의 교수 중 3명은 계속 물을 주었고 나머지 한 명은 식물들의 잎사귀를 무조건 태우는 실험을 하였는데, 그 결과 식물들은 식물을 태우는 교수가 실험실에 들어오기만 하면 거칠게 바늘을 움직여 자기들이 고통을 느낀다는 사실을 보여 주었습니다.

연구에 참여한 교수들은 화초에게 아름답다는 칭찬과 사랑의 말을 하면 화초가 싱싱하게 잘 자라며 오랫동안 잘 사는 반면, 싫어하고 저주하는 말을 하면 연약해지고 쉽게 죽어 버리는 연구 결과를 발표하였습니다. 식물도 그러한데 동물이나 사람은 두말할 것도 없습니다.

세계 인구의 0.22%밖에 안 되는 1,400만의 유대인이 미국을 움직이고 세계를 움직이고 있습니다. 노벨상의 25%를 차지할 정도로 우수한 유대인들의 자녀 교육 비결은 아이들을 남과 비교하지 않고 사랑과 격려를 아끼지 않는 것이라고 합니다.

유대인인 아인슈타인은 네 살이 되도록 말을 제대로 하지 못하였고, 학교에 들어가도 수업을 제대로 따라가지 못해 성공할 가능성이 희박하다는 선생님의 평을 들었습니다. 그러나 아인슈타인의 어머니는 아들을 향하여 따뜻한 격려를 아끼지 않았습니다.

"얘야, 걱정하지 마라. 네 안에는 다른 사람이 가지지 못한 좋은 소질이 있어. 너는 반드시 훌륭한 사람이 될 거야."

물론 칭찬한다고 모두가 아인슈타인이 되지는 않을 것입니다. 그러나 독특한 재능을 발견하고 가꾸어 가도록 격려와 칭찬을 아끼지 않는다면 아이들은 반드시 창의적인 존재로 자라날 것입니다.

3. 축복하며 기도해 주십시오 — (미운 마음이 사라질 때까지)

"그 어린아이들을 안고 그들 위에 안수하시고 축복하시니라" (16절).

주님의 이름으로 축복하는 것은 너무나 중요합니다.

며칠 전 서울 은평구에서 목회하시는 한 목사님의 글을 신문에서 읽었습니다.

목사님이 섬기시는 교회에서 큰일을 앞두고 심한 갈등을 겪은 적이 있었습니다. 소수의 사람들이 목사님과 교회 일을 반대하고 방해하여 그 일을 추진할 수 없었다고 합니다. 목사님은 인격적으로 무시당하고 견딜 수 없는 마음의 상처를 받고 심한 고통에 시달리기 시작하였습니다. 마음속의 스트레스는 육체로 나타나 당뇨가 생기고 수치가 높아지기 시작하였습니다. 변명하고 사람들을 만나도 소용이 없을 뿐 아니라 오히려 더 마음을 상하게 할 뿐이었습니다.

이런 상황 속에서 할 수 있는 것은 오직 하나님께 나아가 기도하는 길 뿐이라는 것을 알고 몸부림치며 기도하였습니다. 기도 속에 응답을 받았습니다. 목사님의 마음에 변화가 일어난 것입니다. 목사님을 괴롭히던 그 사람들이 사랑스럽고 귀엽게 느껴지는 마음을 부어 주셨다고 합니다.

사랑의 마음을 갖게 되니 그들이 어떤 말을 하든, 어떤 행동을 하든 문제될 것이 없었습니다. 크신 하나님의 사랑이 부어지니 모든 갈등과 문제를 넘어서게 되었습니다. 그들을 향한 사랑의 마음으로 기도할 때 그들이 변하여 교회에 크게 충성하는 자들이 되었고, 목사님의 목회에 유익한 협력자가 되었다고 합니다.

우리의 기도는 사람들 중에 그 누구도 미운 사람이 없을 때까지 하는 것입니다. 그들이 마음 중심에서 사랑스러울 때까지 하는 것입니다. 결국 기도가 이기고 사랑이 이기는 것입니다.

"하나님, 제게 사랑의 마음을 부어주십시오! 아버지의 마음을 주시고, 아버지의 사랑을 부어 주십시오!"

다윗은 사울에게 미움을 받고 오랜 세월 쫓겨 다니며 고생의 떡을 먹었고, 죽음의 고비를 많이 넘겼습니다. 하지만 다윗은 원한을 품거나 원수를 미워하지 않았습니다. 오히려 그를 축복하였습니다.

"내게 선을 악으로 갚아 나의 영혼을 외롭게 하나 나는 그들이 병들었을 때에 굵은 베옷을 입으며 금식하여 내 영혼을 괴롭게 하였더니 내 기도가 내 품으로 돌아왔도다 내가 나의 친구와 형제에게 행함같이 그들에게 행하였으며 내가 몸을 굽히고 슬퍼하기를 어머니를 곡함같이 하였도다"(시 35:12-14).

원수들을 향하여 오히려 축복하며 기도하였더니 사울의 아들 요나단이 그를 사랑하여 위기 때마다 그를 도와주었고, 사울의 사람들이 그에게로 왔으며, 결국 사울도 뉘우치고 다시는 다윗을 괴롭히지 않았습니다. 이 말씀을 받고 우주 최고의 능력인 주의 사랑을 실천해 주십시오. 부드럽게 만져 주십시오. 힘껏 안아 주십시오. 따뜻하게 손잡아 주십시오.

복된 말을 하시고 칭찬의 말을 하십시오. 그리하면 당신은 복의 근원이 될 것이요, 나에게 몇십 배가 되어 돌아올 것입니다.

축복하며 기도하여 주십시오. 그리하면 하늘에서 보화가 있을 것입니다.

1. 당신은 당신 자녀와 배우자 그리고 이웃에게 사랑의 터치를 하십니까? 솔직하게 서로 나누어 보십시오.

2. 당신은 당신 가족들과 성도를 향하여 복된 말을 하고 축복하십니까? 솔직하게 서로 나누고 개선되어야 할 점을 고백하여 보십시오.

3. 이제 오늘 말씀을 붙잡고 일평생 사랑으로 만져 주고 복된 말과 칭찬의 말을 하고 축복하며 기도해 주기 위해 합심하여 간절히 기도하십시오.

6월

1. 좋은 날 보기를 원하십니까? (벧전 3:10-11)

언어

어느 분이 책에서 이런 말을 하였습니다. "인간이 발명한 수많은 고성능 무기 중 가장 무시무시하고 비겁한 것은 사람의 입에서 나오는 말이다. 칼과 총은 핏자국을 남긴다. 폭탄은 건물과 도시를 파괴한다. 하지만 말은 아무런 신호 없이 악을 키우고 선과 생명과 행복을 파괴한다. 아이들은 부모의 말에 상처를 받고 반항하거나 풀이 죽거나 타락한다. 아내들은 반복되는 남편의 폭언에 상처를 받고 죽어 간다."

부정적인 말이 가져다주는 파괴력에 대한 글인 줄 압니다.

1. 좋은 날 보기를 원한다면 악한 말이나 부정적인 말을 금해야 합니다

본문에 생명을 사랑하고 좋은 날 보기를 원하는 자는 혀를 금하여 악한 말을 그치라고 하였습니다. 원어에 보면 "$ζωὴν\ ἀγαπᾶν\ καὶ\ ἰδεῖν\ ἡμέρας$"(조엔 아가판 카이 이데인 헤메라스) 라고 되어 있습니다.

여기서 생명과 좋은 날은 '사는 날 동안 즐겁고 만족하며 땅에서 번영하는 현세의 복'을 말한 것입니다.

　이런 복을 누리기를 원한다면 거듭된 부정부사를 사용하여 언어를 조심하라고 경고하고 있습니다.

　여기서 악한 말은 원어로 '카쿠'인데 상대방에게 상처를 주는 모든 말과 부정적인 모든 언어를 말하고, 궤휼은 원어로 '돌론'인데 거짓말을 하여 다른 사람을 속이거나 남을 비방하고 헐뜯는 것을 말합니다. 이런 말을 버리고 언어를 고치면 생명과 좋은 날이 온다고 하였습니다.

　그 유명한 버피 박사는 말에 대해 다음과 같이 말했습니다.

　"항상 마음을 담아서 말을 하라. 말은 하나님 자체다. 항상 내 마에 있는 귀한 생각을 말로 표현하되 가벼운 말은 절대로 하지 마라. 좋은 말을 하면 좋은 결과가 나오고, 부정적인 말을 하면 부정적인 결과가 나온다."

　그렇습니다. 말을 잘 쓰면 대단히 유익하지만 잘못 쓰면 파괴적인 힘을 가지고 있습니다.

　옛날 유대인 중에 시락이란 사람은 "나무나 돌이나 칼에 맞은 몸의 상처는 쉽게 나을 수가 있지만 마음에 받은 상처는 쉽게 낫지 않는다. 또한 세상에서 총과 칼에 죽은 사람이 많으나 이 혀, 독설에 죽은 사람과는 비길 바가 못 된다"라고 말했습니다.

　휴스 의과대학의 심장병 전문의 스미스 박사님이 갑자기 심장병으로 쓰러졌습니다. 그의 영혼은 곧 몸 밖으로 나와 자신의 제자들이 쓰러진 자기 몸을 마사지하는 것을 보다가 주님의 심판대 앞으로 갔습니다. 그런데 심판하시는 분이 질문을 하더랍니다.

　"네가 살면서 상처 준 사람들을 보아라."

상처 준 사람이 없는 줄 알았는데 제일 먼저 자기 아내가 나타났습니다. 심판하시는 분이 정신 똑바로 차리라고 하며 다시 세상으로 내려보냈습니다. 깨어나 보니 영안실에 들어가기 직전이었습니다.

그는 지금 의사를 그만두고 복음을 전하고 있습니다. 한국에 와서 세미나를 열기도 하였습니다. 그분은 "말로 서로 상처 주지 말고, 상처를 주었으면 최대한 회개를 해야 천국에 들어갈 수 있다"고 전하고 있습니다.

사람은 마음에 가득한 것을 말합니다. 그러므로 말을 잘해야 합니다. 부정적인 말 속에는 언제나 마귀가 따라다닙니다. 그러나 좋은 말, 긍정적인 말은 성령님이 역사하십니다.

우리나라에 온 외국인 근로자들이 다른 건 참을 수 있는데 제일 참을 수 없는 것이 주인들이 하는 욕이라고 합니다. 자기 나라에 돌아가서도 그곳에 와 있는 한국 사람을 보면 총으로 쏴 죽이고 싶다고 합니다. 왜 그렇습니까? 업주로부터 무지막지한 욕을 들었기 때문입니다.

성경은 부정적인 말을 하는 자들을 향하여 이렇게 말씀합니다.

"그들의 목구멍은 열린 무덤이요 그 혀로는 속임을 일삼으며 그 입술에는 독사의 독이 있고 그 입에는 저주와 악독이 가득하고"(롬 3:13-14).

"의인의 입은 생명의 샘이라도 악인의 입은 독을 머금었느니라"(잠 10:11).

"온순한 혀는 곧 생명나무이지만 패역한 혀는 마음을 상하게 하느니라"(잠 15:4).

침례교 목사인 심슨은 "나는 어느 누구든 그리스도의 종을 비난하거나 혹은 수많은 그리스도인들이 서로 중상모략의 화살을 무책임하게 쏘아댐으로써 결국 자기 자신의 영혼과 육체를 상하게 하기보다는 차라리 번쩍이는 번개와 놀거나 아니면 불과 같은 전류가 흐르는 전선을 손으로 붙들겠다"라고 말하였습니다. 이는 남을 험담하거나, 거짓된 정보를 전달하거나, 남의 비밀을 누설하거나, 남을 저주하거나, 더러운 말을 하거나, 논쟁의 말을 하기보다는 차라리 죽는 것이 낫다는 말입니다.

그러므로 부정적이고 악한 말을 우리 입에 담지 말아야 합니다.

2. 좋은 말은 좋은 인생을 만들어 갑니다

움베르트 마트라라는 신경과학자는 이런 말을 했습니다.

"우리가 언어를 통제하는 것이 아니라 언어가 우리의 인생을 통제하고 있다."

말이 우리의 인생을 이끌어 가고, 말이 우리 인생의 중요한 일을 결정해 간다는 뜻입니다.

의사의 말 한마디가 얼마나 큰 힘을 발휘하는지 모릅니다. 고치기 어려운 병도 의사가 용기를 주고 격려해 주며 함께 협조를 구할 때 그 사람은 회복될 가능성을 훨씬 더 가지게 됩니다.

예전부터 우리에게 전해 오는 민간 설화에 약과 같은 효과를 낸다고 해서 위약 효과라는 이야기가 있습니다. 아픈 사람이 왔을 때 특별히 먹일 약이 없어 의사가 밀가루를 반죽해서 주면서 이것은 특효약이니 이것 먹으면 두통이 사라질 것이라고 말하고 그것을 주면 그 밀가루를 먹은 사람들 중에 40%는 깨끗이 두통이 사라진다고 하는 통계가 있습니다. 그 사람들이 병이 낫은 것은 약효 때문이 아니라 이 약을 먹으면 병이 낫는다는 의사의 말에 희망을 얻어 우리 몸에 건강의 청신호를 가지게 되었기 때문인 것입니다.

이와 반대로 의사가 부정적으로 한마디 하기를 "힘들겠습니다. 가망이 없을 것 같습니다"라고 하면 그때부터 환자는 급속도록 병이 악화된다는 것입니다.

사람의 말 한마디가 우리에게 지대한 영향을 끼칩니다.

"죽고 사는 것이 혀의 힘에 달렸나니 혀를 쓰기를 좋아하는 자는 혀의 열매를 먹으리라"(잠 18:21).

미국 테네시 주 루이빌의 한 레스토랑에서 오클라호마 주에서 온 신학교 교수 부부가 식사를 하는데 머리가 하얗게 센 노인이 다가왔습니다. 그는 "제가 좋은 말을 해드리겠습니다"라고 말한 후 이야기를 시작했습니다. "저기 보이는 산자락 밑에 작은 동네가 있습니다. 오래전 그 동네에서 한 미혼모가 사내아이를 낳았는데 아버지가 누구인지 말하지 않았습니다. 그 아이가 자라면서 동네 사람들에게 '너 아버지가 누구냐?'라는 말을 너무 많이 들었습니다. 그럴 때마다 아이는 우울하였고 사람들을 피하였습니다. 그 아이가 열두 살 되었을 때 출석하는 교회에 젊은 목사님이 담임으로 부임해 오셨습니다. 그 소년이 어른 예배에 참석하여 예배를 드렸습니다. 그리고 예배 후 담임목사님이 성도들에게 인사하며 배웅하고 있었습니다. 그 소년도 어른들 틈에 섞여 나올 때 목사님이 물었습니다. '애야 너 아버지가 누구시냐?' 사람들은 순간 긴장하며 그 소년을 바라보았습니다.

그때 분위기를 알아챈 목사님은 재빨리 '아, 알겠어. 난 너 아버지를 알고 있어. 바로 그분이 너의 아버지야' 라고 말했습니다. 순간 모든 사람들은 놀라서 목사님을 바라보았지요. 그때 목사님은 '하나님이 너의 아버지야. 아들은 아버지를 닮는 법이지. 넌 하나님의 아들이야. 너 하나님 아들답게 당당하게 살아야 한다. 알았지?' 라고 하였습니다. 그 말을 들은 후 그 소년은 건강한 자아상을 가지게 되었고, 사회에서 훌륭한 인물이 되었다네."

이야기를 마친 노인은 웃으며 레스토랑을 나갔습니다. 얼마 후 옆 테이블의 손님이 "그분이 누군지 아시나요? 그분이 바로 그 유명한 테네시 주의 주지사인 벤 후퍼 씨입니다" 라고 일러 주었습니다.

젊은 목사의 말 한마디가 위축되고 우울한 나날을 보내던 한 소년의 인생을 완전히 바꾸어 놓은 것입니다.

그렇습니다. 사람의 말은 사람을 살리기도 하고 죽이기도 합니다. 유명한 파스칼이 말하기를 "친절한 말은 사람의 마음에 그 말의 형상 즉 아름다운 형상을 심는다. 그 말은 듣는 이를 진정시키고 차분하게 하며 편안하게 해준다. 또한 심술궂고 까다로우며 불친절한 감정을 부끄럽게 만든다. 그 말들은 진즉에 충분히 사용되었어야 했는데 우리는 아직까지 그렇게 말하지 못하고 있다" 라고 하였습니다.

붉은 머리카락을 가진 한 폴란드 소년이 있었습니다. 그는 유명한 피아니스트가 되는 것이 소원이었습니다. 소년은 음악학교에 입학했으나 교수로부터 매우 비관적인 말을 들었습니다.

"네 손가락은 너무 짧고 굵다. 유연성도 부족하다. 다른 악기를 택하도록 해라."

소년은 낙심되고 마음의 기쁨이 없었습니다.

그러던 어느 날 소년은 만찬회에서 피아노를 쳤습니다. 그런데 식사가 끝날 무렵 한 신사가 소년의 등을 두드리며 말했습니다.

"너는 피아노에 탁월한 소질을 갖고 있다. 열심히 노력해라."

소년은 중년신사의 격려에 크게 고무되었습니다. 이 노신사의 이름은 안톤 루빈스타인이었습니다.

소년은 그날부터 하루에 일곱 시간씩 피아노를 연습했습니다. 그리고 세계를 깜짝 놀라게 한 피아니스트로 성장했습니다. 이 소년이 바로 '피아노의 천재'로 불리는 잔 파데레우스키입니다. 격려의 말 한마디가 위대한 피아니스트를 만든 것입니다.

루이스 피티가 쓴 《황금 동전》에 나오는 말입니다.

당신은 지금 얼마의 재산을 가지고 계십니까? 지금 당신이 가지고 싶은 돈의 액수는 얼마입니까? 그 돈보다 더 큰 행복과 기쁨을 살 수 있는 많은 돈을 당신에게 드리겠습니다. 그 많은 돈이 어디에 있느냐구요? 그 돈은 은행에 있지 않고 당신의 입에 있습니다. 그 돈의 이름은 '사랑의 한마디' 입니다."

'칭찬의 말'이라는 황금 동전은 쓰면 쓸수록 부자가 되고, 어떤 돈으로도 살 수 없는 행복을 가져다준다는 말입니다.

3. 좋은 날 보기를 원한다면 복된 말을 해야만 합니다

"사람은 입에서 나오는 열매로 말미암아 배부르게 되나니"(잠 18:20).

우리 부모들은 자녀들에게 이왕이면 축복의 말, 좋은 말을 해야 합니다. 우리가 할 수 있는 가장 좋은 말이 무엇입니까? "아들아! 나는 네가 너무 자랑스러워! 나는 네가 내 아들이라는 것이 너무 좋아!" 이렇게 말한다면 자녀가 얼마나 좋겠습니까? "야 이놈아! 네가 도대체 잘하는 것이 뭐가 있어?"라고 말하면 자녀의 의욕을 꺾고 그를 낙심하게 만듭니다.

부모들도 자녀에게 듣고 싶은 말이 있습니다. 만약에 자녀들이 "아빠! 나는 아빠를 세상에서 제일 존경해요. 엄마 너무너무 사랑해요!" 그러면 부모들도 기분이 좋습니다. 그런데 자녀로부터 "나를 낳은 엄마가 원망스러워요. 엄마는 잔소리가 너무 심해요. 아빠는 나를 낳고 해준 것이 뭐가 있어요?" 그런 말을 들은 부모들은 매우 섭섭함을 느낍니다.

황수관 박사의 글을 신문에서 읽어 보니 그분의 아버지는 평생을 살면서 항상 재미있고 유익한 말만 하셨고, 그분의 어머니는 어릴 적부터 기도를 해주시면서 "나는 널 임신하였을 때 태몽으로 사자 꿈을 꾸었단다. 너는 큰 인물이 될 거야"라고 항상 긍정적인 말씀을 하셨다고 합니다.

여러분도 자녀들과 이웃들에게 항상 긍정적인 말과 용기를 주는 말을 하시기를 바랍니다. 배우자를 칭찬하고 자녀들을 칭찬하여야 합니다.

게리 체프만은 이런 말을 하였습니다.

"칭찬과 격려의 말은 영혼에 떨어지는 부드럽고 따스한 빗물과 같다. 이로 인해 아이들은 내면적으로 가치와 안정감을 느낀다. 설사 그런 말은 짧게 한다 할지라도 쉽게 잊히지 않는다. 아이는 평생 그 말의 열매를 추수한다."

실제로 칭찬의 말은 쉽게 잊히지 않습니다. 지금부터 30년 전에 어느 분이 제 코를 보면서 예수님 코를 닮았다고 하였습니다. 저는 아닌 줄 알면서도 '정말 내 코가 예수님을 닮았나? 하면서 그분의 그 말이 늘 생각이 나는 것입니다.

우리의 말에는 창조적인 능력이 있다고 성경은 말씀합니다. 당신이 처한 형편이 어렵고 골치 아픈 일들이 산더미처럼 쌓였습니까? 하지만 부정적인 상황을 골똘히 생각하지 말고 믿음의 말, 복된 말을 선포하셔야 합니다.

"난 전능하신 하나님이 항상 도와주신다. 나는 이미 복을 받았어. 그러므로 내가 손을 대는 건 무엇이든 성공하고 번창할 거야."

꿈만 꾸지 말고 요셉처럼 복된 말을 선언하여야 합니다.

성경은 이루어지지 않은 일을 이루어진 것처럼 말하라고 말씀하고 있습니다(막 11:23-24). 건강에 적신호가 들어왔다고 할지라도 느낌이나 증상을 말하지 말고 믿음으로 건강을 선포하십시오. "지금 느낌은 좋지 않지만 하나님이 날 치료하고 계셔. 난 더 강해지고 더 젊어지고 있어. 내 인생 최고의 날이 오고 있어."

피곤하다고 말하고, 힘들다고 말하고, 병들었다고 증상을 말하는 사람의 모습을 보면 항상 그렇게 피곤에 절어 살아가고 있습니다.

요엘 3장 10절에 "약한 자도 이르기를 나는 강하다 할지어다"라고 했습니다.

지금 당신이 가난하다면 부요를 말하십시오. 지금 당신이 병들었다면 건강을 말하십시오. 지금 당신이 골드 미스라면 배우자에 대해 끊임없이 말하십시오. 당신이 말한 그대로 때가 되면 열매를 거두게 될 것입니다.

조엘 오스틴 목사가 최근에 낸 《최고의 삶》이란 책에 보면, 최근 연구에 따르면 여성 암환자 중에 자신의 상태를 긍정적으로 표현한 환자가 부정적으로 표현한 환자보다 회복 가능성이 높았다고 합니다.

성경은 내가 말하고 믿고 의심하지 아니하면 그대로 이루어진다고 하셨습니다(막 11:23). 반면에 신앙의 세계에서 의심의 말, 불신의 말이 가장 위험한 것입니다. 그것이 하나님의 역사를 가로막고 있는 것입니다. 말로 성령의 역사를 훼방할 수 있습니다(마 12:31-32).

주 예수님은 평상시 우리가 하는 말 한마디 한마디를 관심 있게 듣고 계십니다. "사람이 무슨 무익한 말을 하든지 심판 날에 이에 대하여 심문을 받으리라"(마 12:36)고 하셨습니다.

우리가 생명을 사랑하고 좋은 날 보기를 원한다면 혀를 금하여야 하겠고, 부정적인 말을 하지 말고 긍정적이고 복된 말을 하여야 하겠습니다. 그러기 위해서 성령 세례를 받고 새 방언을 말하여 우리 입술에 복된 말이 익숙하도록 훈련받아야만 합니다.

성령 충만하여 늘 주님의 임재 속에 들어가 찬송하고 감사하면서 기도할 때마다 혀를 잡아 달라고 하여야 합니다.

1. 당신이 부정적인 말이나 파괴적인 말을 하여 남에게 상처를 준 일이 생각나면 회개하면서 솔직히 고백하여 보시고, 앞으로 언어생활을 어떻게 해야 할지 서로 나누어 보십시오.

2. 당신은 좋은 날 보기를 원하십니까? 그렇다면 어떤 말을 해야 하는지 서로 나누어 보십시오.

3. 오늘 주신 말씀을 붙잡고 당신의 입술에 파수꾼을 세워 주시고 재갈을 물려 바른 언어생활로 복된 삶을 살도록 도와달라고 합심하여 간절히 기도하십시오.

6월

2. 죽이는 말 살리는 말 (약3:1-12)

언어

　한 남자가 무단횡단을 하다 하마터면 지나가는 트럭과 충돌할 뻔 하였습니다. 화가 난 트럭 운전수는 "야 이 머저리, 바보같이 멍청하고, 무식하고, 한심한 자식아! 눈깔 똑바로 뜨고 다녀!' 하고 소리쳤습니다. 마침 옆에 있던 아내가 욕을 먹은 남편에게 "저 운전수, 당신 잘 아는 사람이에요?" 하고 물었더니 남편이 버럭 화를 내며 "내가 저런 놈과 어떻게 알아?" 라고 했습니다. 그때 아내가 "그런데 모르는 사람이 어떻게 당신을 속속들이 그렇게 잘 알고 있어요?" 하더랍니다.
　별 생각 없이 툭 던진 말 한마디로 인하여 부부간에 다툼이 일어나 가정이 파괴되기도 하고, 비난이나 험한 말로 인하여 폭력사건이나 살인사건이 일어나기도 합니다.
　된장찌개 끓여 놓고 남편에게 식사하라고 하자 남편이 밥상에 앉아 된장찌개를 먹어 보더니 "그 아무개 엄마 있지, 그 사람 진짜 된장찌개는 잘 만들어. 이건 댈 것도 아니야"라고 한다면 "아, 그래요? 나도 배워야겠어요" 그렇게 말할 부인이 얼마나 될까요?
　"그런 여자하고 결혼하지 왜 나하고 했어?" "이 사람 속이 그렇게 좁아? 그 말에 삐지기는. 가만히 보면 당신 친정어머니 닮아서 그래." "뭐? 여기서 우리 엄마는 왜 들먹여? 당신 엄마는 좋은 줄 알아?" "뭐? 이게 말이면 다하는 줄 알아!" 우당탕!!!

시간이 흘러 부부싸움은 끝날지 모르지만 상처는 그대로 남아 속으로 피를 흘리고 있을 것입니다.

간혹 그 사람은 화를 잘 내지만 뒤끝은 없다고 말하는 소리를 듣습니다. 그러나 그 순간은 지나가겠지만 혈기를 뿜어낸 말, 가시 돋힌 말들은 상대방의 가슴에 상처로 오랫동안 남아 쓴 뿌리가 됩니다.

"가는 말이 고와야 오는 말이 곱다"는 속담이 있고, "말 한마디로 천 냥 빚을 갚는다"는 속담도 있습니다.

한 번 내뱉은 말은 다시 주워 담을 수 없기에 말을 조심해야만 합니다.

"죽고 사는 것이 혀의 힘에 달렸나니 혀를 쓰기 좋아하는 자는 혀의 열매를 먹으리라"(잠 18:21).

인간의 말에 얼마나 큰 능력이 있는지 알려 주시는 말씀입니다.

1. 말의 능력

오래전에 한국의 강원도 태백에서 탄광이 매몰되어 6명이 갱도에 갇힌 적이 있었습니다. 92시간 만에 구조대원들이 무너진 갱도를 다시 뚫고 들어가서 보니 5명은 이미 죽었고, 서종엽이라는 광부만 살아 있었습니다. 구조된 그에게 기자들이 "다른 5명은 다 죽었는데,

어떻게 당신만 살아 남을 수가 있었습니까?'라고 물었습니다. 그러자 그는 이렇게 대답했습니다. "예, 나도 견디기 힘들었습니다. 칠흑같은 어두움 속에서 목까지 차 올라온 물 속에서 공포와 추위뿐 아니라, 이미 흙이 무너질 때 흙에 깔려 죽은 동료들의 시체를 보면서 절망이 되었습니다. 그러나 아내와 두 아들의 얼굴을 차례로 떠올리며 '나는 기어코 살아야 해. 그래서 아내와 두 아들을 만나야 해' 하고 다짐했습니다." 결국 의식을 잃으면서도 계속해서 고백한 그 고백대로 그는 구조되어 사랑하는 아내와 두 자녀를 만나게 된 것입니다. 이처럼 말에는 우리의 생명과 삶을 지탱해 주고, 환경을 끌어당기는 능력이 있습니다.

본문 4절에 '우리 혀는 배의 키와 같다' 고 하였습니다.

2007년 5월 12일 새벽 4시 5분 한국 국적 골든로즈 호가 중국 바이유찬 항에서 출항하여 충남 당진항으로 항해 도중, 중국 대련 남동방 38마일 해상에서 연태항을 출항 대련항으로 항해 중이던 진셍호와 충돌 후 배는 침몰되었고 선원 16명이 사망하였습니다.

바다를 항해하는 선원들은 너무나 잘 알고 있습니다. 배 후미에 있는 그 작은 키를 잘 조정하면 바른 길을 가지만, 잘못 조정하면 암초에 부딪히든지 다른 배와 충돌하여 큰 손해와 피해를 입게 되는 것입니다.

마찬가지로 세 치도 안 되는 우리 혀의 역할에 따라 우리 인생의 방향이 결정된다고 하였습니다. 남은 인생이 행복할 것인지 불행할 것인지, 성공할 것인지 실패할 것인지, 복을 받을 것인지 저주를 받을 것인지, 사랑을 받고 살 것인지 사람들의 관심 밖의 삶을 살 것인지, 즐거운 인생을 살 것인지 아니면 고통 속에 살아갈 것인지를 우리 혀가 결정한다는 것입니다.

또 5절에는 작은 불꽃이 온 산을 태우듯이 '우리 작은 혀의 놀림에 의해 큰 재앙이 일어난다'고 하였습니다.

별것 아닌 것 같은 말 한마디로 부부싸움이 일어나 홧김에 불을 지르고 자녀들을 죽이고 동반 자살하는 일이 일어납니다. 부부싸움의 90% 이상이 말 때문에 일어납니다.

6절에는 부정적인 말은 '우리 인생을 고통으로 몰아넣는 지옥 불과 같다'고 하였습니다. 우리의 부정적인 말이 우리 온몸도 더럽히고 온 생을 더럽힌다고 말씀하고 있습니다.

2. 죽이는 말

부정적인 말은 상대방도 죽이고 나도 죽이는 독입니다.

병원에 가면 진찰할 때 의사들이 혀를 봅니다. 왜 그런 줄 아세요? 혀를 진찰해 보면 그 사람의 건강을 어느 정도 알 수 있기 때문입니다. 마찬가지로 우리 마음이나 영적인 상태도 우리 혀를 보면 짐작할 수 있습니다.

당신의 혀는 어떻습니까? 병나지 않았습니까? 혹시 함부로 말을 하고 있지 않습니까? 혹시 다른 사람에 대해 말을 너무 쉽게 하고 있지 않습니까? 누구누구는 사람이 게으르다느니, 어떤 집사는 수입에 비해 너무 돈을 헤프게 쓴다느니, 어느 성도의 자식은 버르장머리가 없다느니, 어느 자매는 집값이 오르는 바람에 재미를 보았다느니 하며 여기저기 떠들고 다니지 않습니까?

그러나 우리는 알아야 할 것이 있습니다. 벌이 침으로 사람을 쏘면 사람에게도 고통을 주지만 벌은 그 자리에서 죽고 만다는 사실입니다. 우리가 남의 험담이나 비방을 하는 것은 마치 벌이 침을 쏘는 것과 같아 상대방에게도 아픔과 고통을 주지만, 내 영혼에도 치명적인 타격을 입히게 되는 것입니다.

그러한 행위는 하나님의 계명을 범하는 죄라는 것을 기억해야 합니다. 무슨 계명입니까? 아홉 번째 계명인 "네 이웃에 대하여 거짓 증거 하지 말라"는 계명을 어기는 것이 됩니다. 주님은 이웃을 비방하지 말고 비판하지 말라고 하시면서 너희가 비판하는 그 비판으로 너희가 도로 비판을 받을 것이라고 하셨습니다.

또 남에 대해서 중상하거나 악담하거나 시비를 하지 말아야 합니다. 남이야 식탁을 바꾸든지 가구를 바꾸든지, 남이야 원피스를 얼룩덜룩한 것으로 입든지 반바지를 입든지, 벤츠를 타든지 자전거를 타든지, 남이야 집값이 올랐든지 떨어졌든지, 왜 그런 걸 동네방네에 전하려고 아까운 시간과 정력을 낭비합니까?

저는 '남의 이야기를 전하는 것이 사명이다', '남의 이야기를 하는 것이 은사다' 라는 것을 성경 어디에서도 찾아본 적이 없습니다. 그런데 왜 밤낮 모여서 다른 사람에 대해서 이야기합니까? 말을 많이 하는 사람치고 실수하지 않는 사람이 없습니다. 말을 많이 하다 보면 나도 모르게 과장하게 되어 있습니다.

본문 1절에도 "선생 된 우리가 더 큰 심판을 받을 줄 알고" 하신 것은 선생들이 말을 많이 하다 보면 말로 실수할 수 있기 때문입니다. 말을 자꾸 하다 보면 없는 사실에 살을 더 붙일 수 있습니다. 그렇기 때문에 말을 많이 하는 사람들은 언제든지 말로 실수하고, 말로 범죄할 가능성이 매우 높습니다. 혀를 잘못 사용하는 사람은 자신을 멸망으로 이끌 뿐만 아니라, 다른 사람들까지도 무너뜨릴 수 있습니다.

혀는 사람을 살리는 '이기'(利器)가 될 뿐 아니라, 사람을 죽이는 '흉기'(凶器)가 될 수도 있습니다.

사람의 불행은 혀에서 출발하는 경우가 많습니다. 낚시를 하다 보면 등에 낚싯바늘이 끼어 올라오는 멍청한 고기를 제외하고, 대부분의 물고기는 항상 입으로 낚입니다. 우리가 마귀의 낚싯바늘에 걸리는 것은 바로 입 때문입니다. 그러므로 범죄하지 않기 위해 할 수 있는 대로 말을 적게 하시기 바랍니다. 마귀에 낚이지 않기 위하여 헛소문이라든지 자신도 확실히 모르는 풍설은 아예 입에 담지도 마시기 바랍니다. "죽고 사는 것이 혀의 권세에 달렸나니 혀를 쓰기 좋아하는 자는 그 열매를 먹는다"는 사실을 기억하고, 다른 사람뿐 아니라, 내가 살기 위해서라도 죽이는 말 대신에 살리는 말을 하시기를 바랍니다.

에베소서 4장 29절에 "무릇 더러운 말은 너희 입 밖에도 내지 말라"고 말씀하고 있습니다. 또 에베소서 5장 3절에서 "음행과 온갖 더러운 것과 탐욕은 너희 중에서 그 이름조차도 부르지 말라 이는 성도에게 마땅한 바니라"라고 말씀하고 있습니다.

성경은 일관되게 '더러운 말은 아예 입에도 담지 말라.' '더러운 것은 아예 그 이름도 부르지 말라'고 말씀하고 있습니다. 왜 그런 줄 아십니까? 잠언 6장 2절에서 "네 입의 말로 네가 얽혔으며, 네 입의 말로 인하여 잡히게 되었느니라"고 말씀하고 있는 것처럼, 우리가 입으로 쏟아놓는 불평과 불만과 원망이 우리의 인생을 옭아매기 때문입니다. 우리가 하는 말로 내 인생이 얽히고, 내가 하는 말로 내 인생이 이끌려 갑니다.

"너희 말이 내 귀에 들린 대로 내가 너희에게 행하리니"(민 14:28).

하나님께서는 우리가 내뱉는 말을 들으시고 그 말대로 우리를 인도하십니다.

즉 우리의 말에 의해 우리의 미래가 결정된다는 것입니다. 그러므로 우리의 말에 우리 인생이 잡히지 않기 위해서는 불평과 불만을 우리 입술에서 사라지게 해야 할 것입니다.

하나님께서는 우리 입에서 나오는 믿음의 말씀과 감사의 말과 축복의 말을 받아 일하셔서 그대로 되게 하시지만, 반대로 마귀는 우리 입에서 나오는 불평 원망 저주와 불신앙의 말을 받아 그대로 환경을 만들어 버립니다.

그러므로 부부 사이에나 부모 자녀 사이에나 교우들 사이에 절대로 죽이는 말을 사용하지 마시기를 간절히 바랍니다.

3. 살리는 말

〈국민일보〉에 실린 기사 중 "자연 생명력 굳게 믿은 이 농부"라는 타이틀로 된 기사는 우리에게 많은 도전을 주고 있습니다.

일본에 사는 기무라 씨는 세계 최초로 썩지 않는 사과를 개발하여 화재가 되었습니다.

일본 아모리 현 이와카마치의 6만 평 농장에서 사과 농사를 짓는 기무라 아키노리 씨는 《자연농법》이란 책을 읽고 1978년부터 농약을 전혀 사용하지 않고 사과를 재배하는 농법을 시작하였습니다. 사과 농사를 하면 해충과 벌레들이 달라들기에 보기에 좋은 사과를 생산하려면 어쩔 수 없이 농약을 사용할 수밖에 없었습니다. 그런데도 기무라 씨는 농약은커녕 비료도 쓰지 않았습니다. 곧 혹독한 시련이 닥쳤습니다. 나방과 자벌레 등 병충해가 들끓었고 사과나무는 누렇게 말라 죽어 갔습니다. 농사를 망치면서 가산이 파탄나자 자살을 결심하였습니다.

그러다가 다시 용기를 내서 새벽에 일어나 사과나무에 붙은 벌레를 손으로 잡고 분무기에 식초를 넣어 뿌리면서 사과나무 한 그루 한 그루를 만지면서 "힘들게 해서 미안합니다. 꽃을 안 피워도 열매를 안 맺어도 제발 말라 죽지는 말아 주세요" 하고 말을 건네기 시작하였습니다.

그러자 놀라운 일이 일어났습니다. 기무리 씨의 사과나무에 열리는 야생사과는 놀라울 정도로 맛이 있고, 생생한 풍미와 신선한 과즙이 살아 있고, 냉장고에 넣지 않아도 두 조각으로 가른 채 방치해도 몇 년이 지나도록 썩지 않고 갈색으로 변하지 않습니다. 이 성공담은 NHK 방송에서 방송하였고, 지난해 6월에는 책도 나와 일본 논픽션 부문 1위에 올랐고 1년이 지난 오늘까지 여전히 1위 자리를 지키고 있습니다. 우리나라에서는 김영사가 이 책을 번역하여 《기적의 사과》라는 제목으로 출간하였습니다.

어떻게 이런 기적이 일어날 수 있는가라는 질문에 "실은 내가 아니라 사과나무가 힘을 낸 거지. 이건 겸손이 아니야. 내가 할 수 있는 일은 사과나무를 돕는 것 정도야"라고 말했습니다. 그는 하루 종일 나무와 대화하면서 나무를 어루만져 준다고 하였습니다.

이런 사과나무도 사람의 말을 알아듣고 살리는 말에 의해 기적의 사과를 생산한다면 우리가 가정에서나 교회에서나 사회생활 가운데 지속적으로 살리는 말을 한다면 그 말이 얼마나 많은 기적을 불러 오겠습니까?

동대문에 의류업을 통해 성공하신 분이 계신데, 이분의 성공 비결을 들어 보면 한마디로 사랑한다는 말과 감사의 표현입니다.

아침 일찍 출근해 직원들의 빈 의자를 보며 미소를 짓고 난 다음에 "고맙습니다. 감사합니다"라고 말한다고 합니다. 그리고 옷 하나하나 신제품과 샘플들을 보면서 사랑하는 사람에게 말하는 것처럼 미소를 지으면서 이렇게 말을 한다고 합니다. "고맙다, 사랑한다, 참 예쁘다." 놀라운 사실은 이렇게 사랑을 주며 옷에게 말을 하였을 때 그 옷은 날개 돋친 듯이 잘 팔린다는 것입니다.

그럼 살리는 말은 어떤 말일까요?

1) 믿음의 말을 하십시오.

우리 교회에 두 번이나 오셔서 간증하신 류태영 교수님은 《언제까지나 나는 꿈꾸는 청년이고 싶다》라는 그의 책에서 초등학교 5학년 때부터 늘 암송한 성경구절이 있었다고 하였습니다. 그는 청년 시절에 구두닦이를 하면서 쓰레기통을 뒤져 곰팡이 핀 빵을 주워 먹으면서도 빌립보서 4장 13절 말씀을 입으로 시인하였다고 하였습니다. "내게 능력 주시는 자 안에서 내가 모든 것을 할 수 있느니라." 그분은 13년간 언제나 변함없이 매일 수없이 그 말씀을 반복하여 시인하였더니 그대로 되었다고 하였습니다.

주님은 사람들이 하는 말을 들으시고 네 믿음대로 되라고 선언하셨고, 실제로 그대로 되었습니다.

당신의 말은 당신의 믿음의 표현이요 믿음 그 자체입니다. 당신이 믿음을 증명하여 보이시려면 믿음의 말을 하시고, 기적을 체험하시려면 믿음의 말을 하시기 바랍니다.

2) 칭찬의 말을 하십시오.
미국이 배출한 세계적인 작가 마크 트웨인은 "나는 한 번 칭찬을 받으면 두 달간은 잘 지낼 수 있다"고 하였습니다. 그의 말대로라면 1년에 여섯 번 칭찬을 받으면 1년 동안 너끈히 잘 지낼 수 있다는 말입니다.
"그 원피스가 당신에게 잘 어울리는군요." "오늘 밤 당신이 설거지해 주신 것 너무 고마워요." "당신은 야채 요리를 너무 잘해요. 세상에서 제일이야."
말로 칭찬하는 것은 그 사람에게 격려와 용기를 주는 선한 행위입니다. 그리고 칭찬은 반드시 자기 자신에게 보상으로 돌아오게 되어 있습니다. 부메랑효과나, 산울림법칙이나, 심은 대로 거두는 법칙은 말의 세계에서도 그대로 적용되는 것입니다.
잠언 12장 25절에 "근심이 사람의 마음에 있으면 그것으로 번뇌하게 되나 선한 말은 그것을 즐겁게 하느니라"라고 하였습니다.

3) 온유한 말을 하십시오.
똑같은 말을 하지만 그것을 어떤 어투로 하느냐에 따라 두 가지 의미로 들릴 수 있습니다. 한 옥타브 낮추어 말하고 온유한 말을 하면 상대방이 사랑의 언어로 듣고 축복으로 듣게 되지만 목소리를 높이면 다툼이 일어나게 되는 것입니다.

피아노 건반은 눌리는 대로 소리를 냅니다. 가볍게 누르면 작고 부드러운 소리를 내고, 힘껏 누르면 크고 강한 소리를 냅니다. 내가 어떤 어투로 말하느냐에 따라 살리는 말이 되기도 하고, 죽이는 말이 되기도 합니다.

잠언 15장 1절에 "유순한 대답은 분노를 쉬게 한다"고 하였습니다. 배우자가 몹시 화가 나서 말을 함부로 할 때에도 부드러운 말로 상대하면 분노를 쉽게 가라앉힌다는 말씀입니다.

4) 과거를 말하지 마십시오.

"당신이 나에게 한 그 말과 행동이 너무 가슴에 상처를 주어서 지금까지 내 마음에 지워지지 않고 있어요."

이런 말들은 결국 적의에 찬 말이고, 오늘을 과거 속으로 끌고 들어가 망치는 말입니다.

"그 사람은 좋은 점들이 많아요. 하지만 이러이러한 점들은 너무 좋지 않아요. 과거에 그 사람이 그런 행동을 하여 일을 망친 적이 있어요."

이런 말은 다람쥐 쳇바퀴 돌 듯 계속 불행을 돌리는 말이 됩니다.

우리의 말은 그 자체가 큰 능력입니다. 불과 칼이 문명의 이기도 될 수 있고 흉기도 될 수 있는 것처럼, 우리의 말은 죽이는 말이 되기도 하고 살리는 말이 되기도 합니다. 주님의 도우심과 언어의 훈련을 통해 살리는 말을 하여 당신의 남은 인생이 행복한 인생이 되고 능력 있는 삶이 되기를 축복합니다.

 나눔

1. 당신은 과거에 죽이는 언어를 사용한 적이 있나요? 솔직하게 고백하여 보시고 앞으로 어떤 언어를 사용할지 서로 나누어 보십시오.

2. 살리는 말에는 어떤 말이 있는지 서로 나누어 보시고 당신의 결심을 말해 보십시오.

3. 오늘 주신 말씀을 붙잡고 일평생 살리는 말을 하여 풍성한 삶을 살게 해달라고 합심하여 간절히 부르짖어 기도하십시오.

3. 말씀을 시인하면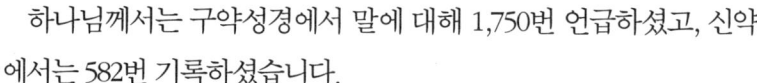

언어

하나님께서는 구약성경에서 말에 대해 1,750번 언급하셨고, 신약에서는 582번 기록하셨습니다.

매트 버드라는 분은 하버드 대학에서 20년간 교수로 봉직한 분입니다. 그는 언어 치료 분야에서 세계적인 업적을 남긴 분입니다. 그가 그의 인생을 정리하면서 쓴 책의 제목이 《말하는 대로 이루어진다》입니다.

명문 하버드 대학에서 20년 동안 교수로 봉직하면서 인생을 연구한 박사가 한 사람의 인생의 결론은 그 사람이 말하는 그대로 이루어진다고 하였으니 믿을 만한 것입니다.

움베르트 마트라라는 신경과학자는 이런 유명한 말을 했습니다. "우리가 언어를 통제하는 것이 아니라 언어가 우리의 인생을 통제하고 있다."

말이 우리 인생을 이끌어 가고, 말이 우리 인생의 중요한 일을 결정해 간다는 뜻입니다.

근세 신경과학계의 위대한 발견 중 하나가 있다면 뇌 속의 언어 중추신경이 모든 전신의 신경계를 지배하고 있다는 것입니다.

언어신경이 모든 신경의 우위에 있어서 모든 신경을 지배합니다. 그래서 건강한 사람도 의사가 잘못 알고 다른 사람의 검사 결과를 보고 "당신 심각한 병에 걸렸다"고 이야기하면 그 사람은 그때부터 입맛도 없고, 밥도 못 먹고, 잠도 안 오고, 결국 그렇게 앓다가 죽어 버리기도 합니다.

사람의 말은 실로 위력이 있습니다. 그래서 하나님은 우리의 말을 들으시고 그 사람을 축복하기도 하시고 능력을 주기도 하십니다. 반대로 불신앙의 말을 하면 하나님은 그들과 함께하지 않으셨습니다.

하나님은 불신앙의 말을 막으시고 못하게 하셨습니다.

누가복음 1장에 보면 사가랴라는 제사장이 성전에서 제사를 드리고 있었습니다. 그때 천사 가브리엘이 나타나서 "너희 가정에 아기가 생길 것이다"라고 선언을 했습니다. 사가랴는 그 말을 믿을 수가 없었습니다.

"내가 이것을 어떻게 알리요 내가 늙고 아내도 나이가 많으니이다."

그런데 하나님께서 그 말을 들으시고 그가 말을 못하도록 벙어리가 되게 하셨습니다. 누가복음 1장 20절을 보면 천사가 "보라 이 일이 되는 날까지 네가 말 못하는 자가 되어 능히 말을 못하리니 이는 네가 내 말을 믿지 아니함이거니와"라고 말합니다. 하나님은 당분간 그를 벙어리로 만드셨다가 세례 요한이 출생하던 그 날 그의 입을 다시 열어 주셨습니다.

하나님은 이스라엘 백성들이 여리고 성을 돌 때에 말을 하지 못하도록 하셨습니다. 왜냐하면 부정적인 말을 하면 하나님의 일을 방해할 수 있기 때문입니다.

6월 말을 바꾸자

예수님께서 제자들과 아침 일찍 베다니에서 예루살렘 성전으로 올라가는 길에 시장하셨기 때문에 드실 열매가 있지 않을까 하는 마음으로 한 무화과나무에 다가가셨습니다. 하지만 아직 열매 맺을 시기가 아니었기 때문에 아무 열매도 얻을 수 없었습니다. 그러자 예수님께서 그 나무에게 "이제부터 영원토록 사람이 네게서 열매를 따 먹지 못하리라 하시니 제자들이 이를 듣더라"(막 11:14)라고 말씀하셨습니다. 그러고 나서 예수님과 제자들은 날이 저물어 아침에 갔던 그 길로 다시 내려오게 되었습니다.

그런데 제자들은 놀라운 장면을 목격하였습니다. 무화과나무가 뿌리부터 말라 죽어 있었습니다. 주님이 말씀하신 그 순간부터 뿌리가 죽었다는 말입니다. 이것을 보고 놀라워하는 제자들에게 주님은 "내가 진실로 너희에게 이르노니 누구든지 이 산더러 들리어 바다에 던져지라 하며 그 말하는 것이 이루어질 줄 믿고 마음에 의심하지 아니하면 그대로 되리라"(막 11:23)고 말씀하셨습니다.

주님은 믿음의 말을 할 때 이런 산 같은 문제도 해결된다고 말씀하신 것입니다. 여기서 '누구든지' 란 말씀은 말 그대로 누구든지입니다. 신앙생활을 시작한 지 일주일이 되었든지 6개월이 되었든지, 제자훈련을 받았든지 받지 않았든지 상관없이 누구든지 믿음으로 말하면 그 말대로 된다는 것입니다.

고린도후서 4장 13절을 보면 "기록된 바 내가 믿었으므로 말하였다 한 것같이 우리가 같은 믿음의 마음을 가졌으니 우리도 믿었으므로 또한 말하노라"라고 말씀하고 있습니다. 우리의 믿음과 말은 따로 떨어져 있는 것이 아닙니다. 믿으면 믿는 대로 말해야 한다는 것입니다.

사람의 말도 이처럼 위력이 있다면 전능하신 하나님의 말씀을 시인할 때 얼마나 놀라운 일들이 일어나겠습니까?

히브리서 4장 12절에 보면 "하나님의 말씀은 살아 있고 활력이 있어 좌우에 날선 어떤 검보다도 예리하여 혼과 영과 및 관절과 골수를 찔러 쪼개기까지 하며"라고 하였습니다.

우리 모두는 살아 계신 하나님의 말씀의 능력을 경험할 수 있습니다. 바로 우리 입으로 말씀을 시인하는 것입니다. 그리하면 생활 속에 하나님의 능력과 축복과 구원을 경험하게 될 것입니다.

민수기 14장 28절에 "그들에게 이르기를 여호와의 말씀에 내 삶을 두고 맹세하노라 너희 말이 내 귀에 들린 대로 내가 너희에게 행하리니"라고 하셨습니다.

내가 말한 대로 그대로 되게 해주시겠다는 말씀입니다. 부정적인 말을 하면 우리 삶이 부정적이 되고, 긍정적인 말과 믿음의 말을 하면 그 말한 대로 그대로 된다는 말이니 한편 두렵기도 하고 한편 흥분되기도 하는 말씀입니다. 이 말씀을 마음에 새기고 하나님 앞에서 믿음으로 말하시기 바랍니다.

1. 예수님은 믿음의 고백을 들을 때 기뻐하셨습니다

예수님은 말씀의 권세를 인정한 백부장의 고백을 들으시고 주위 사람들을 돌아보시며 크게 칭찬하셨습니다. 예수님 자신이 곧 하나님의 말씀이시기 때문이었습니다.

예수님은 38년 된 병자에게 "네가 낫고자 하느냐?"라고 물으셨습니다. 바디매오에게는 "내가 너에게 무엇을 하여 주기를 원하느냐?"라고 물으셨습니다.

혈루증을 앓다가 치유된 여인을 보시고는 "누가 내 옷에 손을 대었느냐?"고 물으셨습니다.

마르다, 마리아 자매에게는 "나는 부활이요 생명이니 나를 믿는 자는 죽어도 살겠고 무릇 살아서 나를 믿는 자는 영원히 죽지 아니하리니 이것을 네가 믿느냐?"라고 하셨습니다.

요한복음 9장에 보면 실로암에서 눈을 씻어 눈을 뜬 사람을 다시 찾아가시어 "네가 인자를 믿느냐?"라고 물으셨고, "누구십니까?"라고 하자 "내가 곧 그다"라고 말씀하셨습니다. 그때 그 사람이 절하며 "내가 믿나이다"라고 고백하였습니다. 수로보니게 여인에게도 "네가 이 말을 하였으니 평안히 가라"고 하셨습니다.

이 모든 말씀을 볼 때 주님은 그 백성들로부터 믿음의 말을 듣기를 원하신다는 것을 알 수 있습니다.

2. 말씀을 시인하면 주님이 일하십니다

그분은 우리의 대제사장으로서 우리의 고백을 들으시고 그대로 이루어 주신다고 하셨습니다(히 3:1).

다윗은 적극적으로 믿음의 말을 하여 하나님을 가장 기쁘시게 한 사람입니다.

그러므로 하나님께서 "이새의 아들 다윗을 만나니 내 마음에 맞는 사람이라 내 뜻을 다 이루리라"(행 13:22) 하셨고, 사람 중에 존귀한 자가 되게 하신 것입니다.

1) 말씀을 시인할 때 마귀가 물러갑니다.

"근신하라 깨어라 너희 대적 마귀가 우는 사자같이 두루 다니며 삼킬 자를 찾나니 너희는 믿음을 굳건하게 하여 그를 대적하라"(벧전 5:8-9).

"그런즉 너희는 하나님께 복종할지어다 마귀를 대적하라 그리하면 너희를 피하리라"(약 4:7).

주 예수님은 "내가 너희에게 뱀과 전갈을 밟으며 원수의 모든 능력을 제어할 권능을 주었으니 너희를 해할 자 결코 없으리라"(눅 10:19)고 하셨습니다.
그런데 무엇으로 마귀를 이길 수 있나요? 주님은 마귀의 시험을 받으실 때 기록된 말씀을 시인하심으로 마귀를 물리치셨습니다(마 4:4 이하).
우리도 마찬가지입니다. 요한계시록 12장 11절 말씀에 어린 양의 피와 자기들이 증언하는 말씀으로 사탄을 이겼다고 했습니다. 예레미야 5장 14절에 시인하는 말씀이 불이 되게 하여 그들을 사르게 하시겠다고 하셨습니다.

2) 말씀을 시인할 때 신앙이 강화되고 은사가 임하게 됩니다.
어떤 성도들은 깊은 신앙의 세계로 들어가기 원하는 마음을 가지고 영성훈련도 하고 금식기도와 산기도도 하고 신학 공부도 합니다. 그것도 도움은 되지만 우리 신앙을 강화하는 지름길은 하나님의 말씀을 적극적으로 입으로 시인하는 것입니다.

말씀을 시인하면 흔들리지 않는 든든한 믿음을 가지게 됩니다.

여호수아와 갈렙이 하나님의 약속을 믿고 입으로 시인하자 그 말하는 대로 되었고, 더욱 큰 믿음의 용사가 되어 이스라엘의 지도자가 되었던 것을 볼 수 있습니다.

그러므로 마귀를 이기고 승리하기 위해 하나님 말씀을 시인하시고, 형통하기 원하여 하나님 말씀을 시인하시기 바랍니다.

3. 그 이름으로 약속하신 말씀을 시인하십시오

1) 죄 사함의 말씀을 입으로 시인하시기 바랍니다-여호와 찌드케누

"그런즉 누구든지 그리스도 안에 있으면 새로운 피조물이라"(고후 5:7).

예수 십자가의 보혈로 이미 우리는 새 사람이 되었습니다.
그러므로 적극적으로 여호와 찌드케누의 약속을 주장하시기 바랍니다.

"나 곧 나는 나를 위하여 네 허물을 도말하는 자니 네 죄를 기억하지 아니하리라"(사 43:25).

하나님이 그 자녀들의 죄를 기억하시면 하나님 자신이 괴로워하시기 때문에 하나님은 하나님 자신을 위해서라도 우리의 죄를 용서

하신다는 말씀입니다.

"내가 네 허물을 빽빽한 구름같이, 네 죄를 안개같이 없이 하였으니 너는 내게로 돌아오라 내가 너를 구속하였음이니라" (사 44:22).

이미 십자가로 용서해 놓고 돌아오기만 하라는 은혜로운 말씀입니다.
요한일서 1장 9절에는 우리가 죄를 자백하면 사하실 뿐만 아니라 모든 불의에서 우리를 깨끗하게 하시겠다고 하셨습니다. 그러므로 입으로 "예수님의 보혈로 나는 용서받아 의인이 되었다"고 시인하시기 바랍니다.

2) 인도에 대한 말씀을 입으로 시인하시기 바랍니다 - 여호와 로이

이스라엘 백성들을 불기둥 구름기둥으로 인도하시고, 광야 40년 동안 만나와 메추라기를 내려주셔서 먹게 하시고, 반석에서 생수를 내어 마시게 하시고, 대적으로부터 보호하신 그 하나님은 오늘도 변함없이 당신의 목자가 되셔서 당신을 이 험한 세상을 지나 저 영원한 나라까지 인도하실 것을 믿으시고 입으로 시인하시기 바랍니다.
예수님은 요한복음 10장 14절에서 나는 선한 목자라고 하시면서 양들을 잘 안다고 하셨습니다. 당신의 형편과 처지를 잘 아시고 좋은 길로 인도해 주실 것을 믿으시기 바랍니다.

3) 평안 주심을 시인하시기 바랍니다 - 여호와 샬롬

이 세상은 환난과 시련이 많고 사고와 질병과 어려움이 많은 세상입니다.

그래서 많은 분들이 불안해하고 두려워하며 근심과 걱정과 염려로 잠을 이루지 못하고 있습니다.

그런데 주님은 요한복음 14장 27절에 약속하시기를 "평안을 너희에게 끼치노니 곧 나의 평안을 너희에게 주노라 내가 너희에게 주는 것은 세상이 주는 것과 같지 아니하니라 너희는 마음에 근심하지도 말고 두려워하지도 말라"고 하셨습니다. 우리는 주님의 말씀을 믿고 평안을 시인하여야 합니다.

"천만 인이 나를 에워싸 진 친다 하여도 나는 두려워하지 아니 하리로다"(시 3:6).

입으로 주님의 평안을 시인하면 평안이 선물로 주어질 것입니다.

4) 좋은 것으로 채워 주심을 입으로 시인하시기 바랍니다 - 여호와 이레

"좋은 것으로 네 소원을 만족하게 하사 네 청춘을 독수리같이 새롭게 하시는도다"(시 103:5).

"나의 하나님이 그리스도 예수 안에서 영광 가운데 그 풍성한 대로 너의 모든 쓸 것을 채우시리라"(빌 4:19).

참새도 먹이시고 들의 꽃도 입히시는 하나님이신데 하물며 당신입니까? 염려하지 마시고 여호와 이레의 축복을 입으로 시인하시기 바랍니다. 그리하면 하나님이 당신을 위해 예비하신 것들을 소유하게 될 것이고, 보게 될 것입니다.

5) 치료에 대하여 입으로 시인하시기 바랍니다 - 여호와 라파

"우리의 연약한 것을 친히 담당하시고 병을 짊어지셨도다"(마 8:17).

"그가 채찍에 맞음으로 너희는 나음을 얻었나니"(벧전 2:24).

주님은 언제나 "네 믿음대로 될지어다"라고 하셨습니다. 그렇습니다. 당신의 믿음의 말대로 이루어 주십니다.

조엘 오스틴 목사님은 그의 책에서 그의 모친이 말기암이란 진단을 받고 병원 문을 나서면서 "할렐루야! 주님, 감사합니다" 하고 크게 외친 뒤 집에 돌아와 치료에 대한 성경구절 40구절을 뽑은 다음 그 말씀을 암송하여 날마다 입으로 시인하였는데 20년이 지난 지금까지 어머님이 건강하게 생존해 있다고 하였습니다. 인천 주안장로교회를 담임하시는 나겸일 목사님도 암 말기로 중환자실에서 임종을 맞이하게 되었음에도 불구하고 치료에 대한 하나님의 말씀을 입으로 시인하였더니 암이 밑으로 쏟아져 지금은 70이 된 나이이지만 20대의 젊음을 가지고 산다고 간증하였습니다.

작가 오혜령 씨는 1976년에 서른여섯 살의 나이로 세계언론인 작가협회 사무총장이 되었습니다. 1970년대에 희곡 작가로, 배우로, 방송인으로, 또 수필 작가로 이름을 떨쳤습니다. 그는 미션 스쿨을 다녔기 때문에 기독교에 대해서는 알고 있었지만 믿지는 않았습니다. 그러다가 갑자기 30대 꽃다운 나이에 위암과 임파선 암에 걸리게 되었습니다. 3개월 살 수 있다는 의사의 사형선고를 받은 불쌍한 인생이 되고 말았습니다. 매일 달력의 숫자에 빨간 색연필로 빗금을 쳐나가면서 죽을 날이 다가오는 것을 지켜보고 있었습니다. 물만 먹어도 토했고 혈변을 보는 고통이 계속되었습니다.

그동안 주님을 모른다고 하면서 마음대로 살았던 자기 죄에 대한 두려움이 엄습해 왔습니다. 어디서부터 회개해야 할지 몰라 눈물만 쏟았습니다. 며칠 동안 화선지에 붓글씨로 자기 죄를 써가며 아프게 회개했습니다. 밤을 새며 눈물로 회개하고 또 회개하며 천국에서 주님을 만날 준비를 했습니다.

'이제 죽는 시간이 다가왔구나.'

스스로 임종 준비를 하는데 놀라운 일이 일어났습니다. 너무 추워서 이불 깃을 잡아당기는데 겨드랑이에 잡히던 임파선 암 덩어리가 만져지지 않았습니다. 어깨를 만져 보았습니다. 복숭아씨만 하던 멍울도 사라져 버렸습니다. 배를 만져 보았습니다. 복수가 차올랐던 배가 완전히 꺼졌습니다. 그는 살아 계신 주님께서 자기를 만져 주신 것을 알았습니다.

입으로 치유를 시인하시면 주님의 치유가 당신에게 임할 것입니다.

6) 하나님의 함께하심에 대하여 입으로 시인하시기 바랍니다 - 여호와 삼마

마태복음 18장 20절, 28장 20절, 히브리서 13장 5절 말씀을 시인해 보십시오.

보혜사 성령님을 인정하십시오. 그리하면 그분이 나타내 보이실 것입니다.

7) 승리를 입으로 시인하시기 바랍니다 - 여호와 닛시

"우리 주 예수 그리스도로 말미암아 우리에게 승리를 주시는 하나님께 감사하노니 그러므로 내 사랑하는 형제들아 견실하며 흔들리지 말고 항상 주의 일에 더욱 힘쓰는 자들이 되라" (고전 15:57-58).

"항상 우리를 그리스도 안에서 이기게 하시고 우리로 말미암아 각처에서 그리스도를 아는 냄새를 나타내시는 하나님께 감사하노라"(고후 2:14).

"내가 주를 의뢰하고 적군을 향해 달리며 내 하나님을 의지하고 담을 뛰어넘나이다"(시 18:29).

성경을 암송하지 못한다 할지라도 하나님의 선하심과 도우심을 입으로 시인하고 하나님의 치료와 축복을 입으로 시인할 수는 있습니다. 누구라도 입으로 말을 할 줄 아는 사람이면 적극적이고 긍정적인 말을 할 수 있습니다. 그리하면 동일한 결과를 주실 줄 믿습

니다.

  당신이 하나님의 말씀을 입으로 풀어 놓으면 그 말씀이 당신을 든든히 세우고 당신을 이끌어 말씀대로 이루어 주실 것입니다.

1. 믿음의 말의 위력이 어떠한지 말해 보고 어떤 말을 사용하여야 할지 말해 보십시오.

2. 당신이 앞으로 믿음의 말을 언제 어떻게 사용할지 서로 나누어 보십시오.

3. 오늘 주신 말씀을 붙잡고 하나님의 말씀을 내 삶 속에 시인할 수 있게 해달라고 합심하여 간절히 기도하십시오.

6월

4. 말씀을 입으로 고백하라 (눅 17:5-6)

언어

KBS에서 방영하는 〈생로병사〉라는 프로에서 본 내용입니다.

췌장암은 우리나라 사람들이 걸리는 암 중에 9번째지만, 일단 췌장암이 생기면 95% 정도가 5년 안에 사망하고 나머지 5% 정도만 5년 이상 살 수 있다고 합니다. 그런데 췌장암이 생긴 지 10년 가까이 되었지만 아직 건강을 유지하는 분들 가운데 전산옥 씨라는 분이 방송에 출연하여 말씀하셨습니다.

2003년에 췌장암 3~4기라는 판정을 받고 그는 제일 먼저 자기가 죽으면 장례식장에 걸어 둘 영정사진을 찍었다고 합니다.

그런 후 그는 마음을 바꾸어 먹고 암과 투병할 때 매일 입으로 이렇게 시인하였다고 합니다. "야, 내가 죽으면 너도 죽어. 그러니 그 자리에 가만히 있어. 야, 나는 행복해. 정말 행복해. 나는 건강한 행복자야."

이분은 암이 간에 전이되어 췌장뿐 아니라 온통 주변에 암이 퍼져나가 살아날 확률이 전혀 없었는데도 놀랍게 치료가 되었습니다.

그분의 입의 말이 암을 이겼습니다.

또 김용도 씨는 올해 63세인데 11년 전 췌장암에 걸려 사형선고를 받았지만 그 입의 말로 "난 너와 싸워 이길 수 있어. 난 나을 수 있어"라는 말을 계속하면서 자연식을 먹고 운동을 계속한 뒤 지금까지 건강하다고 합니다.

본문에서 사도들이 "우리에게 믿음을 더하소서"라고 요청하자 주님은 "너희에게 겨자씨 한 알만 한 믿음이 있었더라면 이 뽕나무더러 뿌리가 뽑혀 바다에 심기어라 하였을 것이요 그것이 너희에게 순종하였으리라"라고 말씀하셨습니다.

이 말씀을 통하여 주님은 믿음은 씨앗이며, 믿음의 씨앗을 심는 방법은 그것을 입으로 말하는 것이라고 하시며, 믿음으로 말하면 그 대상물이 그 말에 순종한다고 말씀하셨습니다. 즉 믿음의 역사를 일으키는 데 있어 우리 입의 말이 중요하다는 것을 말씀하신 것입니다. 여기서 말씀하신 뽕나무는 우리 힘으로 도저히 옮길 수 없는 불가능한 현상이든지 그 대상이라고 볼 수 있습니다.

1. 말은 큰 능력입니다

하나님은 태초에 말씀으로 천지를 창조하셨습니다. 말씀하시면 그대로 되었습니다. 지금도 하나님의 말씀은 변함없이 능력이 있습니다.

"대저 하나님의 모든 말씀은 능하지 못하심이 없느니라"(눅 1:37).

"풀은 마르고 꽃은 시드나 우리 하나님의 말씀은 영원히 서리라"(사 40:8).

우리 인간은 하나님이 창조하셨습니다.

"하나님이 이르시되 우리의 형상을 따라 우리의 모양대로 우리가 사람을 만들고 그들로 바다의 물고기와 하늘의 새와 가축과 온 땅과 땅에 기는 모든 것을 다스리게 하자 하시고"(창 1:26).

우리 인간은 하나님을 닮은 위대한 피조물이고 하나님의 대리자로서 이 모든 창조물을 다스리는 왕이었습니다. 아담이 입으로 말하는 모든 것이 모든 피조물들의 이름이 될 정도로 인간의 말에도 능력이 주어졌습니다.

그런데 시험하는 자 마귀가 에덴에 들어와 아담과 하와를 유혹하여 그들이 타락하였습니다. 인간은 하나님의 형상을 잃어버리고 마귀의 종이 되어 저주 아래 갇혀 살아가게 되었습니다. 사탄은 이 세상의 신이 되어 인간을 지배하게 되었습니다(고후 4:4).

그러나 2천 년 전 말씀이신 하나님의 아들 예수 그리스도께서 이 땅에 오셔서 십자가로 마귀의 모든 권세를 철폐하시고 우리를 죄와 사망에서 해방시키시고 잃어버린 권세를 다시 돌려주셨습니다(요 1:12).

"그런즉 누구든지 그리스도 안에 있으면 새로운 피조물이라 이전 것은 지나갔으니 보라 새것이 되었도다"(고후 5:17).

이제 그를 믿는 모든 자들의 마음에 그분의 영을 부어 주셔서 그분의 말씀을 시인할 때 성령께서 일하시도록 은혜를 베풀어 주셨습니다. 이제 믿는 자들에게 큰 능력이 주어졌습니다. 하나님의 말씀이 우리 안에 있으면 우리가 원하는 대로 구하면 이루어진다(요 15:7)고 말씀하셨습니다.

2. 말을 어떻게 사용하느냐에 따라 당신 인생이 달라집니다

야고보서 3장 1-12절에는 말이 우리 인생을 결정짓는 능력이라고 하였습니다.

부정적인 말은 큰 화를 불러일으킨다고 하였습니다. 작은 불이 큰 숲을 태우는 것처럼 내 입의 부주의한 말 한마디가 큰 재앙을 가져올 수 있다고 하였습니다.

불은 잘 사용하면 문명의 이기가 되어 음식을 조리하는 데 큰 도움을 주고, 겨울에 우리 몸을 따뜻하게 해주고, 어둠을 밝히고 많은 에너지를 제공합니다. 하지만 잘못 사용하면 화마가 되어 우리 인명과 재산을 앗아가고, 원자불이나 폭탄의 불은 한꺼번에 수많은 생명을 거두어 갑니다.

전기도 불입니다. 전기도 원리를 알고 잘 사용하면 우리에게 편리한 문명생활을 하게 해주지만 원리에 반하여 고압선을 만지거나 유출시키면 큰 화를 당할 수 있습니다.

마찬가지로 우리 입의 말을 통해 복을 누리기도 하고 화를 당하기도 합니다.

야고보서 3장 3절에는 말의 입에 재갈을 물려서 그 힘이 센 말의 몸 전체를 통제할 수 있다고 했습니다. 또 야고보서 3장 4절에는 수십만 톤 무게의 큰 배가 후미에 달린 지극히 작은 키만으로 선장이 돌리고 싶은 대로 어느 방향으로든 운전이 된다고 하였습니다. 성경은 우리 입의 말이 이와 같은 능력이 있다고 분명히 말씀하고 있습니다.

또 야고보서 3장 6절에는 말이 삶의 수레바퀴를 불사른다고 말씀하였는데, 당신의 부정적인 말이 당신 가문의 흐름과 당신의 건강과 부요를 송두리째 파괴시킬 수 있다고 말씀하시는 것입니다. 또 야고보서 3장 8절에는 당신이 말하는 부정적인 말은 죽이는 독이 가득한 것이라고 하였습니다.

예를 들어, 당신은 건강한 몸의 유전자를 가지고 있어도 "나 감기에 걸렸는가봐. 난 몸이 아파. 내 몸에 이상이 있어. 아마도 암인가봐"라고 말하면 그 말이 독이 되어 당신의 유전자에 변화가 일어나고 당신의 몸 안에 하나님이 주신 자연치유력의 능력을 잃어버린다는 것입니다.

잠언 6장 2절에는 "네 입의 말로 네가 얽혔으며 네 입의 말로 인하여 잡히게 되었느니라"고 말씀하고 있습니다. 당신이 말을 고치지 않으면 당신의 그 말이 당신 인생과 가정과 건강과 재물을 얽어 맬 것입니다. 당신이 한 그 부정적인 말 한마디가 당신의 건강을 얽어매어 병들게 할 것이며, 당신의 재물을 얽어매어 가난하게 만들 것입니다.

오늘날 교인들 대부분이 건강과 재정과 행복을 말로 묶어 두고 있습니다. "불경기인데 무엇이 되겠어요. 너무 힘들어요. 되는 것이 아무것도 없어요. 점점 어려워져 가요. 이러다가 우리 회사가 망하겠어요."

주님은 마태복음 16장 19절에 말씀하시기를 "내가 천국 열쇠를 네게 주리니 네가 땅에서 무엇이든지 매면 하늘에서도 매일 것이요 네가 땅에서 무엇이든지 풀면 하늘에서도 풀리리라"고 하셨습니다.

우리가 평상시 땅에서 하는 말이 하늘의 능력과 복을 좌우한다는 것을 알 수 있습니다.

잠언 18장 20-21절은 "사람은 입에서 나오는 열매로 말미암아 배부르게 되나니 곧 그의 입술에서 나는 것으로 말미암아 만족하게 되느니라 죽고 사는 것이 혀의 힘에 달렸나니 혀를 쓰기 좋아하는 자는 혀의 열매를 먹으리라"고 하여 행복과 불행, 성공과 실패, 형통과 불통이 모두 우리 입의 말에 달렸다고 말씀하시는 것입니다.

그러므로 언어를 조심하십시오. 우리 한국 사람들은 죽겠다는 말을 너무 많이 합니다. "저놈의 자식들 때문에 신경질 나 죽겠네." "산다는 게 죽음이야" "그것 하자니 죽을 지경이야." "그게 나를 살살 죽여 준다니깐." 이런 말들은 사곡한 말입니다. 이런 말 하는 사람치고 잘된 사람이 있는지 찾아보십시오. 단 한 사람도 없을 것입니다. 그러므로 우리는 살리는 말을 사용해야 합니다.

3. 하나님의 말씀을 입으로 시인하십시오

고아의 아버지라 불리는 영국의 조지 뮬러는 고아원을 운영하면서 필요한 것이 있을 때마다 하나님의 말씀을 믿고 입으로 시인하고 기도하여 응답을 받았습니다.

"나의 하나님이 그리스도 예수 안에서 영광 가운데 그 풍성한 대로 너희 모든 쓸 것을 채우시리라"(빌 4:19).

이 말씀을 통해 뮬러는 "하나님은 은행장이시다"라고 했습니다.

이 말씀을 깨달은 날부터 뮬러는 어려울 때나 필요한 것이 있을 때마다 기도실에 들어가 이 말씀을 손으로 짚어가며 부르짖어 기도했습니다.

"하나님, 여기 약속하신 대로 아이들의 쓸 물건을 주십시오. 먹을 빵과 우유를 주십시오. 필요한 돈을 주십시오." 그는 입으로 늘 말씀을 시인했습니다. 그때마다 하나님은 응답하셨습니다.

응답이 늦을 때에는 빌립보서 4장 19절 말씀을 손가락으로 비비면서 기도했습니다. "하나님, 여기 약속하셨잖아요. 약속하신 대로 이행해 주세요"라고 기도했습니다. 얼마나 이 말씀을 손으로 짚었던지 그 자리에 구멍이 났다고 합니다.

그는 훗날 말하기를 "내가 46년 3개월 동안 이 말씀을 붙잡고 기도해서 받지 못한 것은 하나도 없었다"고 했습니다.

하나님의 말씀은 누구든지 그 말씀을 믿고 시인하거나 기도하면 반드시 이루어집니다. 하나님의 약속이기 때문입니다.

눈에 보이는 대로 감각을 따라 말하지 마십시오.

성경은 오직 믿음으로 말하라고 말씀합니다.

민수기에 기록된 10명의 정탐꾼은 자기들이 본 그대로, 느낀 감정대로 말한 것입니다. 그러나 하나님께서는 그들이 악하다고 말씀하셨습니다. 그러므로 감정대로 말하지 마시고, 지식이나 경험을 따라 말하지 마시고 하나님을 믿고 하나님의 말씀을 따라 말하십시오.

여호수아와 갈렙 두 사람이 바로 그런 사람이었습니다. 그들의 눈에도 분명히 가나안 원주민들은 거인들이었고 그 성은 견고한 성읍이었습니다. 그러나 여호수아와 갈렙은 하나님이 원주민들을 몰아내시고 그 성읍을 주시겠다고 하신 말씀을 믿고 그 말씀을 입으로 시인하여 상을 받고 복을 받았습니다.

당신의 몸의 증상은 여전히 열이 나고 떨린다고 할지라도 하나님의 말씀은 당신이 이미 고침을 받았다고 말씀하십니다(사 53:5).

베드로전서 2장 24절은 "친히 나무에 달려 그 몸으로 우리 죄를 담당하셨으니 이는 우리로 죄에 대하여 죽고 의에 대하여 살게 하려 하심이라 그가 채찍에 맞음으로 너희는 나음을 얻었나니"라고 하셨고, 마태복음 8장 17절에는 "이는 선지자 이사야를 통하여 하신 말씀에 우리의 연약한 것을 친히 담당하시고 병을 짊어지셨도다 함을 이루려 하심이더라"라고 하셨습니다.

그러므로 당신은 이렇게 말해야 합니다. "내 몸은 아픈 증상이 있을지 모르지만 예수의 이름으로 나는 나음을 입었다. 그러므로 나는 아프지 않다." 이렇게 말하면 누군가 '바보 같은 소리. 정신 나간 소리'라고 말할 수 있습니다. 그러나 하나님은 그의 말씀에서 '너희가 말하는 것을 그대로 얻을 수 있다'고 말씀하십니다.

우리의 감정보다, 몸의 상태보다 하나님의 말씀을 더 믿도록 해야 합니다. 주님은 마가복음 11장 23-24절에서 역시 이 원리를 우리에게 분명히 말씀하고 있습니다.

기도를 받을 때도 증상을 따라 말하지 마시고 기도하고 구한 것은 받은 줄로 믿으라고 하신 주님의 말씀을 더 신뢰하시고 그 말씀을 입으로 시인하십시오. 그리하면 그 말씀대로 이루어 주실 것입니다.

원수 마귀는 "낫기는 무엇이 나아? 봐, 증상이 더 심하잖아"라고 말합니다. 당신이 이 말을 받아들이면 당신의 몸의 권세를 사탄에게 넘겨주게 되어 병세가 악화되기 시작할 것입니다.

그럴 때 당신은 "아니야. 이것은 증상일 뿐이야. 나는 증상보다 하나님의 말씀을 더 신뢰해. 사탄아, 너의 질병을 나는 받아들이지 않겠다"라고 말하십시오. 당장 이루어지지 않는다고 할지라도 계속하여 시인하면 하나님이 믿음대로 되게 하실 것입니다.

물론 약도 하나님이 주신 것입니다. 그러므로 약을 먹을 때 "나는 예수님의 이름으로 이 약을 먹는다"고 말하십시오. 그러면 약의 효과가 배가될 것입니다.

우리 몸은 하나님의 성전이기에 우리가 하나님의 말씀을 시인하면 성령님이 그 말씀을 받아 그 말씀대로 이루어 나가시는 것입니다.

"나의 몸은 하나님의 성전이므로 나는 비대해지는 것을 원치 않는다. 예수의 이름으로 나는 과식하지 않는다."

몸은 당신의 말에 순종하게 되어 있습니다. 현대 의학자들도 언어 신경이 모든 신경을 통제한다는 것을 알아냈습니다. 그러므로 하나님의 말씀에 근거하여 말하십시오. 창조적인 말씀의 능력이 당신에게 역사할 것입니다. 주님은 "너희가 내 안에 거하고 내 말이 너희 안에 거하면 무엇이든지 원하는 대로 구하라 그리하면 이루리라"(요 15:7)고 하셨습니다.

사탄의 말은 당신에게 불신앙과 두려움을 줍니다. 그러나 하나님의 말씀은 당신의 마음에 믿음과 담대함을 가져다줍니다.

찰스 캡스라는 분은 98만 평을 경작하는 대농이었습니다. 그가 말하기를 그는 기도도 하고 헌금도 믿음으로 드렸습니다. 그런데 해마다 농사가 안 되었다고 합니다. 그는 기독교 신앙도서를 읽다가 그 입의 말이 그의 농사를 망쳤다는 것을 알게 되었습니다.

목화를 심어 놓고 "이거 비가 오면 심어도 농사를 망칠 수 있는데 비가 올까 걱정이네" 하니 과연 비가 내렸고 목화는 싹이 나지 않았습니다. "추위가 일찍 오면 싹이 나오기 전에 죽을 텐데 걱정이네." 하니 과연 추위가 일찍 와서 그가 말한 대로 되었습니다. 그의 고백이 기도를 망치고 있었습니다. 그가 헌금을 드려도 입으로 부정적인 말을 하므로 다 수포로 만들어 버렸습니다. 부정적인 말로 인하여 하나님이 복을 주실 수 없었습니다.

그러다가 케네스 해긴 목사님의 책을 읽고 그는 깨닫게 되었습니다. 기도하고 있었지만 그는 불안함과 불평을 이야기하고 있었던 것입니다. 헌금을 심어 놓고도 그는 부정적인 말로 축복을 갈아엎어 버렸던 것입니다.

그는 기도할 때 문제를 말하지 말고 말씀을 믿고 이루어진 것을 말해야 한다는 것을 알았습니다. 하나님은 우리가 형통하기를 원하시지만 우리가 고백을 바꾸어 하나님의 말씀에 근거한 믿음의 고백을 하지 않으면 축복이 없다는 것을 깨달았습니다.

그분은 2주일간 TV 시청도 하지 않고, 나가지도 않고 오직 하나님의 말씀을 읽었습니다. 그리고 그의 영을 훈련시켰습니다. 하나님의 말씀을 입으로 시인하는 것이었습니다.

"나의 하나님이 그리스도 예수 안에서 영광 가운데 그 풍성한 대로 너희 모든 쓸 것을 채우시리라"라고 고백하였고, 물질이 부족할 때도 "여호와는 나의 목자시니 내게 부족함이 없으리로다"라고 시인하였습니다.

그의 느낌은 황당하다는 생각을 지울 수 없었지만 성경이 사실이며 진리임을 믿고 계속하여 입으로 시인하였더니 놀라운 일들이 생기기 시작하였습니다. 과연 그때부터 부족함이 없는 삶이 시작되었습니다.

그는 믿음으로 하나님이 자신에게 땅을 주신다고 시인하기 시작하였습니다. 돈은 없었지만 그는 하나님의 말씀을 시인하면서 입으로 고백하기 시작하였습니다. 결국 기적같이 큰 땅을 구입하였는데, 그 땅 중에 학교를 지으려는 교육구청에 49,000평을 팔아 땅값을 지불하고도 수천 불을 남기는 기적을 체험하였습니다.

"사람은 입의 열매로 말미암아 복록에 족하며"(잠 12:14).

"사람은 입의 열매로 인하여 복록을 누리거니와"(잠 13:2).

하나님의 말씀은 그 입에서 나간 후에 반드시 이루고야 돌아온다고 하셨습니다. 예수님은 '내 말이 네가 믿으면 하나님의 영광을 보리라 하지 아니하였느냐'고 하셨습니다.

말은 큰 능력입니다. 당신이 말을 어떻게 사용하느냐에 따라 당신 인생이 바뀔 것입니다. 당신이 크게 잘되기를 원하신다면 하나님의 말씀을 입으로 시인하시고 고백하시기를 바랍니다. 그리하면 사랑의 주님께서 그 말씀을 따라 이루어 주실 것입니다.

 나눔

1. 당신이 눈에 보이는 현상이나 느낌을 따라 말했던 과거의 부정적인 말들을 솔직하게 고백하여 보십시오.

2. 당신이 한 부정적인 말들이 인생을 힘들게 했다는 것을 시인하신다면 앞으로 어떤 말을 해야 복된 삶이 열릴 것인지 말해 보십시오.

2. 당신이 결심한 대로 이제부터 하나님의 말씀을 믿고 입으로 시인하며 살기 위해 합심하여 간절히 기도하십시오.

5. 믿음의 말을 선포하라 (수 10:6-14)

언어

　사람의 말과 생각은 신체적 건강과도 직결되어 있습니다. '나는 건강한 사람이다' 라는 자화상을 갖고 입술로 선포하는 것은 매우 중요합니다.

　미국의 농구선수 중에 매직 존슨이라는 사람이 있습니다. 그는 선수 생활 중 에이즈에 걸렸습니다. 에이즈에 걸리면 대부분 몇 년 내에 죽습니다. 그런데 매직 존슨은 에이즈에 걸렸는데도 현역으로 오랜 기간 뛰다가 은퇴했습니다. 죽음의 그림자가 그를 덮지 못하였습니다. 바로 그의 적극적인 생각과 입의 말 때문이었습니다. "나는 죽지 않고 계속 농구를 할 것이다." 그의 생각대로, 그의 말대로 되었습니다.

　학자들에 의하면, 우리 몸 안에서 약 100가지의 호르몬이 만들어집니다. 그런데 우리가 말을 하는 대로 그 말의 내용이 언어중추신경을 통해 우리 몸에서 호르몬을 생성시킵니다. 감사하면 감사의 호르몬이 만들어지고, 분노하면 분노의 호르몬이 만들어집니다. 음식을 먹을 때도 이 음식이 맛있다고 말하면서 먹으면 음식을 맛있게 받아들일 호르몬이 만들어져서 몸 안의 혈관으로 전달됩니다. 좋은 말을 하면 좋은 호르몬이 생성되고, 남을 미워하면 미워하는 호르몬이 만들어집니다. 그러므로 나는 건강한 사람이라는 말을 자주 하는 것이 좋습니다.

1. 말은 크나큰 능력입니다

말이 얼마나 중요하고 위대한지 하나님에 대한 표현도 "태초에 말씀이 계시니라"(요 1:1)고 하여 하나님을 말씀이라고 기록하였습니다.

하나님도 말씀으로 존재하셨고, "빛이 있으라"(창 1:3) 하시면서 말씀으로 우주를 창조하시고, 말씀으로 섭리하시고 역사하셨습니다.

그래서 하나님은 구약성경에서 말에 대해 1,750회 기록하셨고, 신약성경에는 582회나 기록되었습니다.

인간의 역사는 어떤 의미에서 말씀의 역사였다고 할 수 있습니다. 말은 하나님으로부터 시작된 것입니다.

말에는 창조의 능력이 있습니다(창 1:3).

말에는 사람을 변화시키는 능력이 있습니다(막 7:29).

말에는 환경을 바꾸는 능력이 있습니다(막 11:23).

말에는 치유의 능력이 있습니다(막 1:41).

말에는 생명을 주는 능력이 있습니다(잠 18:21).

말로써 사랑의 마음을 전하고, 말로써 용기와 기쁨을 주기도 합니다. 반면에 말에는 독이 있어 사람을 넘어지게 하고, 문제 가운데 빠지게 하고(잠 6:2), 상처받게 하고, 좌절하기도 하고, 낙심하게도 하며, 죽이기도 합니다.

누에는 자기 입에서 나오는 실로 자기 집인 고치를 지어 그곳에서 삽니다. 당신이 행복의 말을 하면 행복한 집을 지을 것이고, 성공적인 말을 하면 성공적인 집을 지을 것입니다. 그러나 불행의 말을 하면 그것이 부메랑이 되어서 결국은 당신 인생을 저주와 불행으로 이끌어 갈 것입니다. 말은 이와 같이 엄청난 능력이 있습니다.

어느 고등학교에서는 교장 선생님이 반에서 수업에 들어가기 전 인사할 때마다 "저는 효자입니다"라고 소리 내어 말하도록 지도했습니다. 그러자 실제로 학생들의 버릇없는 행동이 많이 줄어들었다고 합니다. 잘못된 행동을 하려다가도 "나는 효자입니다"라고 한 말에 대한 책임감과 부모님의 얼굴이 떠올라 자신의 행동을 통제할 수 있었다고 합니다.

한때 세계 프로 복싱계를 주름잡았던 무하마드 알리는 조 프레이저와의 경기에서 미화로 1천만 달러를 벌었습니다. 그는 한 시대를 풍미하던 권투왕이었습니다.

그런데 그는 주먹으로도 유명했지만, 말로도 유명했습니다. 알리는 링 위에 올라가자마자 상대방의 눈을 뚫어지게 바라보면서 링 위를 마구 돌아다니며 혼잣말로 이렇게 이야기한다고 합니다. "이번 경기에서는 나비처럼 날아서 벌처럼 쏘겠다. 이번 경기에서는 소련 전투기처럼 공격하고 독일 전차처럼 빠져나오겠다. 이번 경기에서는 일본군이 하와이를 기습 공격한 것처럼 기습작전을 쓰겠다……"

그는 은퇴하면서 승리의 비결을 털어놓았습니다. "나의 승리의 반은 주먹으로, 나머지 반은 말로 승리하였습니다." 그는 말로 자기 생각에 승리를 계속 각인시켰고, 상대방의 생각에 각인시켰습니다. 그러다 보니 알리의 생각 속에는 기필코 승리한다는 생각이 가득 찬 반면, 상대방은 알리의 허풍 때문에 패배한다는 생각이 들었던 것입니다. 이미 경기를 하기도 전에 승부는 결정된 것이나 다름이 없었던 것입니다.

이것을 볼 때 불신자의 말도 그들의 생각 속에 깊이 박히고, 그들의 삶을 좌우한다는 것을 알 수 있습니다.

2. 하나님은 불신앙과 불평의 말을 미워하십니다

이스라엘 백성이 여리고 성을 정복할 때 하나님의 말씀대로 하루에 한 바퀴씩 돌고 길갈에 있는 진영으로 돌아와서 쉬었습니다. 둘째 날 또 한 바퀴, 셋째 날 또 한 바퀴…… 당연히 불평하는 사람들이 생깁니다. "더운데 이것이 뭐 장난도 아니고 칼을 들고 싸우든지 불화살을 쏘든지 해야지 이것이 도대체 뭐하는 짓인지 모르겠다"고 불평하고 싶었을 것입니다. 그런데 하나님께서 뭐라고 하셨습니까?

"너희는 외치지 말며, 너희 음성을 들리게 하지 말며, 너희 입에서 아무 말도 내지 말라"(수 6:10).

만약 우리가 그 자리에 있었으면 무엇이라고 말했겠습니까? "이것 뭐하는 짓이야! 돈다고 성이 무너지나? 정말 돌겠네!' 이렇게 불평하는 사람이 없었을까요? 그러기에 하나님은 침묵을 명령하셨습니다. 이것이 중요합니다. 하나님은 의심의 말, 불신의 말을 가장 싫어하십니다. 그런 말을 하면 하나님의 역사는 일어나지 않습니다.

드디어 이레 되는 날 일곱 바퀴를 돌고 난 뒤 일곱 제사장들이 양의 뿔로 만든 나팔을 손에 들고 불자 이스라엘은 일제히 함성을 지르며 믿음을 선포하였습니다. 그러자 그 철벽의 성, 여리고 성이 무너져내리는 것이 아닙니까! 그들이 믿음으로 외칠 때 하나님의 능력이 나타났습니다.

당신 앞에 여리고 성과 같은 문제가 버티고 있습니까? 그렇다면 부정적인 말이나 불신앙의 말을 하지 마시고 침묵하면서 기도하십시오. 그리고 믿음이 오면 그 믿음으로 선포하십시오. 당신이 선포할 때 당신의 문제의 여리고 성도 무너져내릴 줄 믿습니다.

현대의학이 발달되어 머잖아 암 정복의 시대가 온다고 합니다. 그런데 감기를 가져오는 바이러스만큼은 현대의학의 과제로 남아 있습니다. 왜냐하면 감기를 일으키는 바이러스만 해도 200여 종이 넘기 때문입니다. 최근에 계속적으로 신종 바이러스가 생겨나고 있습니다. 대한민국 농가를 두렵게 만드는 구제역도 바이러스이고, 몇 년 전에 전세계에 비상을 걸게 한 신종플루 역시 바이러스입니다. 그 무서운 에이즈도 바이러스이고, 수년 전 세계를 공포에 떨게 한 사스도 바이러스입니다. 아직도 유럽을 긴장하게 만들고 있는 조류독감도 바이러스입니다.

그런데 세상에서 제일 무서운 바이러스가 무엇인지 아십니까? 바로 '불신과 불평 바이러스' 입니다. 왜냐하면 이 바이러스는 사람이 옮기는 것이 아니라 마귀가 옮기기 때문입니다.

이 불신과 불평 바이러스가 들어오기 시작하면 개인뿐 아니라 가정과 단체와 기업과 나라가 망하게 됩니다. 주님의 몸 된 교회에도 불신과 불평 바이러스가 들어오기 시작하면 교회가 건강을 유지하지 못하고 어려움을 겪게 됩니다.

그래서 하나님은 10명의 정탐꾼을 그 자리에서 죽이신 것입니다. 우리는 어떤 일이 있더라도 하나님이 미워하시는 불신앙과 불평의 말을 하지 말아야겠습니다.

3. 믿음의 말을 선포하십시오

여호수아가 이끄는 이스라엘 군대가 가나안 정복 전쟁을 할 때 기브온 족속이 전쟁을 포기하고 이스라엘에게 항복을 해왔습니다. 그러자 예루살렘 왕 아도니세덱이 배신한 기브온 족속을 징벌하기 위해 헤브론 왕, 야르뭇 왕, 라기스 왕, 에글론 왕에게 사신을 보내어 5개의 연합군이 모든 군대를 이끌고 기브온과 마주하였습니다(3-5절). 이에 기브온 족속들이 급히 사신을 여호수아에게 보내어 도움을 요청하였습니다(6절). 여호수아가 길갈에서 군사들을 거느리고 기브온을 구하기 위해 진격할 때(7절) 하나님께서는 그들을 여호수아의 손에 넘겼으니 그들 중에서 한 사람도 여호수아를 당할 자가 없으리라고 말씀하셨습니다(8절).

여호수아가 이끄는 이스라엘군이 가나안 연합군을 격파할 때 여호수아가 하나님의 향한 믿음을 가지고 담대히 선포합니다.

"태양아 너는 기브온 위에 머무르라 달아 너도 아얄론 골짜기에서 그리할지어다"(수 10:12).

그러자 태양이 중천에 머물고 달이 멈추기를 백성이 그 대적에게 원수를 갚기까지 하였다고 하였고, 야살의 책에 태양이 중천에 머물러서 거의 종일토록 속히 내려가지 아니하였다고 기록되었다고 하였습니다.

옛 사람들의 표현대로 그렇게 기록하였지만 사실은 하나님이 시간을 붙잡아 두셨거나 아니면 지구의 자전이 멈추었다는 것입니다. 실로 엄청난 일이 일어난 것입니다.

과학자이면서 신학자인 삐에르 떼이아르(Pierre Teilhard)라는 사람은 하나님은 모든 만물에게 그 만물이 알아들을 수 있는 언어로 말씀하신다고 말했습니다. 말이 통한다는 것은 인격적인 분에 의해 창조되었음을 증명하는 것입니다. 하나님께서 창조하신 모든 피조물은 하나님의 말씀을 알아듣고 복종합니다.

창조주이신 예수님이 세상에 계실 때도 자연과 대화하셨습니다. 바람에게도 명령하셨고, 바다에게도 명령하셨습니다. 그러자 바람과 바다도 예수님의 말을 알아듣고 순종하였습니다. 이것을 볼 때 모든 만물에게는 사람의 언어를 알아들을 수 있는 통로가 있다는 것을 알 수 있습니다. 일본의 에모토 마사루 박사는 실험을 통해 물이 사람의 언어를 알아듣고 반응한다는 사실을 발견하였습니다.

믿음의 말은 모든 만물과 하나님의 능력의 손을 움직이게 하여 사람이 할 수 없는 일들을 하게 합니다.

여호수아는 하나님으로부터 약속을 받았습니다. 그들을 네 손에 넘겨주었다는 말씀입니다. 그 말씀을 믿고 그 말씀에 의지하여 그는 이렇게 담대하게 믿음으로 선포할 수 있었던 것입니다.

우리도 성경을 통해 우리에게 주어진 하나님의 말씀을 내게 주신 말씀으로 굳게 믿고 믿음으로 선포하면 하나님께서 믿음대로 되게 하실 줄 믿습니다.

믿음의 사람은 하나님의 약속의 말씀을 품고 믿음 안에서 말해야 합니다. 우리는 모든 삶 가운데 결정해야 합니다. 보는 대로 말할 것인지, 느끼는 대로 말할 것인지, 들리는 대로 말할 것인지, 아니면 하나님 주신 약속의 말씀 안에서 하나님 앞에서 말할 것인지 우리는 결정해야 합니다. 믿음으로 말한 것은 하나님이 이루어 주실 것입니다.

지금은 천연두라는 무서운 병이 없어졌지만 옛날에는 있었습니다. 이 병을 앓으면 거의 죽게 되든지 아니면 살아도 얼굴에 흉한 흉터를 남기게 됩니다.

한 어린 여아가 어릴 때 천연두를 앓아 곰보가 되었습니다. 엄마가 얼마나 속상할까요? 원망할 수도 있고 좌절할 수도 있습니다. 그러나 아이를 키우면서 그 엄마는 말했습니다.

"그것은 하나님이 너를 살려 주셨다는 축복의 자국이란다."

여러 아이가 그 병을 앓고 있었는데 전도사님이 와서 기도해 주셔서 너만 살아났고, 다른 아이들은 죽었다고 말해 주었습니다.

엄마의 그 말 한마디가 이 딸에게 어릴 때부터 긍정적인 믿음을 갖게 하였습니다. '난 죽을 병 가운데서도 하나님이 살려 주셨다' 이런 믿음을 가지고 이 소녀는 모든 면에서 적극적이었고, 자신감을 가지고 살게 되었습니다.

가난한 집에 살면서도 열네 살 때부터 미군 부대에서 나오는 초콜릿과 껌을 팔아 가정을 책임지는 억순이였고, 공부도 억척같이 하여 명문대학에 합격했을 뿐 아니라 미국 유학을 떠나게 되었습니다. 그것도 학비와 생활비 전액을 장학금으로 받으며 석사 학위를 받았고, 그런 얼굴로도 그 특유의 자신감으로 청혼을 하여 아주 잘생긴 유망한 청년과 결혼에 성공하게 되었습니다. 그녀가 퀸즈한인교회의 한진관 원로목사의 부인인 김태열 사모입니다. 평생 열등감에 사로잡혀 비참하게 살아갈 수밖에 없는 곰보 아이에게 엄마의 그 한마디 말은 인생을 결정하는 계기가 된 것입니다.

　말은 듣는 사람에게 용기를 주기도 하고 좌절을 주기도 합니다. 또한 말은 말하는 사람의 인격을 형성하고 습관을 만들며, 인생관을 세워 주기도 합니다. 말로써 행복을 누리기도 하고, 말로써 선악과를 먹고 벌 받을 수도 있습니다.

　그러므로 어떤 상황 속에서도 사람을 바라보지 말고, 조건을 바라보지 말고 하나님을 바라보아야 합니다. 믿음의 말을 하여야 합니다.

　영국의 유명한 설교가 스펄전 목사님이 어느 날 부흥회를 인도하기 위해 기차를 탔습니다. 그런데 기차표와 함께 지갑을 분실했습니다. 이 모습을 맞은편 좌석에서 본 신사가 안타까운 마음으로 위로해 주었습니다. 그러자 스펄전 목사님은 "저는 부흥회를 인도하러 가는 목사인데 하나님께서 지켜주실 터이니 걱정 없습니다"라고 담대히 말했습니다.

　조금 후 차표를 검사하던 차장이 옆자리에 왔을 때 바로 그 신사가 몇 마디 하자 차장이 정중히 인사하더니 그냥 지나갔습니다. 스펄전 목사님은 신비롭고 절묘한 체험을 한 것입니다. 그때 바로 옆의 신사가 이렇게 말했습니다. "목사님, 저는 철도 국장인데요, 아까 목사님께서 차표와 지갑을 잃어버리시고도 하나님께서 지켜 주실 것이니 걱정하지 않는다고 하신 믿음의 선포에 감명을 받았습니다. 제가 차장을 돌려보냈으니 목적지까지 편안히 가십시오."

　이처럼 믿음의 선포는 하나님의 인도하심과 기적을 낳습니다. 그러므로 당신의 문제가 이미 해결되었다고 선포하는 자세가 필요합니다.

　"내가 진실로 너희에게 이르노니 누구든지 이 산더러 들리어 바다에 던져지라 하며 그 말하는 것이 이루어질 줄 믿고 마음에 의심치 아니하면 그대로 되리라"(마 11:23).

사도행전 3장에 보면 베드로가 미문의 하반신 불구자를 향해 믿음으로 선포한 말대로 하반신 불구자가 일어났습니다(행 3:1-9).

바울이 루스드라에서 하반신 불구자를 향해 믿음으로 선포한 말대로 즉시 하반신 불구자가 일어났습니다(행 14:8-10).

우리 인생 가운데 내 힘으로 어찌할 수 없는 불가능한 일을 만나 주저앉아 있을 수밖에 없는 그런 상황일지라도 전능하신 주님을 믿고 믿음의 말을 선포해 보십시오. 당신이 일어나 걷기도 하고, 뛰기도 하고, 하나님을 찬미하는 일이 일어날 것입니다.

1. 당신이나 당신 주변에서 부정적인 말을 함으로 인생이 힘들고 어렵게 된 예가 있다면 발표해 보시고, 부정적인 말이 끼치는 해악에 대해 서로 나누어 보십시오.

2. 하나님은 불신앙과 불평의 말을 미워하시고 믿음의 말을 선포하는 것을 기뻐하십니다. 오늘 당신이 이 사실을 깨달았다면 이제 어떤 말을 하며 살 것인지 나누어 보십시오.

3. 오늘 나눈 말씀을 붙잡고 이제부터 불신앙과 불평의 말을 버리고 믿음의 말을 하게 해달라고 성령의 도움을 구하며 합심하여 간절히 기도하는 시간을 가지겠습니다.

1. 승리는 나의 것입니다 (시 20:1-9)

기도

시편 20편은 5절까지는 전쟁터로 나가는 왕과 그의 군사들을 위해 제사장과 백성들이 하나님께 기원하는 내용입니다. 6절에는 왕이 그 기원을 듣고 응답하는 내용입니다.

우리가 살아가는 이 세상도 전쟁 마당입니다. 인생길에 수많은 어려움이 도사리고 있습니다. 특히 우리의 신앙생활은 영적인 전쟁입니다. 죄와 마귀와 육신의 옛 습관이 우리를 유혹하고 있습니다. 또 예측할 수 없는 환난이 너무나 많은 세상입니다. 앞으로 우리 앞에 무슨 일이 벌어질지 아무도 모릅니다.

그렇다면 내일의 고난에 대한 해결책이 있나요? 당신의 대비책은 무엇입니까? 보험, 예금통장, 직장동료 그런 것들이 약간의 도움은 될 것입니다. 하지만 완벽한 해결을 줄 수는 없습니다.

예수님은 요한계시록 2장과 3장에서 교회들에게 말씀하시길 "이기라"고 하셨습니다. 이러한 환난과 영적 전쟁에서 누가 승리할 수 있는지 본문을 통해 살펴보겠습니다.

1. 하나님의 이름을 알고 의지하는 자들은 승리합니다

이스라엘이 싸우는 전쟁은 하나님이 허락하신 영전이므로 이 전쟁에서 반드시 승리할 것을 믿었습니다. 그들은 하나님께서 그 이름을 걸고 약속하신 약속을 굳게 믿었습니다.

"환난 날에 여호와께서 네게 응답하시고 야곱의 하나님의 이름이 너를 높이 드시며"(1절).

야곱의 하나님이라고 한 것은 이스라엘의 하나님을 말하고, 약한 자의 하나님을 말하기도 합니다. 야곱은 환난 때마다 하나님을 찾았고 하나님은 그때마다 야곱을 도와주셨습니다. 세상에서 힘이 없고 가진 것이 없어 억울하게 억압받는 사람들이나 어려움을 당하여 막막한 현실 앞에 어찌할 바를 알지 못하는 자들이 하나님을 찾으면 하나님께서 그들의 문제를 해결해 주시고, 그들을 높여 주신다는 말씀입니다.

5절에 "우리가 너의 승리로 말미암아 개가를 부르며 우리 하나님의 이름으로 우리의 깃발을 세우리니"라고 하였고, 7절에 "어떤 사람은 병거, 어떤 사람은 말을 의지하나 우리는 여호와 우리 하나님의 이름을 자랑하리로다"라고 하였습니다.

세상 사람들은 부와 권력, 명예, 사람 숫자, 병력 등을 자랑합니다. 독일의 켄트 카우젠이라는 부자는 자그마치 현금만 4억 4천만 달러, 즉 우리 돈으로 4,400억이요, 독일 내에 그의 아파트가 1만 5천 동, 미국과 유럽에 53개의 빌딩을 가진 세계 최고의 부동산 재벌이었지만 그의 나이 57세 때 '나는 불행하였노라'는 요지의 유서를 남기고 자살하고 말았습니다.

무엇 하나 부러울 것이 없을 것 같은 그가 그렇게 자살할 줄 누가 알았겠습니까. 이 사건은 물질이 우리에게 만족을 가져다주지 못한다는 것을 다시 한 번 보여주었습니다.

다윗은 "우리는 우리 하나님의 이름을 자랑한다"고 하였습니다. 하나님의 이름을 안다는 것은 곧 하나님을 아는 것을 의미합니다.

하나님의 이름을 의지한다는 것은 곧 하나님 그분 자신을 의지하는 믿음을 가졌다는 말입니다. 그 이름은 그분 자신이기 때문이고, 그 이름에는 그분의 약속이 들어 있기 때문이며, 그 이름이 곧 승리이기 때문입니다.

"하나님이 이르시되 그가 나를 사랑한즉 내가 그를 건지리라 그가 내 이름을 안즉 내가 그를 높이리라"(시 91:14).

하나님을 알지 못하는 사람은 참으로 불행한 사람입니다.

우리 장모님은 어머니 얼굴을 모르십니다. 장모님을 낳으신 뒤 얼마 지나지 않아 돌아가셨기 때문입니다. 그후 아버님마저 돌아가셔서 고아처럼 자랐습니다. 지금도 우리 장모님이 소원하시는 것은 날 낳아 주신 어머니 얼굴을 한 번이라도 보는 것이라고 하시며 눈물 지으시는 것을 보았습니다.

어머니가 생명의 고향이기 때문에 세월이 지나고 노년에 이르러도 어머니를 향한 그리움은 누구나 가지고 있는 것입니다. 하물며 우리를 지으신 하나님을 알지 못할 때 그 영혼의 고독과 절망감은 어떠하겠습니까? 이 험한 세상에서 승리하려면 다윗처럼 하나님의 이름을 의지하십시오.

"여호와의 이름은 견고한 망대라 의인은 그리로 달려가서 안전함을 얻느니라"(잠 18:10).

여기서 의인은 믿음을 가진 사람을 말하는 것입니다.
이 세상에서 우리를 돕고 보호하시는 분이 계십니다.
누구든지 주의 이름을 의지하고 믿음으로 나아가면 하나님이 도와주시고 승리를 주신다는 말씀입니다.

"여호와여 내가 알거니와 사람의 길이 자신에게 있지 아니하니 걸음을 지도함이 걷는 자에게 있지 아니하니이다"(렘 10:23).

우리가 좀 잘살게 되었다고 내 힘으로 된 것으로 교만한 생각을 가지면 안 됩니다. 우리는 하나님의 도우심을 받아야만 잘살 수 있습니다. 하나님을 바로 알 때 놀라운 힘이 생기고, 초인적인 능력이 옵니다. 그분으로부터 지혜가 오고, 담대함이 생기고, 마음에 평안이 주어집니다. 세상이 줄 수 없는 모든 좋은 것들이 다 그분으로부터 옵니다.

"온갖 좋은 은사와 온전한 선물이 다 위로부터 빛들의 아버지께로부터 내려오나니 그는 변함도 없으시고 회전하는 그림자도 없으시니라"(약 1:17).

다윗은 골리앗과의 싸움에서 "너는 칼과 단창으로 내게 나아오거니와 나는 만군의 여호와의 이름 곧 네가 모욕하는 이스라엘 군대의 하나님의 이름으로 네게 나아가노라"(삼상 17:45)고 하였고, 시편 118편 10-12절에서는 "내가 여호와의 이름으로 그들을 끊으리로다"라고 세 번이나 반복하여 하나님의 이름으로 승리하였다고 하였습니다.

신약에 와서는 여호와의 모든 이름의 언약이 예수 이름 안에서 다 이루었다고 하였습니다(요 17:11). 주님은 주님의 이름으로 기도하면 응답하시겠다고 약속하셨고(요 14:13-14, 16:24), 그 이름을 믿고 사용하면 능력이 나타난다고 하셨습니다(막 16:17-18).

실제로 베드로는 그 이름으로 나면서 앉은뱅이 된 사람을 일으켰습니다(행 3:1-8).

바울은 빌립보에서 전도하던 중 점치는 여종에게 붙은 귀신을 예수 이름으로 쫓아내었습니다(행 16:18).

골로새서 3장 17절에 "무엇을 하든지 말에나 일에나 다 주 예수의 이름으로 하고 그를 힘입어 하나님 아버지께 감사하라"고 하였습니다. 그러므로 주 예수의 이름의 권세를 믿으시고 모든 일에 그 이름을 사용하여 그 이름으로 승리하시기를 축복합니다.

2. 하나님께 기도하는 자들은 승리합니다

5절에 "여호와께서 네 모든 기도를 이루어 주시기를 원하노라"고 하였고, 9절에 "여호와여 왕을 구원하소서 우리가 부를 때에 우리에게 응답하소서"라고 하였습니다.

하나님께서는 우리가 비록 무능하고 연약할지라도 주님 앞에 나와 기도할 때 우리를 도와 승리하게 하시는 것입니다.

2008년 6월 26일 〈국민일보〉 25면과 28면에 사진과 함께 미국 패코 철강회사 회장인 백영중 씨의 기사가 실렸습니다.

그는 1956년 50달러를 들고 단신으로 미국으로 건너가 식당에서 접시닦기 등 온갖 허드렛일을 하면서 오리건 대 물리학과와 인디애나 공대 토목과를 졸업하고 기술 공무원으로 시작하여 미국 경량철골업계 제1위의 기업 총수가 되었습니다. 그의 큰아들은 그 회사 사장, 둘째 아들은 부사장으로 경영 일선에서 아버지를 도와 일하고 있는데, 성공 비결을 묻는 기자의 질문에 "가장 먼저 하나님의 도우심을 말하고 싶다. 하나님이 기도 가운데 용기를 주시고 무엇이든지 할 수 있다는 믿음을 주셨다. 가족 전체가 교회에 나가 기도하는 것이 나에게는 큰 힘이 되었다"라고 말하였습니다.

다른 종교에도 기도가 있습니다만 그런 곳에는 기도 응답이 있을 수 없습니다. 열왕기상 18장에 보면 갈멜 산에서 엘리야와 바알 선지자들이 대결하는 내용이 기록되어 있습니다. 기도에 응답하시는 신이 참 신이라는 것이었습니다. 우상은 응답이 없었습니다. 기도는 응답을 전제로 하는데 응답이 없다면 헛될 뿐입니다. 결국 바알과 아세라 선지자 850명이 죽임을 당하였습니다.

소월의 시 중 "초혼"(招魂)이란 시가 있는데 이렇습니다.

"산산이 부서진 이름이여!
허공 중에 헤어진 이름이여!
불러도 주인 없는 이름이여!

부르다가 내가 죽을 이름이여!"

우상을 의지하는 자는 이와 같을 것입니다.
헛된 것들을 찾아가지 마십시오. 하나님을 찾으십시오.
예수님은 "너희와 너희 자녀를 위하여 울라"고 하셨는데, 기도하며 울라는 말씀입니다. 눈물은 사람의 마음을 감동시키고 움직입니다. 아무리 강심장이라도 눈물에는 녹아지는 경우가 허다합니다. 우리 하나님도 눈물에는 약하십니다.
눈물이라고 다 같은 눈물이 아닙니다. 원망의 눈물, 억울하여 우는 눈물, 서러움의 눈물, 비탄과 괴로움의 눈물, 드라마를 보면서 우는 눈물도 있습니다. 그런데 어떤 경우라도 성경에 눈물을 흘린 사람들은 대부분 응답을 받았습니다.
당신도 주님 앞에 나아와 눈물을 흘려 보십시오 놀라운 일이 일어납니다.
노 모 목사님이 쓴 책에 보면, 부동산 중개업을 하는 집사님이 계신데 전에는 신앙생활을 잘하신 분이 사업을 하면서 돈벌이 재미에 빠져 점점 주님과 예배를 멀리하더니 어느 날 사고가 터졌습니다. 그분 아들이 군에 입대하여 수경사에서 군생활하던 중 뇌출혈로 쓰러져 국군수도통합병원에 입원하여 중환자실에서 식물인간이 되어 누웠습니다. 뇌의 핏줄이 꽈리처럼 되어 기포가 터져 식물인간이 되었다는 것입니다. 그러자 그 집사님 부부가 강대상에 엎드려 하나님께 울며 기도하기 시작하였고, 교회도 함께 기도하기 시작하였습니다.
그런데 기도하던 중에 그 집사님 부부가 회개하고 변화되기 시작하였습니다. '치료받아야 할 사람은 아들이 아니라 나요, 살아나야 할 사람은 아들이 아니라 바로 나' 라는 사실을 알았다고 하였습니다. 그런데 하나님께서 기적을 베풀어 주셔서 그 아들이 깨어나서 군 생활을 마친 후 신학을 하여 지금은 주의 종이 되었다고 합니다.

"소망 중에 즐거워하며 환난 중에 참으며 기도에 항상 힘쓰라"(롬 12:12).

"기도를 계속하고 기도에 감사함으로 깨어 있으라"(골 4:2).

"여자들과 예수의 어머니 마리아와 예수의 아우들과 더불어 마음을 같이하여 오로지 기도에 힘쓰더라"(행 1:14).

"그들이 사도의 가르침을 받아 서로 교제하고 떡을 떼며 오로지 기도하기를 힘쓰니라"(행 2:42).

기도는 힘써야만 할 수 있습니다. 왜냐하면 마귀가 기도하지 못하도록 방해하기 때문입니다. 또 내 속에 옛사람의 습성이 기도를 방해하고 있고, 이 세상이 기도를 방해하고 있습니다. 또 힘을 쓰지 않으면 잡념이 생기고 공상에 사로잡혀 제대로 기도가 되지 않습니다.

우리가 기도할 때 무릎을 꿇고 눈을 감는 것은 기도에 집중하기 위해서입니다. 기도 시간은 새벽이 가장 좋은 시간입니다. 성경에 기록된 많은 분들은 새벽에 기도하여 응답을 받았습니다. 새벽 시간은 우리의 마음이 열리는 시간입니다. 말씀을 옥토에 잘 받을 수 있는 시간입니다. 새벽 시간은 마음을 집중할 수 있는 시간입니다. 그래서 새벽 시간은 기도의 줄이 잘 잡히고, 기도에 깊이 들어갈 수 있고, 여러 가지 체험을 할 수 있는 시간입니다.

그러므로 새벽에 일어나 눈물로 간구하는 성도들이 되어 기도 응답으로 승리의 삶을 살아가시기를 축복합니다.

3. 성소에서 하나님께 예배하는 자들은 승리합니다

"야곱의 하나님의 이름이 너를 높이 드시며"(1절).

야곱은 여러 가지로 인간적인 면이 많았고 문제가 많은 사람이었지만 환난 때마다 하나님께 예배를 드림으로 하나님의 은혜와 보호를 받을 수 있었고, 결국 성숙한 사람이 되어 갔습니다.

"성소에서 너를 도와주시고 시온에서 너를 붙드시며"(2절).

여기서 시온은 하나님이 계신 곳을 말합니다.

"네 모든 소제를 기억하시며 네 번제를 받아 주시기를 원하노라"(3절).

그렇습니다. 하나님의 전에서 예배하는 자들은 하나님이 그 믿음과 정성과 사랑을 받으시고 반드시 복을 주시고 승리를 보장하십니다.

사도행전 14장 8절 이하에서 루스드라의 앉은뱅이가 일어난 기적은 그가 바울이 전하는 말씀을 잘 들었기 때문입니다. 그러므로 말씀을 잘 듣는 것이 믿음이고, 말씀을 잘 듣는 것이 사랑이고, 말씀을 잘 듣는 것이 주님의 기쁨이며, 말씀을 잘 듣는 것이 능력입니다.

말씀을 듣기는 듣되 과거를 잊고 오직 말씀에 집중하여 들어야 기적의 주인공이 될 수 있습니다. 그러므로 교회학교 교사들과 순장들도 예배를 통하여 말씀을 잘 듣고 은혜를 받아야만 좋은 교사와 좋은 순장이 될 수 있습니다.

마르다와 마리아는 같은 자매였지만 마리아가 더 좋은 편을 택하였다고 주님은 칭찬하셨습니다. 마리아는 주님의 말씀을 주의 깊게 들었기 때문입니다.

"그러므로 믿음은 들음에서 나며 들음은 그리스도의 말씀으로 말미암았느니라"(롬 10:17).

절간의 스님들이 새벽마다 예불을 드리고 정기적으로 여름과 겨울에는 오랫동안 고행을 합니다. 진리를 알지 못하는 사람들이 평생 새벽을 깨우는 것을 보고 우리는 분발해야 합니다. 우리가 깨우는 새벽은 그들과 달리 결코 헛되지 않습니다. 왜냐하면 천지를 지으신 창조주 하나님이 인정하시고, 주님 앞에 나와 예배드리는 시간은 가장 고귀한 시간이기 때문입니다.

"천지를 지으신 여호와께서 시온에서 네게 복을 주실지어다"(시 134:3).

시온은 바로 예배드리는 성소가 있는 곳입니다. 즉 예배가 복이고, 복이 바로 예배라는 것입니다. 그러므로 예배 성공자요, 기도 성공자가 되시기를 바랍니다.

1. 이 세상은 전쟁 마당입니다. 우리는 영적인 전쟁에 돌입해 있습니다. 이 전쟁에서 이길 수 있는 방법에 대하여 서로 나누어 보십시오.

2. 당신이 영적 전쟁이나 죄의 유혹으로부터 말씀과 기도를 통해 이긴 경험이 있다면 서로 나누어 보십시오.

3. 오늘 나눈 말씀을 붙잡고 주의 이름으로 기도하여 승리하는 삶을 살게 해달라고 합심하여 간절히 기도하십시오.

2. 기도는 만사를 변화시킵니다 (시 107:1-9)

기도

　시편 109편 71절에는 "고난당한 것이 내게 유익이라 이로 말미암아 내가 주의 율례들을 배우게 되었나이다"라고 하였습니다. 누구든지 평안할 때는 하나님을 찾는 이들이 적으나 극히 어려운 일을 당할 때는 하나님을 부릅니다.

　어린아이가 아플 때 엄마를 더 찾게 됩니다. 평소에는 어머니의 사랑을 모릅니다. 그러나 우리가 아플 때 밤새도록 간호해 주는 어머니의 깊은 사랑에 눈을 뜨게 되는 것입니다. 저는 회충으로 배앓이를 하면서 고통할 때 밤새 저를 업고 머리카락 냄새를 맡으라고 하신 어머니의 정성을 잊을 수 없습니다.

　우리가 하나님을 만나고 하나님의 사랑을 체험하는 시간은 평안할 때보다 고난의 시간일 것입니다. 환한 낮에는 별이 보이지 않습니다. 그러나 캄캄한 밤에는 하늘에 떠 있는 무수한 별들을 볼 수 있습니다. 이와 같이 하나님께서는 때로 우리의 환경을 어둡게 하신 후에 만나주실 때가 많습니다.

1. 이 세상은 고난이 많은 세상입니다

1) 본문은 이 세상 사람들의 삶을 광야에 비유하였습니다.

"그들이 광야 사막 길에서 방황하며 거주할 성읍을 찾지 못하고 주리고 목이 말라 그들의 영혼이 그들 안에서 피곤하였도다"(4-5절).

광야는 길이 없습니다. 오늘날 얼마나 많은 사람들이 갈 길 몰라 방황하고 있는지 모릅니다. 정치도, 교육도, 문화도, 경제도 길이 없다고 합니다. 광야는 집이 없고 여관도 없습니다.
이 세상에는 평안히 쉴 곳이 전혀 없습니다. 돈, 권력, 부귀와 공명, 육체의 쾌락 등이 오아시스처럼 보여도 사실은 신기루에 불과합니다. 사람들은 이 세상에서 안식을 누리지 못하고 있습니다.
광야는 물이 없습니다. 이 세상은 영적으로 주리고 목마른 세상입니다. 참된 만족이 없고 기쁨이 없습니다. 술 마시고, 노래하고, 버스가 흔들리도록 춤을 추어도 그때뿐입니다. 깨고 나면 허전하고 여전히 목마릅니다.

2) 본문은 이 세상의 삶을 곤고와 쇠사슬에 매인 삶이라고 하였습니다.

"사람이 흑암과 사망의 그늘에 앉으며 곤고와 쇠사슬에 매임은 하나님의 말씀을 거역하며 지존자의 뜻을 멸시함이라"(10-11절).

오늘날 많은 사람들이 중독의 쇠사슬에 매여 살아가고 있습니다. 알코올 중독, 도박 중독, 마약 중독, 게임 중독, 폭력 중독, 성 중독에 매여 있습니다. 또한 질병의 쇠사슬에 매여 살아갑니다. 정신적인 질병, 육체적인 질병, 마음의 병을 앓고 있는 사람들이 너무나 많습니다. 또한 공포의 쇠사슬에 매여 살아갑니다. 죽음의 공포, 환경에 대한 공포, 질병에 대한 공포에서 벗어나지 못하고 있습니다.

3) 본문은 이 세상의 삶을 죄의 저주로 고통하는 삶이라고 하였습니다.

"미련한 자들은 그들의 죄악의 길을 따르고 그들의 악을 범하기 때문에 고난을 받아 그들은 그들의 모든 음식물을 싫어하게 되어 사망의 문에 이르렀도다"(17-18절).

죄로 인한 형벌로 가시와 엉겅퀴가 나고, 죄로 인하여 온갖 질병과 고난이 따라왔습니다.

4) 본문은 이 세상의 삶을 자연환경과의 싸움이라고 하였습니다

"여호와께서 명령하신즉 광풍이 일어나 바다 물결을 일으키는도다 그들이 하늘로 솟구쳤다가 깊은 곳으로 내려가나니 그 위험 때문에 그들의 영혼이 녹는도다"(25-26절).

지진과 홍수, 태풍과 해일, 그리고 가뭄과 기근, 지구 온난화로 온

갖 재해가 몰아닥치고 있습니다. 수만 명씩 죽거나 실종되고 수백 수천만의 이재민이 생깁니다.

그런데 성경은 이러한 고난 가운데 해결의 길을 우리에게 제시하고 있습니다. 바로 하나님을 찾으라는 것입니다.

2. 하나님께 부르짖어 기도하면 어떠한 고난도 해결해 주십니다

본문에서 반복하여 우리에게 주시는 말씀이 무엇입니까?

"이에 그들이 근심 중에 여호와께 부르짖으매 그들의 고통에서 건지시고 또 바른 길로 인도하사 거주할 성읍에 이르게 하셨도다"(6-7절).

"이에 그들이 환난 중에 여호와께 부르짖으매 그들의 그 고통에서 구원하시되 흑암과 사망의 그늘에서 인도하여 내시고 그들의 얽어 맨 줄을 끊으셨도다"(13-14절).

"이에 그들이 그들의 고통 때문에 여호와께 부르짖으매 그가 그들의 고통에서 그들을 구원하시되 그가 그의 말씀을 보내어 그들을 고치시고 위험한 지경에서 건지시는도다"(19-20절).

"이에 그들이 그들의 고통 때문에 여호와께 부르짖으매 그가 그들의 고통에서 그들을 인도하여 내시고 광풍을 고요하게 하사 물결도 잔잔하게 하시는도다"(28-29절).

환난은 우리로 하여금 기도하라는 하나님의 신호입니다.

어떠한 어려움이 온다고 할지라도 기도할 수만 있다면 얼마든지 해결할 수 있습니다.

러시아의 대문호 도스토예프스키는 매우 불우하게 살았습니다. 그는 어려서 아버지가 살해되는 장면을 직접 목격하는 큰 상처를 받은 후 고아로 성장했고, 청년 때는 혁명당에 가담함으로 사형선고를 받고 죽기 직전에 황제의 특사로 간신히 살아났지만 4년 동안 시베리아에서 유배생활을 했습니다.

그후 결혼한 아내는 자신의 옛 연인과 만나는 이중적 생활을 하며 큰 상처를 주었습니다. 결국 아내는 병들어 죽었고, 그는 재혼해 아들을 얻었지만 그 아들도 추위로 병들어 죽으면서 그에게 상처는 끊이지 않고 계속되었습니다. 또 하나 그에게 있었던 큰 상처는 간질병이었습니다. 아무리 자신을 품위 있게 지키려고 해도 간질병이 그의 모든 인격과 품위를 송두리째 앗아갔습니다.

그런 상처 속에서도 그는 《죄와 벌》, 《카라마조프 형제들》, 《분신》, 《백야》 같은 대작들을 남겼습니다. 그는 깊은 상처에 머무르지 않고 기도하였습니다. 상처는 기도로 대작이 되었습니다. 그는 자신의 간질병까지도 '거룩한 병'이라고 했습니다. 시간이 지나면서 그는 자신의 병에 대해 깊은 감사를 하였습니다.

상처와 시련이 나쁜 것만은 아닙니다. 그것을 놓고 기도하면 얼마든지 축복이 됩니다. 명품 인생은 고난 중에 만들어집니다. 상처는 새로운 축복의 기회입니다. 그러므로 고난 중에 기도하십시오.

1993년에 PGA 챔피언이 된 폴 에이징거는 트로피를 높이 드는 순간 어깨가 떨어져 나가는 통증을 느꼈습니다. 조직검사를 해보니 암이었습니다. 처음에는 눈앞이 캄캄하였습니다. 정신을 차린 그는 울면서 매일 통곡하는 기도를 하나님께 올렸습니다. 어느 날 마음이 평안해졌습니다. '하나님께서 나와 함께하시는 구나. 암이 나아서 살면 좋겠고 암으로 죽어도 괜찮다'는 생각이 들었습니다. 그리고 얼마 후 그는 암에서 완전히 나음을 받았습니다.

통곡 기도는 큰 능력이 있습니다. 예수님도 이 땅에 계실 때 통곡 기도를 드리셨습니다.

"그는 육체에 계실 때에 자기를 죽음에서 능히 구원하실 이에게 심한 통곡과 눈물로 간구와 소원을 올렸고 그의 경건하심으로 말미암아 들으심을 얻었느니라"(히 5:7).

한나도 통곡하며 부르짖었더니 하나님이 응답하시고 그의 고통에서 건져 주셨습니다(삼상 1:10).

히스기야도 통곡하며 부르짖었더니 하나님이 응답하시고 그의 병을 고쳐 주셨습니다(사 38:2).

모세의 부르짖음에 응답하여 홍해에 길을 내신 하나님, 마라의 쓴 물을 단물로 바꾸어 주신 하나님은 반드시 당신의 부르짖음에도 응답하십니다.

1940년 5월 중순, 약 34만 명의 영국군이 프랑스의 작은 항구도시 던커크(Dunkirk)에서 독일군에 의해 포위되어 거의 전멸할 상황에 처했습니다. 5월 23일, 조지 6세 영국 왕이 5월 26일 주일을 국가 기도일로 삼자고 선포했습니다. 5월 26일, 마침내 영국 전 국민들이 합심해서 기도했습니다. 그때 웨스트민스터 사원에 수많은 사람들이 모여 기도했고, 전 영국민들은 던커크에 있는 그들의 남편과 아빠를 구해 달라고 간절히 기도했습니다. 영국 수상이었던 네빌 챔벌레인(Neville Chamberlain)의 일기에 따르면, 그날은 절망이 희망으로 바뀐 날이었습니다.

그날 저녁 7시, 던커크에서 필사적인 탈출을 시도하라는 급박한 명령이 떨어졌습니다. 그때 독일군이 도착하기 전까지 많은 군인들이 탈출할 수 있도록 모든 선박과 개인 소유의 작은 요트까지 영국 해협에 총동원되었습니다. 점차 탈출 군인들이 많아지면서 5월 29일 47,000명, 5월 30일 53,000명, 5월 31일 68,000명, 6월 1일 64,000명 등 모두 336,000명이 무사히 영국으로 귀환할 수 있었습니다.

당시 전황을 보면 히틀러는 연합군을 전멸시킬 수 있었지만 연합군의 탈출 상황을 알면서도 끝내 6월 초까지 포탄만 쏘고 전혀 공격 명령을 내리지 않았습니다. 오늘날까지 그 정확한 이유를 아무도 모른다고 합니다.

여러분, 기도하여 응답받은 체험의 자리가 많아야 합니다. 하나님은 부르짖는 자를 결코 외면하지 않으십니다. 하나님은 부르짖는 자의 기도를 들어주신다고 약속하셨습니다.

3. 하나님은 사모하는 자들에게 만족을 주시고 좋은 것을 주십니다

중국 대지진 가운데 숨진 한 어머니의 사연에 많은 사람들이 눈물을 짓고 있습니다. 베이촨 현의 폐허 속에서 구조대는 두 팔로 땅을 짚고 무릎을 꿇고 웅크린 자세로 숨을 거둔 20대 여성을 발견했습니다. 구조대가 이 여성의 시신을 들어올리자 그 밑에는 태어난 지 서너 달밖에 되지 않은 어린 아기가 잠들어 있었습니다. 아기 엄마는 떨어지는 건물더미 속에서 아기를 보호하기 위해 무릎을 꿇고 두 팔을 땅에 버틴 채 죽어 간 것입니다.

구조대가 아기를 발견했을 때 아기는 아무런 상처도 입지 않았고 편안하게 잠들어 있었습니다. 어떻게 연약한 여인의 몸으로 그 무거운 건물더미를 등에 받치고 버틸 수 있었는지 초인적인 어머니의 힘에 경의를 표하지 않을 수 없습니다.

아기 옆에는 엄마의 휴대전화가 놓여 있었습니다. 휴대전화의 액정 화면에는 "사랑하는 아가, 만일 네가 살아 남게 된다면 엄마가 너를 사랑했다는 것을 꼭 기억하렴"이라는 문자가 남아 있었습니다. 주님의 사랑을 떠오르게 하는 숭고한 어머니의 사랑입니다.

주님은 우리를 죄에서 구하시려고 자신을 죽였습니다. 우리에게 성령을 부어 주시려고 자신을 죽이셨습니다. 이러한 주님이 무엇을 주시지 않겠습니까?(롬 8:32) 주님의 사랑을 믿으시고 주님의 약속을 믿으십시오. 그리고 사모하며 구하여 보십시오. 반드시 주님은 응답해 주실 것입니다.

존 맥스웰 목사님은 《리더십의 능력》이라는 책에서 이런 말을 하였습니다. 그가 의욕에 차서 일하려고 할 때마다 그 일을 방해하는 한 사람이 있었습니다. 그는 잡히기만 하면 박살을 내주어야겠다고 기회만 엿보고 있었으나 항상 도망만 다니지 잡히지 않았습니다. 어느 날 자기가 열심히 일을 하려는데 모자를 눌러 쓴 그 사람이 나타났습니다. 그리고 일을 방해하였습니다. 맥스웰 목사님은 절호의 기회라 생각하고 그 사람을 꼭 붙잡았습니다. 그리고 '누구인가? 도대체……' 하면서 모자를 벗겨 보고 소스라치게 놀랐습니다. 그 사람은 바로 자신이었습니다. 그때 그는 외쳤습니다. '나의 가장 큰 방해자는 나다!' 이러한 이야기를 한 뒤 그는 여기에서 지도자론을 전개시켜 나갔습니다. 지도자는 바로 자기를 이길 수 있는 사람이라는 것입니다.

우리 육체가 기도를 방해합니다. 내 생각이 기도를 방해하고 있습니다. 나의 나태함과 게으름이 기도를 방해하고 있습니다.

성경은 가만히 있는 것이 죄악이라고 하였습니다. 아무것도 하지 않는 것이 바로 죄악이라고 하였습니다. 한 달란트를 묻어 둔 종은 아무것도 하지 않아 결국 슬피 울며 이를 가는 형벌을 받았습니다.

학생이 공부하면 실력이 생기듯이, 어부가 그물을 치면 고기가 잡히듯이, 농부가 씨를 뿌리면 열매를 거두듯이 성도가 기도하면 반드시 응답을 거둘 것입니다.

저의 어머니는 제가 군대 간 다음 3년 동안 한 번도 새벽기도를 빠뜨리지 않았다고 하셨습니다.

기도하는 성도의 자녀의 생애에는 반드시 하나님의 선한 손의 도우심이 있을 것입니다.

 나눔

1. 당신이 고난당하였을 때 하나님을 찾아 기도함으로 승리한 경험이 있다면 서로 나누어 보십시오.

2. 당신의 생애를 통하여 받은 기도 응답에 대해 서로 나누어 보고 하나님께 영광을 돌리시기를 바랍니다.

3. 오늘 나눈 말씀을 붙잡고 항상 기도에 힘쓰는 자들이 되어 능력 있는 삶을 살게 해달라고 합심하여 간절히 기도하십시오.

3. 영적 전쟁 (엡 6:10-18)

기도

《영적 전쟁》을 지은 딘 셔먼은 오늘날 이 세상의 음란, 폭력, 살인, 방화, 술, 마약, 게임, 도박, 청소년 탈선, 이혼, 점술, 이단, 사교, 동양철학, 뉴에이지 등이 마귀의 조종과 지배를 받고 있다고 하였습니다.

요한일서 3장 8절에 "하나님의 아들이 나타나신 것은 마귀의 일을 멸하려 하심이라"고 하였습니다.

예수님께서 기도를 가르쳐 주시면서 "우리를 시험에 들게 하지 마옵시고 다만 악에서 구하옵소서"라고 기도하라고 하셨고, "시험에 들지 않게 깨어 있어 기도하라"고 하셨습니다.

또 야고보서 4장 7절에 "마귀를 대적하라 그리하면 너희를 피하리라"고 하였고, 베드로전서 5장 8-9절에 "근신하라 깨어라 너희 대적 마귀가 우는 사자같이 두루 다니며 삼킬 자를 찾나니 너희는 믿음을 굳건하게 하여 그를 대적하라"고 하였습니다.

그렇다면 성경이 말씀하시는 이 마귀는 어디로부터 왔는지, 그 정체는 무엇인지 알 필요가 있습니다.

어떤 사람들은 "악마와 같은 것은 없다. 인간이 부족하기 때문에

악이 있는 것처럼 보이지만 세월이 흘러 모든 인간의 수준이 높아지고 교육을 받고 문명이 발달하기만 하면 악은 자동적으로 없어질 것이다"라고 주장합니다. 하지만 문명이 발달하면 할수록 인간 세상에 죄악이 더 범람하고 있습니다.

그렇다면 성경은 악마에 대하여 어떻게 말씀하고 있습니까?

1. 성경은 영적 세계에서 일어난 일에 대하여 말씀하고 있습니다.

성경은 인간의 지식으로 이해하지 못하는 영들의 세계가 있음을 분명히 보여주고 있습니다.

1) 천사 창조

태초에 하나님께서 측량할 수 없는 그분의 지혜로 우주와 만물을 창조하셨습니다. 그에 앞서 하나님께서는 셀 수 없는 하늘의 군대와 천사들을 창조하셨습니다. 천군과 천사들은 하나님의 선하신 목적을 따라 각각의 직무에 봉사하고 그 명령을 수행하도록 만들어졌습니다.

히브리서 1장 14절에 모든 천사들은 섬기는 영이라 하였고, 욥기 38장 4-7절에 "천지창조 때 모든 천사들이 노래하며 다 기뻐하였다"고 하였습니다. 천군과 천사들은 하나님의 엄청난 능력과 결과들을 바라보면서 탄복하고, 하나님의 지극히 높으신 권세와 능력을 찬양하였습니다.

2) 악마의 기원

하나님의 피조물 중에 참으로 위대한 피조물이 있었습니다.

에스겔 28장 11-15절에 보면, 이 피조물에 대하여 "너는 완전한 도장이었고……"라고 하였는데, 히브리 원문에는 완전한 형태의 인격체, 메시아로 표현되었습니다. '덮는 자'는 히브리 원문에 '지도하는 자, 아주 높은 권세를 가진 자'라는 뜻입니다.

"불타는 돌들 사이를 왕래하였다"는 말씀은 거룩함과 영광을 나타냅니다. 결국 이 구절은 하나님께서 창조하신 피조물 중에 가장 위대한 존재에 대한 기록입니다. 특별히 이 피조물은 힘과 지혜와 아름다움에 있어 비길 자가 없는 탁월한 존재였습니다.

또 이사야 14장 12-14절에 보면, "너 아침의 아들 계명성이여 어찌 그리 하늘에서 떨어졌으며 너 열국을 엎은 자여 어찌 그리 땅에 찍혔는고 네가 네 마음에 이르기를 내가 하늘에 올라 하나님의 뭇별 위에 내 자리를 높이리라 내가 북극 집회의 산 위에 앉으리라 가장 높은 구름에 올라가 지극히 높은 이와 같아지리라 하는도다"라고 하였습니다.

여기서 계명성, 즉 루시퍼는 빛나는 자, 아름다운 자, 하나님의 아들이란 뜻이고 가장 높은 천사장을 말합니다. 그런데 이 천사장이 다섯 번이나 "마음속으로 내가 하리라"고 하나님께 대한 도전과 반항을 나타내고 있는 것을 볼 수 있습니다.

3) 루시퍼의 반항

그는 하나님께 도전하였고, 감히 하나님과 겨루려고 하였습니다.

어떤 분은 말하길 "하나님께서 전지전능하시다고 하셨는데 그렇다면 루시퍼를 만들 때 복종하도록 만드시지 왜 반항하도록 만드셔서 이런 악을 생산하셨는가?'라고 묻습니다. 그러나 분명한 것은 하나님은 로봇을 만드시지 않았고 그분의 사랑에 응답하고, 서로 친교하며, 자발적인 순종을 원하셔서 순종과 반항의 선택권까지 주셨다는 것입니다. 그것이야말로 온전한 창조라고 볼 수 있습니다.

그런데 요한계시록 12장에 보면 하늘에 대반란이 일어나 루시퍼를 따르는 하늘의 천사 3분의 1이 미가엘 천사장에게 쫓겨 공중으로 떨어졌습니다. 그 뒤로 루시퍼는 하나님으로부터 떨어져 나가 그 이름도 악마, 사탄, 마귀로 바뀌었고 저주받은 영이 되어 버리고 말았습니다.

그는 하늘에서 쫓겨났을 때 이미 심판을 받았고, 영원한 지옥으로 떨어지게 되어 있습니다. 다만 하나님의 선한 목적을 위해 그 집행 기간을 유예시켜 주신 것뿐입니다.

마태복음 25장 41절에서 예수님께서는 '지옥은 원래 마귀와 그 사자들을 위해 만들어졌다'고 가르쳐 주셨습니다.

왜 하나님께서 이런 일이 있도록 허락하셨나요? 하나님은 그분의 측량할 수 없는 지혜 가운데 어떤 목적을 위해 사탄이 역사하도록 허락하셨습니다. 하나님은 천사들과 그의 형상대로 창조된 인간들에게 진리와 선한 것과 아름다운 것, 하나님께 대한 불순종의 결과, 순종과 행복, 영생과 하나님과의 교제의 기쁨 등을 가르쳐 주시기 위해 얼마 동안 마귀가 역사하는 것을 허락하셨던 것입니다.

2. 성경은 악마가 하는 일에 대하여 말씀하고 있습니다

1) 마귀의 호칭과 능력

누가복음 11장 17-22절에서는 마귀에 대하여 '왕국과 부하들을 가지고 있는 세상 주관자'라고 하였고, 에베소서 2장 2절에서는 '공중권세 잡은 자, 즉 지금 불순종의 아들들 가운데서 역사하는 영'이라고 하였으며, 고린도후서 4장 4절에서는 '이 세상의 신'이라고 하였고, 누가복음 11장 21절에서는 '강한 자'라고 하였습니다. 또 사도 요한은 요한계시록 12장 3-4절에서 '한 큰 붉은 용'이라고 하여 마귀가 권세 있는 자임을 가르쳐 주고 있습니다.

2) 마귀가 하는 일

사탄은 '절대자 혹은 대항하는 자'라는 뜻이고, 마귀는 '유혹하는 자, 속이는 자, 참소하는 자, 비난하고 중상하는 자'라는 뜻입니다.

요한복음 8장에서 예수님은 마귀를 '거짓말쟁이요 거짓의 아비'라고 하셨고, 요한복음 10장에서는 '도둑질하고 죽이고 멸망시키는 자'라고 하셨습니다.

실제 마귀가 역사하면 우리 심령에서 기쁨과 즐거움, 행복과 건강과 가족 그리고 영적인 모든 좋은 것들과 은혜를 도둑질해 갑니다. 그리고 마귀는 우리를 죽음으로 몰아갑니다. 열등감, 우울증, 죄책감, 자책감, 실패감, 무력감 등을 주어 자살하도록 유도합니다. 그리고 우리 개인과 가정과 이 세상을 멸망으로 끌고 가고 있습니다.

요한계시록 12장 7절에 '마귀는 성도들과 싸우는 자 즉 우리의 원수'라고 하였고, 바울은 본문에서 우리 성도들이 이 세상에서 싸워야 할 대적이라고 하였습니다.

3) 마귀는 하나님이 없는 세상의 거대한 시스템을 통해 우리를 핍박하고 유혹하며 대적합니다.

그것은 악한 정부나 탐욕스러운 지배 계급, 사악한 문학, 음란하고 더러운 음악, 영상매체나 인터넷, 술이나 마약, 성적 방종 같은 것들로 인간을 타락시킵니다. 또한 온갖 우상이나 사교 혹은 이단이나 샤머니즘의 배후에서 인간을 타락시키고 멸망으로 이끌어 갑니다.

4) 마귀는 사람을 통하여 유혹하고 타락시키는 일을 합니다.

우리는 육체를 가진 인간이기에 육체 안에 죄악의 성품이 남아 있습니다. 그러므로 언제든지 타락할 가능성이 있습니다.

모세를 통해 하나님의 능력과 기적을 체험하였고, 구름기둥과 불기둥의 인도를 받으며 만나를 먹었던 이스라엘 남자들이 모압 여인들의 미인계에 넘어가 음행하고 우상의 제물을 먹다가 하루에 3만 명이 죽었습니다.

사람이 유혹을 받아 넘어가는 데는 그만한 이유가 있습니다. 만약 제비족이 배가 나오고 눈꼬리가 찢어져 얼굴이 험상궂게 생겼으면 누가 넘어가겠습니까? 그러나 제비족이 미끈하게 잘생기고 춤도 제비처럼 잘 추면 "주여, 이번 한 번만요" 하며 넘어가는 것입니다. 그 결과 코가 꿰어 돈 잃고 가정 파탄 나고 인생을 망치고 마는 것입니다.

삼손도 기생 들릴라의 유혹에 넘어가 두 눈이 뽑히고 연자맷돌을 돌리는 신세가 되고 말았습니다. 삼손이 우리에게 뭐라고 말하겠습니까? "여러분이여, 미인을 주목하지 마시고 아내 아닌 다른 여자의 무릎을 베고 자지 마십시오. 나처럼 힘도 잃고 눈도 뽑히고 망하기 전에 조심하십시오"라고 할 것입니다.

수많은 사람들이 이성의 유혹에 넘어가 가정을 파탄 내고 인생을 망치고 말았습니다. 정로를 벗어나면 행복하고, 스릴이 있고, 짜릿한 쾌감이 있을 것 같지만 결국은 멸망입니다.

마귀는 온갖 미끼를 동원하여 우리를 신앙에서 멀어지게 하고 타락시키려고 혈안이 되어 있습니다. 그러므로 우리는 이성의 유혹을 조심해야 합니다.

5) 마귀는 생각과 마음을 통해 죄짓게 하고 하나님과 멀어지게 합니다.

요한복음 13장 2절에 '마귀가 가룟 유다의 마음에 예수를 팔려는 생각을 넣어 주었다'고 말씀하고 있습니다. 결국 가룟 유다는 예수님의 말씀보다 마귀의 말을 받아들여 결국 예수님을 팔고 죄책감에 사로잡혀 자살하고 말았습니다.

사도행전 5장 3절에 아나니아, 삽비라 부부가 헌금하기로 약속하고 그 돈에서 얼마를 감춘 뒤 사도를 속이고 전부를 가지고 왔다고 하자 "베드로가 이르되 아나니아야 어찌하여 사탄이 네 마음에 가득하여 네가 성령을 속이고 땅 값 얼마를 감추었느냐"라고 하여 아나니아 부부의 마음에 사탄이 역사했음을 가르쳐 주고 있습니다.

마귀는 우리의 생각에 나쁜 생각을 넣어주고는 우리 자신의 생각처럼 받아들이게 가장합니다. 갈라디아서에 있는 말씀처럼 우리 마음은 전쟁판입니다. 성령이 주시는 생각을 받아들이지 않으면 마귀의 생각을 받아들이게 되고 결국 죄짓고 타락하게 됩니다. 마치 나

뻔 사람들이 우리 컴퓨터에 스팸 메일을 보내는 것과 같다고 볼 수 있습니다. 심지어는 핸드폰에도 여러 종류의 스팸 문자를 보내고 있습니다. 어떤 생각을 받아들여 마음에 가지느냐에 따라 우리의 앞날이 좌우됩니다. 어떤 생각을 가지느냐는 전적으로 우리의 의지에 달려 있습니다. 우리는 'no' 할 수도 있고 'yes' 할 수도 있습니다.

잠언 4장 23절에 "모든 지킬 만한 것 중에 더욱 네 마음을 지키라"고 말씀합니다. 여기서 지키라는 말씀은 침투하는 세력이 있다는 말씀을 전제로 하는 것입니다.

베드로 사도는 베드로전서 1장 13절에서 "너희 마음의 허리를 동이라"고 하며 마음과 생각이 마귀의 지배를 받지 않도록 조심하라고 경고하였습니다.

그러므로 우리에게 넣어 주는 마귀의 생각, 즉 잘못된 생각들, 음란한 생각, 미움의 생각 시기와 질투, 원망과 불평, 더러운 생각, 방탕한 생각, 난잡한 생각들은 나의 생각이 아니라고 말하고 예수 이름으로 물리치시기를 바랍니다.

어떤 영적 거장은, 다음과 같은 생각은 악령이 주는 것이라고 하였습니다.

- 번개처럼 갑자기 떠오르는 생각, 즉 근거도 없이 의심이 되고, 오해가 되고 미워하게 됩니다. 아내에 대한 의심, 남편에 대한 의심이 일어납니다.
- 이상한 환상과 영상이 자꾸 생각나고 괴상한 꿈을 꾸게 되는 것, 즉 꿈 속에서 괴로움을 당하고 혼돈스럽고 교만을 조장하고 음란한 영상이 보이기도 하고, 죽으라는 말이 들리기도 합니다.

- 불면증, 즉 이유 없이 생각에 생각이 꼬리를 물고 일어나서 결국 쓸데없는 고민으로 잠을 이루지 못하게 하는 것입니다.
- 건망증, 즉 안 해야 할 생각은 자꾸 생각나게 하는 반면 중요한 일 꼭 해야 할 생각은 안 나게 하는 것입니다.
- 집중력의 결핍, 즉 기도를 집중적으로 할 수 없고, 성경 읽는 것에 집중하지 못하도록 방해하고, 설교를 집중하여 듣지 못하도록 졸게 하고, 생각이 뚝뚝 끊어지고 생각이 분산되면서 복잡하게 됩니다.
- 변덕스러움, 한 가지 생각이 오래 가지 못하고 얼마 안 가서 정반대의 생각이 들고 하루에 몇 번씩 칠면조 변하듯이 마음이 변하는 것입니다.
- 수다스러움, 즉 다른 사람의 말을 오래 들을 수 없고 자기 말만 하고, 농담이나 잡담이나 중상모략으로 입을 쉬지 않고 지절거립니다.
- 고집 완고함, 즉 시험해 보거나 반성해 보거나 고려해 보는 것을 거부하고 다른 의견을 아예 받아들이지 않으려는 고집스러움을 보일 때입니다.

3. 성경은 악마를 이길 수 있는 능력에 대하여 말씀하고 있습니다

1) 대적하여야 합니다.

하나님의 약속과 권세를 믿으십시오. 이미 십자가로 승리하신 주님의 능력이 내 능력이요, 주님의 권세가 내 권세임을 믿으시고 주장하십시오.

요한계시록 12장 11절에 "또 우리 형제들이 어린 양의 피와 자기들이 증언하는 말씀으로써 그를 이겼으니 그들은 죽기까지 자기들의 생명을 아끼지 아니하였도다"라고 하였습니다.

예수님은 제자들을 둘씩 짝지어 전도하러 보내실 때 "가서 귀신을 쫓아내고 죽은 자를 살리며 병든 자를 고치고 복음을 전파하라"고 하셨습니다. 예수님은 마가복음 16장 17절에서 '믿는 자들에게는 이런 표적이 따르는데 곧 예수님의 이름으로 귀신을 쫓아낼 것'이라고 하셨습니다.

2) 하나님의 말씀으로 채우십시오.

본문 17절에 "구원의 투구와 성령의 검 곧 하나님의 말씀을 가지라"고 했습니다. 요한계시록 12장 11절에도 '자기들이 증언하는 말씀으로써 마귀를 이기었다' 고 하였습니다. 그러므로 우리는 하나님의 말씀을 많이 암송하여야 합니다.

마태복음 4장에 보면, 예수께서도 마귀의 시험을 받으실 때 기록된 말씀, 즉 신명기 8장 3절, 6장 13절, 6장 16절 말씀으로 마귀를 물리치셨습니다.

3) 기도하십시오.

본문 18절에 "모든 기도와 간구를 하되 항상 성령 안에서 기도하고 이를 위하여 깨어 구하기를 항상 힘쓰며 여러 성도를 위하여 구하라"고 하였습니다.

예수님은 마가복음 9장 29절에 "이르시되 기도 외에 다른 것으로는 이런 종류가 나갈 수 없느니라"고 하시며 기도하면 마귀가 물러 간다고 하셨습니다.

4) 성령님의 도우심을 구하십시오.

성령은 우리를 돕기 위해 우리 곁에 와 계신 하나님이십니다. 그분은 우리 안에 계시고, 우리를 도우실 준비가 되어 있습니다. 그러므로 성령을 의지하고 성령으로 충만하십시오. 성령을 좇아 행하십시오. 그리하면 육체의 욕심을 이루지 않을 것이라고 하였습니다.

이미 우리는 이긴 싸움을 싸우고 있습니다.

1. 당신이 마귀에게 공격을 받아 죄의 유혹에 넘어갔거나, 죄책감에 사로잡혀 괴로움을 당한 적이 있다면 솔직하게 나누어 보십시오.

2. 당신의 약한 부분을 고백해 보시고 기도를 부탁하십시오. 그리고 마귀를 이기고 승리할 수 있는 길에 대하여 서로 나누어 보십시오.

3. 오늘 주신 말씀을 붙잡고 죄의 유혹에 넘어가지 않고 견고히 서도록, 말씀과 기도로 무장하고 성령 충만한 삶을 살게 해달라고 합심하여 간절히 기도하십시오.

4. 모든 문제 해결 (시 91:14-16)

기도

세상 일도 한 가지 분야에 전념하면 성공합니다.

김연아 선수는 연습하는 중에 1년에 엉덩방아를 1,800번 정도 찧는다고 합니다. 그렇지만 오직 한 가지 자기 전공분야인 피겨스케이팅에 전념함으로 세계에서 가장 유명한 사람 중 한 사람이 되었습니다. 안과 의사는 오직 자기 전공분야인 눈 하나만 집중하여 다루므로 그 눈을 통해 잘살게 되고 평생 눈을 잘 보므로 넉넉히 먹고 삽니다.

우리 그리스도인들은 오직 하나님 한 분만 잘 믿으면 모든 일에 승리하게 되어 있습니다. 하나님 한 분의 마음에 들기만 하면 우리의 모든 문제는 다 해결되는 것입니다.

1. 모든 문제 해결은 하나님의 말씀을 찾는 것입니다

본문 14절에 "하나님이 이르시되"라고 하였습니다. 성도는 하나님의 말씀을 듣는 데서부터 복이 임하고, 문제 해결의 길이 열립니다.

대통령은 장관을 비롯해 약 3,000여 개의 고위직을 임명할 권한을 가지고 있습니다. 대통령이 불러서 "장관을 맡아 주세요"라고 말하면 그 직을 얻을 수 있는 것입니다.

마찬가지로 우리 하나님은 모든 은혜와 복을 주시되 말씀을 통해 주십니다.

말씀으로 우리에게 하늘의 신령한 복도 주시고, 때로는 깊은 웅덩이와 수렁에서 건져 주시기도 하며, 지혜를 주시기도 하고, 온갖 고난과 환난을 능히 이기게 하는 힘도 주십니다.

사람들은 가슴 아픈 일, 불행한 일을 당하여 이곳저곳을 찾지만 오직 한 분 하나님을 찾아 그분의 음성에 귀를 기울이기만 하면 사는 길이 열리는 것을 알지 못합니다.

성경은 하나님에 대한 믿음만 있으면 세상을 이긴다고 말씀하고 있습니다.

"무릇 하나님께로부터 난 자마다 세상을 이기느니라 세상을 이기는 승리는 이것이니 우리의 믿음이니라"(요일 5:4).

그런데 그 믿음은 말씀을 들을 때 생긴다고 하였습니다.

"믿음은 들음에서 나며 들음은 그리스도의 말씀으로 말미암았느니라"(롬 10:17).

말씀을 주시는 분이 누구십니까? 전능하신 분이요, 천지와 만물을 창조하신 분이요, 우리를 지으신 분이요, 우리의 구원자이시고, 섭리자이십니다. 그러므로 우리는 하나님을 바로 알고 하나님의 음성 듣기를 즐거워해야 합니다.

"하나님께 속한 자는 하나님의 말씀을 듣나니 너희가 듣지 아니함은 하나님께 속하지 아니하였음이로다"(요 8:47).

성경에 온갖 고통 속에 있던 자들이 주 예수님의 말씀을 받자 곧 문제 해결을 받았습니다. 주님은 가버나움의 중풍병자에게 "일어나 네 상을 들고 걸어가라"고 하셨고, 곧 그 중풍병자가 일어나 상을 들고 걸어갔습니다. 왕의 신하의 아들, 야이로의 딸, 수로보니게 여인의 딸, 바디매오 등 수많은 사람들이 주님의 말씀을 받은 즉시 저주와 불행에서 벗어나 행복을 찾았습니다.

예수 그리스도는 어제나 오늘이나 동일하십니다(히 13:8).

베드로전서 1장 24-25절에는 "그러므로 모든 육체는 풀과 같고 그 모든 영광은 풀의 꽃과 같으니 풀은 마르고 꽃은 떨어지되 오직 주의 말씀은 세세토록 있도다 하였으니 너희에게 전한 복음이 이 말씀이니라"라고 하였습니다.

그러므로 우리는 세세토록 살아 있는 하나님의 음성에 귀를 기울여야 합니다.

우리는 성경을 읽을 때나 설교를 들을 때 하나님께서 친히 나에게 말씀하신다는 자세로 말씀을 받아야 합니다.

데살로니가전서 2장 13절에는 "이러므로 우리가 하나님께 끊임없이 감사함은 너희가 우리에게 들은 바 하나님의 말씀을 받을 때에 사람의 말로 받지 아니하고 하나님의 말씀으로 받음이니 진실로 그러하다 이 말씀이 또한 너희 믿는 자 가운데에서 역사하느니라"고 하였습니다.

사도행전 10장에 보면 백부장 고넬료의 집에 베드로가 들어오자 고넬료가 엎드려 절하며 "우리가 다 하나님 앞에 있나이다"라고 하였고, 그런 자세로 말씀을 받았을 때 성령이 그 집에 모인 모든 무리에게 임하여 모두 성령 충만함을 받았다고 하였습니다.

우리가 하나님의 말씀을 갈망하여 아멘으로 말씀을 받을 때 그 말씀이 그 사람 개인에게 레마의 말씀이 되어 문제 해결의 역사가 일어날 줄 믿습니다.

2. 모든 문제 해결은 하나님을 사랑하는 것입니다

14절에 보면 "하나님이 이르시되 그가 나를 사랑한즉 내가 그를 건지리라 그가 내 이름을 안즉 내가 그를 높이리라"고 하였습니다.

사실 우리가 하나님을 사랑한 것이 아니요 하나님께서 우리를 먼저 사랑하셨습니다. 아버지는 그 사랑을 십자가에서 나타내셨습니다. 우리는 십자가를 통해 하나님의 사랑을 알고 그 사랑에 응답할 수 있습니다.

지금은 대통령의 인기가 바닥입니다. 그래도 대통령이 청와대로 불러들여 함께 식사라도 하자고 한다면 영광이라고 생각할 것이고 사진을 찍어 대대로 보관할 것입니다. 그런데 창조주 하나님께서 자신을 낮추셔서 우리와 같은 죄인과 사귐을 가지기를 원하셔서 독생자를 내어주셨으니 참으로 놀라운 사랑이 아닐 수 없습니다.

이제 이 사랑을 알고 경험한 사람들은 하나님을 사랑하는 것이 마땅합니다. 누가복음 10장 27절에는 '하나님을 사랑하되 네 마음을 다하며 목숨을 다하며 힘을 다하며 뜻을 다하여 주 너희 하나님을 사랑하라' 고 하셨습니다.

그렇다면 하나님을 사랑하는 것은 구체적으로 어떤 삶을 말하는 것입니까?

"하나님을 사랑하는 것은 이것이니 우리가 그의 계명들을 지키는 것이라 그의 계명들은 무거운 것이 아니로다"(요일 5:3).

우리가 짧은 기간에 완전에 이를 수는 없어도 우리에게 주시는 말씀을 하나씩 순종해 보면 그것이 우리에게 축복이 되는 것을 경험하게 됩니다.

제 손자가 걸음마를 할 때 한 발자국 움직일 때마다 부모들이 손뼉을 치며 기뻐하였습니다. 아이가 눈 코 입을 제대로 가리킬 때마다 부모는 기뻐합니다. 장난감 끼워 맞추기를 할 때 네모와 세모를 그 틀에 제대로 집어넣을 때마다 지켜보는 우리는 감탄합니다. 어른들에게는 아무것도 아니요 싱거운 것이지만 어린아이들이 할 때는 감탄하고 기뻐하는 것입니다. 마찬가지로 우리가 실수가 많고 부족하더라도 작은 것부터 조금씩 실천할 때 하나님께서는 그것을 기뻐하시는 것입니다.

그동안 끊지 못하고 버리지 못한 나쁜 습관들이 있다면 결심하고 하나씩 끊어 나갈 때 믿음이 자라고 축복이 되는 것입니다. 기도하지 않던 분들이 기도를 시작하고, 성경을 읽지 않던 분들이 성경을 읽을 때 이것이 축복이고, 문제 해결이 됩니다. 또 어려운 이웃을 찾아 위로해 주고 물질로 돕는 것도 하나님께서 기뻐하십니다.

우리가 할 일은 오직 한 가지, 하나님을 사랑하기만 하면 됩니다. 오늘부터 하나님을 사랑하기로 결심하십시오. 하나님의 계명을 지키려고 힘을 써 보십시오. 당신의 문제가 언제 해결되었는지도 모르게 해결된 것을 보게 될 것입니다.

3. 모든 문제 해결은 하나님께 간구하는 것입니다

"그가 내게 간구하리니 내가 그에게 응답하리라 그들이 환난 당할 때에 내가 그와 함께하여 그를 건지고 영화롭게 하리라" (15절).

지난번 수원에서 끔찍한 살인사건이 일어났을 때, 피해자가 위급한 일을 당하여 다급한 목소리로 112에 전화 신고를 하였지만 112센터에서 제대로 상황 파악을 하지 못해 아까운 목숨이 희생당하였습니다.

위기를 만나 도움을 구하여도 사람들은 실수로 듣지 못할 때가 있고, 귀찮아할 수도 있지만 우리 하나님을 향한 핫라인은 언제나 연결되어 있습니다.

어떤 섬에 전신 시설이 처음으로 가설되었습니다. 전선이 높은 전주에 올려지는 것을 보고 있던 노인에게 동네 유지가 다가와 말했습니다. "얼마나 신기한 일입니까. 이것이 완성되면 바다 멀리 육지에 있는 사람들에게 전화도 할 수 있고 인터넷이란 것을 통해 바로 회답을 받을 수도 있습니다." 그러자 노인이 말했습니다. "그렇게 대단한 것이 아니오. 당신은 전문을 보내기 전에 회답을 받는다는 이야기를 들어 본 적이 있소?" "세상에 그렇게 빠르고 뛰어난 것이 있습니까?" 그러자 노인이 성경을 찾아 이사야 65장 24절을 읽어 주었습니다. "그들이 부르기 전에 내가 응답하겠고 그들이 말을 마치기 전에 내가 들을 것이며." 그렇습니다. 우리 하나님은 문제 해결을 이미 예비하여 두시고 밤이나 낮이나 우리에게 귀를 기울이십니다.

예수님은 하늘에 계신 우리 아버지께 기도하라고 하셨습니다. 우리가 말을 잘 듣고, 돈이 많고, 지식이 있어 기도를 들어주시는 것이 아니고 우리가 그분의 아들이고 딸이기 때문입니다. 아버지, 얼마나 좋은 관계입니까. 전능하신 하나님 이분이 내 아버지가 되시는데 우리가 어찌 잠잠할 수 있습니까(마 7:7-11).

개척교회 목사님의 글을 읽었습니다. 그분에게 초등학교 3학년인 열 살 된 아들이 있었습니다. 아버지는 수학을 100점 받으면 킥보드를 사주겠다고 아들과 약속을 하였습니다. 드디어 아들이 100점을 받아왔습니다. 목사님은 부인에게 3만 원을 주어 아들과 함께 시장으로 보냈습니다. 잠시 후 부인으로부터 전화가 왔는데 킥보드 가격이 13만원이라고 하였습니다. 목사님은 다음에 사줄 테니 그냥 오라고 했습니다. 그날부터 아들이 시위를 하는데 아버지 눈앞에 시험지를 붙여 놓고 조르기 시작합니다. 그러던 중 주일에 교회 로고가 새겨진 가방을 벗고 성경만 가지고 나가는 아들에게 왜 가방을 메고 가지 않느냐고 하자 아들이 "나 시험 들어 교회 옮겼어요. 거짓말하는 목사가 담임하는 교회는 안 나갈 거예요" 하더랍니다. 목사님은 아들에게 즉시 사과하고 돈을 빌려 당장 킥보드를 사주었다고 합니다.

우리 아버지가 그의 인격과 이름을 걸고 맹세하며 주신 약속인데 안 지키시겠습니까? 그 아들의 피로 사인하였고, 성령님이 보증을 서신 말씀인데 이루어 주시지 않겠습니까?

대통령에게 가서 부탁할 수 있는 관계라면 그런 권리를 안 쓸 사람이 어디 있겠습니까? 하물며 나의 생사화복이 전능자 하나님께 달려 있다는 것을 아는 사람은 기도하지 않을 수 없을 것입니다.

'간구'라는 단어는 간절히 도움을 구한다는 말입니다. 우리는 아기 때부터 도움을 받고 살도록 지음을 받았습니다.

길을 가는 것도 하나님께서 도와주셔야만 합니다. 대구에서 중국집 주인이 오토바이를 타고 배달 가다 갑자기 도로가 내려앉아 구덩이에 빠져 죽었습니다. 또 얼마 전 자동차가 도로를 달릴 때 공사장 기중기가 갑자기 넘어져 자동차를 덮쳐 자동차 안에 있던 사람들이 즉사하고 말았습니다. 숨 하나 쉬는 것도 하나님이 도와주셔야만 합니다.

시편 121편 1절에 "내가 산을 향하여 눈을 들리라 나의 도움이 어디서 올까"라고 한 다음 2절에서 "나의 도움은 천지를 지으신 여호와에게서로다"라고 하였습니다.

우리가 간구할 때 말을 많이 하여야 들으실 줄 생각하지 마십시오. 격식이 없어도 어린아이처럼 솔직하게 기도하는 것을 하나님은 좋아하십니다.

내 마음에 하나님이 계시니 언제 어디서나 기도할 수 있습니다. 하루 종일 어디서든지 지속적으로 얼마든지 대화할 수 있는 것입니다.

기도의 시간을 조금씩 늘려 보십시오. 이런 기도가 다 저축이 되어 때가 되면 생각지 못한 복된 일들이 일어나는 것입니다.

어거스틴의 어머니 모니카는 남편이 예수님께로 돌아오게 하기 위하여 16년간 기도하였고, 아들 어거스틴이 회개하고 주님께 돌아오게 하기 위하여 30년간이나 기도했습니다. 기독교 역사상 가장 훌륭한 인물 어거스틴이 회개하여 하나님의 사람이 된 배경에는 어머니 모니카의 30년간의 눈물의 기도가 있었습니다.

가장 확실하고 분명한 투자는 기도입니다. 자녀들과 사랑하는 사람들을 위하여 올리는 모든 기도는 하나님의 뜻 가운데 다 이루어짐을 믿으시기 바랍니다.

18세기 영국의 시인 윌리엄 쿠퍼는 "기도를 포기하는 자는 전투를 포기하는 군인과 같다"고 하였고, 독일의 종교개혁가 마틴 루터는 "기도는 인생에 있어서 가장 소중한 일이다. 만일 하루라도 기도를 소홀히 한다면 신앙의 정열을 잃게 된다"고 했습니다.

이 시대의 비극은 바쁘다, 피곤하다, 시간 없다, 힘들다는 핑계를 대고 능력의 자리, 승리의 자리, 영광의 자리에 나오지 않는다는 데 있습니다.

기도는 하나님을 사랑하는 표현이요, 하나님을 하나님으로 대접하는 일이요, 하나님께 올리는 향기로운 제사라고 하였고, 기도 그 자체가 복이라고 하였습니다.

인생의 생사화복과 모든 문제 해결은 하나님께 달려 있습니다. 그러므로 우리는 하나님의 말씀을 들어야 하고, 하나님을 사랑하여 하나님의 말씀에 순종하여야 하고, 하나님을 믿고 하나님께 간구해야만 합니다. 그럴 때 우리의 문제가 해결되고 승리할 줄 믿습니다.

 나눔

1. 당신이 어려운 문제를 만났을 때 어떻게 그 문제를 해결하려고 하였나요? 성경이 제시하는 문제 해결과 어떻게 다른지 서로 나누어 보십시오.

2. 본문의 말씀은 어려움을 당할 때 하나님의 말씀을 찾고, 하나님의 사랑을 확신하고, 하나님께 기도하는 것이 문제 해결의 길이라고 하였는데 당신이 믿는 바를 고백하여 보십시오.

3. 이제 오늘 주신 말씀을 붙잡고 우리가 어떤 경우에도 하나님의 말씀과 기도로 무장하고 승리하는 자들이 되게 해달라고 합심하여 간절히 기도하십시오.

1. 구원의 즐거움을 누리자 (롬 5:6-11)

구원

미국에 윌리엄 허스트라는 사람이 있었습니다(캘리포니아 허스트 캐슬의 주인). 이 사람은 출판업계의 대부요, 신문왕으로 알려진 부자였습니다. 그의 취미는 골동품을 수집하는 일이었습니다. 그는 세계적인 미술품과 골동품을 수집하고 그것을 즐기며 사는 것을 생애 최고의 목적으로 삼고 살아왔습니다.

어느 날 그는 유럽의 궁궐에서 사용했던 도자기 하나가 있다는 것을 알게 되었습니다. 잡지에서 그 사진을 보는 순간 그는 정신을 빼앗겼습니다. '저것을 내가 꼭 소유해야 하겠다.' 그는 이렇게 결심하고 유럽 여행을 몇 번이나 했고, 그 행방을 추적해 보았지만 종적을 알 수가 없었습니다. 누가 가지고 있는 것인지, 이 귀중한 물건이 어디에 있는지 매우 궁금했습니다.

어느 날 잡지를 보는데, 잡지에서 자기가 갖고 싶어하는 그 물건이 미국인에게 팔려서 미국에 있다고 적혀 있었습니다. '도대체 이 사람이 누굴까?' 하고 자세히 이름을 살펴보았더니 자기 이름이 거기 적혀 있었습니다.

자기가 원하는 물건을 자기가 이미 소유하고 있음에도 불구하고 까맣게 몰랐습니다. 자기가 이미 가지고 있는 것에 대하여, 그 소중한 가치를 모르면 어리석게 살 수밖에 없습니다.

하나님께서 이미 우리에게 주신 은혜를 은혜로 알아야 진정으로 우리에게 은혜가 됩니다. 은혜를 은혜로 알지 못한다면 그것은 은혜 될 수가 없습니다.

저는 오래전 횃불회관에서 열린 세미나에 참석하던 중 찬양을 인도하던 맹인 형제의 간증을 들었습니다. 그 형제는 부인과 두 아이를 둔 가장이었는데, 나면서부터 맹인인지라 부인과 아이들 얼굴을 한 번도 보지 못하였다고 합니다. 그분의 소원이 하나 있는데, 그것은 눈을 뜨게 해주신다면 부인의 얼굴, 자녀들의 얼굴을 한 번 보고 죽으면 여한이 없겠다는 것이었습니다. 눈을 뜨고 볼 수 있다는 것이 얼마나 큰 은혜인지 모릅니다.

저는 병원 중환자실에서 입으로 숨을 쉬지 못하여 목을 뚫어 호수를 폐에 넣고 고통스럽게 숨을 쉬는 사람들을 보았습니다. 고통을 모르고 숨을 쉴 수 있다는 것이 은혜입니다.

이 순간에도 몸을 움직이지 못하고 누워 있거나 남의 도움을 받아야만 생존이 가능한 분들도 많습니다. 걸어서 예배당에 나와 예배를 드릴 수 있다는 것은 큰 은혜입니다.

하지만 물고기가 물에서 나오면 죽을 수밖에 없는데도 물이 무엇인지 모르고, 물이 주는 은혜를 알지 못하고 살아가는 것처럼 우리는 하나님이 주신 은혜를 알지 못하고 살아가고 있습니다.

은혜 중에 가장 큰 은혜는 바로 구원의 은혜입니다. 이 구원의 은혜는 진실로 받을 자격 없는 자에게 주신 일방적인 하나님의 사랑, 위대한 사랑이었습니다. 그 상대가 누구입니까? 바로 우리입니다.

과거 우리는 어떤 사람이었습니까?

1. 우리는 과거에 허물과 죄로 죽었던 사람들입니다

"그는 허물과 죄로 죽었던 너희를 살리셨도다"(엡 2:1).

즉 허물과 죄로 인하여 하나님과의 교제가 끊어졌다는 말씀입니다. 이것을 영적인 죽음이라고 성경은 말씀하고 있습니다.

텔레비전의 전원이 끊어지면 그림이 잡히지 않습니다. 방송국에서 현지 중계를 하여 위성으로 보내 주어도 수신이 되지 않기 때문입니다. 핸드폰 배터리가 떨어지면 문자 메시지와 음성을 받을 수 없습니다.

동영상을 보았습니다. 자동차에 치어 죽은 비둘기 주변에 다른 비둘기가 맴돌고 있었습니다. 동료 비둘기는 죽은 비둘기의 몸을 부리로 부비며 안간힘을 쓰지만 죽은 비둘기는 일어날 리가 없습니다. 그런데도 살아날 수 없다는 것을 알지 못하고 비둘기는 안타까이 죽음 앞에 맴돌고 있었습니다.

수많은 사람들이 하나님의 아들 예수 그리스도가 십자가에서 죽으신 그 의미와 그 놀라운 사랑을 알지 못합니다. 우리의 영이 하나님과 단절되었기 때문입니다. 즉 우리의 영이 죽었기 때문입니다.

이러한 상태에 있던 우리에게 성령이 찾아오셨습니다. 그리고 믿음을 주셔서 거듭나게 하셨습니다. 이것이 바로 하나님의 은혜입니다(엡 2:8).

우리나라의 김영길 박사 하면 창조과학회를 만든 분입니다. 김 박사는 미국 NASA, 즉 미 항공우주국에 근무한 학자이며, 지금은 포항에 있는 한동대학교를 세계적인 대학으로 만든 한동대 총장입니다.

그런데 그분이 미국에 가서 유학할 때는 예수님을 믿지 않았습니다. 나중에 부인을 따라 교회를 다녔습니다. 그런데 세상에서는 대단한 석학이고 과학에 대한 많은 지식을 가졌지만 인간의 지혜로는 하나님의 일을 알 수 없었습니다. 예수님이 누구신지, 그분이 죽었다고 하는데 나와 무슨 상관이 있는지 알 수가 없었던 것입니다. 아무리 교회당에 나가 설교를 들어도 무슨 말인지를 이해하지 못했습니다. 교회를 출석하고는 있었지만, 전혀 감동이 없는 무의미한 시간들이었습니다. 그래도 부인의 강한 요청과 한국 사람을 만나는 재미로 다녔습니다.

그러다가 그는 인류의 위대한 성인들이 예수를 믿었다면 이 성경에 무엇인가 있지 않을까 하는 궁금증이 생겨 성경을 읽기 시작하였습니다. 창세기부터 요한계시록까지 열심히 읽었습니다. 또 유명한 기독교 서적을 구입해 읽어 갔습니다. 그런데 어느 날 저녁 6시경부터 밤 11시까지 성경과 신앙서적을 놓고 연구하는데, 갑자기 번개같이 깨달음이 왔습니다.

"우리는 다 죄인이기 때문에 죄인을 구원하려면 죄 없는 누군가가 대신 죽어야 했다. 그러나 인간은 모두 죄인이기에 의인은 단 한 사람도 없었기에 인간은 절대 절망에 처하였다. 그렇다고 신이신 하나님이 대신하여 죽을 수 없었다. 그렇기 때문에 하나님이 죄 없는 사람이 되어 이 땅에 오시게 된 것이다. 아버지는 당신의 아들을 이 땅에 내려 보내 주셨고, 하나님의 아들이 죄 없으신 분으로서 죄인인 나를 대신하여 십자가에서 죽으셨다. 그분이 바로 예수님이시다."

그는 이렇게 간증했습니다.

"진리를 깨닫는 순간 어두웠던 마음이 물러가고 환하게 밝아오는 것을 느꼈습니다."

그는 두 손을 모으고 주님을 영접하는 기도를 드렸습니다.

"나는 죽을 수밖에 없는 죄인입니다. 그런데 주님은 나를 대신하여 죽으셨습니다. 이 시간 저의 죄를 주님 앞에 내어놓았습니다. 주 예수님을 나의 주인으로 모셔들입니다."

그는 시간 가는 줄 모르고 기도하면서 구원해 주신 하나님의 은혜에 감사하였습니다. 아침이 되어 출근하는데 하늘이 다르게 보였습니다. 그 하늘은 어제 본 하늘이 아닌 것 같았습니다. 모든 것이 새로웠으며, 다르게 보였습니다.

하나님의 은혜를 깨닫게 된 것입니다. 이것이 거듭남입니다. 바로 그 순간 김영길 씨는 죄에서 구원, 심판에서 구원, 멸망에서 구원을 얻게 된 것입니다. 이것이 바로 하나님의 크나큰 선물입니다.

2. 죄인을 향해 하나님은 위대한 선물을 주셨습니다

그렇지만 그 선물은 엄청난 대가를 치르고 우리에게 주어졌습니다.

"우리가 아직 연약할 때에 기약대로 그리스도께서 경건하지 않은 자를 위하여 죽으셨도다"(6절).

여기 아직 연약할 '때' 라는 말씀과 '기약대로' 라는 말씀이 있습니다. 즉 하나님과 멀어져 죄악 가운데 살 수밖에 없었던 연약할 때, 하나님과 원수 되었을 때, 즉 버림받아 마땅할 때 하나님은 기약대로, 즉 선지자들을 통하여 구약성경에 약속하신 대로 하나님의 때에 십자가를 지시고 죽으셨습니다. 하나님은 우리가 받아야 하는 모든 심판과 진노를 아들에게 쏟아부으셨습니다.

주님은 숨을 거두시면서 "다 이루었다"고 선언하셨습니다. "다 이루었다"는 말은 희랍어 '데텔레스타이' 로 '완불되었다' , '죄의 빚을 다 갚았다' 는 상업 용어입니다. 우리 죗값을 아버지께서 모두 갚았다는 말입니다. 그러므로 우리가 주님을 영접하는 순간 심판의 자리에 서지 않고, 사망에서 생명으로 옮겨지게 된 것입니다(요 5:24).

예수님의 십자가는 하나님의 사랑을 우리에게 보여주신 표적(表迹)이요, 사인(sign)이 되었습니다.

> "우리가 아직 죄인 되었을 때에 그리스도께서 우리를 위하여 죽으심으로 하나님께서 우리에 대한 자기의 사랑을 확증하셨느니라"(8절).

하나님은 말로만 사랑하신 것이 아니라 친히 그 아들을 십자가에 내어주셨습니다. 이때 하늘도 울고 땅도 울었습니다. 예수님은 말로만 우리를 사랑하신다고 하신 것이 아니라 직접 십자가 위에 오르셔서 고난당하시고 심장이 터져 죽으셨습니다. 이때 무덤들이 터졌습니다.

김준곤 목사님은 그의 책에서 십자가에 대한 감동적인 말씀을 하셨습니다.

"예수님의 십자가 사건은 하나님과 사람 사이에 있었던 우주 최대의 사랑 이야기이다. 하나님은 사랑 그 자체이시고, 예수님은 사랑의 화신, 성경은 사랑의 편지, 성령은 사랑의 영, 우리는 그 사랑의 부르심에 빨려 들어온 사람들이다. 우리의 기도는 사랑의 속삭임, 전도는 사랑의 중매, 찬송은 사랑의 노래이다. 그리고 십자가는 사랑의 드라마의 절정, 사랑의 고백, 사랑의 심장 파열 사건이다. 십자가는 예수님이 하나님과 나의 이름을 부르고 부르다가 죽은 곳이다. 예수님이 한손으로 내 손을 붙잡고 다른 한손으로는 하나님 손을 붙잡고 사랑의 심장이 터진 곳, 바로 그곳이 십자가다."

3. 십자가의 은혜를 받은 성도는 즐거워해야 합니다

"그뿐 아니라 이제 우리로 화목하게 하신 우리 주 예수 그리스도로 말미암아 하나님 안에서 또한 즐거워하느니라"(11절).

여기서 즐거워한다는 말씀은 십자가의 은혜를 받은 성도들이 구원 받은 사실에 대한 감사와 찬양의 삶을 살아야 한다는 말씀입니다.
부산대학교의 길원평 교수가 신문에 기고한 글에서 그는 매일 아침마다 잠에서 깨어나면 자기 살을 꼬집어 본다고 하였습니다. 왜냐하면 나 같은 죄인이 주 예수님을 믿어 구원을 받고 하나님의 자녀가 되어 영생을 얻었으니 앞으로 천국에 가서 주님과 함께 영생복락을 누리게 될 것을 생각하면 하루하루가 꿈을 꾸는 것같이 즐겁기 때문이라는 것입니다.

이분이 받은 은혜나 우리가 받은 은혜는 동일한 은혜이지만 이분은 그 은혜를 날마다 누리며 사는 것이 다른 것입니다.

며칠 전 인터넷 기사에서 이런 글을 읽어 보았습니다. 섬유회사를 경영하던 사장님이 경영 악화로 회사가 부도 처리되고 설상가상으로 그의 부인이 경쟁 회사의 이사와 눈이 맞아 집을 나가 버리고 말았습니다.

이 사장은 너무 괴로워서 술로 잊으려 하였지만 괴로움만 더할 뿐이었습니다. 그는 자살을 결심하고 약을 입에 털어 넣었습니다. 그런데 깨어나 보니 병원 침대였고 친구가 근심 어린 얼굴로 내려다보면서 "친구, 이제야 정신이 드나?"라고 하였습니다. 그는 깨어난 것이 너무나 감사하였습니다. 그는 일곱 시간 동안 혼수상태 속에서 무시무시한 고통을 당하였습니다. 그 무서운 고통의 공간에서 탈출하게 된 것이 너무 감사하였다고 적었습니다. 그분은 아마도 예수님을 믿지 않는 분 같았습니다.

우리는 그 사장님이 체험한 정도가 아닙니다. 불과 유황으로 타는 못에서 영원토록 고통을 당할 우리였지만 주님이 대신 값을 지불하고 구원해 주셨습니다. 그러므로 이제는 그 은혜로 인하여 진정 감사하고 찬양해야 합니다. 그래서 우리가 누리는 구원의 즐거움을 보고 불신자들이 "아~ 하나님이 살아 계시는구나"라고 말할 수 있도록 즐거움이 흘러나와야 합니다.

〈집으로〉라는 영화에서 도시에서 자란 상우는 시골의 외할머니에게 맡겨집니다. 그 외할머니는 말을 하지 못합니다.

손자는 오락기의 배터리가 다 되어 새 배터리를 구하기 위해 할머니의 은비녀를 훔치기도 합니다. 할머니의 고무신을 숨기고, 요강을 걷어차기도 하고, 수없이 할머니를 병신이라고 놀립니다. 그때마다 할머니는 마른 나무 같은 손으로 가슴에 원을 만들며 미안하다는 말만 합니다. 그 할머니의 침묵은 '내가 너를 사랑한다' 라는 깊은 영혼의 소리로 표현하는 것입니다.

이제 상우는 어머니를 따라 돌아가야 하는 시간이 왔습니다. 상우는 여러 개의 실을 꿰어 놓은 바늘과 함께 글을 쓰지 못하고 말을 하지 못하는 할머니를 걱정해서 '아프다', '보고 싶다' 는 그림과 글을 카드에 써 주소와 함께 잔뜩 넣어 둡니다. 그리고 버스를 타고 떠나면서 연신 작은 손으로 가슴에 동그라미를 그립니다.

"미안해요 할머니, 사랑해요 할머니!"

상우가 할머니의 사랑을 알고 난 뒤 할머니를 향한 생각과 행동이 달라진 것처럼 한없는 주님의 은혜를 받았고, 지금도 주님의 사랑을 받고 있는 우리는 이제 하나님의 은혜와 사랑에 보답하는 삶을 살아야 합니다.

미국 필라델피아 출생인 존 워너메이커(1838-1922)는 서점 점원으로 시작해서 자수성가한 신앙인입니다. 그는 미국의 체신부 장관도 지냈으며, 교육사업, 위생사업, 사회사업에도 투자했고, 주일학교를 설립했으며, YMCA를 창설했습니다.

그는 중국에 시찰 갔을 때, 어느 시골 길을 걷다가 밭을 가는 농부를 보았습니다. 그런데 쟁기를 보니까 왼편에는 소가, 오른편에는 청년이 끄는 것이었습니다. 이 이상한 광경을 본 워너메이커는 농부에게 물었습니다.

"여보시오, 왜 사람이 소와 함께 밭을 갈게 합니까? 그 청년이 어디 견디겠소?"

그러자 농부가 대답했습니다.

"저 아이는 내 아들입니다. 내 아들은 예수를 믿는 아인데 작년에 저기 보이는 예배당을 건축할 때 소 한 마리를 팔아 예배당에 건축 헌금을 하고 자신이 소를 대신해 밭을 갈기로 약속을 했습니다."

워너메이커는 청년에게 힘들지 않느냐고 물었습니다. 이 청년은 대답하기를 내가 소를 대신해 그 멍에를 메고 밭을 갈고 있으나 아름답게 건축된 교회를 바라보면 하나도 힘이 안 든다고 하였습니다. 그러고는 '그 교회를 바라보는 하나님이 얼마나 기뻐하실까?' 생각하면 힘이 솟는다는 것입니다.

이 말을 들은 워너메이커는 크게 감동을 받았습니다. '이 청년은 천국에 소망을 두고 사는 청년이구나' 생각하고 그 아비에게 소 값을 지불하고 그 청년을 미국으로 데리고 가 신학공부를 시켰습니다. 그가 바로 중국 복음화의 기수 성문삼 목사입니다.

자격 없는 나에게 베풀어 주신 그 놀라운 사랑을 무엇으로, 어떻게 보답할 것입니까? 구원의 즐거움을 가지고 주님께 날마다 노래하고 감사하시기를 바랍니다.

1. 당신은 과거 허물과 죄로 인하여 죽었던 사람임을 고백할 수 있나요? 그리고 하나님의 큰 구원을 받은 사실을 믿고 확신하고 있나요? 당신이 받은 구원에 대하여 서로 나누어 보십시오.

2. 당신은 구원받은 성도로서 이제 구원의 즐거움을 누리며 이웃에게 이 복음을 전해야 합니다. 당신의 삶을 통해 하나님을 드러낼 수 있는 방법이 무엇인지를 서로 나누어 보십시오.

3. 이제 오늘 주신 말씀을 붙잡고 날마다 구원해 주신 은혜에 감사하고 찬송하고 살면서 이 구원의 복음을 널리 전하게 해달라고 합심하여 간절히 기도하십시오.

2. 이것을 더 기뻐하리라 (마 18:12-14)

구원

저희 부부의 결혼 주례를 맡아 주신 박중석 목사님은 부산에서 오랫동안 목회를 하셨습니다. 그분의 집에 독일산 셰퍼드를 키웠는데 가족들이 무척 사랑하였습니다. 그런데 어느 날 줄이 끊어져 있고 개가 없어진 것을 발견하였습니다. 개 도둑이 훔쳐 간 것입니다. 여러 경로를 통해 찾아보았지만 찾지를 못하였습니다.

그러던 중 이웃 사람들이 하는 말이 부산이나 광주에서 잃어버린 개는 서울에 가 있고, 서울에서 잃어버린 개는 부산이나 광주에 가 있을 것이란 말을 듣고 열차를 타고 상경한 다음 성남의 모란시장을 찾아 보신탕을 위해 우리 안에 갇힌 개들을 샅샅이 찾던 중 드디어 그 개를 발견하였습니다. 주인을 본 개는 보자마자 뛰어오르고 좋아서 짖고 야단났습니다. 목사님이 "이 개는 잃어버린 우리 개가 틀림없습니다. 증인들이 많습니다. 돌려주십시오. 그러지 않으면 경찰에 고발하겠습니다"라고 하자 장물 취득 죄로 고발당할 것을 두려워한 사람들이 개를 풀어 주어 부산의 집으로 데리고 왔다고 합니다.

키우던 개 한 마리를 잃어버려도 이렇게 안타까이 찾습니다. 성경은 잃어버린 인생을 애타게 찾으시는 하나님의 러브스토리입니다.

모든 인생들이 길을 잃어버렸습니다. 에덴에서 하나님을 떠난 인생은 방황하는 인생이 되었습니다. 낙원을 잃어버렸습니다. 행복을 잃어버렸습니다. 영원한 생명을 잃어버렸습니다. 하나님을 잃어버렸습니다. 그 결과 자신을 잃어버린 존재가 되었습니다.

창세기에 보면 하나님께서 죄를 짓고 타락한 아담 부부를 향하여 "아담아, 네가 어디 있느냐?"라고 물으셨습니다. 아담 부부는 죄를 짓고 두려워 동산 숲에 숨었습니다. 하나님께서 숨어 있는 장소를 몰라 물으시는 것이 아니라 죄를 짓고 하나님과의 관계가 끊어진 채 불안해하는 인간들의 실존을 깨달으라고 주시는 음성입니다.

그렇습니다. 죄를 짓고 곁길로 간 모든 아담의 후손들을 향해 던지는 질문입니다. "네가 어디 있느냐?" 죄를 깨닫고 회개하고 돌아서라는 사랑의 음성입니다. 숨어 지내는 인생을 측은히 여기시고 하나님께로 돌아오라는 자비로운 음성입니다.

당신은 지금 어디에 있나요? 주님 안에 영생을 누리고 있습니까? 아니면 세상에서 방황하고 있습니까? 죄 가운데 고민하고 있습니까? 아니면 의와 평강과 희락을 맛보며 살아갑니까?

주님은 오늘도 네가 어디 있느냐고 우리를 부르십니다. 우리를 찾고 계십니다. 주님은 우리를 알고 부르십니다.

1. 주님은 선한 목자이십니다(요 10:10)

성경은 목자와 양의 비유를 들어서 하나님과 우리의 관계를 설명하고 있습니다. 양은 하나님을 떠나 길을 잃고 방황하는 우리를 가리키고, 목자는 하나님과 주 예수 그리스도를 가리키는 것입니다.

주님은 비유를 통해서 "어떤 사람이 양 일백 마리가 있었다"라고 하셨습니다. 여기서 100마리는 천국에 들어갈 완전한 수를 말한 것입니다. '어떤 사람'은 예수 그리스도이십니다.

예수님은 나는 선한 목자라고 하셨습니다(시 23편). 목자는 양 100마리 중 한 마리가 없어진 것을 발견하였습니다. 푸른 풀밭에 한가로이 풀을 뜯는 양들 중에 한 마리가 없어졌습니다. 그때부터 목자는 한 마리 잃어버린 양에 대한 생각으로 그 가슴이 미어지고 자나깨나 앉으나 서나 온통 잃은 양 생각뿐이었습니다. 그 양이 아니고는 위로를 받을 수 없었습니다.

자식을 유괴당한 부모는 하늘이 무너지고 땅이 꺼지는 아픔과 괴로움을 겪게 됩니다. 세상 그 어떤 것으로도 위로받을 수 없고 보상받을 수 없습니다. 그 부모의 소원은 오직 한 가지, 잃어버린 자식을 다시 찾는 것입니다. 자식 대신 다른 어떤 것으로 자식을 대신할 수 없습니다. 찾기 전까지 눈물로 세월을 보냅니다.

양은 목자를 떠나 길을 잃어버리면 그 길을 다시 찾아오지 못합니다. 개들도 자기 집을 찾아오고 고양이도 자기 집을 찾아옵니다. 말과 소도 자기 구유를 알고 집을 알고 찾지만 양은 잃어버린 길을 기억하지 못합니다.

또 양은 자기 보호 능력이 없습니다. 카멜레온 같은 파충류는 주변 색깔에 자기 몸의 색을 변화시켜 자기를 보호하는 본능이 있습니다. 그런데 양은 그런 보호 능력이 전혀 없는 동물입니다.

양은 스스로 먹이를 구할 수 없습니다. 독수리는 멀리 날아서 높이 올라 먹이를 보고 낚아챕니다. 바다나 호숫가에 사는 펠리컨도 멀리 공중에서 물 속의 물고기를 보고 쏜살같이 물 속으로 들어가

물고기를 사냥하는 것을 보았습니다. 낙타는 수십 리 먼 곳에서 물의 냄새를 맡는다고 합니다. 그런데 양은 가까이 두고도 물과 풀을 찾지 못합니다.

그래서 목자를 떠난 양은 굶어서 죽기도 하고, 맹수에게 잡혀 죽기도 하고, 언덕에 굴러 떨어져 죽기도 하고, 가시넝쿨에 걸려 죽기도 하고, 추위와 더위에 견디지 못하고 죽는 것입니다. 이와 같이 양은 목자를 떠나서 절대로 생존할 수 없습니다.

이것을 잘 알기에 목자는 잃은 양에 대한 생각으로 마음이 안타깝고 조급합니다. 목자는 양이 자기 양이기에 어떤 대가를 지불하고서라도 양을 찾으려고 합니다. 반대로 삯꾼은 '까짓 것, 물어주면 되지 뭐. 그까짓 양 한 마리 정도야 별것 아니지 뭐' 이렇게 생각합니다. 그러나 목자는 자기 양이기에 그 한 마리를 무시할 수 없는 것입니다.

그 한 마리 양이 허기지거나 다쳐서 음매 하고 울고 있을 것을 생각하니 너무 마음이 아파 그 양의 이름을 부르며 들과 산을 돌아다니며 샅샅이 찾고 찾습니다.

2. 선한 목자는 한 마리 양을 찾아 이 땅에 오셨습니다

주 예수님이 이 비유를 말씀하시며 "이와 같이 이 작은 자 중의 하나라도 잃는 것은 하늘에 계신 너희 아버지의 뜻이 아니니라"라고 하셨습니다. 이 말씀을 하시기 전에 주님은 그 어느 누구도 지옥에 들어가서는 안 된다고 말씀하셨습니다.

우리 주님은 우리를 구원하기 위해 오셨습니다. 잃어버린 자를 찾아 저 하늘의 별을 넘어 이 낮고 낮은 땅에 사람이 되어 오셨습니다. 하늘 가는 길을 잃어버린 우리에게 길이 되어 주시기 위해 오셨습니다. 33년 이 땅에 사시는 동안 눈물을 흘리시며 애타게 찾고 또 찾으셨습니다. 지금도 성령을 통해, 교회를 통해, 전도자들을 통해 계속하여 찾으십니다.

누가복음 15장에 보면 주님은 세리와 죄인들, 창녀들과 함께 식사하시는 자리에서 이 비유를 말씀하신 것을 볼 수 있습니다. 바리새인들과 종교지도자들은 어떻게 저런 하찮은 인간들과 함께 식사할 수 있단 말인가, 저 사람이 어찌 하나님의 아들 메시아일 수 있단 말인가 하고 비난하였지만 주님은 기꺼이 그들을 찾으셨고 그들과 함께해 주셨던 것입니다.

주님은 지극히 작은 자 한 사람을 소중히 여기십니다. 어떤 나라나 종교나 단체들은 가난한 자들을 무시하고, 병든 자들을 무시하고, 장애인들을 무시하고, 여자들이나 어린아이들을 무시합니다. 그러나 우리 주님은 그런 소외된 자들을 친히 찾으셨습니다. 여인들, 어린이들, 병든 자들, 창녀들, 가난한 자들의 친구가 되어 주셨고 그들을 안으셨습니다.

중국 천안문 사태 때 천안문 광장에 모여 민주화를 요구하는 젊은이들을 향하여 발포하고 탱크로 밀어붙여 많은 젊은이들이 죽었습니다. 그 당시 중국 최고 권력자 등소평은 "우리 체제를 반대하는 무리들이 반역할 때 100만 명을 죽여서라도 체제를 수호하는 것이 더 중요하다"라고 했습니다. 북한에서 홍수 혹은 가뭄으로 먹을 것이 없어 백성들이 굶어 죽어 갈 때 김정일은 "우리 북조선인민공화국은 2천만 명이 적정수이기에 그 이상은 굶어서 죽어도 괜찮다"고 하였습니다. 그들은 삯꾼들이기 때문입니다.

성경에 하나님은 "여인이 어찌 그 젖 먹는 자식을 잊겠느냐. 그러나 혹시 그들은 잊을지라도 나는 너를 잊지 않겠다"고 하셨습니다.

6·25 때 폭격을 맞아 집이 불타고 있을 때 한 젊은 어머니가 아기를 둘러 업고 나온다는 것이 그만 베개를 업고 나왔다는 말을 들었습니다. 혼란한 상태에서 그랬을 것입니다. 그러나 주님은 그렇지 않습니다. 실수가 없는 분이십니다. 하나님은 당신을 너무나 잘 알고 계시고, 당신 이름을 손바닥에 새겼다고 하셨습니다. 그래서 잃어버린 당신을 반드시 찾아내십니다.

잃어버린 가족을 찾아 주는 방송이 있었습니다. 다섯 살 어린 나이에 개울에 나가 고무신을 벗어 물에 띄우고 떠내려가는 고무신을 따라가다가 길을 잃어버려 울고 울다가 지쳐 있을 때 어떤 분이 미아 보호소에 데려다주었고, 고아원으로 가서 35년 동안 홀로 살아온 분이 지금은 결혼하여 자녀 둘을 두고 택시 운전을 하면서 살다가 용기를 내어 방송국을 찾았습니다.

자기 성도 모르고 가족들의 이름도 몰랐지만 누나의 별명과 자기 이름 두 자를 기억하고 있었고, 냇가와 징검다리 그리고 버드나무가 있던 집을 기억하였습니다. 방송의 위력이 대단하였습니다. 바로 전화가 걸려왔습니다.

그다음 주에 가족들과 만나는데 어머니를 만나 얼싸안고 울고 또 울면서 말을 하지 못하였습니다. 나중에 진정한 다음 "왜 나를 찾아 주지 않았느냐?"고 하자 어머니는 "찾고 또 찾았지만 찾을 수가 없어 중단하고 말았단다"라고 하였습니다.

사람은 찾기를 포기할 수 있지만 주님은 결코 당신을 포기하지 않으십니다. 당신이 작고 부족하고 초라하고 가난하고 병들어 버린 바 되어도 주님은 절대 당신을 포기하지 않으십니다. 당신의 부모가 당신을 포기하여도 주님은 결단코 포기하지 않으신다고 하셨습니다.

지금도 주님은 교회를 통해 찾으시고, 선교단체를 통해 찾으시고, 이 시간 이 글을 통해 당신을 찾고 계십니다.

어서 빨리 주님께로 돌아서는 것이 당신의 행복입니다. 주님을 만나는 것이 당신의 모든 문제 해결의 길입니다. 당신과 당신 가정이 영원히 행복하게 사는 길은 이 길뿐입니다.

주님은 우리를 구원하시기 위해 십자가를 지시고 물과 피를 다 쏟으시고 죽으셨습니다. 주님은 당신을 죄에서 구원하셨고, 영원한 멸망의 지옥에서 구원해 주셨습니다. 이제 당신이 이 사실을 믿고 주님께로 돌아서야만 영생을 얻고 구원을 얻게 됩니다.

성경에는 1,900번이나 오라고 하십니다. 돌아오라고 하시는 주님의 음성을 들으시고 이 시간 돌아서기를 바랍니다.

오늘날 마귀는 잠시 머물 세상 일락과 자랑을 통해 인간을 속이고, 헛된 철학과 종교를 가지고 인간을 속이고 있습니다.

며칠 전 제가 아는 목사님 부인으로부터 급한 전화가 걸려왔습니다. 다급한 목소리였습니다. 조금 전 어떤 사람으로부터 사모님에게 전화가 걸려왔는데, 그 사람이 목사님 아들의 이름을 들먹이며 "아드님이 머리를 크게 다쳐 피를 많이 흘리고 있습니다"라고 하더랍니다. 순간 눈앞이 캄캄해졌다고 합니다.

그리고 그 사람이 전화를 바꾸어 주는데 아들의 다급한 목소리가 들립니다. 울면서 말하기를 "엄마, 나 이 사람들에게 납치되었어요. 저 좀 살려주세요" 하는 것이었습니다. 다시 그 사람이 전화를 넘겨

받은 다음 아들을 살리기 원한다면 돈 천만 원을 즉시 송금하라는 것입니다. 경찰에 전화를 하면 손가락을 절단하겠다고 하였습니다. 목사님이 전화를 바꾸어 차분하게 그 사람들을 설득하는 사이에 사모님이 작고 다급한 목소리로 저희 집에 전화를 걸었습니다.

저는 그 말을 듣자마자 "사모님, 사기꾼들입니다. 보이스피싱이란 용어를 들어 보셨지요? 바로 그 사람들입니다. 아드님은 안전할 것입니다. 돈을 보내시면 안 됩니다"라고 하였습니다. 그리고 여러 방면으로 아들에게 전화 연결을 시도하여 아들과 연결되었는데, 아들은 다른 곳에서 멀쩡하게 잘 지내고 있었습니다. 이는 중국에 거주하는 사기꾼들이 흔히 사용하는 수법입니다. 하지만 모르는 사람들은 당하는 것입니다.

마귀는 여러 가지 세상 것들과 환경과 헛된 것들을 동원해 당신을 속이고 있습니다.

3. 양이 목자를 만날 때 목자도 기뻐하고 양도 행복합니다

주님은 누가복음 15장에서 잃은 양을 찾은 목자, 잃은 드라크마를 찾은 여인, 잃은 아들을 찾은 아버지 비유를 말씀하시면서 공통적으로 찾고 찾아 마침내 찾았을 때 기쁨을 이기지 못한다고 하셨습니다. 이것은 성삼위 하나님께서 당신을 얼마나 기뻐하시는가를 설명하는 비유입니다.

당신이 선한 목자이신 주님을 만나면 방황이 끝납니다. 모든 의문이 풀립니다. 인생의 고통의 문제가 해결됩니다.

누가복음 4장 18-19절에서 주님은 "주의 성령이 내게 임하셨으니 이는 가난한 자에게 복음을 전하게 하시려고 내게 기름을 부으시고 나를 보내사 포로 된 자에게 자유를, 눈먼 자에게 다시 보게 함을 전파하며 눌린 자를 자유롭게 하고 주의 은혜의 해를 전파하게 하려 하심이라"고 하셨습니다. 이것이 곧 복음입니다.

우리나라에 술 중독자가 10%, 도박 중독자는 11%, 게임 중독자도 많습니다. 게임 중독에 빠진 중학생이 어머니를 살해하였습니다. 많은 가정이 무너지고 있습니다. 이 포로 된 자리에서 인간이 몸부림쳐도 풀려날 수 없습니다. 배후에 악한 영이 역사하기에 인간의 힘만으로 감당하기 어렵습니다. 오직 주님만이 포로 된 자를 자유하게 하십니다.

많은 사람들이 눈이 어두워 보지 못합니다. 진리가 무엇인지 알지 못하고, 어느 곳이 길인지 알지 못하고 헤매이고 있습니다. 미신과 악습과 우상숭배와 이단에 빠져 살아가는 것은 눈이 어두워졌기 때문입니다. 주 예수님을 만나면 바디매오처럼 즉시 영안이 열려 하나님이 예비하신 것들을 볼 수 있게 됩니다.

이 시대는 우울증이 안개처럼 각 사람에게 스며들고 있습니다. 오늘날 건강 문제, 자녀 문제, 경제적인 문제, 정신적인 문제, 노후 문제, 장래 문제 등으로 많은 사람들이 고민합니다. 수많은 사람들이 스트레스에 눌려 살아가고 있습니다. 이 인간 고통과 괴로움은 끝이 없습니다. 과거에도 있었고, 지금도 있고, 앞으로도 계속될 것입니다.

인간의 어떤 방법으로도 눌린 문제들을 완전히 해결할 수 없습니다. 오직 선한 목자 되신 주님만이 인생의 모든 문제의 마스터키를 가지고 계십니다. 주님을 만나면 비로소 참된 자유를 얻게 될 것입니다.

주님은 잃어버린 당신을 지금 찾으십니다. 오늘 이 지면을 통하여 당신을 부르실 때 마음을 열고 주님을 모셔들이십시오. 구원과 영생을 얻게 될 것입니다.

1. 선한 목자이신 주 예수님께서 하늘 영광을 모두 버리고 이 땅에 잃어버린 양을 찾아오셨습니다. 당신이 이 사실을 믿는다면 영혼 구원에 대해 어떤 반응을 보여야 할지 말씀해 보십시오.

2. 선한 목자 주 예수님을 만났을 때 양은 행복합니다. 당신이 주님을 만났을 때 그 기쁨과 지금 예수 안에 있는 행복에 대해 서로 나누어 보십시오.

3. 오늘 주신 말씀을 붙잡고 잃어버린 한 마리 양을 찾는 주님의 심정을 달라고 합심하여 간절히 기도하십시오.

3. 믿음을 가지십시오 (요14:1-6절)

구원

"요즘 죽겠다는 전화가 너무 많이 와요!"

이는 〈한국일보〉에 실린 기사입니다. 서울 광역보건센터 자살 예방 상담팀에 자살하겠다는 전화가 폭주하였습니다. 그곳에는 복지사와 간호사 8명이 전화로 상담하고 출동하기 위해 긴장하며 24시간을 대기하고 있습니다. 전준희 위기 관리 팀장은 "평소 800~900건 정도였던 상담 건수가 지난 9월 1,000건을 넘은 데 이어 10월엔 1,250건으로 사상 최고점을 찍었다"고 말했습니다. 2005년 광역센터 설립 이래 가장 바쁘다고 했습니다.

가족과 별거 중인 40대 남자는 딸 결혼식에 다녀온 뒤 목을 매려한다고 전화를 하였습니다. 집 팔아 유학 보냈던 외동딸의 외면에 상심한 70대 홀어미는 잔뜩 취해 "죽겠다"고 소리쳤습니다. 이혼한 날 전화를 걸어 "아이도 시댁에 맡겼으니 홀가분하게 삶을 정리하겠다"고 말한 여성의 행방을 찾느라고 상담원들이 애를 먹기도 했다고 합니다.

지금은 너 나 할 것 없이 어려운 시기입니다. 이러한 시대에 왜 평안이 없을까요?

1. 믿음을 가지면 근심 대신 평안을 얻습니다

많은 사람들이 행복하기를 원하지만 진정한 행복을 찾지 못하고 오히려 고통 속에 살아가고 있습니다.

1) 가정의 문제로 걱정하는 사람들이 얼마나 많은지 모릅니다.
   부부의 불화로 가정에 위기를 만난 사람들이 많습니다. 남편의 외도와 아내의 탈선으로 인한 가정 해체의 위기, 서로 성격이 맞지 않아 갈등과 다툼이 반복되는 가운데 이혼의 위기에 처한 가정들, 자녀들의 반항으로 인한 부모들의 근심이 깊어만 갑니다.

2) 경제적인 어려움으로 인하여 많은 사람들이 두려워하고 근심하고 있습니다.
   한국뿐 아니라 전세계적으로 몰아닥친 경제 위축으로 인하여 사업하는 분들이 어려움을 호소하고 있습니다. 의류 도매업을 하는 업종들이 문을 닫는 일이 속출하고 있고, 재래시장이나 백화점이나 할 것 없이 매출이 뚝 떨어지고 있다고 울상을 짓고 있습니다. 환율로 인하여 원자재를 수입하여 수출하는 중소기업들이 부도의 위기에 몰려 있다고 합니다. 자녀들을 유학 보낸 부모들은 걱정이 태산 같습니다.
   전세계적으로 중국산 제품이 홍수를 이루고 있고, 중국산이 우리 제품을 이미 추월한 품종이 너무나 많아 걱정하고 있습니다.

3) 건강으로 인하여 걱정하는 가정들이 늘어 가고 있습니다.

도시나 농촌 할 것 없이 피곤을 호소하고 있습니다. 젊다고 병을 피해 가는 것이 아니고 운동한다고 건강한 것이 아닙니다. 어느 분은 살 빼는 것이 사업하는 것보다 어렵다고 하였습니다.

병원마다 많은 사람들이 몰려 줄을 서서 차례를 기다리고 있고, 종합병원에 수술을 의뢰하면 날을 잡기가 어렵습니다. 이름도 모르는 병들이 너무 많이 생기고 있고, 두통을 호소하고 신경통을 호소하는 장년층들이 늘어 가고 있습니다.

4) 정신적으로 스트레스를 견디지 못하여 우울증에 사로잡혀 자살을 생각하는 사람들이 많습니다.

많은 사람들이 불면증, 노이로제, 강박관념, 정신분열증에 시달리고 있습니다.

얼마 전 신문에 난 기사를 보니 현대인들의 70%는 정신 치료를 받아야 할 사람들이라고 합니다. 우리의 이웃을 살펴보십시오. 서로서로 측은하게 여겨야 합니다. 왜냐하면 가만히 있어도 정신병에 걸리기 쉬운 시대이기 때문입니다.

5) 장래 문제로 인하여 걱정하는 사람들이 많이 있습니다.

이미 많은 기업들이 정리해고에 들어갔다는 뉴스를 듣고 있습니다. 명퇴나 조퇴로 인하여 미래가 불확실합니다. 자녀들에게 의탁하지 않고 노후를 보내려 하지만 쉽지 않습니다. 미래에 대한 막연한 두려움과 불안이 모든 사람의 마음속에 깔려 있습니다.

왜 우리에게 무거운 근심이 있을까요? 한마디로 말하면 하나님을 떠나 살기 때문입니다.

하나님을 떠난 사람들은 자신의 고통을 해결받고자 미신이나 종교를 찾습니다. 하지만 헛수고만 더할 뿐입니다. 인간의 문제는 인간 스스로 해결할 능력이 전혀 없습니다.

"내 백성이 두 가지 악을 행하였나니 곧 그들이 생수의 근원 되는 나를 버린 것과 스스로 웅덩이를 판 것인데 그것은 그 물을 가두지 못할 터진 웅덩이들이니라"(렘 2:13).

우리가 읽은 본문 말씀은 예수께서 친히 우리에게 주신 말씀입니다. 제자들은 주님이 떠나가신다고 하시니 불안해하고 두려워합니다. 특히 베드로는 주님께서 그가 배신할 것이라고 하니 더욱 근심하게 됩니다. 이때 주님께서 주신 말씀입니다.

"너희는 마음에 근심하지 말라 하나님을 믿으니 또 나를 믿으라"(요 14:1).

근심과 반대되는 말이 믿음입니다. 하나님에 대한 믿음을 가지면 근심이 사라지고 모든 문제의 답이 열리게 됩니다.

미국 로스앤젤레스에 사시는 어느 목사님이 설교를 통해 말씀하셨습니다. 그 목사님이 사시는 동네에 산불이 나 불길이 거세게 타오르는데 목사님의 사택에도 경찰이 와서 어서 피신하라고 독촉하였습니다. 그래서 목사님은 그날이 토요일이라서 주일 설교할 문서가 들어 있는 노트북 하나만 들고 나와 멀리 서서 불길이 타오르는 곳을 애타게 바라보는데 옆에 백인 여자 하나가 아주 밝게 웃고 있어 물었습니다. "부인의 집은 안전합니까?" "아니오." "그런데 왜 그렇게 웃으십니까?" "아, 예! 저는 화재보험에 들었습니다. 그리고 이미 집안의 가재도구들은 사진을 찍어 두었습니다. 저곳에 더 좋은 주택을 지을 수 있게 될 것입니다"라고 하더랍니다. 믿는 구석이 있으니 그 믿음이 그 환난 가운데 웃게 만드는 것입니다.

이 세상에서 살고 있는 사람이라면 어찌 근심하지 않을 수 있겠습니까? 하지만 주님의 약속을 믿는 사람들은 안심할 수 있습니다. 믿는 대상이 있는 사람과 그렇지 않은 사람은 어려움을 당할 때 확연히 다르게 나타납니다. 주님은 믿는 자들과 함께하시기로 약속하셨습니다(히 13:5; 마 28:20).

그러므로 이 믿음을 가지고 승리하시기를 바랍니다.

2. 믿음을 가지면 영원한 집을 소유합니다

사람들은 영혼의 안식을 누리지 못하기에 근심하는 것입니다. 즉 근심이나 불안의 근원을 찾아가 보면 그 뿌리는 죽음과 형벌입니다. 다시 말하면 버림받을 것에 대한 두려움이 밑바닥에 깔려 있다는 말씀입니다.

주님이 말씀하셨습니다.

"내 아버지 집에 거할 곳이 많도다"(요 14:2).

여기서 '거할 곳' 은 헬라어로 '모나이' 인데 '안식처' 곧 '평안히 쉴 곳'을 의미합니다. 영어 성경에 보면 '맨션', NIV 성경에는 '룸스'(rooms)라고 하여 분명한 특정 장소를 가리키고 있습니다.

이와 같은 표현들은 나그네와 같은 힘든 인생들이 영원히 안식을 누릴 천국이 얼마나 편안하며 온화한 곳인가를 가르쳐 줍니다.

주님은 거할 곳이 많다고 하셨습니다. 수도권에 더 이상 집을 지을 땅이 부족하여 고민이라는 기사를 읽었습니다. 우주 공간에도 인공위성을 많이 쏘아 올려 앞으로 더 쏘아 올릴 공간이 없어질 것이라는 우려도 있습니다. 해마다 전세가가 오르면 어쩌나 걱정해야 하고, 봄 가을이면 이사를 가야 할지 고민해야 하는 우리에게 영원한 저택을 마련해 놓으셨다는 약속이 얼마나 놀랍고 감사한지요.

우리가 살면 얼마나 살겠습니까. 시편 90편 10절에는 "우리의 연수가 칠십이요 강건하면 팔십이라도 그 연수의 자랑은 수고와 슬픔뿐이요 신속히 가니 우리가 날아가나이다"라고 하였습니다.

짧은 인생이 끝날 때 우리를 영접해 주실 분이 있어야 하고, 우리가 갈 처소가 준비되어 있어야만 합니다.

주님은 "내가 너희를 위하여 거처를 예비하러 가노라"라고 말씀하셨는데, 주님은 자기 백성을 준비도 되지 않은 곳으로 데려가지 않으십니다.

하나님은 에덴 동산을 창설하신 다음 아담과 하와를 그곳에 살도록 하셨고, 가나안을 준비하신 다음 그곳에 이스라엘 백성들을 인도해 들이셨습니다.

우리 주님은 우리를 위해 처소를 예비하러 가신다고 하셨고, 처소를 예비한 후 다시 우리를 데리러 오시겠다고 하셨으며, 그곳으로 우리를 인도하여 영원토록 주님과 함께 행복을 누리게 해주시겠다고 약속하셨습니다.

　이 약속이 우리에게 크나큰 위로가 됩니다. 근심하는 인생들, 늙어 가고 병들어 가는 인생들, 죽음 앞에 무력한 인생들, 소망이라고는 없는 인생들에게 큰 소망과 위로가 되는 말씀입니다.

　존 아담스 대통령이 은퇴하고 지낼 때 한 사람이 아담스를 만났습니다. "요즘 어떻게 지내십니까? 건강은 어떠신가요?" "예! 저는 건강합니다. 그러나 제가 살고 있는 집이 문제입니다. 지붕이 낡아 벗겨지고, 벽의 기둥들이 밖으로 드러나 보이고, 바람이 불면 흔들려 받침 기둥을 세우지 않으면 안 됩니다." "아니, 그럴 수가 있나요? 전직 대통령이 사시는 집이 그렇게 낡아도 됩니까? 저라도 언론에 알려서 모금을 해서라도 각하의 집을 새로 지어드리도록 하겠습니다."

　그러자 그는 모자를 벗어 자기 대머리를 가리키며 "지붕이 낡아 다 벗겨졌지요." 갈빗대를 보이며 "기둥들이 보이죠?", 지팡이를 가리키며 "보조 받침대를 의지해야만 이 집은 견딜 수 있습니다"라고 말했습니다. 그리고 덧붙이기를 "하지만 언제까지 이런 집에서 살지 않을 것입니다" 하더니 손가락으로 하늘을 가리키면서 "곧 저곳으로 이사 갈 것입니다" 라고 하였답니다.

　고린도후서 5장 1절에 "만일 땅에 있는 우리의 장막집이 무너지면 하나님께서 지으신 집 곧 손으로 지은 것이 아니요 하늘에 있는 영원한 집이 우리에게 있는 줄 아느니라"라고 하였습니다. 그렇습니다. 하늘 영광의 집이 있으니 우리는 안심할 수 있습니다.

　로마 황제가 그리스도인들을 핍박할 때 한 크리스천이 잡혀서 사형선고를 받고 내일이면 사형을 당할 것인데 간수가 불쌍히 여겨서 그의 딸을 면회시켜 주었습니다. 그런데 딸을 만나 본 그 크리스천의 얼굴에 기쁨이 충만한 것을 보았습니다. "당신은 오늘 저녁 마지막으로 딸을 본 것이오. 그런데도 슬프지 않나요?" 하니 "천만에요. 간수님, 그것은 틀린 말입니다. 그 아이도 그리스도인입니다. 그리스도인들은 영원히 헤어지지 않습니다"라고 하였습니다.

그렇습니다. 그리스도 안에는 죽음도 갈라 놓을 수 없는 영생이 있기 때문입니다.

D. L. 무디 목사가 죽음의 순간이 가까이 다가온 것을 알고 그의 측근들에게 이렇게 말했습니다. "여러분, 어느 날 조간신문을 펼칠 때 무디가 죽었다는 머리기사를 볼 것입니다. 그러나 믿지 마십시오. 그때 무디는 지금보다 더 뚜렷한 의식을 가지고 천국에서 살아 있을 것입니다."

존 F. 케네디 대통령이 취임하고 첫 번째로 백악관에 초대한 손님은 빌리 그레이엄 목사님이었습니다. 케네디 대통령이 먼저 빌리 그레이엄 목사님에게 질문을 하였습니다. "목사님, 인류 역사는 어디로 흘러갑니까?" 그때 빌리 목사님은 "역사는 예수님의 재림을 향하여 흘러가고 있습니다"라고 말했습니다.

신약에 우리 주님이 재림하신다고 하신 약속이 318번이나 기록되어 있습니다.

천사장의 호령과 하나님의 나팔 소리가 울려 퍼질 때 친히 하늘로부터 강림하실 예수 그리스도 안에 죽은 자들이 모두 부활의 몸을 입고 영광스러운 천국으로 들어갈 것입니다. 징그러운 송충이가 번데기에서 나비가 되어 하늘을 향하여 날아가듯이 주님의 그 영화로운 몸을 우리도 입고 상함도 해함도 없는 아름다운 낙원에 들어가 영원히 살게 될 것입니다.

요한계시록 21장과 22장에 보면 천국에 없는 것들이 있다고 하였는데, 그곳엔 '눈물과 질병과 사망과 애통하는 것, 곡하는 것, 이별하는 것, 속된 것, 가증한 것, 저주나 아픔이나 고통이나 어두움 같은 것이 다시는 있지 않다'고 하였습니다.

반면 이 세상에서는 부족하고 아쉬웠던 것들이 그곳에는 풍성하게 준비되어 있습니다. 주님과 성도들이 그곳에서 아름다운 교제를 나누며, 천군 천사들이 우리를 시중들 것이며, 수정같이 맑은 생명수 강이 하나님의 보좌에서 흘러넘치고, 그곳에는 황금보석으로 된 집이 있으며, 너무나 아름다운 천국 나무가 열두 가지 열매를 주렁주렁 맺습니다. 길은 정금으로 된 길이요, 하나님의 영광의 빛이 황홀해서 우리는 그곳에서 영원히 만족을 누릴 것입니다.

고린도후서 12장 4절에서 사도 바울은 그 아름다운 천국에 들어가 보고 왔지만 사람의 말로 형용을 할 수 없을 정도라고 하였습니다. 시편 16편 11절에서는 '하나님의 보좌가 있는 곳에는 충만한 기쁨이 있다'고 하였습니다.

3. 믿음의 대상은 오직 예수 그리스도입니다

도마가 물었습니다. "그 길이 어디입니까?" 그때 주님은 "내가 곧 길이요 진리요 생명이니 나로 말미암지 않고는 아버지께로 올 자가 없느니라"고 하셨습니다. 천국에 이르는 유일한 길, 그 길이 바로 우리 주님이십니다.

성경은, 어떤 길은 사람이 보기에는 바르나 필경은 사망의 길이라고 하였습니다.

어떤 사람들은 이 세상에서 자기의 어떤 선행으로 혹은 자기들의 수행으로 혹은 종교의 신봉으로 구원을 얻는 줄 생각하고 있습니다. 그러나 구원은 오직 어린 양 예수 그리스도의 이름을 믿고, 그가 흘린 보혈의 능력을 믿어야만 받을 수 있습니다.

이슬람 교도였던 한 사람이 성경을 읽다가 개종을 하고 예수님을 믿었습니다. 그가 회교 공동체에 잡혀와 심문을 받는데 "너 왜 마호메트를 배신하고 개종했느냐?"라고 묻자 "예, 제가 세상을 살면서 길을 잃었습니다. 그런데 가다가 보니 죽은 사람이 한 사람 누워 있고 산 사람이 한 사람 있었습니다. 그렇다면 누구에게 길을 물어보아야 하겠습니까?" 하자 "우리를 놀리려는 거야? 그거야 산 사람에게 물어보아야지"라고 했습니다. "예, 그렇습니다. 제가 보니 마호메트는 죽었고 예수님은 살았습니다. 그러니 살아 계신 예수 그리스도께 길을 물어야 하지 않겠습니까? 그분만이 유일한 길입니다"라고 했다는 것입니다.

그렇습니다. 오직 주 예수를 믿는 믿음이 우리의 영혼을 죄에서 구원하고, 우리를 영원한 심판과 멸망에서 구원해 주는 것입니다.

그뿐 아니라 믿음을 가지면 이 땅에서도 마음에 평안을 얻고 얼마나 행복한지 모릅니다. 인생의 길을 홀로 걸어가는 사람들은 불쌍한 사람입니다. 의논할 대상이 없어 혼자 속을 태우다 우울증에 걸린 사람들은 참으로 가련한 사람들입니다.

이 세상을 살아가다 보면 어려움을 당하지 않는 사람은 한 사람도 없습니다. 지식과 재주와 학문, 젊음과 건강과 직장, 돈과 부귀가 있다고 큰소리치고 자랑할지 모르지만 환난과 시련의 찬바람이 불고 죽음의 그늘이 덮어올 때 그런 것들이 우리에게 도움이 되지 못한다는 사실을 역사가 증명해 주고 있습니다. 세상은 우리를 구원하지 못합니다.

오직 주 예수님만이 유일한 구원입니다. 믿음이 이기는 것입니다.

저는 믿음을 가진 사람들이 가난을 딛고 일어서고, 역경과 환난을 이기고 승리하는 것을 보았으며, 질병을 물리치고 모든 근심과 걱정 불안과 두려움 등을 이기고 담대하게 살아가는 것을 보았습니다.

이 타락한 세상에서 그래도 믿을 곳은 교회밖에 없습니다. 교회만이 이 세상에서 유일한 소망입니다. 교회만이 세상을 치유하는 유일한 병원입니다.

여러분의 자녀들을 위해 믿음을 가지고 기도하십시오. 여러분의 자녀들이 잘될 것입니다.

1. 당신이 불안하거나 두려워할 수밖에 없는 상황이었지만 믿음을 가지고 평안을 누렸던 경험이 있었다면 서로 나누어 보십시오.

2. 당신은 영원한 집에 대한 소망과 확신을 가지고 있습니까? 그렇다면 예수 그리스도를 통한 영원한 집에 대한 소망을 서로 나누어 보십시오.

3. 오늘 주신 말씀을 붙잡고 영원한 평안과 소망을 주신 주님께 감사하고 평안과 소망의 복음을 널리 전할 수 있도록 담대한 믿음을 달라고 합심하여 간절히 기도하십시오.

4. 보화를 발견한 사람 (마 13:44-46)

구원

　호주의 한 불도저 기사가 농장지역에서 땅을 파다 현금 40만 달러 (한화 약 3억 원)가 든 주인 없는 플라스틱 돈 상자를 캐냈다고 호주 언론들이 2007년 2월 18일 보도했습니다. 언론들은 뉴사우스 웨일스 주 셸하버 부근 농장지역에서 채석장 개발을 위해 땅을 파던 불도저 기사가 곰팡이가 약간 핀 현금 뭉치가 들어 있는 상자를 캐냈다며 불도저 기사가 경찰에 신고했으나 아직 주인이 나타나지 않고 있다고 밝혔습니다. 발견된 현금은 6년 안에 주인이 나타나지 않으면 주 정부의 재산으로 귀속된다고 합니다.
　옛날 팔레스타인 지방에서는 약탈과 전쟁이 빈번하게 일어났기에 금이나 은같이 값비싼 보물들을 땅 속에 숨겨 놓는 경우가 있었다고 합니다. 그러다가 전쟁 중에 묻어 둔 사람이 가족에게 알려 주지 못한 채 죽었다면 그 보화는 임자 없이 땅 속에 묻혀 있게 마련이었습니다. 그랬다가 후일에 어떤 사람이 그 보화를 발견하면 그 사람의 소유가 되는 것입니다. 감추어진 보물에 대해 유대 랍비법에는 이렇게 기록하고 있습니다. "발견한 물건이 그 사람이 소유한 토지 내에서 발견되었다면 발견자에게 속한다. 흩어진 과일이나 흩어진 돈을 발견하여도 이런 물건들은 발견자에게 속한다."

1. 보화를 발견한 사람

본문에 기록된 사람은 자기 소유가 아닌 남의 밭에서 일해 주고 돈을 받는 소작농이었습니다. 그런데 본문에 나오는 사람이 밭을 일구던 중 이상한 소리를 들었습니다. 괭이에 부딪힌 둔탁한 소리는 평소에 듣던 돌멩이 소리가 아니었습니다. 더 깊이 땅을 파보던 이 사람은 보물단지를 발견하였고, 가슴이 울렁거려 견딜 수 없었습니다.

그러나 놀라고만 있을 수 없었습니다. 가슴을 진정시키고 이 보화를 캐내어 자기 소유를 만들 궁리를 하였습니다. 그 밭은 그의 소유가 아니었기에 집에 돌아온 뒤 자기 소유를 다 팔아 그 밭을 샀습니다. 시가보다 비싸게 주고 그 밭을 사자 주위에서 제정신이 아니라고 하였고, 미쳤다고 하였지만 그는 싱글벙글하며 자기가 산 토지의 등기부 등본을 들여다보았습니다.

그리고 그가 그 보화를 캐내었으므로 그것은 합법적으로 그의 것이 되었습니다. 그는 한순간에 가난뱅이에서 부유한 자가 되었습니다. 그는 남에게 품을 팔아서 먹고 살던 자리에서 남을 도와주고 나누어 주는 사람이 되었습니다. 모두가 존경하고 부러워하는 사람이 된 것입니다. 그것은 그가 보화를 발견하였고, 그 보화의 가치를 알고 그 보화를 소유하였기 때문입니다.

본문에서 예수님은 하나님 나라에 대하여 이 비유를 드셨습니다. 하나님 나라는 예수 그리스도가 계신 곳이요, 그분이 다스리시는 곳입니다. 그러므로 하나님 나라와 예수 그리스도는 하나입니다.

2. 예수 그리스도가 참된 보화입니다

　인생의 참된 보화는 무엇일까요? 많은 사람들이 인생의 참된 보화를 찾아 헤매고 있습니다. 존 웨슬리는 "인간은 최대의 행복을 원하면서도 무엇이 행복인지, 어디에서 그 행복을 찾아야 하는지 모르고 살아간다"고 하였습니다.
　사람들은 지식이나 권력이나 명예나 이익이나 부귀영화나 쾌락이나 자식이 보화라고 생각합니다. 하지만 이런 것들은 우리가 추구해야 할 영원한 가치가 아닙니다.
　찬바람이 불어오면 여름에 무성하던 꽃들과 나뭇잎이 퇴색하여 말라 떨어져 버리듯이 이 모든 것들은 우리가 영원히 소유할 수 없는 것들이고, 영원한 가치가 될 수 없는 것들입니다. 오직 예수 그리스도만이 우리가 찾아야 할 보배이십니다. 고린도후서 4장 7절에 "우리가 이 보배를 질그릇에 가졌으니 이는 심히 큰 능력은 하나님께 있고 우리에게 있지 아니함을 알게 하려 함이라"고 하였습니다.
　영국의 에딘버러 대학의 의학 교수인 심프슨 박사는 마취제를 발명하여 인류에게 큰 공헌을 하신 분입니다. 이분의 노년에 기자가 찾아와 물었습니다. "선생님이 발견하신 것 중 가장 큰 발견은 무엇이라고 생각하십니까?" 그 말에 그는 "예, 제가 큰 죄인이라는 것과 예수님이 나의 구세주라는 것을 발견한 것입니다"라고 대답하였습니다.
　시편 1편에는 이 땅에서 부자요, 권력가요, 지식인이라 할지라도 예수 그리스도를 발견하지 못한 사람은 바람에 나는 겨와 같다고 하였습니다.

몹시 추운 겨울, 영국 런던의 어느 악기점에 초라한 옷을 입은 여인이 찾아와 바이올린을 내놓으며 "저는 배가 몹시 고픕니다. 이 바이올린을 사 주시겠어요? 얼마라도 좋습니다"라고 말했습니다. 악기점 주인은 여인의 모습이 하도 불쌍해 악기를 쳐다보지도 않고 5달러를 주었습니다. 그녀는 악기를 내려놓고 "고맙습니다!"라고 연거푸 인사하고는 종종걸음으로 사라졌습니다.

그녀가 가고 난 후에 주인이 낡은 바이올린을 켜 보려고 손잡이 활을 줄에 대고 한번 당겨 보았습니다. 그런데 놀랄 만큼 좋은 소리가 나는 것이 아닙니까. 이상한 생각이 들어 바이올린의 먼지를 털고 속을 들여다보다가 기절할 만큼 놀랐습니다. 거기에는 이렇게 쓰여 있었습니다. "안토니오 스트라디바리 1704년." 주인은 너무 놀라 뒤로 넘어질 뻔하였습니다. 이 바이올린은 스트라디바리의 바이올린으로 몇백만 불, 즉 몇십억 원의 가치가 있는 것이었습니다. 악기점 주인은 급히 밖으로 나가 그 여인을 찾아보았지만 그 여인은 어디로 가 버렸는지 알 수 없었습니다.

그녀가 만약 그 바이올린의 가치를 알았다면 부요한 삶을 살았을 것이며, 그렇게 헐값에 팔아 치우지 않았을 것입니다. 안타깝게도 이 세대 많은 사람들이 보배이신 주님을 발견하지 못하고 인생을 헐값에 팔아 버립니다.

이와는 달리 지금까지 인생에 있어 되는 일이 없었고, 비참한 삶을 살았더라도 보배이신 주님을 만나기만 하면 부요한 삶으로 바뀌게 되는 것입니다.

가수 박재란 씨는 "산 넘어 남촌"이란 노래를 불러 히트를 쳤습니다. "산 넘어 남촌에는 누가 살기에 해마다 봄바람이 남으로 불까." 이분이 몇 년 전 우리 교회에 오셔서 간증을 하셨습니다. 그는 미국으로 이민 가서 사업을 하다 실패하였고 몸마저 병들어 죽음을 기다리던 중 동생이 가져다준 신약성경을 읽다가 말씀 안에서 예수 그리스도를 발견하고 예수님을 영접하여 병을 치유받고 새로운 인생을 살게 되었다고 하였습니다.

오래전 구봉서 씨와 함께 〈웃으면 복이 와요〉라는 코미디 프로에서 활동하였고 송해 씨와 함께 싱글벙글쇼라는 라디오 프로에서 활동하여 최고의 인기를 누렸던 코미디언 이순주 씨도 미국으로 이민 가서 술집을 경영하다 실패하였고, 다른 사업을 하다가 다시 실패하여 자살을 시도하기도 하였습니다. 그러던 중 예수 그리스도를 만나 신학을 하였고, 지금은 전도사가 되어 미국의 방송국에서 복음을 전하며 행복한 인생을 살고 있다는 신문 기사를 읽었습니다.

이사야 9장 6절에 예수 그리스도를 기묘자요 모사요 전능하신 하나님이라고 하였습니다. '기묘자'란 말은 신기한 분이란 뜻으로 영어의 '원더풀'이란 말입니다. 예수 그리스도는 우리 인생 최고의 보화이시고 내 삶을 역전시킬 최고의 보화이십니다.

3. 예수 그리스도는 감춰진 보화입니다

하나님과 하나님 나라는 감춰져 있습니다. 우리가 아무리 신문을 들여다보아도 발견할 수 없고, 방송과 뉴스를 통하여도 발견할 수 없으며, 도서관에서나 학교 강단에서나 연구실에서도 하나님은 보이지 않습니다.

예수 그리스도는 감춰진 보화입니다. 골로새서 1장 26-27절에 "이 비밀은 만세와 만대로부터 옴으로 감추어졌던 것인데 이제는 그의 성도들에게 나타났고 하나님이 그들로 하여금 이 비밀의 영광이 이방인 가운데 얼마나 풍성한지를 알게 하려 하심이라 이 비밀은 너희 안에 계신 그리스도시니 곧 영광의 소망이니라"고 했습니다. 골로새서 2장 2-3절에는 "하나님의 비밀인 그리스도를 깨닫게 하려 함이니 그 안에는 지혜와 지식의 모든 보화가 감추어져 있느니라"고 하였습니다.

주님은 거절당하실 수 있습니다. 요한복음 1장 5절에 "빛이 어둠에 비치되 어둠이 깨닫지 못하더라"라고 했고, 요한복음 1장 10-11절에는 "그가 세상에 계셨으며 세상은 그로 말미암아 지은 바 되었으되 세상이 그를 알지 못하였고 자기 땅에 오매 자기 백성이 영접하지 아니하였으나"라고 하였습니다. 왜 사람들이 거절하였을까요? 감추인 보화이기 때문입니다.

예수 그리스도는 마구간에 초라하게 오셨고, 천민들이 사는 나사렛에서 자라나셨으며, 30년 동안 초야에 묻혀 사셨습니다. 교만한 자들에게 감추시려고 그런 모습으로 오셨습니다.

바리새인들과 서기관들은 세속적이었고 교만하였기에 주님을 알아보지 못하였습니다. 하지만 가난한 심령을 가진 자들과 겸손한 자들과 어린아이들은 주님을 알아보았습니다. 그들은 이 세상에서 힘든 삶을 살면서 인간의 연약함을 알았고, 세상에 소망이 없음을 알았기에 절박한 마음을 가졌습니다. 그런 사람들은 주님을 알아보았고, 주님의 은총을 입을 수 있었습니다. 그러나 높은 데 마음을 둔 사람들은 눈이 어두워 그리스도를 알아보지 못하였습니다. 그런 사람들에게는 그리스도가 감춰진 보화였던 것입니다.

그렇습니다. 성령으로 아니하고는 예수 그리스도를 알 수 없기에 '감춰진 보화'라고 하였습니다. 성경은, 믿음은 아무나의 것이 아니라고 하였습니다. 인간의 지식이나 지혜로는 하나님이 보내신 구세주 예수 그리스도를 알 수 없습니다. 오직 성령께서 믿게 해주셔야만 믿을 수 있기에 그리스도가 감춰진 보화입니다.

또한 말씀을 통하여 그분이 메시아임을 깨닫고 겸손히 자신을 비우고 전인격적인 반응으로 예수님을 인생의 주인으로 모셔들여야만 그분이 보화가 되어 구원과 능력이 나타나기 때문에 그리스도가 감춰진 보화라고 하였습니다.

4. 예수 그리스도를 소유한 사람들은 자신들이 또한 보화임을 발견합니다

성경은 하나님이 우리를 그 아들의 피 값으로 사셨다고 말씀하고 있습니다. 당신은 주님이 자신의 몸과 생명을 다 바쳐 살 정도로 귀한 존재임을 알아야 합니다. 하나님 아버지는 당신을 너무나 귀히 여기셔서 아들을 십자가에 내어주심으로 희생을 시키셨습니다.

성경은 하나님이 당신을 보배롭고 존귀하게 여기신다고 말씀합니다. 스바냐 3장 17절에 "즐거이 부르며 기뻐하시리라"고 말씀하셨습니다. 그러므로 보화이신 예수님을 발견한 자만이 인생의 가치를 알고 삶의 진정한 가치를 알 수 있습니다.

주 예수님이 우주 최고의 보화라는 것을 발견한 사람은 가만히 있을 수 없습니다. 자기 생을 다 바쳐 예수 그리스도를 소유합니다. 보화이신 주님을 향하여 헌신하고 봉사합니다. 일생을 다 바쳐 그분을 예배하고 기뻐합니다. 그분에게 인생의 참된 가치를 걸었기 때문입니다.

어느 집사님이 남편이 교통사고로 사망하자 세상에 이런 일이 일어날 줄 몰랐기에 마음이 크게 상하였고, 몸마저 병들어 매일 약으로 살았고, 천근만근이 된 고통의 몸을 가지고 그래도 살아야 하겠기에 예배당에서 기도하다가 주님의 영광의 빛을 보고 병을 고침받은 뒤 성령 충만한 생활을 한다고 하였습니다. 그 여집사는 야쿠르트 배달을 하면서도 주님을 의식한다고 하였고, 집안에 앉아 있을 때도 주님을 의식하였고, 길을 가면서도 주님의 임재를 경험하여 너무나 황홀한 하루하루를 산다고 하였습니다. 그녀는 오히려 남편과 함께 행복하게 잘산다는 여동생에게 전화를 걸어 "예수를 그렇게 믿으면 안 된다"고 하였답니다.

"오 이 기쁨 주님이 주신 것" 이것은 보화를 발견한 사람만이, 가치를 아는 사람만이 누리는 찬송이며, 축복이며, 특권입니다. 부디 이 보화를 발견하여 세상이 줄 수 없는 기쁨과 행복을 소유하시길 축복합니다.

 나눔

1. 당신이 발견한 예수 그리스도에 대한 가치를 말씀해 보시고 천국에 대한 가치를 서로 나누어 보십시오.

2. 예수 안에 있는 당신은 하나님이 존귀하게 여기시는 보화임을 알고 있나요? 그렇다면 어떤 삶을 살아야 할지 서로 나누어 보십시오.

3. 이제 오늘 주신 말씀을 붙잡고 감춰진 보화이신 주님을 세상에 드러내는 삶을 살게 해달라고 합심하여 간절히 기도하십시오.

5. 죽음 건너편(고후 5:1-10)

구원

우리 형제 가운데 한 분이 교통사고를 당하여 세상을 떠났습니다. 그 가족들을 생각할 때 마음이 아파옵니다.

인간의 죽음의 형태는 여러 가지일 것입니다.

첫째, 헛된 죽음이 있습니다.

뉴스를 보니 남미 페루의 우아노코 지방에서 술 마시기 대회를 열어 1등한 사람에게 우리 돈으로 6만 3천 원을 걸었습니다. 술은 최소 40도에서 70도까지 가는 남미산 브랜디로 하여 50대 남자가 13잔을 마시고 1등을 하였는데, 상금을 받아 주머니에 넣고 집에 도착하여 돈을 꺼내다 그 자리에서 고꾸라져 죽었습니다. 그 대회에서 술을 마신 사람들 중 5명이 고꾸라져 병원에 실려가 중태에 빠졌습니다.

텔레비전에서 본 것입니다. 핀란드에서 누가 사우나에서 오래 견디나 시합을 하였는데 무려 120도의 고온실에 들어갔다가 한 남자가 뛰어나왔지만 그 자리에서 죽고 말았고, 다른 몇 사람도 화상을 입었습니다. 이런 죽음은 무모한 죽음이요 헛된 죽음이라고 볼 수 있습니다.

둘째, 비정한 죽음이 있습니다.

우리나라의 도박 중독자는 230만 명이고 술 중독자는 200만 명이라고 합니다. 우리나라 5천만 명 인구 가운데 약 9% 정도입니다.

도박 중독에 빠진 남편이 말리는 부인을 죽이고 고등학생 아들도 죽인 사건이 발생하였습니다. 가족을 돌아보지 않을 뿐 아니라 바르게 살자고 타이르는 부인과 자식을 무자비하게 죽였으니 그 가족의 죽음은 실로 비정한 죽음입니다.

셋째, 안타까운 죽음도 있습니다.

당진의 어느 제철소에서 근무하던 29세의 젊은이가 1,600도의 뜨거운 쇳물이 끓고 있는 용광로에 떨어져 흔적도 없이 사라져 버렸습니다. 그 젊은이는 결혼을 한 달 앞둔 젊은이였습니다. 그 죽음은 주위를 안타깝게 만들었습니다.

넷째, 기막힌 죽음, 원통한 죽음도 있습니다.

지난달 신정동의 한 놀이터에서 세상 원망으로 가득한 마음을 가진 한 전과자가 근처 옥탑 방에서 단란한 가족들의 행복한 웃음소리가 들려오자 옥탑방으로 달려가 다짜고짜 망치와 칼로 남편을 살해하고 부인에게 중상을 입힌 후 달아났습니다.

다섯째, 갑작스런 죽음도 있습니다.

태풍 곤파스가 불어오던 날 아침 분당 구미동 아파트 앞에서 부인 출근을 배웅하고 돌아서던 젊은 남편 37세 손 모 씨가 강풍에 부러진 삼나무에 머리를 맞고 그 자리에서 죽고 말았습니다.

그 외에도 전쟁에서 전사한 죽음, 사고로 죽은 비참한 죽음, 스스로 목숨을 끊은 죽음 등 죽음의 종류는 수없이 많을 것입니다. 그중에서 아마도 질병으로 죽는 죽음이 제일 많을 것이라고 생각합니다. 우리나라에서 한 해 암에 걸리는 사람의 수는 보고된 숫자만 하여도 16만 2천 명이라고 합니다.

죽음은 혼자 가야 하는 길입니다. 죽음은 가장 무섭고 절망적인 것입니다. 죽음은 인간에게 가장 외롭고 고통스러운 시간을 가져다 줍니다. 죽음이 오면 함께해 줄 수 있는 사람이 별로 없고, 도움이 되는 사람들이 많지 않습니다. 의사가 힘들다는 표정을 지으면 '아~끝났구나' 하고 절망하게 됩니다.

임종 때 가족이 울고 슬픔에 젖어 있으면 그렇지 않아도 두렵고 무서운 과정을 지나가는 당사자에게는 도움이 되지 않습니다. 이럴 때 오직 도움이 되는 사람들은 교회 가족일 것입니다. 곁에서 찬송을 불러 주고, 보혈에 대한 말씀을 들려주고, 천국의 소망을 주는 말씀을 주고, 기도해 주고, 주님의 사랑을 속삭여 줄 때 얼마나 힘이 되는지 모릅니다. 그래서 우리에게 교회가 필요하고, 순모임 가족이 필요합니다.

1. 죽음은 피할 수가 없습니다

"지혜자도 우매자와 함께 영원하도록 기억함을 얻지 못하나니 후일에는 모두 다 잊어버린 지 오랠 것임이라 오호라 지혜자의 죽음이 우매자의 죽음과 일반이로다"(전 2:16).

죽음은 누구에게나 찾아오는 공도입니다. 지혜로운 사람이나 미련한 사람이나 다 죽습니다. 노인도 죽지만 어린아이도 죽고, 심지어는 태어나 보지도 못하고 어머니 뱃속에서 죽는 아이들도 있습니다. 요즘에는 늙어서도 젊게 보이려고 주름을 펴고 보톡스 주사를 맞고 열심히 노력하지만 그렇다고 죽음을 피할 수는 없습니다.

프랑스 철학자인 볼테르는 자신의 주치의에게 "아, 나는 하나님과 사람에게 버림받았다. 나에게 6개월만 더 살 수 있도록 해주시오. 6개월의 시간만 주면 내 재산의 반을 주겠소"라고 하였습니다. 그러나 그의 애원도 죽음이라는 절망 앞에 1초라도 목숨을 연장할 수 없었습니다.

영국의 엘리자베스 여왕은 "내가 조금만 더 살게 해준다면 내 전 재산을 주겠다"라고 하였지만 죽음을 돈이나 권력으로 막을 수는 없었습니다.

누구나 피하고 싶고, 가까이하고 싶지 않지만 누구에게나 찾아오고, 모든 사람에게 동일하게 임하는 것이 바로 죽음입니다. 우리 가운데 죽지 않을 사람은 아무도 없습니다. 그럼에도 불구하고 다른 사람은 다 죽어도 나는 죽지 않을 것 같은 착각 속에 살고 있는 것이 우리의 삶이 아닌지요?

3개월 시한부, 1년 시한부의 인생을 사는 사람들은 생각할수록 우울하고, 인생이 절벽을 만난 것처럼 아득할 것입니다. 그러나 어차피 우리는 다 시한부 인생입니다. 조만간 반드시 죽을 사형수들입니다.

2. 죽음 후에 반드시 심판이 있습니다(히 9:27)

엘리자베스 퀴블러 로스 박사는 죽은 후 육체 이탈 사례 2만 가지를 연구하여 죽음 이후의 삶이 실재한다고 밝혔습니다.

죽음으로 모든 것이 끝입니까? 전혀 그렇지 않습니다. 그렇다면 죽은 후에 무슨 일이 일어납니까? '자신이 이 세상에서 선택한 결과에 따라 영원한 즐거움에 동참하든지 영원한 고통에 동참하게 될 것입니다.'

사람들은 죽을 때의 모습에 많이 관심을 갖습니다. 호상이다, 아니면 사고사다, 객사다, 애사다. 여러 가지 죽음의 형태를 가지고 말하지만 그 자체는 그렇게 중요하지 않습니다. 이 땅에서는 고통스럽게 죽었지만 죽은 후 영원한 즐거움에 참예하고 있다면 그것은 축복입니다. 반대로 건강하게 장수하고, 많은 자손을 두고, 수많은 조문객들의 관심을 받는 장례를 거행하였지만 죽은 다음에 영원한 고통에 떨어진다면 영원한 저주를 받은 것입니다.

성경은 사람이 죽은 이후에 반드시 심판이 있다고 말씀합니다. 그 심판은 우리에게 영원한 갈림길을 만듭니다. 그 갈림길을 결정하는 것은 내가 얼마나 착하게 살았는가, 혹은 내가 얼마나 성공했는가가 아니라 이 땅에서 내가 예수 그리스도에 대하여 어떤 자세를 가졌느냐에 달려 있습니다.

1) 죽음 후에 들어가는 한 곳은 지옥입니다.

지옥은 영원한 멸망입니다. 데살로니가후서 1장 8-9절을 보십시오.

"하나님을 모르는 자들과 우리 주 예수의 복음에 복종하지 않는 자들에게 형벌을 내리시리니 이런 자들은 주의 얼굴과 그의 힘의 영광을 떠나 영원한 멸망의 형벌을 받으리로다."

사람들은 누구나 천국에 대해서는 듣고 싶어합니다. 설교자도 좋은 소식만 말하고 싶고, 나쁜 소식은 가급적이면 피해 가려는 마음이 있습니다. 그러나 항상 좋은 것만 말하고, 천국만 말하고, 축복만 말한다면 그것은 반쪽의 진리를 숨겨두고 말하지 않는 것입니다. 지옥은 천국처럼 확실합니다. 지옥은 어떤 곳입니까? 그곳은 고통의 장소입니다.

지옥은 육체적인 고통이 계속되는 곳입니다. 예수님은 지옥이 꺼지지 않는 불이 타는 곳이라고 말씀하셨습니다. 그 불꽃 속에서 영원히 뜨거운 고통을 느끼는 곳이 지옥이라고 하셨고, 불로 소금 튀듯 하는 곳이라고 하셨습니다. 또 구더기도 죽지 않는 곳이라고 말씀하셨고, 너무나 고통이 심하여 슬피 울며 이를 가는 곳이라고 하셨습니다.

지옥은 감정적인 고통이 계속되는 곳입니다. 지옥은 자신이 진리를 거부하고 하나님을 떠나 살았던 과거에 대하여 영원토록 가슴 아파하며 슬퍼하는 곳입니다. 이제 다시 과거로 돌아갈 기회가 없기에 더욱 슬퍼하며 후회하며 이를 갑니다.

지옥은 영원한 고통이 계속되는 곳입니다. 지옥은 하나님으로부터 영원히 분리되어 다시는 하나님의 자비와 인자가 미치지 않는 곳이기에 영원한 고통이 있는 곳입니다.

이 세상에서는 선한 사람과 악한 사람이 섞여서 삽니다. 하나님께서는 해를 선인과 악인에게 비추시고, 비도 선인과 악인에게 고루 내려주십니다. 그러나 지옥은 그런 기회가 없습니다. 자신이 선택한 결과에 따라서 영원한 고통이 계속되는 곳입니다. 사람들이 십자가에 피 흘려 죽으신 주 예수님의 지극한 사랑과 호의를 거절한 결과가 이렇게 비참한 것입니다.

"어떻게 사랑이 많으신 하나님께서 사람들을 지옥으로 보낼 수 있을까?"라는 말을 종종 듣습니다. 하나님께서는 사람들을 지옥에 보내지 않기 위해 그의 외아들을 세상에 보내기로 결정하셨습니다. 그리고 지옥에 가야 하는 사람들을 대신해서 십자가를 지고 죽게 하셨습니다. 그리고 하나님의 아들이 우리 대신 지옥으로 내려가셨습니다. 왜 그렇습니까? 하나님께서 우리를 얼마나 사랑하시는지, 그리고 얼마나 오랫동안 우리를 기다리시는지를 증명해 주시기 위해서였습니다.

하나님은 사람을 지옥에 보내시는 분이 아닙니다. 사람들이 지옥으로 떨어지는 것은 이러한 하나님의 피 묻은 십자가의 사랑과 호의를 거절하고 육체의 정욕과 마귀와 세상을 좇아 살아가기 때문입니다.

죽음은 우리에게 영원한 하나님과의 분리를 가져올 수도 있지만, 동시에 영원한 구원을 가지고 올 수도 있습니다.

2) 죽음 후에 들어가는 다른 한 곳은 천국입니다.

"내가 들으니 보좌에서 큰 음성이 나서 이르되 보라 하나님의 장막이 사람들과 함께 있으매 하나님이 그들과 함께 계시리니 그들은 하나님의 백성이 되고 하나님은 친히 그들과 함께 계셔서 모든 눈물을 그 눈에서 닦아 주시니 다시는 사망이 없고 애통하는 것이나 곡하는 것이나 아픈 것이 다시 있지 아니하리니 처음 것들이 다 지나갔음이러라"(계 21:3-4).

천국은 영원한 예배와 영원한 사귐과 영원한 즐거움이 있는 곳입니다. 천국은 우리가 지금까지 생각하지 못한 것들로 가득하고, 눈으로 보지 못한 것들로 가득한 곳입니다. 우리가 이 땅에서 가장 기뻤던 예배의 순간들과 가장 깊었던 사랑의 순간들과 즐거움과 감동이 끝없이 이어지는 곳입니다.

사도 바울은 14년 전 그곳에 다녀왔는데 사람의 말로는 도저히 표현할 수 없는 곳이라고 하였습니다. 그는 본문에서 몸을 떠나 그곳에 가서 사는 것이 그의 소원이라고 하였고, 육신의 흙집이 무너지면 완전한 몸이 우리를 기다리고 있을 것이라고 하였습니다.

천국에서 우리는 육체적으로 완전한 몸을 갖게 될 것입니다. 더 이상 신체적 장애나 늙은 모습이나 질병이나 육신의 고달픔이 없습니다.

천국에서 우리는 감정적으로 불안이나 고민이나 염려나 슬픔이라는 것이 전혀 없을 것입니다. 더 이상 마음의 상처가 없습니다.

천국에서 우리는 관계적인 면에서 모든 사람들과 함께 영원하고 완전한 가족을 경험할 것입니다. 모든 사람들과 함께 주님의 사랑과 섬김과 나눔과 즐거움, 유머를 즐기고, 기쁨의 교제를 나눌 것입니다.

천국에서 우리는 영적으로 막연하게 알고 있는 하나님이 아니라 얼굴과 얼굴을 대면해서 하나님을 볼 수 있을 것입니다. 모두가 완전한 지식을 가질 것입니다.

주님이 입으신 그 몸을 입고, 주님의 성품을 가지고, 주님처럼 변화된 상태로 하나님과 같은 삶을 살게 될 것입니다.

천국에서의 우리의 삶을 한 단어로 묘사한다면 그것은 '완전'이라는 단어가 될 것입니다. 우리의 육체, 감정, 관계, 하나님과의 관계가 모두 완전하게 될 것입니다.

중요한 것은 바로 이 천국과 지옥이 죽어서 결정되는 것이 아니라는 것입니다. 지금 내가 이 땅에서 결정하는 것입니다.

3. 아름답고 영광스러운 천국에 누가 들어갈 수 있습니까?

우리는 은퇴할 준비를 합니다. 연금도 들고, 보험도 들고, 내가 은퇴한 이후에 10년, 20년을 살기 위해서 일평생을 준비합니다. 그러나 그보다 우리의 영원을 준비하는 것이 더 중요하지 않습니까?

예수 그리스도를 초청하십시오. 여러분의 삶에 구원자로, 주인으로 그분을 영접하십시오.

예수님께서는 우리에게 죽음을 피하라고 말씀하지 않으셨습니다. 두려워하라고 말씀하지도 않으셨습니다. 그분은 죽음을 이기는 법을 알려 주셨습니다. 예수님께서 죽음을 이기시고 부활, 승리하신 것처럼 우리도 죽음을 맞이하지만, 죽음의 공포에 휩싸이는 인생이 아니라, 부활과 승리와 천국에 대한 소망을 가지고 살아가는 것을 기대합니다.

예수님은 우리가 바로 그 생명과 천국의 소망을 가질 수 있는 유일한 길이십니다(요 14:6). 구원 얻을 이름은 예수밖에 없습니다(행 4:12). 이 사실을 전하십시오. 예수님을 신뢰하십시오. 그러면 죽음에 대한 확신을 가지고 죽음을 맞이할 수 있습니다. 죽음은 더 이상 두려움과 공포의 대상이 아닙니다. 죽음을 기쁨으로 맞이할 수 있습니다.

어느 장례 예식 순서지 뒷면에는 암으로 70세에 돌아가신 사모님이 짙은 빨간색 옷을 입으시고 두 손으로는 부활을 상징하는 흰 꽃을 아름답게 피운 난 화분을 받쳐 들고서 환한 미소를 짓고 계셨습니다. 마치 장례식장에 참석한 사람들을 향하여 "내가 죽은 것이 아니고 여기에 이렇게 살아 있습니다"라고 말씀하시는 것 같았습니다.

조문객들을 더욱 놀라게 한 것은 사진 아래에 장례식장을 찾아 준 조객들을 향하여 남기신 고인의 인사말이었습니다.

"안녕하세요! 저는 ○○○ 사모입니다. 저의 짧지 않은 삶을 돌아보면 때론 후회스럽고, 슬프고, 때론 고통스러웠지만 그때마다 주님께서 항상 함께하셔서 저의 무릎을 일으키시고 제 삶 속에서 주님의 선을 이루셨음을 깨닫습니다.

그렇기에 이 세상이 감당치 못하는 기쁨을 누리다가 이제 먼저 주님 품으로 갑니다. 오늘은 사랑하는 가족들과 자매님들과 이 세상에서 작별하는 시간입니다. 그래요, 조금은 슬퍼해 주시면 좋겠어요!

하지만 모두 저를 위해 또한 기뻐해 주시기 바랍니다. 이제 신랑 되신 예수님과 함께 하나님의 무한한 영광 속에서 즐거운 영원의 삶을 시작하게 하셨습니다. 선한 싸움을 다 싸우고 의의 면류관을 받는 축하의 시간입니다.

사랑하는 여러분! 여러분의 경주는 아직 남아 있습니다. 그 경주가 다 끝났을 때 그때 예수님과 같이 축하하러 마중 나가겠습니다. 그때까지 충성된 삶 되시기를 소원합니다. 그럼 다시 만날 때까지……."

참으로 아름다운 장례식이었습니다.

삶의 연장이 죽음이며, 죽음은 더 나은 삶, 영원한 삶으로 나아가는 과정일 뿐입니다. 우리가 세상에 올 때에 아무것도 준비하지 않고 왔지만 우리가 살아가는 동안에 필요한 모든 것을 창조주 하나님께서 풍성하게 예비하신 것처럼 삶 저편에도 주님께서 영원토록 살 집을 예비하셨고 모든 것에 부족함이 없게 하십니다.

그러므로 그리스도인들에게 다가오는 죽음은 저주가 아닙니다. 우리 모두가 그토록 사모하는 영원한 곳으로 들어가는 축복의 문이기 때문입니다. 그러나 모든 사람의 죽음이 다 그러한 것은 아닙니다. 예수를 믿지 아니하는 사람은 아무리 이 땅에서 성공해도 그 나라에 들어갈 수 없기 때문입니다.

이제 죽음 건너편에 있는 영원한 세계를 확신하고 이 사실을 전하는 삶을 사시기를 바랍니다.

1. 죽음은 남의 이야기가 아니고, 나의 문제이며 내가 맞이하여야 할 관문입니다. 죽음 후에 성경이 말씀하시는 천국과 지옥에 대하여 서로 나누어 보십시오.

2. 천국에 들어가는 길은 오직 예수님 한 분뿐입니다. 이제 주 예수님을 믿고 영생을 가진 확신을 서로 나누어 보시고, 어떻게 이 영생의 복음을 전할 것인지를 나누어 보십시오.

3. 이제 오늘 주신 말씀을 붙잡고 영생을 주신 하나님께 감사드리고 영생 복음을 담대히 전하게 해달라고 합심하여 간절히 기도하십시오.

1. 지상교회의 사명 (마 4:23-25)

전도

어느 날 아침에 한 성도가 스펄전 목사님께 찾아와서 부탁을 했습니다.

"목사님, 지금 제가 나가는 교회에서 많은 상처를 받습니다. 좋은 교회, 완전한 교회를 한 곳 소개해 주십시오."

그때 스펄전 목사님이 대답하길 "당신이 그러한 교회를 찾으면 나에게 꼭 알려 주십시오. 나도 그 교회에 가서 신앙생활하고 싶습니다. 그런데 한 가지 부탁이 있습니다. 당신은 그 교회에 등록하지 마세요. 왜냐하면 당신이 그 교회의 교인이 되는 순간부터 그 교회에는 문제가 생기기 때문입니다."

이 세상에 있는 교회는 모두 문제가 있습니다. 왜 그럴까요? 무엇보다도 우리 모두 허물이 있고, 죄의 근성이 남아 있기 때문입니다. 지상의 모든 교회는 아직 완성되지 않은 상태에 있습니다. 즉 세워져 가는 중에 있다는 말입니다. 에베소서 2장 21-22절을 보십시오.

"그의 안에서 건물마다 서로 연결하여 주 안에서 성전이 되어 가고 너희도 성령 안에서 하나님이 거하실 처소가 되기 위하여 그리스도 예수 안에서 함께 지어져 가느니라."

건축 중인 건물 안에 들어가 보십시오. 벽돌이 뒹굴고, 시멘트 가루가 흩어져 있으며, 이것저것 부족한 부분들이 많이 있습니다.

이 세상에 존재하는 눈에 보이는 교회는 완벽할 수가 없습니다. 항상 문제가 있습니다. 사도 바울이 개척하였고, 개인적인 애정을 가지고 있던 빌립보 교회도 유오디아와 순두게 같은 성도들이 갈등하고 있었습니다.

그렇지만 이 지상교회는 부족함에도 불구하고 하나님의 일을 대신하도록 지상에 두신 그리스도의 몸이요, 하나님의 나라입니다. 그렇다면 지상에 남겨 두신 주님의 몸 된 교회의 사명이 무엇인지 본문 말씀을 중심으로 살펴보겠습니다.

1. 지상교회의 사명은 복음을 전파하는 일입니다

"천국 복음을 전파하시며"(마 4:23).

교회는 세상에 복음을 전파하는 사명이 있습니다. 이것이 교회가 이 세상에 존재하는 첫째 목적입니다. 교회가 세상에 줄 수 있는 것이 무엇인가요? 예수 십자가의 피 묻은 복음뿐입니다.

이 세상은 소망이 없습니다. 입에 올리기조차 부끄러운 뉴스들이 신문과 방송에서 연일 쏟아지고 있습니다. 이런 사건들을 접할 때마다 이 세상은 십자가 복음 외에는 소망이 없다는 것을 알 수 있습니다.

경제적인 문제, 자식들의 문제, 질병의 문제, 가정의 문제, 정신적인 문제, 미래에 대한 불안 등 이 모든 것들은 강물이 흐르는 것처럼 인류 역사와 함께 끊임없이 이어져 왔고, 갈수록 점점 그 도가 넘치고 있습니다.

이 문제는 인간의 교육이나 과학이나 종교나 철학이나 노력으로 해결할 수 없다는 것을 역사가 증명해 주고 있습니다. 이것은 결국 죄의 문제요, 죄의 문제는 오직 예수 그리스도의 십자가의 보혈로써만이 해결되고 치유됩니다.

인류의 영원한 숙제요, 공포의 대상, 저주의 원인인 죄의 문제를 해결하기 위해 하늘에서 내려오신 예수님께서 십자가에서 우리의 모든 죄를 청산하셨습니다. 십자가 위에서 죽으시기 전 마지막으로 크게 외치신 말씀이 "다 이루었다" 는 말씀입니다. 이 말은 상업 용어로서 '지불 완료하였다' 는 뜻입니다.

예수님은 우리의 모든 죄를 대신 짊어지시고 대가를 완전히 치르셨습니다. 우리의 모든 죄는 예수님께서 십자가 위에서 흘리신 그 보혈로 완전히 탕감받았습니다. 더 이상 치러야 할 죄의 대가가 없어졌습니다. 이 사실을 믿기만 하면 누구든지 죄 용서받고 영생을 얻습니다. 이것을 복음이라고 합니다.

하나님이 나를 너무나도 사랑하셔서 독생자를 나 대신 죽게 하시고 나를 살리셨습니다. 이것이 사실이고 피 묻은 하나님의 사랑이 진실이라면 내가 아무렇게나 살 수 없습니다.

이 세상에는 십자가의 피 묻은 사랑을 알지 못하고 죄악에 매여 살아가고, 마귀의 사주팔자 운명에 매여 살아가고, 저주 아래 살아가는 사람들이 너무나 많습니다.

캄보디아에서는 부모가 죽어 장사지낼 때 자녀들이 춤을 춘다고 합니다. 그 이유는 이 세상에는 가난과 질병과 수고와 고통과 슬픔과 아픔이 많고 괴로움이 가득한데 이 세상을 떠나서 이 모든 질고를 벗어 버렸으니 춤을 춘다는 것입니다. 그러나 성경은 죄 많은 인간이 이 땅을 떠나면 질고를 벗기는커녕 영원한 심판과 지옥이 기다리고 있다고 말씀하고 있습니다.

그런데 누구든지 죄를 회개하고 예수님을 영접하기만 하면 죄 많고 고통스러운 이 세상을 떠날 때 영원한 천국으로 들어갑니다. 뿐만 아니라 이 땅에서도 천국을 경험하며 살아갑니다.

천국은 이 세상 어떤 종교, 어떤 철학에서도 찾을 수 없습니다. 오직 예수님을 영접하는 그 사람 마음속에 이루어지고, 생활 속에 이루어지면서 영원한 천국에서 완성되는 것입니다. 이 천국은 오직 예수 그리스도의 이름을 믿을 때 선물로 주어지는 것입니다.

사도행전 3장의 나면서부터 앉은뱅이 되어 성전 미문에서 구걸하는 거지는 불행한 인류의 상징과 같은 사람입니다. 그는 나면서부터 앉은뱅이였기에 불구자 중에 불구자였고, 거지 중에 거지였습니다. 무식하고 고독한 사람, 남에게 도움만 받고 사는 사람, 그래서 성품은 비뚤어지고 어두운 사람, 구걸하지 않으면 살아갈 수 없는 사람, 소망이라고는 없는 사람, 이런 앉은뱅이 거지에게 베드로와 요한이 다가갔습니다.

베드로와 요한은 정치가도 아니고 학자도, 문화인도, 사회사업가도 아닙니다. 그 당시 사람들이 볼 때는 무식한 사람들이었습니다. 그러나 그들은 다른 사람들이 갖지 않은 것을 가지고 있었습니다. 그것은 나사렛 예수 그리스도의 이름이었습니다. 그들은 예수 그리스도의 이름이 영생이고, 예수 그리스도의 이름이 풍성한 삶인 것을 확신하고 있었습니다. 그들의 주머니에는 금도 없고 은도 없었습니다. 하지만 그들은 그보다 더 귀한 것을 가지고 있었습니다.

거지가 구한 것은 오늘날 전 인류가 구하고 갈망하고, 싸우고 목말라하는 전체를 의미합니다. 경제적인 것, 문화적인 것, 지성적인 것, 종교적인 것 모두를 말합니다.

베드로와 요한이 가진 것은 나사렛 예수 그리스도였습니다. 그래서 그들은 그 이름을 주었습니다. 그때 앉은뱅이가 일어났습니다. 그는 육체와 정신이 온전해져서 하나님을 찬미하기 시작하였습니다. 전인적인 구원, 통전적인 치유가 임한 것입니다.

60억 인류의 전 에너지와 동정과 눈물과 희생을 모은다고 하여 이 앉은뱅이가 일어날 수 있나요? 사람을 구원하는 생명은 예수 그리스도 안에 있습니다.

이것이 누구를 통하여 전달됩니까? 예수님을 믿는 사람들의 기도와 전도를 통하지 않고는 이 세상에 전파되지 않습니다. 당신이 그 이름의 능력을 확신하는 사람이라면 가만히 있을 수 없습니다. 이 영원한 생명 에너지, 영혼과 육신에 건강을 주고 부요를 주는 능력의 복음을 기독교인들이 전하지 않으면 하나도 살릴 수 없는 것입니다. 그래서 사도 바울은 오직 예수, 오직 전도를 위해 살았던 것입니다.

"형제들아 내가 너희에게 나아가 하나님의 증거를 전할 때에 말과 지혜의 아름다운 것으로 아니하였나니 내가 너희 중에서 예수 그리스도와 그가 십자가에 못 박히신 것 외에는 아무것도 알지 아니하기로 작정하였음이라"(고전 2:1-2).

2천 년 전이나 오늘이나 교회가 첫째로 감당해야 할 사명은 세상을 향하여 예수님이 구주 되심을 선포하는 일입니다.

이태리의 한 남자가 2010년 8월에 860억 원의 복권에 당첨되었습니다. 그런데 그 복권을 8월 16일까지 보험회사에 제출해야 되는데, 자기 딸의 결혼 준비에 바빠 뛰어다니다 보니 이틀이 지났습니다. 그래서 그 복권에 당첨된 것이 무효가 되어 버렸습니다. 그 사실을 알게 되었을 때 그 남자는 졸도하여 병원에 실려갔습니다. 두 시간 만에 깨어났지만 그 복권은 아무 소용이 없는 것이 되고 말았습니다. 아무리 딸의 결혼 준비가 바빠도 먼저 860억을 챙겨 놓았어야 했습니다. 기회를 놓치면 안 되는 것입니다.

우리는 주님이 우리에게 주신 복음 전도의 기회를 놓쳐서는 안 됩니다. 주님은 달란트 비유를 통해 반드시 계산할 때가 온다고 하셨습니다.

우리가 사는 동안에는 이 세상의 사장, 국회의원, 장관, 이사, 대학총장, 병원원장 같은 것들이 귀할지 몰라도 하나님 앞에서는 그런 것들이 별것 아닙니다. 우리 모두는 흙덩이에 불과합니다.

이 세상에서 가장 가치 있는 일이 무엇입니까? 주님의 복음을 위해 사는 것입니다. 우리가 복음을 전하지 않으면 복음이 내게서 힘을 잃어버리고 나도 신앙의 힘을 잃어버리게 됩니다. 하나님은 헌신된 한 사람을 통하여 시대를 변화시키셨습니다. 우리가 복음 앞에 헌신하면 하나님은 존귀하게 사용하실 것입니다.

성령께서는 우리가 성결한 삶을 살면서 세상의 소금이 되고 빛이 되어 복음을 전하는 축복의 통로가 되라고 하십니다. 지역과 모든 민족들에게 복음을 전하는 귀한 성도가 되시기를 간절히 바랍니다.

2. 지상교회의 사명은 가르치는 일입니다

　교회에 주어진 중요한 사명 중 하나는 성도들을 말씀으로 잘 교육시키는 사명입니다.

　주 예수께서는 "내가 너희에게 분부한 모든 것을 가르쳐 지키게 하라"고 하셨고, 신명기 6장 6-7절에는 "오늘 내가 네게 명하는 이 말씀을 너는 마음에 새기고 네 자녀에게 부지런히 가르치며 집에 앉았을 때에든지 길을 갈 때에든지 누워 있을 때에든지 일어날 때에든지 이 말씀을 강론할 것이며"라고 하여 가르치는 일에 전력할 것을 명령하셨습니다.

　구원받는 것은 하나님의 선물로서 예수님을 믿기만 하면 거저 주어지는 것이지만 제자는 가르침을 통해 세워지는 것입니다.

　예수님은 회당에서 가르치셨는데, 주님의 삶이 경건하고 거룩하여 듣는 이들이 그 말씀의 권세를 인정하였습니다. 예수님은 때로는 시청각 교육을 하셨습니다. 산이나 바다나 들을 교육 장소로 활용하셨고, 공중의 새나 들에 핀 백합화나 혹은 씨 뿌리는 것이나 추수하는 것을 비유로 하여 오묘한 진리를 가르치셨습니다.

　교회는 모든 교인들을 말씀으로 양육시킬 사명이 있습니다만 특별히 우리 자녀들에게 신앙교육을 잘 시켜야 합니다.

　10년 전부터 전체 한국교회의 어린이 숫자가 해마다 약 10%씩 줄어들고 있는 것으로 파악되고 있습니다. 한마디로 주일학교의 위기입니다. 이는 결국 한국교회의 위기입니다. 과거 세계를 놀라게 하였던 1970~1980년대의 한국교회의 부흥은 주일학교 성장기였던 1950~1960년대 어린이 성도들이 이끌어낸 결과로, 현재와 같은 감소 추세가 지속된다면 30~40년 뒤의 한국교회는 존재할 수 없을 것이라고 내다봅니다. 한마디로 어린이들의 부흥 없이는 한국교회의 미래에 소망이 없습니다.

왜 어린이 성도가 줄어들고 있는 걸까요? 전문가들은 저출산 현상으로 아기를 적게 낳고, 늦게 결혼을 하며, 과도한 사교육 열풍, 그리고 어린이들의 흥미를 끌 만한 교회교육 프로그램의 부재 등을 주일학교 감소의 원인으로 꼽고 있습니다. 주 5일 근무제가 본격적으로 도입되면서 주말을 이용한 학원 강의 프로그램이 생겨났고, 컴퓨터 게임과 같이 교회보다 재미있는 것이 세상에 너무 많아졌기 때문이라고 합니다.

자녀들의 신앙교육의 1차 책임은 가정에 있습니다. 유대인들은 자녀의 신앙교육을 가정에 두었습니다. 부모님의 역할이 매우 중요하다는 것입니다. 오늘 우리는 부모가 자녀들에게 좋은 신앙의 모델이 되어 자녀들을 바른 길로 인도하기를 원합니다.

아들을 서울대 전체 수석으로 졸업시킨 박삼순 전도사가 《다니엘 학습법》이라는 책의 서두에 이런 고백을 하였습니다.

"저는 오직 자녀들에게 하나님 중심의 신앙생활 훈련만 강조했습니다. 저는 오로지 기도와 말씀의 신앙훈련으로 자녀를 교육했습니다. 그런데 하나님께서 부족한 저의 기도에 응답하시고 제 자식들에게 큰 은혜를 베풀어 주셨습니다. 큰딸 수미는 하나님께 영광돌리는 연주자가 되기 위해 유학을 마치고 돌아와 피아니스트의 길을 걷고 있습니다. 큰아들 동환이는 서울대학교를 수석으로 졸업하고 목회자의 길을 걷고 있으며, 막내 경한이는 고려대 의대에 들어가 장차 슈바이처처럼 인류에 봉사하는 의사가 될 것을 희망하고 있습니다.

어떤 분들은 이런 자식들을 둔 저를 부러워하실지 모르겠습니다. 하지만 저는 제 자식들이 겉보기에 잘되었다고 자랑하기 위해 이 책을 쓴 것이 아닙니다. 그들 모두 기도하고 말씀 보며 찬송하고 예배하는 하나님 중심의 사람들이었다는 것을 힘주어 말하고 싶기 때문에 이 책을 쓴 것입니다. 그들이 공부를 잘하고 세상적인 기준으로 볼 때에도 잘된 이유를 굳이 들라면 오직 하나 자식들에게 하나님 중심의 신앙생활 훈련을 강조한 것밖에 별다른 비결이 없습니다."

"모든 성경은 하나님의 감동으로 된 것으로 교훈과 책망과 바르게 함과 의로 교육하기에 유익하니 이는 하나님의 사람으로 온전하게 하며 모든 선한 일을 행할 능력을 갖추게 하려 함이라"(딤후 3:16-17).

자녀들에게 성경을 가르치고 십계명을 가르치십시오.

"마땅히 행할 길을 아이에게 가르치라 그리하면 늙어도 그것을 떠나지 아니하리라"(잠 22:6).

그렇습니다. 교회의 중요한 사명은 가르치는 것입니다. 교사의 사명이 너무나 크고 중요하기에 상급도 클 것입니다.

3. 지상교회의 사명은 치유하는 일입니다

예수님은 모든 병과 모든 약한 것들을 고치셨다고 하였습니다.

병은 병원이나 약국의 약으로 고칠 수도 있지만 모든 약한 것은 병원에서 고칠 수 없습니다. 현대인들은 마음도, 정신도, 육체도 너무 약해져 있습니다.

예수님의 사역을 보면 정신적으로, 육체적으로, 영적으로 병들고, 상처받고, 문제 있는 사람들을 치료하시고 고치는 데 많은 시간을 할애하셨습니다.

마태복음 8장 1-4절에 보면 한 나병환자가 예수님께 나아와 "원하시면 저를 깨끗하게 하실 수 있나이다"라고 하자 주님께서 그 환부에 손을 대시며 "내가 원하노니 깨끗함을 받으라"고 하셨습니다. 즉시 그 나병환자는 나음을 입었습니다. 주님은 깊은 동정심으로 나병환자를 대하셨고, 주님은 그 나병환자가 치유되는 것이 소원이라고 하셨습니다. 오늘날 주님의 몸인 교회도 사람들을 고치는 사역을 감당해야 합니다.

오늘날 현대인들은 정신적으로, 심적으로 병들어 있습니다. 수많은 사람들이 우울증을 호소하고 있고, 자살을 생각하고 있습니다. 부부간에 갈등이 없는 가정이 거의 없고, 자녀 문제, 시댁과 처가의 문제로 고민하고, 직장의 문제로 걱정하는 사람들이 너무나 많습니다.

이들에게 우리가 줄 수 있는 것이 무엇입니까? 예수 이름과 보혈의 능력을 믿고 기도해 주고, 위로하고 소망을 심어 주는 것입니다.

히브리서 4장 12절에 "하나님의 말씀은 살아 있고 활력이 있어 좌우에 날선 어떤 검보다도 예리하여 혼과 영과 및 관절과 골수를 찔러 쪼개기까지 하며 또 마음의 생각과 뜻을 판단하나니"라고 했습니다. 그래서 교회에서 말씀을 듣고 찬양을 부르는 중에 치유받는 분들이 너무나 많습니다.

교회가 세상에 줄 수 있는 것이 무엇입니까? 돈으로 하면 은행이나 세상의 금융회사들이 가장 많이 있습니다. 교육으로 하면 좋은 고등학교, 좋은 대학들이 많이 있습니다. 이 세상에는 빌 게이츠 재단 같은 든든하고 돈이 많은 구제기관들도 많이 있습니다.

교회가 세상을 고칠 수 있는 방법은 돈이나 지식 같은 것이 아닙니다. 우리의 치료자가 되신 예수 그리스도의 이름으로, 주님의 십자가의 보혈의 능력으로 세상을 치료하는 것입니다.

교회는 심령을 치료하고, 육신을 치료하고, 인생을 치료하고, 사람을 치료하는 주님의 사역을 감당하여야 합니다. 교회는 치료하는 사역을 감당해야 합니다.

그러므로 하나님의 말씀과 성령의 역사로 모든 사람들의 영혼과 육신의 상처가 치료되고 고침받는 은혜로운 교회가 되기를 바랍니다.

1. 당신은 온 세상의 모든 금과 돈을 하나님께 모두 헌금하는 것보다 한 영혼을 주님께 드리는 것이 더 큰 예물임을 믿습니까? 이제 당신이 가진 영혼 구원에 대한 비전을 나누어 보십시오.

2. 교회는 가르치는 일과 봉사하는 일을 하는 하나님의 집입니다. 당신이 배우든지 가르치든지 해야 할 것인데, 당신에게 주어진 은사가 무엇인지 말씀해 보시고 치유하는 삶이 어떤 삶인지 말씀해 보십시오.

3. 이제 오늘 주신 말씀을 붙잡고 오직 전도, 오직 가르치고 치유하는 삶을 살 수 있도록 성령의 기름 부으심이 임하도록 합심하여 간절히 기도하십시오.

2. 어찌 그리 아름다운가 (사 52:7-11)

전도

세상 즐거움은 지나고 나면 다시 시들해집니다. 왜냐하면 우리는 늙어 가고 있고, 모두 죽음을 향하여 가고 있기 때문입니다. 우리는 죽음의 날을 기다리는 시한부 인생과 같고, 사형수들과 같습니다. 사형수들에게 좋은 의복을 입혀 주고 맛있는 음식을 먹여 준다고 해서 행복하다고 볼 수 있나요? 그들에게 가장 기쁜 소식은 감면이나 석방 소식일 것입니다.

1. 복음은 우주 최고의 기쁜 소식입니다

서울 외곽 지역의 한 산부인과에서 스물한 살 먹은 임산부가 산고를 치르고 있었습니다. 너무 고통스러워하며 몸부림을 쳤습니다. 아기가 너무 커서 출산하지 못하고 있었던 것입니다. 아기가 건강하면 좋지만 너무 크면 곤란합니다. "선생님, 고통을 좀 멈추게 해주세요" 하며 몸부림을 치다가 열세 시간의 산고 끝에 아기를 낳았습니다. 아기가 아주 컸습니다. 의사 선생님이 "큰 놈이 태어났구나. 장군이 났구나" 하면서 무심코 탯줄을 끊었습니다. 무심코 탯줄을 끊으면 어머니로부터 공급되던 산소와 영양이 차단됩니다. 그런데 아기가 울지 않았습니다. "어! 아기가 울지 않네" 하며 아기를 들고 엉덩이를 몇 번 쳐도 울지 않았습니다. 파랗게 죽어가고 있었습니다. 다급한 의사 선생님이 아기의 작은 허파에 산소를 불어넣으며 애를 썼지만 아기는 결국 죽고 말았습니다. 의사 선생님이 침통하게 "미안합니다. 아기가 죽었습니다" 하며 보자기에 싸서 들것에 얹어 놓고 나갔습니다.

그 모습을 본 아기의 아빠는 울면서 병원 밖으로 나갔습니다. 죽은 아기를 집으로 데리고 갈 수도 없어서 아기를 묻으려고 무덤 자리를 보러 갔던 것입니다. 이 엄마는 첫아기가 죽은 것이 너무나 기가 막혀 죽은 아기라도 한 번 품에 안아 보고 싶어서 그 죽은 아기를 담요에 싸서 품에 안고 울다가 잠이 들었습니다.

두 시간쯤 잤는데 꿈틀대는 느낌이 있어서 잠에서 깨어났습니다. 그리고 아기를 싼 담요를 펴보니까 새파랗게 죽었던 아기가 핑크빛으로 핏기가 돌았습니다. 맥박도 뛰는 것 같아서 엉덩이를 한 번 치니까 재채기를 하는 것이었습니다. 다시 한 번 더 때리니까 울기 시작했습니다. 아빠가 무덤 자리를 보고 돌아왔습니다. 그때 "여보, 우리 아기가 살았어요" 하는 기쁜 소식을 들었습니다. 그 아기는 재작년에 서울대학교를 졸업한 정홍기라는 청년이고, 그 어머니는 이번에 국무총리로부터 장한 어머니상을 받았습니다. 아기가 살았다는 것은 뛸 듯이 기쁜 소식이었습니다.

죽은 자들은 말이 없습니다. 방금 소리치고 노래하던 사람들도 죽으면 곧 굳어지고 차가워집니다. 죽은 자들은 물 속에 넣어도, 불 속에 넣어도 반응이 없습니다. 소리치고 흔들어도 알지 못합니다. 충격을 주어도 감각을 느끼지 못합니다.

마찬가지로 하나님을 떠난 죄인들은 영적으로 죽었습니다. 하나님과 그분의 사랑에 대한 감각이 없고, 천국도 지옥도 알지 못합니다. 내가 어디서 와서 왜 살며 어디로 가는지 알지 못한 채 육체만을 위해 살아가고 있습니다. 그래서 살았다고 하지만 실상은 죽은 자들입니다.

복음은 죽은 자들을 살리는 능력입니다. 그래서 기쁜 소식입니다.

"허물로 죽은 우리를 그리스도와 함께 살리셨고"(엡 2:5).

'복음'은 히브리어로 '베수라스 하게울라', 헬라어로 '유앙겔리온', 영어로 '굿 뉴스', 우리말로는 '기쁜 소식', 혹은 '복된 소식'입니다. 복음은 육신과 영혼의 좋은 소식이요, 현재와 영원 가운데 좋은 소식입니다. 그러나 그런 말로 복음을 설명할 수는 없습니다.

복음은 천국뿐 아니라 이 땅에서도 기쁜 소식으로 당신의 삶 속에서 누릴 수 있는 기쁜 소식입니다. 이 기쁜 소식을 우리에게 주시려고 주님께서 이 땅에 오신 것입니다.

1936년에 왕위에 오른 영국 왕 에드워드 7세는 스웨덴에 사는 과부인 심프슨이란 여인을 사랑했습니다. 하지만 그녀는 처녀가 아니었으므로 왕비가 될 수 없었습니다. 그녀와 결혼하려면 영국 왕위를 포기해야만 했습니다. 왕은 왕위를 포기하고 심프슨 부인과 결혼을 하였습니다. 심프슨 부인은 이렇게 고백하였습니다. '나는 세상에서 가장 행복한 여자입니다. 더없이 행복합니다. 나는 한순간조차도 슬퍼할 자격이 없습니다. 왜냐하면 왕관보다도, 국왕보다도 나를 더

귀히 여기고, 엄청난 부귀와 영화보다 나를 더 사랑하는 남편이 있기 때문입니다. 어찌 한순간이라도 슬퍼할 수 있겠습니까?'

당신은 매일매일 기뻐할 것밖에 없습니다.

우리 주님은 당신과 결혼하시려고 하늘 영광 다 버리시고 이 낮고 천한 땅에 오셔서 사람이 되셨고, 십자가를 지셨습니다. 그리고 당신을 사랑스런 신부로 맞이하여 주셨습니다. 이 얼마나 놀라운 사랑입니까? 이 얼마나 놀라운 소식입니까? 이 놀라운 소식을 전해야 하지 않겠습니까?

복음은 통전적 복음입니다. 즉 죽은 다음에 천국에 들어가는 것뿐만 아니라 이 땅에서도 자유와 평화와 풍요를 누릴 수 있는 복음이라는 것입니다.

주 예수님은 누가복음 4장 18-19절에서 이사야 61장 1-2절 말씀을 인용하여 복음을 설명하시기를 "주의 성령이 내게 임하셨으니 이는 가난한 자에게 복음을 전하게 하시려고 내게 기름을 부으시고 나를 보내사 포로 된 자에게 자유를, 눈먼 자에게 다시 보게 함을 전파하며 눌린 자를 자유롭게 하고 주의 은혜의 해를 전파하게 하려 하심이라" 라고 하셨습니다.

히브리서 7장 22절, 8장 6절, 12장 24절에 옛 언약보다 더 좋은 언약이라고 하셨고, 주님은 "내가 온 것은 양으로 생명을 얻게 하고 더 풍성히 얻게 하려는 것이라" (요 10:10)고 하셨습니다.

"그리스도께서 우리를 위하여 저주를 받은 바 되사 율법의 저주에서 우리를 속량하셨으니 기록된 바 나무에 달린 자마다 저주 아래에 있는 자라 하였음이라 이는 그리스도 예수 안에

서 아브라함의 복이 이방인에게 미치게 하고 또 우리로 하여
금 믿음으로 말미암아 성령의 약속을 받게 하려 함이라"(갈
3:13-14).

오늘날 수많은 사람들이 죄와 마귀의 포로가 되어 있고, 정욕의 포로, 약물의 포로, 악한 습관의 포로가 된 채 살아가고 있습니다. 스스로 벗어날 수 없는 저주의 굴레 속에 사주팔자와 운명에 갇혀 살아가는 수많은 사람들에게 무엇이 필요합니까? 오직 주 예수님이 필요합니다.

2. 복음은 전하는 자가 있어야만 복음이 될 수 있습니다

아무리 우주에 미치는 기쁜 소식이라 할지라도 전해 주는 자가 없다면 복음이 될 수 없습니다.

우리가 과연 구원받은 백성이라면 주님이 원하시는 바를 행하여야 되지 않겠습니까? 우리에게 구원의 은혜에 대한 감사와 감격이 있다면 반드시 행동으로 옮겨야 할 것입니다.

이사야 6장에 보면, 이사야 선지자가 성전에서 기도하다 하나님의 영광을 보고 두려워할 때 주님이 천사를 시켜 제단에서 핀 숯을 가져다 그 입에 대주며 죄 사함의 은총을 주십니다. 그후 하나님은 "내가 누구를 보내며 누가 우리를 위하여 갈꼬"라고 애절하게 그분의 소원을 말씀하십니다. 그때 이사야의 마음이 녹아져 "내가 여기 있나이다. 나를 보내소서"라고 응답하였습니다.

복음은 복잡하지 않습니다. 예수로 말미암아 당신에게 일어난 변

화를 말하십시오. 당신이 주님을 믿고 난 뒤 경험한 것들을 나누십시오. 우리 자신을 전하라고 한다면 몹시 부끄러워해야 할 것이지만 예수님을 자랑하고 예수님을 전하는 데 주저할 이유가 무엇입니까?

이 세상에서 가장 아름다운 이름은 예수 이름입니다. 그 이름은 권세가 있습니다. 그 이름에는 하나님의 약속이 모두 들어 있습니다. 그 이름 외에는 소망이 없습니다. 그 이름이 우리에게 구원을 주고 영생을 줍니다. 그 이름이 죄와 사망에서 우리를 풀어 줍니다. 그러므로 예수 이름을 전하십시오. 인생의 모든 문제를 해결하신 그 이름 예수를 전하십시오.

아놀드 포인터(Arnold Pointer)라는 호주 남쪽지방의 어부는 어느 날 자신의 그물에 걸려 있는 암컷 백상어를 발견하고 즉시 풀어 주었습니다. 그때부터 2년이 지났는데도 그 백상어는 아놀드가 바다로 나갈 때마다 그의 배를 따라다녔습니다. 아놀드는 4미터나 되는 거대한 백상어에게 '신디'라는 이름을 붙여 주었습니다. 아놀드도 자신에게 사랑과 감사를 보이는 백상어를 보며 정이 들기 시작하였습니다. 그는 이렇게 말했습니다.

"가끔 내가 배를 멈추면 신디는 내가 서 있는 쪽으로 다가옵니다. 내가 그의 배와 목을 쓰다듬도록 수면 위로 올라오는데, 내가 쓰다듬어 줄 때는 기분이 좋은 듯 소리를 내며 눈을 돌리고, 지느러미를 흔들거립니다." 공격성으로 유명한 백상어. 그로 인해 한 해에도 수많은 사람들이 물려 죽는 것으로 알려졌습니다. 이렇게 포악한 백상어가 자기를 구해 준 생명의 은인을 알아보고 감사하고 따르는 것을 보고 우리는 감동받지 않을 수 없습니다.

보잘것없는 미물인 백상어도 자기를 구원해 준 은인에 대한 고마움을 알고 매일 그 은인을 기다리며 은인의 곁을 떠나지 않고 맴돌고 있다면 우리는 더 말할 것 없이 더욱 감격하고 감사하고 주님을 따라야 할 것입니다.

주님을 따른다는 것은 주님이 하신 그 일을 우리도 하고, 주님이 맡겨 주시고 부탁하신 복음 전도의 일을 힘써서 감당하는 것을 의미합니다.

예수님은 "인자가 온 것은 잃어버린 자를 찾아 구원하려 함이니라"(눅 19:10)고 하셨고, "우리가 다른 가까운 마을들로 가자 거기서도 전도하리니 내가 이를 위하여 왔노라"(막 1:38)고 하셨으며, 누가복음 15장에서는 잃어버린 양을 찾아 기뻐하는 목자, 잃어버린 드라크마를 찾아 기뻐하는 여인, 잃어버린 아들을 찾아 기뻐하는 아버지를 예로 들면서 성부 성자 성령 하나님께서 영혼 구원을 얼마나 간절히 원하시고, 한 사람이 복음을 듣고 주님께로 돌아올 때 얼마나 크게 기뻐하시는지를 알려 주셨습니다. 그러므로 우리 모두는 주님이 하신 그 일, 주님이 맡겨 주신 그 일을 신명을 다하여 감당해야 합니다.

성경을 두 마디로 요약한다면 '오라' 와 '가라' (come and go)라고 말할 수 있습니다. 전반부는 언제나 돌아오라는 말씀이요, 후반부는 언제나 가라는 말씀입니다.

마음만 있으면 얼마든지 전할 수 있습니다. 우리가 순종하여 전하기만 하면 성령님이 배후에서 역사하심으로 영혼 구원을 이룰 것입니다. 우리가 씨를 뿌리면 반드시 거두게 될 날이 온다는 말입니다.

해럴드 벨콜 선교사님은 6·25전쟁 당시 한국에 선교사로 오신 분입니다. 이분이 미국 군목으로 파송받아 거제도 포로수용소에 와 보니 반공 포로들과 공산당 포로들로 나누어져 서로 싸우고 죽이는 폭동이 일어나고 있었습니다. 그런 곳에서 복음을 전하니 포로들 모두가 야유하고 비난하면서 복음을 받아들일 생각을 하지 않았습니다. 안타까운 마음으로 기도하던 벨콜 선교사에게 성령님은 "한국말로 전해라. 쉽게 전해라"라고 감동을 주셨습니다. 선교사님은 한국말 찬송가를 배운 다음 "예수 사랑하심은 거룩하신 말일세"라는 찬송을 부르며 막사를 돌았습니다.

그런데 놀라운 일이 일어났습니다. 수백 명의 포로들이 그 찬송을 따라 부르며 눈물을 흘리는 것이었습니다. 성령님이 배후에서 일하신 것입니다.

본문에서 '산을 넘는 자의 발'이라고 하였는데, 복음을 전하자면 산을 넘는 것처럼 힘들고 고통스러운 과정도 있다는 것을 암시하고 있는 것입니다. 그렇지만 우리가 포기하지 않고 꾸준히 복음을 전하면 때가 되어 풍성한 열매를 거둘 수 있게 되는 것입니다.

수유리에 살고 있는 한 집사님이 전도를 열심히 하시는 분인데 옆집에 살고 있는 분에게 전도를 하였습니다. 날마다 얼굴을 볼 때마다 전도를 하여 귀찮고 괴로워 6개월 만에 이분이 다른 동네로 이사를 갔습니다.

그런데 이 집사님이 동사무소에 가서 어디로 갔는지 알아보니 문래 2동으로 갔습니다. 그래서 이 집사님이 그 집 바로 옆집으로 전세를 얻어 이사를 갔습니다. 그리고 다시 전도를 하기 시작하여 6개월 동안 끈질기게 하니 그분이 너무 기가 막혀 "나가 주면 될 것 아니오. 나가겠소"라고 하여 드디어 그 영혼을 얻었다는 간증을 들었습니다.

3. 복음은 우리의 삶을 통해 전해져야만 합니다

"너희는 떠날지어다 떠날지어다 거기서 나오고 부정한 것을 만지지 말지어다 그 가운데에서 나올지어다 여호와의 기구를 메는 자들이여 스스로 정결하게 할지어다"(11절).

우리의 삶이 거룩하고 구별된 삶이 될 때 복음이 복음으로 바로 전해질 수 있다는 말씀입니다.

며칠 전 뉴스에 나온 사건입니다. 검찰청에 근무하는 사무국장이 자신이 그리스도인인 것을 드러내면서 직장에서 만나는 사람들에게 열심히 전도를 하였습니다. 그런데 그가 2004년 성희롱 죄로 고발되어 검찰청 감찰팀에 걸렸습니다. 한 번 실수한 것이 아니라 상습적으로 부하 여직원을 성희롱한 것이 드러났습니다. 그 당시 검찰 감찰위원장이 장로님이셨는데 그 보고를 받고 얼굴이 뜨거워 견딜 수 없었다고 합니다. 그는 결국 복음을 가로막는 짓을 한 것입니다.

우리는 사람들에게도 칭찬받아야 합니다. 우리는 세상 죄악을 좇아 살아서는 안 됩니다. 우리가 거룩한 삶을 살아야 할 이유는 복음 때문입니다. 복음은 입으로만 전해지는 것이 아니라 우리의 삶을 통해 전해질 때 더 큰 능력으로 전해집니다.

이 세상에는 아름다운 것들이 많습니다. 자연, 즉 산이나 강이나 바다나 나무나 꽃들의 모습이 아름답게 보이고, 예술가의 손에 의해 만들어진 예술품이 아름답다고 하고, 선한 일을 한 것도 아름답다고 말합니다. 우리 하나님께서도 천지를 창조하신 다음 "보시기에 좋았다"고 하셨습니다.

시편 133편에서 하나님께서는 "보라 형제가 연합하여 동거함이 어찌 그리 선하고 아름다운고"라고 하시며 성도들이 교회 중심으로 서로 사랑하며 섬기는 모습을 보시기에 아름답다고 하셨습니다.

그런데 이와 함께 복음 전하는 자들의 발을 보시고 역시 "아름답도다"라고 감탄하십니다. 여기서 복음 전하는 자들의 발이라고 한 것은 거룩한 행함이 있는 지속적인 복음 전도를 의미하는 것입니다. 그러므로 복음을 전하는 사람이 되어 하나님께서 당신을 보시고 "아름답도다"라고 감동하시고 축복하시기를 바랍니다.

1. 하나님은 복음을 전하는 자를 찾으십니다. 당신이 말씀을 받고 받은 감동을 나누어 보십시오.

2. 복음을 받은 사람은 거룩한 삶을 통해 이웃에게 자연스럽게 복음을 전할 수 있습니다. 우리가 복음을 위해 이웃에게 베풀 착한 일들이 무엇이 있는지 서로 나누어 보십시오.

3. 이제 오늘 말씀을 붙잡고 복음의 능력을 확신하고 말과 행함으로 복음을 전하는 자가 되기를 원한다고 합심하여 간절히 기도드리십시오.

3. 와서 보라 (요 1:35-49)

전도

1979년 10월 26일 궁정동 안가에서 박정희 대통령이 암살당하였습니다. 박 대통령과 차지철 경호실장과 경호원 4명 등 모두 6명이 죽임을 당했습니다. 대통령의 최측근이라고 할 수 있는 중앙정보부장 김재규 씨에 의해 시해를 당한 것입니다. 그 당시 김재규 씨에게 가담한 사람은 모두 4명이었는데 박선홍 대령과 박흥주 대령 그리고 김태원 씨 등입니다. 이들은 모두 대법원에서 사형 확정 판결을 받고 사형을 당했습니다.

그런데 그 중에서 김태원 씨는 30대의 젊은 나이에 사형 판결을 받았고, 그 충격을 견디지 못하고 감옥에서 머리를 벽에 박으면서 괴로워하였습니다. '내가 죽다니, 이 젊은 나이에 젊은 아내와 자식을 두고 내가 사형을 당하다니……' 그는 울부짖었습니다. 그는 중정경비원으로 아무것도 알지 못한 채 상관인 박 대령이 시키는 대로 이미 총을 맞고 죽은 시체를 향하여 확인 사살을 한 것뿐이었습니다. 그는 분노와 두려움이 교차되면서 미칠 것 같았습니다.

그런데 갑자기 그의 눈앞에 한 환상이 펼쳐졌습니다. 20년 전 그가 초등학교에 다닐 때 친구의 권유로 교회에서 하는 여름성경학교에 참석하였는데 그후 그는 교회에 발걸음을 끊었고 담을 쌓았습니다. 그런데 그날 그가 교회당에 들어가는 모습과 흰 상의를 입은 여자 반사가 예수 그리스도를 전하는 모습이 보였습니다. 그중에 초등학생인 자신의 모습도 보였고, 그 여자 반사가 전하는 복음도 들렸습니다.

그는 너무 놀랍고 흥분하여 교도관을 불러 교도소에 목사님이 계시냐고 물었고, 교도관은 즉시 목사님을 모시고 왔습니다. 그는 목사님에게 "나 같은 죄인도 구원받을 수 있습니까?"라고 물었고, 목사님은 "그럼요. 누구든지 예수님을 믿기만 하면 구원받을 수 있습니다"라고 말씀하셨습니다. 그가 "목사님, 제가 믿고 싶습니다"라고 했습니다. 목사님은 그를 형목실로 데리고 가서 복음을 전했고, 그는 그 자리에서 주님을 영접하였습니다. 그리고 세례를 받은 후 날마다 성경을 상고하고 기도하면서 보내다가 드디어 사형 집행을 당했는데, 그날 목사님도 형장에 참석하였습니다. 태원 형제는 지극히 평안한 가운데 환하게 웃는 모습으로 판사와 검사 그리고 교도관과 목사님에게 자신은 주님을 믿고 영생을 얻었으므로 이제 영원한 천국으로 간다고 말하고 찬송하면서 교수대를 향하여 걸어갔다고 합니다.

이것은 그 당시 태원 형제에게 복음을 전하고 세례를 주신 목사님이 지은 《죽음에서 생명으로》라는 책에서 읽은 실화입니다. 어릴 적 단 한 번 친구 따라 교회당에 갔는데도 하나님은 택한 백성을 때가 되어 부르셨습니다. 우리는 이 사건을 통하여 단 한 번이라도 교회당에 나와 말씀을 듣는 것이 얼마나 중요한가 하는 것을 알 수 있습니다.

1. 한 번만 '와서 보라'는 간단한 초청이지만 강력한 전도법입니다

1) 예수님께서 '와서 보라' 전도법을 사용하셨습니다(요 1:39).
본문에 "예수께서 이르시되 '와서 보라' 그러므로 그들이 가서 계신 데를 보고 그날 함께 거하니 때가 열 시쯤 되었더라"(39절)라고 말씀하고 있습니다.

세례 요한의 소개로 안드레와 요한이 예수님을 만나 뵙고 "랍비여 어디 계십니까?"라고 물었을 때 주님은 짤막하게 "와서 보라"고 초청하셨고, 두 제자는 그날 밤 주님과 하룻밤을 보내면서 놀라운 변화를 받았습니다.

안드레는 이날 자기 스승 세례 요한이 말한 것처럼 예수님께서 메시아라는 사실을 깨닫고 큰 감동을 받았습니다. 그는 그 감동을 자기 혼자만 간직할 수 없었습니다. 그래서 친형제인 시몬(베드로)에게 달려갔습니다. 그리고 그를 주님께로 인도했습니다. 베드로 역시 '와서 보고' 예수님을 영접하여 주님의 제자가 되었습니다.

미국의 가정용품 판매회사의 판매 전략 가운데 '끝없는 체인 기법'이라는 것이 있습니다. 어떤 고객이 자기 회사의 제품을 구입하게 되면 그 고객에게 이 제품을 구입할 만한 가까운 사람을 소개받는 것입니다. 그리고 그 사람에게 찾아가서 "아무개라는 분이 선생님께 들러 이 제품을 소개해 드리라고 말씀하셔서 들렀습니다"라고 말하는 것입니다. 이런 상황에서 그 판매원을 거절하는 것은 곧 그를 자기에게 소개시켜 준 사람을 거절하는 결과가 되기 때문에 거절하기가 힘이 든다는 것입니다. 이렇게 볼 때 세상 기업이나 보험회

사 직원들이 오히려 친분관계를 더 잘 이용하여 이윤을 남긴다는 것을 알 수 있습니다.

우리도 친분 관계를 적극 활용해야 합니다. 양육반을 인도하면서 어떻게 예수님을 믿게 되었는지 물었더니 20여 명 중 1명만 빼고 모두 가족, 친지 혹은 친구, 직장동료 등을 통해 주님을 영접하게 되었다고 하였습니다. 이와 같이 관계는 복음이 건너가는 다리입니다. 친분이 있는 사람에게 내게 생명보다 소중한 예수 그리스도를 전하면 일단 그분이 거절하지 못할 것입니다. 그 친분이 깨질 것을 두려워하지 마십시오. 오히려 나중에 더 크게 감사하게 될 것입니다.

2) 빌립도 '와서 보라' 전도법을 사용하였습니다(요 1:46).

갈릴리 해변에 있던 빌립이 주님을 만나 변화를 받았습니다. 주님을 영접한 빌립은 너무 벅찬 감격을 안고 이 감격을 나눌 사람을 찾았습니다. 그의 가까운 친구 중에 나다나엘이 있었습니다. 나다나엘은 나중에 주님의 제자(바돌로매)라는 이름으로 불린 사람입니다.

빌립이 나다나엘을 만나 "모세가 율법에 기록하였고 여러 선지자가 기록한 그이를 우리가 만났으니 요셉의 아들 나사렛 예수니라"라고 일러 주었습니다. 다시 말해, 빌립은 메시아를 만났다고 친구에게 알려 주었던 것입니다.

그러자 나다나엘의 반응은 냉소적이었습니다. 본문에 보면 "나다나엘이 이르되 나사렛에서 무슨 선한 것이 날 수 있느냐"라고 하였고, "빌립이 이르되 '와서 보라' 하니라"(46절)라고 했습니다.

빌립은 "와서 보라"고 말한 후 나다나엘을 예수님께로 데리고 왔습니다. 예수님을 만난 후 나다나엘은 변화되었습니다. 고정관념에 사로잡힌 나다나엘을 무너뜨리는데 "와서 보라"는 한마디가 적중한 것입니다.

빌립이 자신의 적은 지식을 가지고 장황하게 설명하였다면 나다나엘은 오히려 더 거부 반응을 보였을 것입니다. 하지만 빌립이 나다나엘을 데리고 직접 예수께로 인도하여 주님과의 인격적인 만남이 있은 후 놀라운 변화가 일어난 것입니다.

나다나엘은 주님을 만난 후 "당신은 하나님의 아들이시요 당신은 이스라엘의 임금이로소이다"라고 고백하면서 주님을 영접하고 구원을 받았습니다.

빌립은 자신이 예수님을 만났다고 분명히 말하였고, 자신이 만난 그분이 곧 구세주임을 확신하고 친구에게 일러 주었습니다.

우리가 지금 인도할 사람들은 주님께 너무나도 소중한 사람들이라는 사실을 믿어야 합니다. 주님께서는 우리가 그들을 인도하기를 학수고대하고 계시고, 그들을 주님께로 인도했을 때 너무도 기뻐하십니다.

> "내가 너희에게 이르노니 이와 같이 죄인 한 사람이 회개하면 하늘에서는 회개할 것 없는 의인 아흔아홉으로 말미암아 기뻐하는 것보다 더하리라"(눅 15:7).

당신이 주님의 기쁨이 되기만 하면 소원이 이루어지고 축복이 쏟아질 것입니다(시 37:4).

3) 사마리아 여인도 '와서 보라' 전도법을 사용하였습니다(요 4:28-30).

이 여인은 영적으로 몹시 목이 말랐던 여인이었습니다. 사람들로부터 부도덕한 여인이라고 손가락질받던 여인이었습니다. 그래서 사람들을 피해 다녔던 여인이었습니다.

그런데 우물가에서 예수님을 만나 대화를 나누던 중 자기의 부끄러운 과거를 다 아시는 예수님 앞에 아무것도 숨길 수 없다는 것을 알았습니다. 그녀는 메시아이신 주님을 영접하여 구원을 받았고, 뜨거운 감동을 받았습니다. 그 은혜를 나누지 않으면 견딜 수 없는 마음이 되었습니다. 그녀는 물동이를 버려두고 마을로 달려가 온 동네 사람들에게 이렇게 외쳤습니다.

"내가 행한 모든 일을 내게 말한 사람을 '와서 보라' 이는 그리스도가 아니냐 하니"(요 4:29).

온 동네 사람들이 이 여인의 말을 듣고 여인을 따라 우물가에 와서 주님을 만난 후 그들도 예수님을 믿고 구원을 받았습니다.

우리도 마찬가지입니다. 주님께 은혜를 받았으면 그 은혜를 나누어야 합니다. 주님 때문에 감동을 받았으면 그 감동을 전해야 합니다. 가까운 사람들을 주님께로 인도해야 합니다. "와서 보라!"

2. '와서 보라' 전도법은 예수님에 대한 장황한 소개가 필요 없습니다

사도 바울은 아덴에서 복음을 전할 때 논리적으로, 철학적으로,

수사학적으로 복음을 전하려고 하였지만 실패하였습니다. 아덴 사람들이 바울이 다시 말하려고 하면 "이 말쟁이가 또 무슨 말을 하고자 하느냐"(행 17:18)라고 할 정도였습니다.

나중에 바울은 고린도에 와서 결심하기를 '내가 예수 그리스도와 그가 십자가에 못 박히신 것 외에는 아무것도 알지 아니하기로 작정하였다'(고전 2:2)고 하였습니다. 바울은 여기서 하늘나라는 말에 있지 않고 능력에 있다는 것을 확신하게 되었습니다.

사도행전에는 바울이 주님을 만난 것을 간증한 내용이 세 번이나 반복하여 기록되었습니다. 이것은 복음 전도에 간증이 중요하다는 것을 가르쳐 주는 것입니다. 주님께서 내 인생에 일으키신 놀라운 변화를 간단히 간증하면서 꼭 한 번만 와보라고 진심으로 초청할 필요가 있습니다. 그렇다면 간증할 때 어떻게 이야기할까요?

1) 주님을 만나기 전 내 영혼이 처한 상태와 생활에 대해 간단히 이야기합니다.

예를 들면, "저는 과거에 주님을 만나기 전에는 마음에 평안도 없었고, 기쁨도 없었고, 허무하고 무의미한 삶을 살아왔습니다"라고 말하든지, "전에 우상을 섬기고 점도 치고 굿을 해보기도 하였지만 오히려 번민과 고통만 더할 뿐이었습니다"라고 말하든지, "세상에서 수백 명을 알고 지냈지만 그래도 고독을 피할 길이 없었습니다"라고 말하든지, 술과 도박과 방탕한 삶을 살았더니 몸도 마음도 병들고 무너져버렸다고 말하든지, 가정에 끊임없이 다가오는 여러 문제로 인하여 수고하고 무거운 짐을 지고 인생을 살아왔었다고 간단히 말하면 됩니다.

2) 그다음 주님을 어디서 어떻게 만나게 되었는지 간단히 말하면 됩니다.

예를 들면, 어느 분의 인도로 교회 예배에 참석하여 주님을 만났다든지, 혹은 교회 가족들이 모이는 작은 모임에 가서 찬양을 듣는 중에 주님을 만났다든지, 부흥회에 참석하여 주님을 만났다고 간단히 말하면 됩니다.

3) 그다음 현재 내 상태에 대하여 간단히 말하면 됩니다.

"그리스도를 믿고 난 뒤 무거운 죄의 짐이 벗겨지고 몸도 마음도 얼마나 평안한지 모른다"라고 말하든지, "지금 저의 삶은 천국입니다. 제 마음에 기쁨과 감사가 넘쳐나고 있지요"라고 말하면 됩니다.

이 간단한 간증과 초청으로 수많은 영혼이 교회에 나와 주님을 영접하고 변화된 예가 수없이 많이 있습니다.

전도는 처음 믿는 사람이 더 잘하는 경우가 많습니다. 단순히 전하기 때문이고, 구원의 감격이 가슴에 끓어오르고 있기 때문입니다.

믿지 않는 이웃을 불쌍히 여기는 마음을 가지고 꼭 한 번만 와보라고 초청하십시오. 그래서 다음 주일 그리고 그다음 주일 계속해서 와보라 전도법을 실천해 보십시오.

3. '와서 보라' 전도법은 가까운 사람에게 쉽게 복음을 전하는 것입니다

열왕기하 5장에 보면 아람 나라의 군대장관인 나아만이 온몸에 나병이 들어 백약을 써보고 많은 의원을 찾았지만 헛수고였습니다. 이제 그의 인생이 절망에 처하였을 때 이스라엘과의 전쟁에서 포로로 잡아온 여자아이 하나가 "우리 주인이 이스라엘에 있는 선지자를 만나면 좋겠습니다. 그분께로 가면 고침을 받을 수 있을 것입니다"라고 하자 나아만이 무시하거나, 화를 낼 수도 있었겠지만 그 아이의 말을 듣고 이스라엘로 찾아가서 엘리사를 만남으로 나병을 고치고 하나님을 만나 신앙인이 되어 돌아옵니다.

지극히 미약한 어린 소녀의 말 한마디가 한 나라의 군대장관이요 큰 영향력을 행사하는 사람을 하나님께로 인도한 것입니다. 너무나 쉬운 당신의 한마디 말이 천하보다 귀한 영혼을 구원할 것입니다.

"그러나 너희는 택하신 족속이요 왕 같은 제사장들이요 거룩한 나라요 그의 소유가 된 백성이니 이는 너희를 어두운 데서 불러내어 그의 기이한 빛에 들어가게 하신 이의 아름다운 덕을 선포하게 하려 하심이라"(벧전 2:9).

여기서 선포한다는 말은 일방적으로 전한다는 말입니다. 듣든지 안 듣든지, 믿든지 안 믿든지 간에 전한다는 말입니다.

'와서 보라'는 두 단어입니다.

첫째, 주님이 임재하신 곳으로 데리고 와야만 한다는 것입니다. 그리고 그 사람이 직접 경험해 보라는 것입니다. 데리고 오는 일은 내가 하는 일입니다. 이제 그 사람이 주님을 만나느냐 만나지 못하느냐는 그 사람과 주님의 책임입니다.

'와서 보라'. 여기서 본다는 것은 눈으로만 보는 것이 아닙니다.

냄새는 코로 맡아 보고, 소리는 귀로 들어 보고, 감동은 마음으로 느껴 보는 것이고, 확신은 체험해 보는 것이고, 인격은 만나 보는 것입니다. 그러므로 이렇게 여러 가지로 그들이 주님을 만나 보도록 데리고 오는 것이 중요합니다.

1. 주님은 강권하여 내 집을 채우라고 말씀하셨습니다. 당신이 '와서 보라'는 이 전도법에 대해 어떻게 생각하고 있는지 말씀해 보십시오.

2. 우리가 '와서 보라'고 말해야 할 사람들이 누구인지 한번 말씀해 보시고, 언제 어떻게 그들에게 '와서 보라'고 말할지 말씀해 보십시오.

3. 오늘 주신 말씀을 붙잡고 주님께로 데리고 오는 사역을 감당할 수 있도록 은혜와 능력을 주시도록 합심하여 간절히 부르짖어 기도하십시오.

4. 주라 그리하면 (눅 6:27-38)

전도

어느 분이 제게 월간 〈리드〉라는 교양 잡지를 보내주고 있습니다. 그 잡지의 발행인은 윤학 변호사입니다. 그분은 그 책에서 자신이 사법고시에 합격하여 변호사가 되었고 TV에 출연하여 시사토론자로서 명성을 얻었지만 마음속에 허전함을 메울 길이 없었다고 하였습니다. 그는 신문에 칼럼을 기고하여 사람들에게 글솜씨를 알리기 시작하였지만 여전히 허전함이 더하여 갔다고 하였습니다. 그 허전함을 채우기 위해 미국 대륙을 배낭만 메고 여행해 보기도 하였고, 인도에 가서 여행하면서 명상에 깊이 잠겨 보기도 하였지만 모두 헛수고였습니다.

그런데 그가 사랑을 실천하고부터 그의 내면이 채워지기 시작하더라는 것입니다. 그 주변에서부터 작은 사랑을 실천하면서 비로소 만족과 기쁨을 누리게 되고, 삶의 의미와 가치를 발견하게 되었다고 하였습니다. 그래서 그분이 다른 분들의 도움을 받아 그 책을 여러 교회와 기관에 보내고 있었습니다.

창세기 40장 6절에 보면 "아침에 요셉이 들어와 보니 그들에게 근심이 있는지라"라고 말씀하신 것을 보면 요셉이 감옥생활을 하고 있었지만 가장 먼저 한 일이 동료들의 얼굴빛을 살피는 일이었음을 알 수 있습니다.

왕의 술 맡은 관원장과 떡 맡은 관원장의 안색을 살피고 그들의 문제를 자기 문제인 것처럼 살피는 요셉의 인격을 보십시오.

남의 형편을 살피는 마음, 곧 남을 배려하는 마음을 품고 있던 요셉은 결국 이 일로 인하여 애굽의 국무총리가 되고, 수많은 사람들을 살리는 사람이 되었습니다.

이기적 삶이나 자기 중심적인 삶에서 벗어나 이타적인 삶을 사는 사람이 행복자가 되고 성공자가 된다는 것을 역사가 증명해 주고 있습니다.

1. 주 예수님은 이웃에게 사랑을 주라고 하셨습니다(27-30절)

주님은 "원수를 사랑하고 미워하는 자를 선대하며 저주하는 자를 위하여 축복하고 모욕하는 자를 위하여 기도하라"고 하셨습니다.

당시 서기관들과 바리새인들은 율법의 정신이 복수가 아니라 사랑임에도 불구하고 네 이웃을 사랑하고 네 원수를 미워하라고 가르치고 있었습니다. 여기서 원수는 유대를 지배하고 있던 로마나 헬라를 가리킵니다. 그들은 이방인들을 저주받은 자식들로 생각하고 그들을 향한 미움과 불신이 팽배해 있었습니다. 예수님은 이 모든 미움과 원한의 장벽을 무너뜨리고 서로 화목하고 행복한 삶을 살기 위해서는 미움을 버리고 서로 사랑을 주어야 함을 분명히 가르쳐 주신 것입니다.

미국의 뉴멕시코 주의 랠프 벤치라는 흑인 소년은 열두 살에 그 어머니가 폐결핵으로 세상을 떠나면서 유언으로 남긴 말을 가슴에 간직하였습니다. 어머니의 유언은 "믿음과 소망과 사랑으로 살아라"였습니다.

그는 LA에 있는 외할머니 댁으로 가서 학교를 다녔는데 고학을 하였습니다. 반 아이들이 놀렸습니다. 그렇지만 그는 이를 악물고 참았습니다. 그들에게 오히려 예수 사랑을 실천하였습니다. 결국 그는 흑인들의 지도자가 되었고, 흑인으로서는 세계 최초로 노벨 평화상을 받았습니다.

20세기 초, 일본에 갓 안수를 받은 미키 나가와라는 젊은 목사가 있었습니다. 그는 어느 곳에 가서 교회를 개척할 것인가 일본 지도를 펴놓고 기도했습니다. 기도하면서 동서남북 100킬로미터 이내에 단 한 명의 교인도 없는 곳을 찾고 보니 북쪽 '가나자와' 라는 지역이었습니다.

이 젊은 목사는 곧 그 지역으로 가서 천막을 치고 개척교회를 시작했습니다. 자신의 아내와 아이 둘을 놓고 가나자와 교회 창립예배를 드렸습니다. 한 달이 지나고 두 달이 지났는데 교인이 오지 않았습니다. 6개월이 지났습니다. 보통 이럴 때 '하나님 뜻이 아니구나' 하고 포기하고 싶은 마음이 생길 것입니다. 그러나 나가와 목사는 그 자리를 옮기지 않았습니다.

5년이 지난 어느 수요일 저녁에 천막의 커튼을 젖히고 첫 번째 교인이 들어왔습니다. 청년이었습니다. 나가와 목사가 얼마나 감격했겠습니까? 그래서 5년 동안 했던 그 어떤 설교보다도 열정적으로 설교를 했습니다. 설교가 끝난 뒤에 그 청년을 데리고 식탁에서 저녁을 먹었습니다. 그런데 식사 도중에 이 청년이 "욱" 하더니 입으로 피를 쏟았습니다. 나가와 목사는 청년이 폐병환자임을 알고 속에서 갈등이 일어났습니다.

'이 사람을 지금 당장 쫓아 버려야 하나, 아니면 내가 이 핏덩이를 쓸어내고 계속 함께 밥을 먹어야 하나?'

그때 주님의 음성이 들리는 것 같았습니다.

'내가 보낸 사람이다.'

나가와 목사는 자기 손으로 핏덩이를 치운 다음, 다시 음식을 가져다가 청년과 먹었습니다.

그 청년은 일본 도쿠시마의 상류층 귀족이요 유명 정치인인 가가와 준이치 씨가 기생인 가메라를 첩으로 얻어 그 사이에서 태어난 사생아였습니다. 태어날 때부터 출신이 그랬기 때문에 어렸을 때부터 번민과 괴로움 속에서 살았습니다. 그러다가 선교사로부터 복음을 접하게 되어 신학교에 들어갔습니다. 신학교를 다니는 도중에 폐병환자가 되었습니다. 학교에서 정학을 당했습니다. 다니던 교회에서도 나오게 되었습니다. 이 청년은 생각했습니다.

'성경은 거짓말이구나. 예수도 거짓말이다. 나는 누구에게 돈을 요구하지 않았다. 나는 누구에게 나의 치료비를 요구하지 않았다. 나는 누구에게 나의 폐병을 옮길 만큼 경솔한 사람도 아니다. 단 한 사람이라도 폐병환자인 나를 그리스도인으로 대해 주는 그리스도인을 만나고 싶다.'

그러나 그런 사람은 한 사람도 없었습니다. 이 청년은 자살을 결심했습니다.

그런데 자살 전에 우연히 한 사람을 만나 이런 말을 들었습니다. 북쪽 가나자와 지방에 가면 나가와라는 목사가 있는데, 거기를 한번 찾아가 보라는 것입니다. 그래서 나가와 목사를 찾아갔습니다. 그런데 그 날 저녁에 밥을 먹다가 피를 쏟았던 것입니다.

나가와 목사가 피를 닦아 내고 다시 밥을 차려 왔습니다. 그 순간에 이 청년은 그 모습에서 예수님을 보았습니다. 주님은 살아 계셨습니다.

주님의 은혜로 청년의 폐병이 나았습니다. 그리고 이 청년이 신학교를 졸업하고 목사가 되었습니다. 그 유명한 가가와 도요히코 목사가 바로 이분입니다. 도요히코 목사는 고베와 도쿄에서 수없이 많은 빈민을 위해 자신의 생을 섬김과 봉사의 삶으로 내어놓았습니다.

빈민이 가장 고통스러워하는 것은 변비라고 합니다. 항문에 변이 차돌같이 굳어 있어서 나오지를 않습니다. 그러면 가가와 도요히코 목사는 장갑을 끼고 손으로 그것을 후벼 냈습니다. 악창으로 고름이 잡힌 빈민들, 약을 살 돈도 없는 그들을 위해 직접 상처의 고름을 입으로 빨아내었다는 이야기도 전해지고 있습니다. 그 사실을 알게 된 일본 기자가 가가와 도요히코 목사에게 물었습니다.

"당신은 어떻게 그런 일을 할 수 있습니까?"

가가와 도요히코 목사가 이렇게 대답했습니다.

"나는 배운 대로 합니다. 제 선생님은 제가 각혈한 핏덩이를 닦아 주셨습니다. 그분이 하신 것에 비하면 이건 아무것도 아닙니다."

그가 중국으로 건너갔습니다. 일본의 중국 침략에 대한 비판의 글을 써서 국민들로부터 매국노라는 말도 들었습니다. 중국의 빈민들을 위해서도 똑같은 삶을 살았습니다. 장개석 총통의 부인인 송미령 여사는 그리스도인입니다. 그 목사님의 이야기를 듣고 깊은 감동을 받았습니다. 그래서 그녀는 그분을 모셔 개인적으로 성경공부를 했습니다. 1945년 일본이 패망했습니다. 일본이 점령하고 있던 나라에서 일본 민간인들이 철수할 때 현지인들로부터 테러를 당하는 사건이 많았습니다. 가장 지독하게 당한 곳이 사할린으로 알려져 있습니다. 그런데 일본 패망 당시에 중국 땅에 있던 일본인의 숫자는 200만 명에 달했으나 그중에 단 한 사람도 테러를 당하지 않았습니다. 천황의 항복 성명과 동시에 장개석 총통이 포고령 1호를 내렸습니다. 철수하는 일본 사람들에게 해를 가하는 자는 중형에 처한다는 것이었습니다. 이러한 결정이 내려지게 된 배후에는 가가와 도요히코 목사의 사역에 대한 감동이 담겨 있었던 것입니다.

우리가 사랑을 실천할 때 일파만파가 되어 그리스도의 사랑이 이 땅에 나타나게 되고, 하나님 나라가 임하게 될 것입니다.

2. 주 예수님은 이웃에게 선행과 물질을 주라고 하셨습니다
(31-36절)

이기적인 삶, 자기 중심적인 삶에서 벗어나 이타적인 삶을 살라고 하셨습니다.

사도행전 10장에 보면 로마의 장교 고넬료가 백성을 많이 구제하였더니 하나님께서 천사를 보내어 고넬료의 구제를 보셨다고 하셨습니다. 구제는 반드시 하나님이 기억하시고 갚으십니다.

'노블레스 오블리주'(noblesse oblige)라는 말이 있습니다. 신분이 높으면 높을수록 도덕적 의무도 커진다는 말입니다. 이 말은 누가복음 12장 48절의 '많이 받은 자에게는 많은 것이 요구된다'는 예수님의 말씀에 근거하고 있습니다.

교육가요 위대한 박애주의자로 알려진 페스탈로치가 어느 날 길을 가다가 구걸하는 거지 소년을 발견하였습니다. 그는 호주머니를 뒤졌지만 아무것도 줄 것이 없자 자기 구두끈에 달린 은장색을 풀어 거지 소년에게 주고 들고 있던 성경책을 주며 간절히 전도하였습니다. 10년 후에 잘생긴 젊은이가 페스탈로치를 만나자고 하여 만나보니 그 사람은 바로 10년 전 은장색을 풀어 구제해 준 그 소년이었습니다. 그는 사업가가 되어 돈을 많이 벌었습니다. 구두의 은장색을 가지고 왔을 뿐 아니라 많은 전도자금을 후원하는 큰 후원자가 되었습니다.

프랑스의 철학자 파스칼은 《팡세》를 써서 유명하게 된 분입니다. 그는 1654년 11월 23일 밤에 은총의 불, 즉 성령의 불을 경험하고 난 후 늘 어려운 생활 가운데서도 가난한 이웃을 돌보아 주었습니다. 그가 병들어 죽게 되었을 때에도 천연두에 걸려 오갈 곳 없는 자들을 자기 집에 불러들여 돌보아 주었습니다.

영국의 고든 장군은 나라를 위해 33번 전투에 참가하여 대승을 거둔 유명한 장군입니다. 그는 영국 왕실과 정부에서 그에게 큰 상을 내린 것을 사양하다가 어쩔 수 없이 받았습니다. 그 상은 순금으로 만든 공로 메달이었습니다. 어느 해 백성들이 어려움을 겪을 때 그는 마지막 남은 그의 재산인 금메달을 팔았습니다. 그의 일기에는 "나의 마지막 재산 금메달도 그리스도께 바칩니다"라고 쓰여 있습니다. 그는 영국인의 표상이 되었고, 그 후손이 복을 받았습니다.

사도행전 20장 35절에 "범사에 여러분에게 모본을 보여준 바와 같이 수고하여 약한 사람들을 돕고 또 주 예수께서 친히 말씀하신 바 주는 것이 받는 것보다 복이 있다 하심을 기억하여야 할지니라"

고 하셨습니다.

3. 주 예수님은 이웃에게 복음을 나누어 주라고 하셨습니다

우리 그리스도인들이 이웃에게 줄 수 있는 가장 값지고 중요하고 시급한 것이 있다면 그것은 바로 복음입니다. 멸망으로 들어가는 줄도 모르고 세상에 속아 살아가는 사람들에게 긴급히 주어야 할 것은 바로 복음입니다. 복음은 우리 주 예수 그리스도이십니다. 주 예수보다 더 귀한 것은 없습니다.

한 젊은 여인이 갓 나은 아기를 안은 채 산을 넘고 있었습니다. 집으로 돌아가는 중이었습니다. 그날따라 강풍과 폭설이 매섭게 휘몰아쳤습니다. 하얀 눈이 길을 순식간에 지워 버렸습니다. 겨울의 태양도 산 너머로 넘어가 버렸습니다. 여인은 길을 잃은 채 눈 속에 묻히고 말았습니다.

이튿날 구조대가 아기를 안은 여인의 모습을 한 눈사람을 발견하였습니다. 그런데 눈사람 속에서 아기의 울음소리가 들렸습니다. 황급히 눈을 털어내자 그 속에서 여인의 나신이 드러났습니다. 여인은 자신의 옷을 모두 벗어 아기의 몸을 감싼 채 동사하였던 것입니다. 어머니의 숭고한 희생과 사랑이 아기의 생명을 구한 것입니다.

그 아기는 숙부의 집에서 길러졌습니다. 그 아기가 자라서 변호사 시험에 합격했습니다. 숙부는 오랜 세월 가슴에 묻어 두었던 그 위대한 죽음에 대한 이야기를 털어놓았습니다.

청년은 혹한의 겨울에 어머니의 무덤을 찾았습니다. 자신의 외투와 양복과 속옷을 하나씩 벗어 무덤을 덮었습니다. 청년은 벌거벗은 몸으로 무덤을 껴안으며 울부짖었습니다.

"어머니, 그때는 지금 저보다 훨씬 추우셨지요? 어린 핏덩이를 살리기 위해 스스로 생명을 내던지신 어머니의 은혜를 어떻게 갚아야 하나요……."

그 위대한 어머니로 인해 생명을 구원받은 사람은 데이비드 로이드 조지라는 사람으로, 이분은 강력한 리더십으로 영국 사회보장 제도의 기초를 확립한 사람이었고, 영국 군수장관을 거쳐 총리가 된 영국의 영웅이기도 합니다.

어쩌면 로이드 조지의 어머니의 그 모성애와 희생은 우리 주 예수님의 십자가의 희생과 닮았습니다. 예수님은 2천 년 전 당신과 나의 죄를 속하기 위해 십자가 위에 오르셔서 몸을 제물로 드려 살을 찢어내고 보배피를 흘려 죽으심으로 그 고귀한 희생을 통해 우리를 살리셨습니다.

주님은 한없는 사랑으로 우리를 사랑하셨습니다. 그 증거가 바로 십자가입니다(롬 5:8). 그런데 세상 많은 사람들은 그리스도의 이 사랑과 희생과 복음을 알지 못하고 멸망으로 가고 있습니다. 우리는 이들에게 생명의 복음을 전해 주어야 합니다.

뉴욕 맨해튼에 소재한 타임스퀘어 교회를 담임하는 카터 콜만 목사님이 9·11 사건이 일어난 바로 다음 주에 설교한 내용 중 일부를 며칠 전에 들어 보았습니다. 물론 자막으로 내용을 알 수 있었습니다. 그는 울먹이면서 외쳤습니다.

"무역센터 건물이 연기를 뿜어내며 불타고 있을 때 수많은 사람들이 그 건물로부터 벗어나려고 달려 나오고 있었습니다. 그런데 그때 그 건물을 향하여 달려가면서 사람들에게 외치는 사람들이 있었습니다. 경찰관들과 소방관들이었습니다. '빨리 이 지역을 벗어나 십시오. 어서 달려가십시오. 생명을 위해 달리십시오.' 그러면서 그들은 오히려 무너져내리는 건물을 향하여 달려가고 있었습니다."

우리야말로 이 세상 사람들에게 멸망에 대해 증언해야 하지 않겠습니까? 우리야말로 죄와 죽음에서 벗어나고, 영원한 형벌에서 벗어나 하나님 나라에 들어갈 수 있다는 이 복음을 나누어 주어야 하지 않겠습니까?

주님은 복음을 나누어 주는 사람들에게 온갖 좋은 것들을 약속하셨습니다. 나누어 주십시오. 그리하면 주님으로부터 받을 것입니다 (마 6:33). 놀라운 축복이 이웃에게 주는 자들에게 있을 것입니다.

1. 주님은 이웃에게 사랑을 주라고 하셨는데 당신이 이웃에게 사랑을 실천할 수 있는 길이 무엇인지 한번 말씀해 보십시오.

2. 주님은 복음을 나누어 주라고 하셨는데 당신은 이 소중한 복음을 어떻게 나눌지 한번 말씀해 보십시오.

3. 이제 오늘 주신 말씀을 붙잡고 사랑을 주는 자, 선행을 베풀고 복음을 전하는 자가 되게 해달라고 합심하여 간절히 기도하십시오.

1. 감사로 참된 제사를 드립시다 (시 50:8-15)

감사

가짜 상표를 붙인 의류, 가방, 의약품, 돼지 비계로 만든 해삼, 당면으로 만든 상어 지느러미, 술병 아래를 불소로 구멍을 뚫어 내용물을 바꿔치기한 양주, 그리고 다른 부위의 살을 본드로 붙여 내놓는 한우 갈비 등 아직도 한국은 가짜 상품이 많은 나라입니다.

그런데 본문에서 이스라엘 백성들이 하나님께 드리는 제사가 가짜라고 하나님이 한탄하셨습니다. 구약의 제사는 오늘날 예배와 같습니다. 본문 8-13절을 보면 이스라엘은 하나님께 제사를 드린다고 드렸지만 헛된 제사를 드리고 있었음을 알 수 있습니다.

"나는 네 제물 때문에 너를 책망하지는 아니하리니 네 번제가
항상 내 앞에 있음이로다"(8절).

하나님은 이스라엘이 끊임없이 제사를 드리고 있었지만 잘못된 제사를 드리고 있음을 상기시켜 주셨습니다. 무엇이 문제입니까?
첫째로 그들이 드리는 제사에 하나님에 대한 진정한 감사가 빠졌기 때문입니다. 오랜 세월 제사를 드리다 보니 구원의 은혜는 시들

해지고 이제는 형식과 껍데기만 남아 거저 보이려고 오는 제사뿐이었습니다.

둘째로 그들이 하나님의 계명을 범하고 도둑질, 간음, 거짓, 비방을 일삼다가 하나님 전에 제사를 드리니 하나님께서 속지 않으신다는 말씀입니다.

그들이 외식하고 타락한 삶을 사는 것은 결과적으로 하나님께 대한 감사가 없다는 말입니다. 이 시대도 마찬가지입니다. 디모데후서 3장 1-5절에는 말세에 나타나는 현상들을 열거하고 있습니다.

"너는 이것을 알라 말세에 고통하는 때가 이르러 사람들이 자기를 사랑하며 돈을 사랑하며 자랑하며 교만하며 비방하며 부모를 거역하며 감사하지 아니하며 거룩하지 아니하며"(딤후 3:1-2).

여기서 말세에 나타나는 아주 나쁜 인간성 가운데 하나가 감사를 모르는 것이라고 했습니다. 혹독한 가난 가운데 힘들게 살았던 우리는 어린 시절에 비해 풍부해졌는데도 오히려 감사하지 않고 있습니다.

"하나님을 잊어버린 너희여 이제 이를 생각하라 그렇지 아니하면 내가 너희를 찢으리니 건질 자 없으리라"(시 50:22).

하나님을 잊어버렸다는 말씀은 결국 하나님을 향한 감사를 잊어버렸다는 말씀입니다. 우리는 잊어버린 감사를 다시 찾아야 합니다.

1. 하나님 그분으로 인하여 감사하여야 합니다

성경은 전체가 감사의 고백이라 할 정도로 감사라는 단어가 많습니다. 성경 전체에 176번이나 '감사' 라는 단어가 쓰였고, 그중 시편은 전부 150편으로 구성되었는데 그중 '감사' 라는 단어가 74번이나 기록되어 있습니다. 그리고 구체적으로 "감사하라"는 명령구절이 35번이나 반복되고 있음을 통해 하나님이 감사의 제사를 얼마나 기뻐하시는가를 알 수 있습니다.

우리는 하나님이 나에게 무엇을 해주셔서 감사하기보다는 하나님 그분이 계신 것으로 인하여 감사해야 합니다.

한 달 전 1950년대 최고의 미남 배우로 군림했던 토니 커티스(Tony Curtis)가 85세의 나이로 사망했습니다. 토니 커티스는 73세가 되던 지난 1998년, 45세 연하의 젊은 여성과 여섯 번째 결혼식을 올려 화제가 되었습니다. 그는 잘생긴 미남 배우이며, 많은 인기와 명예와 부를 가지고 있었고, 한평생 삶을 즐기기 위하여 여섯 번이나 결혼했지만 마지막에는 늙어서 고통 중에 죽는 것입니다. 이것이 우리 인생의 실체요, 진짜 모습입니다.

우리는 착각하지 말아야 합니다. 모든 것은 다 지나갑니다. 그리고 세상의 영광은 아침 안개와 같이 다 사라집니다. 세상의 그 무엇도 우리에게 진정한 행복을 가져다줄 수 없습니다. 세상 모든 것은 다 낡아지고 시들해지고 지나가 버리고 말지만 예수 그리스도의 나라, 권세, 영광은 영원합니다. 순간에 불과한 세상 것을 붙잡고 그것에 집착하여 만족을 찾으면 절망합니다. 오직 예수 그리스도만이 영원한 소망이 되십니다. 우리는 날 구원하시고 나와 함께하시는 주 예수님으로 인하여 감사하여야 하겠습니다.

영국의 셰익스피어는 "불 테면 불어라, 겨울바람아! 눈보라 섞어 치니 사정도 없다마는 감사치 않는 자보다는 모질지 않구나"라고 했습니다. 헬라의 법학자 라이피 콥스는 "감사할 줄 모르는 사람들을 처벌할 법을 따로 만들지 않은 것은 하나님께서 직접 벌하시기 때문이다"라고 했습니다. 성자라고 칭송을 받는 어거스틴은 "그리스도인에게는 머리부터 발 끝까지 할렐루야, 감사이다"라고 했습니다.

그렇습니다. 진정한 그리스도인이라면 그 어느 것을 보아도 하나님 앞에 감사를 드리지 않을 수 없다는 것입니다.

2. 사람에게도 감사할 줄 알아야 합니다

어떤 가정에 가난한 모자가 살았습니다. 어머니는 늘 남의 집에 가서 일했습니다. 청소도 하고 세탁도 하며, 재봉 일을 하면서 외아들을 정성을 다해 길렀습니다. 감사함으로 길렀습니다. 기도하며 길렀습니다. 이 아들은 프린스턴 대학을 수석으로 졸업했습니다. 졸업식에서 수석으로 졸업하는 이 학생이 연설을 했습니다. 그는 많은 사람 앞에 서서 이렇게 말했습니다.

"내가 오늘 이 자리에 선 것은 하나님의 은혜입니다. 측량할 수 없는 하나님의 은혜입니다. 두 번째는 스승님, 교수님들의 은혜입니다. 세 번째는 한없는 어려움 가운데서 나를 길러 주신 어머니의 은혜입니다. 이 어머니의 은혜를 무엇으로 보답할 수 있을까요. 오늘 금메달을 우리 어머니에게 드리겠습니다. 받아야 할 분은 우리 어머니이십니다."

이 사람은 나중에 변호사가 되었습니다. 뉴저지의 주지사가 되었습니다. 28대 미국 대통령이 되었습니다. 노벨 평화상도 받았습니다. 그가 바로 윌슨 대통령입니다.

감사하는 사람은 누구나 잘됩니다. 감사 그 자체가 하나님께 올리는 최고의 제사가 되기 때문입니다.

어떤 이는 부모가 나에게 해준 것이 무엇이 있느냐고 원망 불평하며 삽니다. 그러나 어떤 이는 부모님이 살아 계신다는 그것 하나만으로도 얼마나 감사하는지 모릅니다.

배우자를 두고도 감사해야 합니다. 내 곁에 있는 그때는 그 사람이 얼마나 귀한 존재인지 모릅니다. 떠나고 나면 모두 후회한다고 합니다. 뭘 해주어서 감사가 아니라 나 같은 사람 하나 바라보고 산다는 그 자체가 감사입니다. 그저 옆에 살아 있다는 그 사실 하나만으로 감사하시기를 바랍니다.

자식도 감사거리입니다. 속 썩여도 감사, 공부 못해도 감사, 그냥 건강하게 살아 있는 것 자체만으로도 감사입니다.

올해 서울대 대학생 4명이 자살하였습니다. 우리나라가 지옥 같아서 너무 살기 힘들어 하루에 46명이나 자살합니까? 그렇지 않습니다. 우리에게 감사하는 마음이 모두 사라졌기 때문입니다. 그 마음에 부모의 은혜에 대한 감사가 없고, 하나님의 은혜에 대한 감사가 없기 때문입니다.

중학교 1학년인 열세 살 소년이 아버지가 공부 못 한다고 핀잔을 주자 아버지를 증오하기 시작하였습니다. 결국 그 아이가 부모와 여동생과 할머니가 잠든 밤에 휘발유를 집에 뿌리고 불을 질러 일가족

4명이 불에 타 숨지고 말았습니다. 이 소년은 경찰에 잡혀서도 뉘우침이 없었습니다.

이 시대는 감사를 모르는 시대입니다. 당신의 자녀에게 감사를 가르치십시오. 감사할 줄 아는 사람은 반드시 승리하고 복을 누리게 됩니다.

3. 범사에 감사해야 합니다(살전 5:18)

하나님의 자녀는 범사에 감사할 때 영과 육이 건강하고 행복해집니다. 여기에서 '범사에'라는 말은 '엔 판티'(ἐν παντί)라고 하는데 '어떤 경우에도', '모든 일에', '무슨 일이 일어나도' 감사하라는 의미입니다. 이는 "주님, 무조건 감사합니다"라는 말입니다.

우리는 좋은 일에 감사할 뿐 아니라 안 좋은 일에도 감사해야 합니다. 건강할 때 감사해야 하지만 병들어도 감사해야 합니다. 부요할 때 감사해야 하지만 가난할 때도 감사해야 합니다. 인생의 양지에 있을 때 감사할 뿐 아니라 음지에 있을 때도 감사해야 합니다. 그래서 감사하지 않고 지나치는 것이 하나도 없게 하라는 말씀이 범사에 감사하라는 말씀의 참뜻입니다.

미국의 한 목사가 하루는 버스를 탔는데, 어느 뚱뚱한 아주머니가 개구장이 어린아이 다섯을 데리고 올라탔습니다. 억지를 부리는 아이, 떼를 쓰는 아이, 고래고래 고함을 지르는 아이에다 버스 안에서 이리 뛰고 저리 뛰며 난리를 피우는 아이 해서 버스 안이 난장판이 되었습니다.

뚱뚱한 아주머니는 이런 아이들을 때리고 욕하고 저주하고 팔짝 팔짝 뜁니다. 피곤해서 쉬고 싶었던 그 목사는 도무지 참아내기가 어려웠습니다. 금방이라도 화를 내고 고함을 칠 지경입니다. 그런데 문득 마음속에 감동이 옵니다. "범사에 감사하라." '아, 그래. 감사해야지, 하나님, 저 여자가 내 아내가 아닌 것을 감사합니다' 하고 기도했답니다. 물론 이렇게 비교해서 감사해서는 안 되겠습니다만 그래도 화내는 것보다는 낫습니다.

우리나라는 6·25로 수백만 명이 죽었고, 1960년대만 해도 먹을 것이 없어서 굶주린 사람들이 너무나 많았습니다. 그리고 그 당시 국민소득이 1인당 500불, 600불이었습니다. 저도 어린 시절 고구마나 보리밥으로만 겨우 끼니를 이어갔습니다. 그래서 저는 지금도 고구마나 보리밥을 싫어합니다.

한국 최초의 실내체육관은 서울의 장충체육관이었는데, 1963년도에 100% 필리핀의 원조와 기술로 건축되었습니다. 그 당시에 아시아에서 가장 잘사는 나라는 일본과 필리핀이었습니다.

그러나 지금은 어떠한가요? 필리핀이 우리를 경이적인 눈으로 바라봅니다.

이제 전세계 사람들이 전자제품과 자동차와 많은 IT 분야에서 한국이라면 부러워하고 있습니다. 스포츠도 이제 한국이고, 한류의 열풍을 타고 한국 드라마/한국 노래가 세계를 놀라게 합니다. 싸이 열풍을 보십시오. 세계 지도를 놓고 보면 너무나 조그마한 나라, 그것도 반으로 분단된 대한민국에 하나님께서 한량없는 복을 부어 주셨습니다.

서구 학자들은 한국의 기적(South Korean Miracle)을 연구하고, 제3세계 지도자들도 이 기적을 배우고 싶어합니다. 많은 나라들이 새마을 운동을 연구하고, 가나안농군학교를 자기들의 나라에 세우기를 원합니다.

한국에 일어난 이 기적의 원인이 무엇일까요? 우리가 열심히 노력하고, 좋은 정책을 사용하였으며, 교육수준이 높았고, 미래 지향적인 지도자들이 있었다는 것 등을 이야기합니다. 그러나 이것이 전부가 아닙니다. 중요한 것은 하나님의 은혜입니다. 이 사실을 간과해서는 안 됩니다.

우리의 생활 속에서도 하나님께서 이루신 기적들이 너무나 많이 있습니다. 그럼에도 불구하고 이 백성, 이 민족이 감사를 잃어버렸습니다. 교인들 중에도 감사하라고 하면 헌금하라는 소리라고 오해하는 분들이 있습니다.

1620년 9월 16일 102명의 청교도가 100톤밖에 안 되는 작은 목선 메이플라워 호를 타고 오직 신앙의 자유를 위해 영국을 떠나 그해 11월 21일에 플리머스에 도착했습니다. 65일간의 긴 항해였습니다. 그들은 추위와 굶주림과 질병과 인디언의 습격으로 절반이나 죽었습니다. 그럼에도 그들은 원망하지 않고, 불평하지 않고, 하나님께 감사드렸습니다. 교회를 짓고, 학교를 세우고, 자기 집을 지었습니다. 1년 농사를 지어 처음으로 열매를 거둔 후에는 인디언들을 초대하여 하나님께 감사의 제사를 드렸습니다. 그 감사제사 위에 오늘 미국이 세워진 것입니다. 그래서 하나님께서 미국에 은혜와 복을 끊임없이 부어 주시는 것입니다.

당신이 진정한 감사의 제사를 드릴 때 하나님은 당신의 감사제를 받으시고 당신과 당신의 후손들에게 계속하여 복을 주실 것입니다.

구소련의 최고 지도자였던 흐루시초프는 이런 유명한 말을 했습니다.

"영국이나 미국이 세계에서 가장 잘사는 나라가 된 것은 땡큐(Thank you)를 가장 많이 말하는 나라이기 때문이다. 그들은 심지어 'No'라고 말할 때도 'Thank'를 사용하여 'No thanks'라고 말한다."

맞습니다. 하나님은 언제나 감사하는 사람을 기뻐하시고, 감사하는 사람에게 복을 주시고, 감사를 통해 은혜를 베풀어 주십니다.

헝가리 부다페스트의 유대 회당의 랍비에게 한 남자가 와서 하소연을 합니다. "이놈의 세상 도저히 못 살겠습니다. 우리 집에는 아홉 식구가 한 방에서 복작거리고 삽니다. 어떻게 방법이 없을까요?" 그랬더니 랍비가 대답한다는 말이 "밖에 있는 염소도 방으로 들여놓으십시오"라고 했답니다. 하도 기가 막혀서 말도 못하고 있는 남자에게 랍비는 말합니다. "반드시 내 말대로 해야 합니다. 일주일 동안 염소와 한 방에서 지내 보시고 나서 내게 다시 오십시오."

일주일 후에 이 남자가 다시 랍비에게 왔는데 얼굴이 말이 아니게 초췌했습니다. "아이고, 죽겠습니다. 그놈의 염소가 어찌나 더러운지 냄새를 견딜 수가 없어요." 그랬더니 랍비가 "그러면 이번에는 그 염소를 밖으로 내보내고 일주일 후에 다시 제게 오세요"라고 했답니다.

과연 일주일 후에 이 남자가 돌아왔는데 그 얼굴이 환하게 빛난 모습으로 싱글벙글하며 왔답니다. 이 남자가 기쁨을 못 이기며 외치기를, "인생, 정말 살맛이 절로 납니다. 염소란 놈을 내보내고 우리 아홉 명만 있으니 순간순간이 기쁨이요 감사입니다"라고 하더랍니다.

인생의 행복은 생각하기 나름이고, 마음먹기 나름입니다. 검은 안경을 쓰면 사물이 검게 보이고, 파란 안경을 쓰면 사물이 파랗게 보이는 것처럼 당신이 감사의 안경을 쓰고 세상을 보면 감사할 조건만 보이고, 불평의 안경을 쓰고 보면 불평불만만 생길 것입니다.

북한에는 두 가지 단어가 없다고 합니다. 그것은 '감사' 라는 단어와 '사랑' 이라는 단어입니다. 왜 없겠습니까마는 그런 말을 사용하지 않기 때문에 들어볼 수가 없다는 말입니다. 북한의 지도자들은 미국과 남한을 향해 증오와 미움과 비판과 원망과 불평만 가르쳤습니다. 증오를 배운 그들이 자라나 그들끼리도 서로 흠만 찾아내고, 남을 의심하고, 공격만 하는 것입니다. 그러니까 그 사회가 정치, 경제, 문화적으로 다 죽은 것입니다.

감사할 때 하나님께 영광이 됩니다. 하나님을 기쁘시게 하는 최고의 제사가 감사입니다. 예배의 생명도 감사에 있습니다. 기도할 때도 "너희는 감사함으로 너희 하나님께 아뢰라"고 했습니다. 감사가 없는 찬송은 내용이 없는 노래일 뿐입니다. 감사는 성도의 신앙열매인 것입니다.

모든 것에는 감사가 있어야 합니다. 감사하면 하나님께만 영광이 되는 것이 아니라 감사하는 그 사람이 복을 받습니다.

"네 재물과 네 소산물의 처음 익은 열매로 여호와를 공경하라 그리하면 네 창고가 가득히 차고 네 포도즙 틀에 새 포도즙이 넘치리라"(잠 3:9-10).

그렇습니다. 감사하면 네 창고가 가득 찬다, 새 포도즙이 넘치리라고 말씀하셨습니다. 여기서 창고가 가득 차는 것은 물질의 복을 말하고, 포도즙이 넘친다는 것은 기쁨과 즐거움이 넘치는 것을 의미합니다. 그러므로 하나님께 마음으로 감사하고, 입술로 감사하고, 물질로 감사하는 삶을 사는 것이 하나님의 자녀의 삶입니다.

내 손에만 있는 것은 진정 내 것이 아닙니다. 나에게 있는 것을 감사함으로 하나님께로 옮겨 놓으십시오. 그리하면 그 모든 것들이 나의 모든 삶에 보화가 될 것입니다.

1. 우리는 하나님께 감사하고, 사람에게 감사하고, 범사에 감사해야 합니다. 우리가 이렇게 살지 못한 것을 회개하면서 감사할 조건들을 찾아 서로 감사해 보십시오.

2. 우리가 구체적으로 감사를 실천할 방법을 말씀해 보시고, 감사 목록을 적어 보십시오.

3. 이제 오늘 주신 말씀을 붙잡고 하나님께 감사, 사람에게 감사, 범사에 감사하는 사람이 되기를 소원한다고 합심하여 간절히 기도하십시오.

2. 잊지 마십시오 (시 103:1-12)

감사

1950년 6월 25일 새벽 4시 소련제 탱크를 앞세운 인민군들이 물밀 듯이 쳐들어와 3·8선이 무너지고 이 강산은 초토화되어 갔습니다. 미군에게 물려받은 재래식 소총과 무기로 대항하던 국군은 밀리고 밀려 낙동강 일부만 남고 모두 공산군들의 수중에 넘어가 버리고 말았습니다.

산은 모두 벌거숭이가 되었고, 기간산업도 다 파괴되었으며, 300만 명 이상이 피 흘려 죽어 갔고, 수많은 전쟁 고아들과 전쟁 미망인들이 남은 이 나라와 이 민족은 지구상에서 가장 가난한 거지 나라로 전락해 버리고 말았습니다.

공산군들은 교회를 불지르고 교인들을 무참히 학살하였는데, 제가 가본 국내 순교지 중에 전라도 영광군의 염산교회에서는 77명을 몽둥이로 때려 죽이고, 죽창으로 찔러 죽이고, 돌을 목에 걸게 하여 바다에 빠뜨려 죽였습니다. 거기서 조금 떨어진 야월교회는 67명을 예배당 마당에 모이게 한 후 무참히 죽였습니다.

한때 한국의 예루살렘으로 불리던 평양과 이북 일대의 많은 교회당을 불태우거나 폐쇄시키고, 교인들을 모두 죽이거나 아오지 탄광으로 보낸 저 무자비한 공산주의자들이 행한 일들을 결코 잊어서는 안 될 것입니다.

어릴 적에 6·25를 잊지 말자고 부른 노래가 기억납니다.

"아~아~잊으랴 어찌 우리 그날을 조국의 원수들이 짓밟아 오던 날을 맨주먹 붉은 피로 원수를 막아내어 땅을 치고 발을 굴러 울분에 떤 날을······."

젊은 세대들은 공산당이 얼마나 무서운지 알지 못합니다. 그들도 우리 동포요 사람인데 설마라고 생각합니다. 그러나 그렇지 않습니다. 우리는 그들의 만행을 잊어서는 안 됩니다.

어느 장로님의 간증을 읽었습니다.

장로님은 이북에서 피난 나올 때 야간에 3·8선을 넘어오다가 인민군들에게 발각되어 서라고 고함을 치자 뒤도 안 돌아보고 달리는데 총탄이 빗발같이 날아왔습니다. 숨이 턱에 닿도록 달려 남한 땅에 와서 보니 총알이 등에 짊어진 배낭을 뚫고 들어와 구멍이 난 것을 보고 하나님께 무릎을 꿇고 감사드렸다고 합니다. 짊어진 배낭 때문에 살아난 것이 아니라 하나님이 보호해 주신 은혜임을 깨달았기 때문입니다. 그 장로님은 지금도 그 배낭을 집에서 가장 잘 보이는 벽에 걸어두고 볼 때마다 하나님께 감사드린다고 하였습니다.

옛말에 "은혜는 돌에 새기고 원한은 물에 새기라"고 했는데, 사람들은 하나님의 은혜를 쉽게 잊어버립니다.

신명기에 보면 하나님은 모세를 통해 이스라엘 백성들에게 가나안 땅에 들어가 살 때 하나님이 베풀어 주신 은혜를 잊지 말라고 계속하여 말씀하셨습니다(신 4:23, 6:12, 8:11, 19, 28:20). 길갈의 기념비, 장막절 같은 절기들도 하나님이 행하신 일을 잊지 말고 기억하라는 하나님의 의도였습니다.

하지만 하나님의 당부에도 불구하고 이스라엘은 하나님의 은혜를 잊어버림으로 타락하여 대적에게 고난을 당하고 비참하게 되었습니다.

"주위의 모든 원수들의 손에서 자기들을 건져내신 여호와 자기들의 하나님을 기억하지 아니하며"(삿 8:34).

"그들이 그의 권능의 손을 기억하지 아니하며 대적에게서 그들을 구원하신 날도 기억하지 아니하였도다"(시 78:42).

이스라엘은 자주 잊어버리는 배은망덕의 죄를 지었습니다. 우리는 하나님이 베풀어 주신 모든 은혜를 잊지 말아야 합니다.

오늘 본문을 통해 우리는 무엇을 기억하고 항상 감사하여야 할지 다시 한 번 생각해 보기 바랍니다.

1. 모든 죄를 사하여 주신 은혜를 잊지 말아야 합니다

죄는 모든 불행의 뿌리요, 모든 슬픔과 고통과 괴로움의 원인입니다. 죄로 인하여 질병과 썩어짐과 죽음이 왔습니다. 모든 인간의 눈물과 한숨과 저주와 통곡과 절망이 죄로부터 왔습니다.

아담이 범죄함으로 모든 사람이 죄인이 되었습니다.

"그러므로 한 사람으로 말미암아 죄가 세상에 들어오고 죄로 말미암아 사망이 들어왔나니 이와 같이 모든 사람이 죄를 지었으므로 사망이 모든 사람에게 이르렀느니라"(롬 5:12).

로마서 3장 10절은 "의인은 없나니 하나도 없다"고 하셨고, 로마서 6장 23절은 "죄의 삯은 사망이라"고 사형선고를 내렸으며, 에스겔 18장 4절에도 "범죄하는 그 영혼은 죽으리라"고 하셨습니다.

철학자 폴 틸리히는 "인간은 죄책과 정죄와 절망에 빠진 존재"라고 했습니다.

우리는 아담과 조상들이 지은 무수한 죄의 피를 가지고 태어났습니다. 이것을 '원죄'라고 합니다. 우리 안에 죄성이 있기에 우리는 시기하고, 질투하고, 미워하고, 분노하고, 음란하고, 방탕한 삶을 사는 것입니다. 마음은 거룩하게 살기를 원해도 우리 안에 있는 죄성이 우리를 가만히 두지 않습니다.

우리는 말로 지은 죄가 있습니다. 우리가 한 모든 말을 가지고 주님은 심판하실 것이라고 하셨고, 하나님은 너희 말이 내 귀에 들린 대로 갚아 주리라고 하셨습니다. 행동으로 지은 죄가 있습니다. 아무리 은밀한 중에 저지른 죄라도 하나님의 눈을 피할 수는 없습니다. 시편 139편에 하나님은 우리의 행위를 익히 아신다고 하였습니다. 성경은 행한 대로 반드시 보응을 받을 것이라고 하였습니다.

생각과 마음으로 지은 죄가 있습니다. 이 죄가 가장 심각한 죄입니다. 예수님은 여인을 보고 음욕을 품는 자는 이미 간음하였다고 하셨고, 형제를 미워한 자마다 이미 살인하였다고 하셨습니다. 또 씻지 않은 손으로 먹는 것이 더러운 것이 아니라 우리 마음에서 나오는 것이 우리를 더럽게 한다고 하셨습니다.

이 땅에서 감춰진 죄라고 할지라도 모든 죄는 심판날에 다 드러납니다.

"한 번 죽는 것은 사람에게 정해진 것이요 그 후에는 심판이 있으리니"(히 9:27).

죄는 반드시 우리를 하나님의 심판대로 이끌어 갑니다.
이러한 죄는 인간의 어떤 방법으로도 해결할 수 없지만 하나님이 친히 해결해 주셨습니다. 구약에서는 짐승을 대신 제물로 드려 피를 흘려 희생 제사를 드릴 때에 죄 사함을 주셨고, 메시아께서 오신 후로는 예수 그리스도의 피로써 단번에 속죄하여 주셨습니다.

"……이는 그가 자기 영혼을 버려 사망에 이르게 하며 범죄자 중 하나로 헤아림을 받았음이니라 그러나 그가 많은 사람의 죄를 담당하며 범죄자를 위하여 기도하였느니라"(사 53:12).

킴 리들바거라는 분은 "우리는 우리 자신을 의롭게 할 수도 없고 죄를 사하여 줄 수도 없다. 죄 사함은 하나님의 역사이며, 그분의 역사하심이 우리가 훌륭한 일들을 할 수 있게 한다"고 하였습니다.
십자가에서 흘리신 그 보혈이 강같이 온 땅에 흘러 그 십자가의 사랑과 능력을 믿는 모든 자들에게 죄 사함의 복을 주시는 것입니다.
어느 정도 용서하십니까? 예수를 믿고 회개한 자의 모든 죄를 용서하신다고 하셨습니다.
본문 8-12절 말씀을 보면 완전히 죄를 청산해 주셨다는 것을 알 수 있습니다. 특히 12절에 보면 "동이 서에서 먼 것같이 우리의 죄과를 우리에게서 멀리 옮기셨다"고 하였습니다.

"나 곧 나는 나를 위하여 네 허물을 도말하는 자니 네 죄를 기억하지 아니하리라"(사 43:25).

할렐루야! 어떻게 기억하시지 않는지 모르겠습니다만 하나님께서 기억하시지 않는다면 정말 기억하시지 않는 것입니다.

"내가 네 허물을 빽빽한 구름같이, 네 죄를 안개같이 없이하였으니 너는 내게로 돌아오라 내가 너를 구속하였음이니라"(사 44:22).

어느 정도 죄를 용서하시는 것이 아니라 완전히, 그리고 영원히 우리 죄를 사하여 주셨습니다. 큰 소리 높여 찬양해야 할 일입니다.
예수님은 수가 성 여인의 죄를 다 알고 계셨지만 죄를 문제 삼지 않으셨고, 간음하다 현장에서 붙잡혀 온 여인에게 "나도 너를 정죄하지 않겠다"고 하셨습니다. 사람들은 그 여인에게 돌을 던지려고 하였지만 예수님은 그 여인에게 돌을 던지러 오신 분이 아니라 십자가에 몸을 던지러 오신 분입니다.
마틴 루터가 지치고 쇠약해져서 누워 있는데 사탄이 두루마리를 가지고 나타나 그 앞에 펼쳐 놓으며 이것이 네가 지금까지 지은 모든 죄라고 하면서 하나하나 낭독하기 시작하였습니다.
루터는 처음에 화가 나 잉크병을 던졌지만 사탄은 회심의 미소를 지으며 계속 루터를 정죄하기 시작하였습니다. 그때 루터는 "사탄아, 네가 지금 읽고 있는 죄의 항목은 옳다 하지만 주 예수께서 그의 피로 나의 모든 죄를 사하여 주셨다"라고 하자 사탄은 물러가고 루터는 승리하였다고 합니다.

불교와 이슬람교는 용서가 없습니다. 불교는 인과응보의 교리요, 이슬람교는 증오와 무자비의 종교입니다. 그러나 기독교의 문화는 용서와 사랑과 화해가 지배하고 있습니다.

주님은 우리를 파멸에서 구속하셨습니다. 파멸은 음부, 죽음, 무덤, 지옥을 의미합니다. 얼마나 감사합니까. 우리는 지옥의 형벌에서 벗어나 영원히 천국에서 즐거움을 누리게 되었습니다. 마귀의 참소에 걸려들지 마시고 이 은혜를 누리시기를 바랍니다.

만유인력을 발견한 존 뉴턴이 노년에 치매에 걸려 기억을 상실하여 가족들도 몰라보고 자기 이름도 알지 못했습니다. 제자들이 "선생님, 그렇다면 선생님이 기억하시는 것이 도대체 무엇입니까?"라고 하자 그는 "아~, 내가 죄인인 것과 구주 예수님이 나의 죄를 사해 주셨다는 것, 그것만은 잊지 않고 있다네"라고 대답하였답니다.

우리 모두는 내 모든 죄악을 사하여 주신 하나님의 은혜를 잊지 말아야 합니다.

2. 모든 병을 고치신 은혜를 잊지 말아야 합니다

병원이나 의사나 약도 하나님께서 베풀어 주신 일반 은혜입니다. 병원에 가면 신상 차트를 씁니다. 그 다음 진찰을 하고 X-ray, MRI, 위내시경, 초음파 등의 검사를 받습니다. 세밀하게 검사하여야 치료가 가능하기 때문입니다. 하지만 주님께서 우리를 직접 치료하시는 것은 그런 검사를 받을 필요가 없습니다.

14절에 "이는 그가 우리의 체질을 아시며……"라고 하였습니다.

> "주께서 내 내장을 지으시며 나의 모태에서 나를 만드셨나이다 내가 주께 감사하옴은 나를 지으심이 심히 기묘하심이라 주께서 하시는 일이 기이함을 내 영혼이 잘 아나이다, 내 형질이 이루어지기 전에 주의 눈이 보셨으며 나를 위하여 정한 날이 하루도 되기 전에 주의 책에 다 기록이 되었나이다"(시 139:13-14, 16).

그래서 모든 병을 고칠 수 있습니다. 어디서 어떻게 고장이 났는지, 왜 이런 질병이 왔는지 너무나 잘 아시기에 주님은 어떠한 병이든지 얼마든지 고치실 수 있다는 것입니다.

그런데 어떤 병은 죄와 깊은 관련이 있는 병도 있습니다. 마가복음 2장의 중풍병자나 요한복음 5장의 38년 된 병자에게 행하신 주님의 말씀을 보면 알 수 있습니다. 주님은 그들의 병이 죄 때문에 온 것이라고 암시하시면서 그럴 경우에 죄 사함이 먼저라고 하셨습니다.

주님은 침을 뱉으시고, 손을 대어 치료하기도 하셨고, 안수하여 치료하기도 하셨지만 대부분 말씀으로 치료하셨습니다.

> "그가 그의 말씀을 보내어 그들을 고치시고 위험한 지경에서 건지시는도다"(시 107:20).

오늘도 주님은 말씀으로 치료하시는 것을 믿으십시오.

뉴욕의 요양원 노인들을 대상으로 조사한 바에 의하면 날마다 예배에 참석하고 성경을 읽는 노인들은 치매에 걸릴 확률이 낮다고 합니다. 반면에 화를 잘 내고 짜증을 부리고 원망하거나 미워하거나 불평하는 노인들은 신경 계통이나 뼈 계통의 질병에 잘 걸리고, 식당에서 음식을 가져다 침대 밑에 숨겨 두고 먹거나 사물함에 넣어 두는 노인들은 정신병이나 치매에 걸리는 확률이 높다고 나왔습니다.

보스턴 대학의 레닝거 박사는 정신의학 교수인데 질병의 70%가 스트레스로 오고, 스트레스의 90%는 마음에서 온다고 하였는데, 미워하거나 증오하거나 불안해하거나 걱정하거나 우울해하거나 슬퍼하거나 하면 스트레스가 쌓이게 된다고 하였습니다.

그러므로 찬송을 많이 부르면 마음에 기쁨이 오고, 성경을 많이 읽으면 두려움과 근심이 사라지고 평안이 오므로 병이 떠나가는 것입니다. 할렐루야!

국민건강보험공단의 보고에 의하면, 우리나라 성인들 65%가 병이 있다고 합니다. 병이 있는 것이 문제가 아니라 병들었다고 낙심 말고 병을 고치면 됩니다. 주님은 치료하십니다. 굳게 믿으시고 기도하시고, 병원에 가시고, 기도하시고, 약을 사용하십시오. 그리하면 반드시 주님은 치료하실 줄 믿으시기 바랍니다.

출애굽기 15장 26절에 "나는 너희를 치료하는 여호와"라고 하셨습니다. 마음의 병, 정신적인 병, 육체적인 병이 모든 병을 고치시는 하나님이십니다.

이사야 38장에 기록하기를 유다 왕 히스기야가 병들어 고통할 때 하나님은 죽을 것이라고 말씀하셨지만 그가 하나님께 눈물로 기도

하자 하나님은 그의 병을 고치시고 그의 생명을 15년 연장하여 주셨습니다.

추운 겨울에도 맨발로 다니며 복음을 전하신 최춘선 할아버지를 우리는 동영상을 통해 보았습니다. 그분은 젊은 날 죽을 병에 걸렸는데 자기를 고쳐 주시고 살려 주신 주님의 은혜가 너무 크고 감사하여 일평생 맨발로 다니며 주님의 사랑을 전한다고 하였습니다.

어디 그분뿐이겠습니까. 우리 모두는 주님이 고치신 그 은혜를 잊지 말아야 합니다.

3. 좋은 것으로 우리 소원을 만족하게 하신 주님의 은혜를 잊지 말아야 합니다

저는 예배를 마친 후 민수기 6장 24-26절 말씀으로 축도합니다.

> "여호와는 네게 복을 주시고 너를 지키시기를 원하며 여호와는 그의 얼굴을 네게 비추사 은혜 베푸시기를 원하며 여호와는 그 얼굴을 네게로 향하여 드사 평강 주시기를 원하노라 할지니라 하라."

하나님은 이렇게 복 주시고 은혜 주시기를 원하시는데 누구에게 주십니까? 하나님의 은혜를 잊지 않고 감사하는 자들에게 주시는 것입니다. 원망하고 불평하고 의심하는 자들에게는 주실 수 없습니다.

이미 하나님은 그 아들을 우리에게 선물로 주셨고, 성령을 주셨고, 영생과 구원과 천국과 부활을 주셨습니다. 이 사실을 알고 하나님의 은혜를 감사하고 즐거워하는 자들에게 더 큰 은혜를 주시고 우리 소원을 만족하게 하시는 것입니다(시 37:4).

최수부 씨는 어릴 적 아버지가 사업에 실패하여 가세가 기울자 초등학교도 제대로 졸업하지 못하고 중퇴하였습니다. 그후 그는 살아남기 위해 해보지 않은 일이 없었습니다. 과일 장사, 찐빵 장사, 영덕게 장사, 외판원 등 50개 직업을 전전하며 열심히 일하였습니다. 그는 교회에 나가서 하나님께 기도하였습니다. "하나님, 제가 지금은 고생하지만 어른이 되어서는 잘되게 해주십시오. 전 정말 부자가 되고 싶어요." 그는 28세 되던 1963년에 조그맣게 광동제약사라는 제약업을 시작하였습니다. 말이 제약사지 가정에서 영세하게 만들어 파는 정도였습니다. 그는 계속하여 간절히 기도하였습니다.

그가 기도할 때마다 하나님이 지혜를 주셔서 광동쌍화탕, 광동우황청심환 등을 만들도록 하셨고, 어느 날 기도하는데 하나님께서 비타민이 좋다고 하는데 물에 녹여서 누구나 쉽게 마시도록 하면 좋겠다는 지혜를 주셔서 2001년 2월 1일 비타 500을 만들어 출시하였는데 너무 좋은 호응을 얻어 2008년 4월 24일에는 20억 병을 판매하는 신기록을 이루었습니다. 비타 500만 연 매출이 2,200억이나 되었습니다.

또 기도하자 이번에는 옥수수 수염이 몸에 좋다고 하니 옥수수 수염차를 만들어 팔면 좋겠다는 지혜를 주셔서 옥수수 수염으로 차를 만들어 판매하는데 작년 8월 29일부로 2억 5천만 병의 판매 기록을 올렸다고 합니다.

우리는 감사할 조건이 너무나 많이 있습니다. 북한에 태어나지 아니하고 자유민주주의 국가인 남한에 태어나게 하신 것 또한 너무나 감사하고, 지금 이 시대에 태어나 우리 한국이 세계 11위 무역 대국이 되어 자원도 별로 없는 이 나라가 물건 만들어 팔아 잘살게 되었고 올림픽에 나가도 세계 10위 안에 드는 나라가 되었으니 감사하고, 과거 50년 전만 하여도 못 먹고 못 입어 너무 가난한 시절이 있었지만 지금은 배고프지 않고 누구나 잘 먹을 수 있는 시절이 되었으니 감사하고, 복음을 받고 주 예수님을 믿어 구원받았으니 너무나 감사합니다. 어떤 분들은 기도하면서 눈물 흘리고 소리 내어 우시는 분들이 있는데, 물론 눈물의 기도도 필요하지만 그래도 우는 기도보다는 감사의 기도가 더 위력이 있습니다.

하나님은 감사하는 자에게 그 구원을 보이시고 환난 날에도 건져주시는 것입니다. 하나님은 은혜를 기억하고 감사하는 자에게 아끼지 아니하시고 좋은 것을 주시는 것입니다.

우리는 잊지 말아야 할 것들이 있습니다. 나의 모든 죄를 사하여 주셨고, 나의 모든 병을 고치셨고, 내 생명을 파멸에서 속량하시고 인자와 긍휼로 관을 씌우시며 좋은 것으로 소원을 만족하게 하사 청춘으로 독수리같이 새롭게 하신 주 하나님의 은혜를 잊지 말고 늘 감사하고 찬송해야 할 줄 믿습니다.

 나눔

1. 당신에게 하나님께서 베풀어 주신 은혜를 서로 나누어 보십시오.

2. 당신에게 지금 주신 좋은 것들을 돌아가면서 말씀해 보십시오.

3. 이제 주신 말씀을 붙잡고 하나님이 주신 은혜를 영원토록 잊지 않게 해달라고 합심하여 간절히 기도하십시오.

3. 당신의 감사 지수는? (살전 5:16-18)

감사

    언어학자들은 똑같은 말을 만 번 정도 반복하면 습관이 바뀌고, 그 말이 현실로 이루어질 확률이 높다고 말합니다. 말이 입 안에 있을 때는 내가 지배하지만 밖으로 나오면 말이 나를 지배한다는 말이 있습니다. 말 중에서 감사라는 말보다 더 아름답고 능력 있는 말은 없을 것입니다. 감사는 말 자체만으로도 큰 위력을 지니며 사람의 인생을 바꿔 주는 역할을 합니다.

1. 감사는 감사하는 사람과 주변 사람들을 행복하게 만듭니다

    정신학적인 용어 중에 '감사 지수'라는 말이 있습니다. 감사 지수가 낮은 사람일수록 그 삶이 불행하며 건강하게 살지 못하고, 감사 지수가 높은 사람일수록 행복하고 건강한 삶을 살아간다는 것입니다. 그러므로 예언하건대 누구든지 감사 지수가 높을수록 그 사람의 미래는 행복할 것입니다.
    미국의 멀린 목사님이 쓴 책에 나오는 실화입니다.
    에스더 리라는 여인은 맹인에다 엄지손가락밖에 움직일 수 없는 전신불구자였습니다. 뼈가 너무 약하여 조금이라도 움직이면 손발이 모두 부러져 나가는 신경성 관절염으로 수년간 침상생활을 해왔습니다. 의사는 현대의학으로는 도저히 치료 불가능이란 진단을 내렸습니다. 더군다나 남편이 심장병으로 실직하였고, 아이들도 병으로 쓰러졌습니다.

그때 멀린 목사님의《감옥에서 찬양》이란 책을 읽었습니다. 그 책의 내용은, 감사는 모든 문제를 해결하는 능력이요, 그 자체가 기적이란 것이었습니다. 그녀는 그 책을 잃고 실천해 보아야 손해 볼 것이 없다는 생각을 가지고 하나님을 비방하지 않고 감사를 하기 시작하였습니다. 그런 환경을 주신 하나님께 감사를 드리고 찬양하기 시작한 것이 그의 삶의 전환점이 되었습니다.

멀린 목사님이 말하기를, 그녀는 세상에서 가장 즐겁고 기쁨에 찬 행복한 신자가 되었고, 그녀의 음성은 선한 것으로 둘러싸여 행복감에 넘쳐나고 있다고 하였습니다. 그녀는 미국 전역에서 고통당하는 자들을 전화로 상담하고 있고, "주님의 영광이 있는 곳에"라는 레코드를 내었습니다.

무엇이 이렇게 절망적이고 비참한 여인의 삶을 기쁨과 행복이 넘치는 삶으로 바꾸었을까요? 과연 무엇이 남의 도움 없이는 살아갈 수 없던 여인을 남을 돕는 사람으로 바꾸어 놓은 것일까요? 그것은 오직 한 가지, 감사였습니다.

감사라는 말은 '신비한 언어' 입니다. 말하면 기운이 생기고, 들으면 용기가 솟아오릅니다. '감사합니다' 라고 자연스럽게 말할 수 있는 마음은 건강한 마음입니다. 그러므로 '감사합니다' 를 말할 때마다 사람의 마음은 빛이 납니다.

행복은 어디서 오는 것일까요? 행복에 대한 저술들을 보면 행복감을 극대화시켜 주는 공통적인 비결로 '의식적인 감사'를 제시하고 있습니다. 남들과 비교하지 말고 스스로 받은 축복을 묵상해 보고 현재 내게 주어진 것들을 세어 보며 감사하는 것입니다. 그럴 때 우리 마음에 기쁨이 생기고, 몸에도 힘이 생기고, 우리 삶은 행복해지는 것입니다.

2. 감사는 감사하는 사람에게 기적을 불러옵니다.

어느 사모님이 위암 말기 진단을 받았습니다. 왜 내게 이런 일이 일어났을까? 엄청난 충격이었습니다. 곰곰이 생각해 보니 그동안 목회하면서 교인들로부터 받은 마음고생과 상처 때문이라는 생각이 들었습니다. 또한 목회의 길로 이끈 남편에 대한 원망이 생겼습니다.

'교인들 때문에, 남편 때문에 내가 암에 걸렸다.' 모든 사람들이 야속했습니다. 그 시각부터 사모는 입을 다물었습니다. 음식도 입에 대지 않았습니다. 교회도 가지 않았습니다. 그렇게 두 주간이 지나자 이 같은 모습을 지켜보는 남편 목사님은 너무 속상했고 안타까웠습니다.

어느 날 남편 목사님이 신학교를 방문했다가 학장 윤성범 박사를 만났습니다. "이보게, 왜 얼굴이 그 모양인가? 무슨 일이 있나?" 그는 아내에 대한 이야기를 털어놓았습니다. 그러자 윤성범 학장이 이런 제안을 했습니다. "노트를 한 권 사다가 아내에게 주게. 그리고 감사할 일이 생각나면 그대로 적으라고 하게."

그래서 남편 목사님은 노트를 사서 아내에게 건네주었습니다. 그러자 아내가 소리를 질렀습니다. "이 마당에 무슨 감사할 일이 있다고 그래요? 없어요." 남편 목사가 방을 나간 후 한참이 지났을 때 사모는 생각에 빠졌습니다.

'그래, 지금까지 살아오며 감사한 일이 없을까?'

문득 시부모가 그렇게 반대했는데도 끝까지 버텨서 자기와 결혼해 준 남편이 고맙다는 생각이 들었습니다. 그래서 그 고마움을 노트에 썼습니다. 그러고 나니 감사할 일들이 하나 둘 생각났고, 그럴 때마다 감사의 마음을 노트에 적기 시작했습니다. 그다음 날 사모님은 방 밖으로 나와 지금까지 자기에게 사랑을 베풀어 준 분들을 찾아가 감사 인사를 했습니다. 그리고 그다음 날 새벽예배에 가서 그들을 위해 감사기도를 드렸습니다. 그다음 날, 또 그다음 날 그렇게 감사의 글을 쓰고 감사 인사를 하고 감사 기도를 드렸습니다.

그러자 신기한 변화가 일어났습니다. 점점 통증이 사라지고, 다리에 힘이 생겼습니다. 한 달 후 병원에 가니 의사가 깜짝 놀랐습니다. 암세포가 사라졌기 때문이었습니다.

그후 사모님은 암환자들을 찾아다니며 이렇게 증언했습니다.

"감사하세요. 그러면 치유의 축복을 받습니다. 감사하세요. 감사한 만큼 행복해집니다."

어느 사모님의 글을 읽었습니다. 그분이 아시는 전도사님이 학생 시절 한쪽 다리가 짧아 절뚝거렸고 집안 형편도 말할 수 없이 가난하여 그는 늘 불평과 원망과 좌절 속에서 살고 있었습니다. 그런데 그의 할머니 때문에 원망과 불평이 터져 나오는 일이 많았다고 합니다. 할머니는 하루 종일 혼자서 "감사합니다. 아버지 감사합니다"라고 하며 일을 하셨습니다. 그는 "우리 할머니는 되게 무식하기도 하시지. 도대체 뭐가 감사하다는 거야? 그놈의 감사하다는 소리 좀 안 듣고 살 수 없을까"라고 불평하였습니다.

그러던 어느 날 학교 갔다 절뚝거리며 들어오는 자신을 보고 할머니가 "아버지, 감사합니다" 하시는 것입니다. 그는 하도 속이 상해서 "그래, 할머니는 제가 다리를 절뚝거리는 것이 그렇게도 좋으셔서 감사하다는 거예요?"라며 가방을 마루에 내동댕이쳤습니다. 할머니는 말없이 부엌으로 들어가셔서 밥상을 들고 부엌 쪽문으로 나오시다 그만 머리를 문지방에 꽝하고 찧으셨습니다. 그 순간 무척 아프신지 밥상을 마루에 내려놓으시고 두 손으로 머리를 감싸 쥐시며 얼굴을 온통 찡그리신 채 또 "아버지, 감사합니다"라고 하였습니다.

그는 너무 화가 치밀어 견딜 수가 없었습니다. "할머니! 할머니는 진짜 멍텅구리 바보예요. 지금 또 뭐가 감사하다는 거예요?" 그는 엉엉 울면서 소리를 지르고 대들었습니다. 그때 할머니는 그를 품에 꼭 끌어안고 이렇게 말씀하셨습니다.

"애야, 네가 비록 다리를 절지만 넌 그래도 걸을 수 있지 않니? 그래서 학교도 다니고, 교회도 다니고, 네가 가고 싶은 곳은 어디든지 다닐 수 있으니 감사하지 않니? 그리고 네 다리가 온전했다면 이 할미가 지금처럼 시시때때로 너를 위해 간절히 기도할 수 있었겠니? 그러니 네 다리 저는 것도 네게 다 복이 될 것임을 나는 믿는다. 그것뿐이겠니? 이 할미가 머리를 찧어 아프고 혹이 나왔지만 얼굴을 다치지 않았으니 감사하고, 할미가 애써 만든 밥상이 엎어지지 않았으니 그것도 감사하지 않으냐?"라고 하시는 것입니다.

그날 그는 할머니 품에 묻혀 한없이 흐느끼며 울었습니다. 이후로 그는 할머니의 '감사합니다' 소리가 싫지 않았습니다. 더군다나 어느 신앙집회에 참석하여 하나님의 은혜로 짧았던 다리가 온전하여졌으며, 하나님의 부르심을 확신하고 신학을 하여 전도사가 되었다는 간증입니다.

그렇습니다. 우리는 참으로 많은 감사거리를 두고 불평과 원망으로 감사를 상실한 채 살아갈 때가 많습니다. 5분만 마시지 않으면 죽고 마는 공기가 충만한데도 공기에 대한 감사를 모르고 살듯이, 우주에 충만한 하나님의 은혜를 받고 살면서 귀중한 은혜와 사랑에 대한 감사를 상실한 채 살아가고 있는 우리가 아닌지 모릅니다.

억울하고 원통합니까? 비난의 화살이 날아오고 고난의 쓴잔이 눈앞에 있나요? 감사해 보십시오.

감사는 모든 악한 환경과 사탄의 역사를 삼켜 버리는 신비한 능력이기에 우리는 언제 어디서나 무슨 일을 만나든지 항상 감사하고 범사에 감사해야 합니다.

3. 감사는 하나님의 명령이요 하나님을 영화롭게 하는 제사입니다

"범사에 감사하라 이것이 그리스도 예수 안에서 너희를 향하신 하나님의 뜻이니라"(18절).

범사에 감사하라는 말씀은 괴로우나 즐거우나, 슬프거나 기쁘거나, 행복하거나 불행하거나, 건강하거나 병들었거나, 성공했거나 실패했거나 간에 감사하라는 말씀입니다.

우리가 범사에 감사하며 사는 것이 하나님의 뜻이라고 하였습니다. 우리가 하나님의 뜻대로 살면 반드시 형통하게 되어 있습니다.

"감사로 제사를 드리는 자가 나를 영화롭게 하나니 그 행위를 옳게 하는 자에게 내가 하나님의 구원을 보이리라"(시 50:23).

감사는 하나님을 영화롭게 하는 최고의 제사라고 하였습니다.
우리의 삶이 우리를 힘들게 하고, 모든 것이 꼬이고 형편이 어려워도 우리가 감사해야 하는 이유는 우리가 은혜로 구원받았기 때문이고, 감사는 하나님의 명령이기 때문이며, 감사는 모든 고통과 슬픔을 변화시키는 능력이기 때문입니다.

독일의 순교 신학자 본 회퍼는 "그리스도인과 비그리스도인의 구별은 이 세상을 살아가는 데 즐겁고 감사하며 살아가는가, 아닌가 하는 차이뿐이다"라고 그가 쓴 책에 기록했습니다. 감사하는 마음에는 하나님이 거하시고, 불평하는 마음에는 마귀가 거합니다.

신명기 18장 11절 이하에 "네 하나님 여호와를 잊어버리지 않도록 삼갈지어다 네가 먹어서 배부르고 아름다운 집을 짓고 거주하게 되며 또 네 소와 양이 번성하며 네 은금이 증식되며 네 소유가 다 풍부하게 될 때에 네 마음이 교만하여 네 하나님 여호와를 잊어버릴까 염려하노라"라고 말씀하셨습니다.

우리나라는 1953년 전쟁 직후에 1인당 국민소득이 67달러로 전 세계에서 가장 가난한 나라였습니다. 그런데 1970년대 초 정부가 연간 100억 불 수출을 목표로 한다고 제시하자 사람들은 그런 일이 있을 수 있겠느냐고 믿지 않았습니다. 왜냐하면 1960년대 연간 5천만 불 수출이 전부였기 때문입니다. 그런데 1977년에 100억 불 수출이 달성되었고, 지금은 연간 5천억 불이 넘었습니다. 삼성그룹의 연간 수출 총액만 1,100억 불입니다. 중동에서 잘산다는 터키의 연간 수출 총액이 1,100억 불입니다.

올해 런던 올림픽에서 우리는 금메달 13개, 은메달 8개, 동메달 7개로 종합 5위를 하였습니다. 독일, 프랑스, 이태리를 모두 앞선 것입니다.

사회적 혼란과 범죄율과 정치적 후진성을 보면 이 나라가 망할수밖에 없는 나라이지만 이렇게 꾸준히 발전하는 것은 하나님의 은혜입니다.

평생을 바다에서 인명 구조원으로 일한 사람에게 정년퇴직할 때 목숨을 구한 이가 몇 명이나 되느냐고 물었더니 '단 두 명'이라고 했습니다. 30년 동안에 단 두 명이라니 믿을 수 없다고 했더니 물론 30년 동안 수없이 많은 사람을 구해 주었지만 그후 다시 고맙다고 찾아와 인사한 사람은 단 두 명밖에 없었다는 것입니다. 사람다운 사람은 둘밖에 못 보았다는 것입니다.

우리가 주님께서 내 영혼을 구원해 주시기 위해 십자가에서 고난 당하시고 죽으신 것을 믿는다면 진정으로 감사하는 삶을 살면서 사람다운 사람, 신자다운 신자로 보답하는 삶을 살겠다는 고민이 있어야 하지 않겠습니까?

구약 성도들은 감사한 일이 생겼을 때 제물로써 그 감사를 표현했습니다. 신약의 성도들은 감사한 일이 생겼을 때 헌금으로 표현을 했습니다. 감사를 마음으로 표현하면 되지 꼭 헌금을 드려야 하느냐고 질문하는 분도 있습니다. 물론 마음으로 표현해도 하나님은 기뻐하십니다. 그러나 진정으로 감사한 마음이 생겼을 때 어찌 그냥 있을 수 있겠습니까? 그래서 감사는 예물이 따르는 것입니다.

감사는 감사하는 사람과 그 주변에 행복을 가져옵니다. 감사는 감사하는 사람과 그 삶에 기적을 불러일으킵니다. 우리가 범사에 감사할 때 하나님께서 영광을 받으시고 그 자체가 영화로운 제사가 됩니다.

범사에 감사하는 것이 곧 하나님의 뜻이라고 하였습니다. 그러므로 범사에 감사하는 성도가 되시기를 바랍니다.

1. 당신은 감사가 행복을 가져오고, 감사가 기적을 불러일으킨다는 사실을 믿으십니까? 그렇다면 그 믿는 바를 입으로 시인하여 보십시오.

2. 범사에 감사하는 것이 하나님의 뜻이라는 것을 알고 하나님의 뜻대로 감사하며 사는 길이 무엇인지 말씀해 보십시오.

3. 이제 오늘 주신 말씀을 붙잡고 범사에 감사함으로 우리 가정과 나에게 기적과 행복이 임하기를 원한다고 고백하면서 성령의 도움을 구하여 감사하는 자가 되게 해달라고 합심하여 간절히 기도하십시오.

4. 찬양의 능력 (시 96:1-8)

감사

제가 처음 신앙을 가지고 난 뒤 더 깊은 신앙을 위해 한얼산 기도원에 올라가 금식기도를 한 적이 있었습니다. 그때 한얼산 기도원 본당에 들어서자 전도사님 한 분이 강대상에서 찬송을 불렀는데 "이 세상은 나그네 길 나는 다만 나그네 나의 집은 저 하늘 저 너머 있고 천사들은 하늘에서 날 오라고 부르니 나는요 이 땅에 있을 마음 없어요"라는 복음송이었습니다. 그 찬송을 듣고 천국도 지옥도 모른 채 세상에서 방황하며 온갖 죄를 지은 나 자신이 부끄러워 회개하면서 울었고, 천국에서 날 오라고 하시는 주님의 음성을 듣는 것 같아 울었습니다.

저는 지금도 부모님이 자주 부르셨던 찬송가 소리를 잊을 수 없습니다. "주 안에 있는 나에게", "저 높은 곳을 향하여"란 찬송을 부를 때면 그때 부르셨던 부모님의 음성이 들려오는 것 같아 감동을 받을 때가 많습니다.

찬송은 큰 능력입니다. 찬송은 곡조가 있는 기도입니다. 찬송은 우리의 신앙입니다. 찬송은 우리가 하나님께 올려 드릴 수 있는 최고의 가치요, 제사입니다.

1. 찬양의 목적

찬양은 하나님을 존중히 여기고 영화롭게 하는 행위입니다.

"여호와는 위대하시니 지극히 찬양할 것이요 모든 신들보다 경외할 것임이여 만국의 모든 신들은 우상들이지만 여호와께서는 하늘을 지으셨음이로다"(4-5절).

우리 하나님은 우리를 지으신 분이요, 천지만물의 주인이시기에 우리가 마땅히 찬송하여야 합니다.

"이스라엘의 찬송 중에 계시는 주여 주는 거룩하시니이다"(시 22:3).

"이 백성은 내가 나를 위하여 지었나니 나를 찬송하게 하려 함이니라"(사 43:21).

이 말씀을 볼 때 하나님이 우리를 새로운 피조물로 지으신 목적이 하나님의 찬송을 부르게 하기 위해서임을 알 수 있습니다.

지난 1995년 성탄절이 가까운 때에 구소련연방의 아르메니아 지역에서 커다란 지진이 일어났습니다. 그 엄청난 지진 때문에 무려 55,000명의 사람들이 희생되었습니다. 그때 모녀가 무너진 건물더미에 함께 갇혔습니다. 어머니의 이름은 수산나였고, 딸의 이름은 구이안(Guian)이었습니다.

몇 시간이 지났을까? 조금도 움직일 수 없는 공간에 갇혀 있는 모녀의 몸은 점점 차갑게 식어 가고 있었습니다. 그리고 언제나 구조의 손길이 임할지 알 수 없는 상황 속에서 어린 딸은 무서워서 자꾸 울기 시작했습니다.

"엄마, 무서워. 엄마, 우리 여기서 못 나가는 거야?"

"아니야, 걱정하지 마! 조금만 기다리면 아저씨들이 우리를 금방 찾으러 올 거야."

엄마는 계속해서 괜찮을 것이라고 위로합니다. 하지만 애타게 기다리던 구조의 손길은 닿지 않았고, 그렇게 며칠이 지났습니다. 마침내 아이는 공포와 허기에 지쳐 점점 힘을 잃어 가기 시작했습니다. 그리고 목이 마른 아이는 엄마에게 계속해서 먹을 것과 물을 달라고 울면서 보채기 시작했습니다.

그렇게 시간이 얼마나 지났는지 모릅니다. 이제는 아이도 엄마도 배고픔과 목마름으로 인하여 그 생명의 불꽃이 가물가물 사라져 가고 있었습니다. 그런데 바로 그 순간 어머니의 손에 무엇인가 예리한 것이 잡혔습니다. 그것은 건물이 무너질 때 쏟아진 유리조각이었습니다. 어머니는 그 유리조각으로 자신의 팔뚝을 그었습니다. 그러고는 아이에게 자신의 피를 마시게 했습니다. "구이안, 여기 물이 있다. 이 물을 마셔라" 하며 어머니는 자신의 몸에서 흐르는 피를 아이에게 마시게 했습니다. 가물가물 의식이 흐려져 가던 아이는 어둠 속에서 엄마의 몸에서 흐르는 피를 받아 마시고는 비로소 갈한 목을 축이고, 의식을 회복할 수 있었습니다.

그리고 또 시간이 흘러 마침내 구조대가 이 모녀가 갇혀 있는 곳을 지나다가 아이의 울음소리를 듣고 건물더미를 치웠습니다. 구조대가 건물더미를 다 치우자 비교적 건강한 모습을 한 여자아이가 울고 있었습니다. 그리고 그 아이 옆에는 모든 물과 피를 다 흘려 싸늘한 시체가 되어 있는 엄마가 평화스러운 모습으로 누워 있었습니다.

어머니의 희생적인 사랑 앞에 우리는 눈시울이 붉어지지 않을 수 없습니다.

세상에서는 자식에 대한 어머니의 사랑이 가장 크고 강한 사랑인데, 그 어머니의 사랑보다도 더 큰 사랑이 바로 우리를 향한 하나님의 사랑이라고 하였습니다.

"오직 시온이 이르기를 여호와께서 나를 버리시며 주께서 나를 잊으셨다 하였거니와 여인이 어찌 그 젖 먹는 자식을 잊겠으며 자기 태에서 난 아들을 긍휼히 여기지 않겠느냐 그들은 혹시 잊을지라도 나는 너를 잊지 아니할 것이라 내가 너를 내 손바닥에 새겼고 너의 성벽이 항상 내 앞에 있나니"(사 49:14-16).

주 예수께서 우리를 구원하시기 위하여 이 세상에 오셨고, 십자가에서 보배로운 피와 물을 모두 다 쏟아 주셨습니다. 그리고 생명을 버리면서까지 나를 사랑해 주셨습니다. 우리는 이 놀라운 하나님의 사랑을 입은 자들입니다. 당신은 그 무엇과도 바꿀 수 없는 하나님의 놀라운 사랑을 받은 사람입니다.

"너희가 알거니와 너희 조상이 물려준 헛된 행실에서 대속함을 받은 것은 은이나 금같이 없어질 것으로 된 것이 아니요 오직 흠 없고 점 없는 어린 양 같은 그리스도의 보배로운 피로 된 것이니라"(벧전 1:18-19).

그렇습니다. 하나님은 죄인 된 나를 살리기 위하여 그 아들을 십자가에 내어 주셨습니다. 피 흘림이 없이는 죄 사함이 없기에 하나님 아버지는 그 아들의 무죄한 피를 흘려 나의 죄를 사하여 주셨고 우리를 지옥에서 건져 주셨습니다.

찬송은 이러한 하나님의 사랑에 마땅히 반응하고, 응답하는 구원받은 자의 참된 예배 행위입니다. 본문 1절과 2절에 "새 노래로 여호와께 노래하라 온 땅이여 여호와께 노래할지어다 여호와께 노래하여 그의 이름을 송축하며 그의 구원을 날마다 전파할지어다"라고 하심으로 구원받은 자들이 마땅히 하나님을 찬양해야 할 것을 말씀하셨습니다.

찬송은 구원받은 자들이 은혜에 감사하는 최상의 행위입니다. 그러므로 우리는 온 마음과 정성을 다하여 하나님을 찬양하여야 합니다.

2. 찬양의 능력

가수들이 부르는 세상 노래는 대개 슬프고 애절한 가사들이나 어둡고 부정적인 가사들이 많습니다. 그래서 가수들 중에는 자신들이 부른 노랫말 그대로 그들의 미래가 결정된 경우도 있습니다. 하지만 찬송은 그렇지 않습니다. 얼마나 밝고 희망찬 가사들과 긍정적인 가사들로 되어 있는지 말로 다할 수 없습니다.

1987년 전군 최우수 부대 대통령 표창을 받은 사단장이 간증하기를, 자기는 월남에 파병되어 중대장으로 임무를 수행할 때 하루하루 불안 속에 살았지만 중대원들에게 내색을 하지 않았다고 합니다.

어느 날 고국에 있는 친한 친구에게 편지가 왔는데, 그 친구는 신앙이 좋은 크리스천이었습니다. 그가 편지에서 말하기를, 무사하기를 원하고 승리를 원한다면 신앙을 가진 병사를 시켜 기도하고 중대원들에게 찬송을 가르쳐 부르라고 하였습니다. 그는 불신자였지만 평소 존경하던 친구의 인품을 믿고 그대로 행하였습니다. 그 결과 그 중대는 3년간 전투 중에 단 한 명의 병사도 전사하지 않았고 부상병도 없이 모두 건강한 몸으로 귀국하게 되었고, 그는 화랑무공훈장을 비롯하여 8개의 무공훈장을 달고 귀국하였다고 합니다. 그 후 그는 예수님을 믿게 되었고, 옮겨 가는 부대마다 전도에 힘썼고 성전 건축에 힘썼다고 합니다.

그는 학사 장교 출신이기에 대령도 어려웠지만 하나님을 믿고 기도함으로 장군이 되었고, 특히 전군 최우수 부대장이 되었다고 고백하였습니다.

찬양은 이와 같이 놀라운 능력이 있습니다.

여호사밧 왕 때에 모압과 암몬 세일 산 거민들이 연합하여 쳐들어왔을 때 유다는 풍전등화와 같이 망하게 되었지만 여호사밧이 기도할 때 하나님은 선지자 야하시엘을 통하여 알려 주셨습니다. 전쟁이 여호와께 속한 것이니 마주 나가 싸울 필요가 없고 항오를 지어 마주 나가라고 하셨습니다. 이에 여호사밧이 성가대를 준비하여 군대 앞에 세워 하나님을 찬양하였고 이스라엘군이 하나님을 찬양하며 나아가자 하나님이 개입하셔서 자중지란이 일어나 적군이 모두 전멸하고 말았습니다.

우리에게 눈앞이 캄캄할 정도로 어려운 일이 벌어지고 있습니까? 내 힘으로 도저히 해결할 수 없는 일이 벌어졌습니까? 하나님을 의지하고 하나님을 찬송해 보십시오. 그저 그렇게 찬송하지 마시고 여호사밧처럼 정성을 들여 찬송해 보십시오. 하나님이 개입하시면 당신의 어려운 모든 문제가 해결될 줄 믿습니다.

사울 왕에게 악한 귀신이 붙어서 사울이 번뇌하고 고통할 때 다윗이 수금을 타면서 하나님을 찬양하자 사울에게 역사하던 귀신이 떠나고 상쾌해졌다고 하였습니다.

우리 가운데 고민하고 번뇌하는 분들이 있나요? 불면증, 우울증으로 고통하는 밤을 보내는 분들, 염려와 근심 걱정에 사로잡힌 분들이나 불안이나 두려움에 사로잡힌 분들은 찬송을 불러 보십시오. 조금 불러 보다가 그만두지 마시고 계속하여 불러 보십시오. 반드시 어둠의 영이 물러가는 역사가 일어날 줄 믿습니다.

바울 일행이 복음을 전하다 억울하게 매를 맞고 빌립보 감옥에 갇혔을 때 밤중에 하나님을 찬송하자 기적이 일어나 옥문이 모두 열리고, 차꼬가 모두 풀어지고, 죄수와 간수장과 그의 가족들의 마음이 열려 구원받는 역사가 일어났습니다.

우리 가운데 억울한 일을 당한 분들, 무엇인가 앞길에 장애물이 있고 막혀 있고 닫혀 있다고 생각되는 분들은 절망하지 마시고 하나님을 찬송해 보십시오. 그리하면 반드시 열리고 풀리는 기적이 일어날 줄 믿습니다.

금호제일감리교회 원로목사인 장 목사님은 그 교회를 담임하셨을 때 부흥이 안 되고 교인들이 교회를 떠나가자 마지막으로 부흥회를 열었는데 그분이 은혜를 받았다고 합니다.

교인들이 모두 돌아간 그날 밤 그는 찬송가 95장의 '나의 기쁨 나의 소망 되시며'를 열세 시간 동안이나 계속하여 불렀다고 합니다.

그때 성령의 기름 부으심이 그에게 임하였고, 그후에 그분이 달라졌으며 목회에 성령의 권능이 계속하여 나타났다고 합니다.

구약성경에도 엘리사가 거문고를 탈 때 성령이 그에게 임하였다고 하였습니다.

능력이 없습니까? 성령 충만을 원하십니까? 계속하여 찬송을 부르십시오. 그리하면 능력이 임할 줄 믿습니다.

돈 고셋 목사의 책에 보면 그의 부인이 중한 병에 걸려 기도하여도 안 되고 약을 써도 안 되었지만 찬양을 부를 때 그 병이 떠나고 건강을 회복하였다고 간증하고 있습니다.

빌 존슨 목사님은《능력의 영을 받는 법》이란 그의 책에서 밝히길 그가 인도하는 집회에서 찬양을 기쁨으로 힘차게 부를 때 목뼈가 부러진 환자 두 사람이 치료되었다고 하였습니다.

다윗은 고난과 고통 중에 승리할 수 있었던 비결이 찬송이었다고 증언하고 있습니다.

"내가 전심으로 여호와께 감사하오며 주의 모든 기이한 일들을 전하리이다 내가 주를 기뻐하고 즐거워하며 지존하신 주의 이름을 찬송하리니 내 원수들이 물러갈 때에 주 앞에서 넘어져 망함이니이다"(시 9:1-3).

"주의 성도들아 여호와를 찬송하며 그의 거룩함을 기억하며 감사하라 그의 노염은 잠깐이요 그의 은총은 평생이로다 저녁에는 울음이 깃들일지라도 아침에는 기쁨이 오리로다, 주께서 나의 슬픔이 변하여 내게 춤이 되게 하시며 나의 베옷을 벗기고 기쁨으로 띠 띠우셨나이다 이는 잠잠하지 아니하고 내 영광으로 주를 찬송하게 하심이니 여호와 나의 하나님이여 내가 주께 영원히 감사하리이다"(시 30:4-5, 11-12).

가난한 자들은 더욱 주님을 찬양해야 할 것을 성경이 증언하고 있습니다.

"하나님이여 민족들이 주를 찬송하게 하시며 모든 민족으로 주를 찬송하게 하소서 땅이 그의 소산을 내어주었으니 하나님 곧 우리 하나님이 우리에게 복을 주시리로다 하나님이 우리에게 복을 주시리니 땅의 모든 끝이 하나님을 경외하리로다"(시 67:5-7).

찬송할 때 땅이 그 소산을 내어준다고 하였습니다. 그러므로 이 땅에서 풍성한 삶을 살기를 원한다면 하나님을 크게 찬송하여야 할 것입니다. 할렐루야!

3. 찬양의 방법

우리가 찬양을 부르는 방법은 첫째, 구원의 은혜와 하나님의 사랑에 대한 응답으로 불러야 합니다. 그러면 당연히 기쁨으로 불러야 하고, 큰 소리로 불러야 합니다.

성경에서는 손을 들고 하나님을 찬양하였고, 악기로 하나님을 찬양하였고, 목소리 높여 하나님을 찬양하였으며, 손뼉을 치며 하나님을 찬양하였고, 춤을 추며 하나님을 찬양하였습니다.

분명한 것은 부르는 자의 마음 자세도 중요하고, 겉으로 드러난 자세도 중요하며, 찬송을 부르는 목소리도 중요하다는 것입니다. 힘차게 불러야 하고, 내 목소리로 불러야 하고, 당당하게 불러야 하며 여러 명이 부를 때는 박자를 맞추어 불러야 하고, 우리의 신앙을 고백하면서 불러야 하고, 우리의 마음을 실어 불러야 하며, 기도하는 마음으로 불러야 합니다.

우리가 이렇게 찬송을 부를 때 하나님께서 성령을 부어 주시고 우리를 모든 어려움에서 건져 주실 것이요, 모든 결박을 풀어 주실 줄 믿습니다.

찬송은 기적을 불러일으킵니다. 그러므로 반쯤 죽어 가듯이 찬송을 부를 것이 아니요, 모든 예배 때마다 뜨겁게 찬송을 불러 하나님을 기쁘게 하는 성도가 되시기를 축원합니다.

나눔

1. 당신이 좋아하는 찬송이 있다면 어떤 것들이 있는지 말씀해 보시고 그 찬송이 왜 좋은지 서로 나누어 보십시오.

2. 당신이 찬송을 부르다가 은혜받은 경험이나 찬송의 능력을 체험한 자리가 있다면 서로 나누어 보시고, 또 찬송 중에 성령의 기름 부으심을 경험한 것도 서로 나누어 보십시오.

3. 이제 본문의 말씀을 붙잡고 날마다 감사하고 찬송하며 살기를 원한다고 고백하면서 그런 은혜를 주시도록 합심하여 간절히 기도하십시오.

12월

1. 나를 변화시켜 주소서 (시 51:7-19)

영적 각성

헬라어로 '죄'라는 단어는 '하마르티아'로 과녁에서 화살이 빗나간 것을 의미합니다.

죄는 하나님의 기준, 즉 법에서 빗나간 모든 것들입니다. 즉 불법이 죄요, 믿음으로 행하지 않는 것이 죄요, 알고도 선을 행하지 않는 것이 죄입니다.

1994년 10월 21일 오전 7시 38분경 한강을 가로지른 성수대교의 중간 부분이 무너져내려 학교로 등교하던 무학여고 학생 9명을 비롯한 32명이 숨지고, 17명이 부상한 사고가 발생하였습니다. 이 사고 소식은 순식간에 전세계로 타전되어 대한민국의 망신이 되었습니다. 이 사고는 특수 교량을 일반 교량과 같은 공법으로 시공한 것과 공기를 단축하려고 무리하게 공사를 감행한 것이 원인이었습니다.

1995년 서울 서초동의 삼풍백화점이 무너져 사망자만 501명이나 되고 실종 6명, 부상 937명이라는 엄청난 피해가 났습니다. 이 사고도 건물주가 욕심에 사로잡혀 매장을 확장시키려고 중요한 기둥을 없애버렸기 때문입니다. 성경대로 욕심이 잉태하여 죄를 낳은 것입니다.

이 세상의 한숨과 눈물, 고통과 괴로움, 슬픔과 불행한 일들은 모두 죄에 그 뿌리를 두고 있습니다. 죄는 모든 불행과 저주의 원흉입니다.

다윗은 하나님의 사람입니다. 그는 하나님의 마음에 맞는 종이었습니다(행 13:22). 다윗은 메시아에 대하여 예언한 선견자입니다. 하지만 이러한 성군 다윗도 큰 죄를 범하고 이로 인하여 후회와 슬픔에 잠겨 눈물로 침상을 적시며 밤을 지새운 적이 있었습니다.

하나님은 회개하는 다윗의 죄를 용서하셨지만 그가 지은 죄는 나쁜 결과를 가져왔습니다. 딸이 강간당한 것과 아들들의 죽음과 반란 등입니다.

죄를 지을 때는 흥분과 스릴 그리고 짜릿한 죄악의 쾌락이 따라오지만 그 시간이 지나고 나면 심장을 화살로 쏘는 것 같은 죄의 고통이 오랫동안 다가오는 것입니다.

본문은 선지자 나단의 책망을 듣고 하나님 앞에 기도했던 다윗의 참회의 시편 후반부입니다.

1. 그는 하나님께 사죄의 은총을 구했습니다

시편 51편 1, 2절에 보면 "하나님이여 주의 인자를 따라 내게 은혜를 베푸시며 주의 많은 긍휼을 따라 내 죄악을 지워 주소서 나의 죄악을 말갛게 씻기시며 나의 죄를 깨끗이 제하소서"라고 간구하였습니다.

죄를 속에 두고는 평안이 없고 축복이 없다는 것을 알고 그는 눈물로 침상을 적시며 간절히 사죄를 구했습니다.

하나님은 진심으로 용서를 구하는 자의 죄를 사해 주십니다.

"만일 우리가 우리 죄를 자백하면 그는 미쁘시고 의로우사 우리 죄를 사하시며 우리를 모든 불의에서 깨끗하게 하실 것이요"(요일 1:9).

그러므로 우리의 숨은 죄나, 마음에 품은 죄나, 게으르고 나태한 죄를 하나님께 고백하고, 죄를 미워하고, 죄에서 떠나야 합니다.

새 옷을 입기 전에 제일 먼저 해야 할 일은 낡은 옷을 벗는 것입니다. 무화과잎으로 만들어 입은 옷을 벗어야 하나님이 주시는 가죽옷을 입게 됩니다. 우리는 습관적인 죄악의 껍질을 벗어야 합니다.

다윗은 철저히 죄를 벗은 후 하나님께 간절히 구한 것이 있었습니다.

2. 심령이 새롭게 회복되기를 간구하였습니다(10-12절)

한 크리스천 청년이 그 아버지에게 말하기를 "죄를 짓고 그 죄를 하나님께 자백하고 용서를 구할 때 하나님이 용서해 주신다면 다시 죄를 반복하여 지어도 되지 않겠느냐"고 하자 아버지는 대답 대신 나무판자에 못을 박기 시작하였습니다. 이상하게 생각하고 바라보는 아들에게 아버지는 수없이 박힌 못을 가리키며 "이렇게 많은 죄도 하나님은 용서해 주신단다. 죄를 용서받는 것은 이 판자에 박힌 못을 뽑아내는 것과 같지. 그렇지만 못이 모두 뽑혔지만 흉한 못자국은 그대로 남아 있단다"라고 했습니다.

다윗의 죄는 과거의 오점으로만 남는 것이 아니었습니다. 죄는 그의 전인격에 영향을 주었습니다.

다윗은 시편 32편 3절에 "내가 입을 열지 아니할 때에 종일 신음하므로 내 뼈가 쇠하였도다"라고 죄로 인하여 그의 마음과 뼈에 임한 고통을 호소하고 있습니다. 또한 시편 32편 4절을 보면 "주의 손이 주야로 나를 누르시오니 내 진액이 빠져서 여름 가뭄에 마름같이 되었나이다"라고 고백합니다.

숨겨진 죄가 있으면 걱정하느라 건강도 위협을 받고, 심리적인 두려움도 생기고, 하나님을 가까이하여 친밀함도 누릴 수 없습니다. 부부관계에도 영향을 주고, 왕으로서의 업무에도 영향을 주어 국가의 경쟁력도 떨어지게 됩니다. 죄는 그의 전 존재와 그가 하는 모든 영역에 부정적인 영향을 주었습니다. 다윗은 이러한 죄악의 쓴 열매를 맛보았기에 죄악의 굴레에서 벗어나기를 원했습니다. 하지만 그것이 그의 결심만으로는 되지 않는다는 것을 너무나 잘 알고 있었기에 하나님께서 심령을 회복시켜 주시도록 간절히 기도하였던 것입니다.

우리가 다짐하고 결심하여도 잘되지 않는 중독된 죄의 목록들이 있고 오랫동안 습관이 된 죄성들이 있습니다. 이런 것들을 놓고 하나님께 우리 마음을 새롭게 해주시도록 간구할 필요가 있습니다.

그는 하나님께 용서받는 것 이상의 것을 구했습니다. 그것은 그의 전 존재가 회복되어 다시 하나님을 섬길 수 있기를 원한 것입니다. 본문 12절에 "주의 구원의 즐거움을 내게 회복시켜 주시고 자원하는 심령을 주사 나를 붙드소서"라고 하였습니다.

그가 회복되었다는 증거는 바로 구원의 즐거움입니다. 다윗은 잃어버린 주님의 기쁨이 자신 안에 다시 넘치기를 기도하고 있습니다. '구원의 즐거움'이라는 단어는 '깊은 기쁨'이라는 뜻입니다. 이는 밖에서 안으로 들어오는 기쁨이 아니라 안에서부터 밖으로 나가는 기쁨입니다. 예수님께서는 이것을 '배에서부터 흘러나오는 생수의 강'이라고 표현하셨습니다. 구원의 은혜를 깨달은 사람에겐 이런 기쁨이 생기는 것입니다.

보통 우리가 생각하는 행복은 밖에서 안으로 들어오는 행복입니다. 좋은 일, 내가 원하는 것, 내가 바라는 것이 이루어지는 것입니다. 그러나 행복은 소유에서 오거나 환경에서 오는 것이 아니라는 것을 역사가 증명해 줍니다.

진정한 행복은 내 영혼이 잘되는 것입니다. 하나님과 바른 관계에 들어가면 "내 영혼이 은총 입어 중한 죄짐 벗고 보니 슬픔 많은 이 세상도 천국으로 화하도다"라는 찬송가 가사처럼 변한 것이 없지만 내가 변하면 다 변하는 것입니다. 내 마음에 하늘의 평안을 맛보고, 하늘 즐거움을 누리게 되는 것입니다.

이 땅에서 모든 것을 다 가져도 하나님과의 바른 관계에 있지 아니하면 구원이 없고 구원의 즐거움도 없습니다.

초대교회 신자들은 예수님을 믿는 것 때문에 온갖 불이익을 다 겪었습니다. 옥에 갇히고, 매를 맞고, 가족과 이별하고 정든 고향을 떠나 유랑하는 자들이 되고, 심지어 햇빛을 보지 못하고, 지하에서 살아야 하는 고통을 겪었습니다. 그렇지만 그들에게는 구원의 즐거움이 충만하였습니다. 그들은 이 땅에 연연하지 않고 오직 영원한 하나님 나라를 바라보며 살았기 때문입니다. 그리고 성령님이 주시는 한없는 위로와 기쁨이 그들에게 충만하였기 때문입니다.

로마서 14장 17절에 "하나님의 나라는 먹는 것과 마시는 것이 아니요 오직 성령 안에 있는 의와 평강과 희락이라"고 하였습니다.

다윗이 주님을 만나고 성령의 기름 부으심이 임한 후에 내적인 변화가 일어나 구원의 즐거움이 흘러넘쳤습니다. 다윗이 지은 시편에 이러한 즐거움의 표현이 너무나 많은 것은 자연스러운 일입니다. 그런데 그가 범죄하고 난 후 이 즐거움이 사라졌습니다. 다윗은 다시 구원의 즐거움이 일어나길 간절히 원했던 것입니다.

다윗은 하나님께 새 마음을 창조해 달라고 요청하고 있습니다. 변화되어야 하는 것은 바로 자신의 마음이었고, 자신의 영혼이었습니다. 이것은 또한 우리의 기도제목이 되어야 한다고 믿습니다.

본문 10절 말씀은 시편 51편의 핵심 구절입니다.

"하나님이여 내 속에 정한 마음을 창조하시고 내 안에 정직한 영을 새롭게 하소서."

여기서 정직한 영은 성경 난외주에 '견고한 영'이라고 되어 있습니다.

그렇습니다. 우리는 결심하고 다짐해도 또다시 실패하고 넘어지는 자신을 경험합니다. 그래서 우리의 마음도 하나님이 붙잡아 주셔야만 견고히 설 수 있는 것입니다.

죄가 가져다준 아픔을 겪고 있는 다윗의 온 관심은 바로 자신의 마음과 영혼이 새롭게 되는 것이었습니다. 하나님을 떠난 인간의 가장 비참한 모습은 변질된 마음과 죽은 영에 의지해서 살아간다는 사실입니다. 다윗은 자기 결심만으로 죄의 성품을 극복하기 어렵다는 것을 경험을 통해 배웠기에 하나님께서 자기 마음을 붙잡아 주시도록 간구하는 것입니다.

다윗은 우리가 잘 아는 것처럼 남부러울 것이 없는 사람이었습니다. 그는 세상 사람들이 가장 갖고 싶어하는 모든 것을 다 가진 사람이었습니다. 그는 빌 게이츠나 워런 버핏을 능가했고, 모나코나 영국 국왕을 능가했습니다. 그가 더 많은 것을 얻고, 이루고, 차지하는 이것이 행복이라고 생각하였다면 그는 세상 누구보다 기쁨과 행복을 누려야 했습니다. 그러나 그는 지금 영적인 곤고함과 절망 속에서 하나님께 울부짖고 있습니다. 이유가 무엇입니까? 세상이 주는 부귀영화와 권력과 인기와 명예가 결코 우리를 기쁘게 할 수 없기 때문입니다.

그러므로 하나님을 떠난 인간이 구해야 할 것은 무엇입니까? 그것은 나의 마음과 나의 영을 새롭게 창조해 주시도록 하나님께 나를 맡겨드리는 것입니다. 에스겔 11장 19절에 "내가 그들에게 한 마음을 주고 그 속에 새 영을 주며 그 몸에서 돌 같은 마음을 제거하고 살처럼 부드러운 마음을 주어"라고 했습니다.

잘못된 마음에서 나온 기도제목과 소원들, 나의 욕망을 하나님께 내려놓고 하나님 앞에서 먼저 새로운 마음이 창조되도록 기도해야 합니다. 오직 하나님만이 우리의 마음을 새롭게 창조하실 수 있습니다.

"나를 주 앞에서 쫓아내지 마시며 주의 성령을 내게서 거두지 마소서"(11절).

하나님께서는 사무엘이 다윗에게 기름 부을 때 그에게 성령을 부어 주셨습니다(삼상 16:13). 그리고 다윗은 그날 이후로 성령이 주시는 의와 희락과 평강이 강물처럼 흘러넘치는 삶을 경험하며 살았습니다. 그런데 죄로 말미암아 하나님과의 관계가 막히면서 성령이 주시는 은혜도 멈추고 말았습니다.

마음이 죄책과 자책감으로 괴롭고 온 몸이 피곤하였습니다. 사는 것이 사는 것이 아니었습니다.

그는 자신의 전임자였던 사울이 죄를 범하고 나서 성령이 떠나가셨을 때의 모습이 얼마나 비참한지를 똑똑히 보았기 때문입니다(삼상 16:14).

그의 기도가 이처럼 절박한 이유는 성령이 떠나가시고 귀신이 임하면 온갖 죄를 짓고, 시기하고, 질투하고, 분노하고, 다투게 되고, 때로는 두렵고, 불안하고, 교만하고, 탐욕에 사로잡혀 살아가는 불행한 사람이 된다는 것을 잘 알고 있었기 때문입니다. 그래서 다시 성령으로 새롭게 되기를 소원하게 되었습니다.

귀신이 가정에 임하면 가정에 불화가 생기고, 가족 구성원들이 서로 다투고, 이기적으로 변합니다. 귀신이 역사하면 사람들이 미워지고, 악한 마음이 생기고, 우울하거나 절망적인 마음이 됩니다.

그러나 성령이 임하시면 가정이 화목해지고, 서로 섬기고, 서로 사랑하게 됩니다. 그래서 한 칸의 초가도 천국이 되고, 초막이나 궁궐이나 내 주 예수 모신 곳이 그 어디나 하늘나라가 되는 것입니다. 이런 축복이 임하기를 간절히 소원합니다.

3. 다시 하나님의 은혜를 전파하기를 간절히 원하였습니다
(13-19절)

"그리하면 내가 범죄자에게 주의 도를 가르치리니 죄인들이 주께 돌아오리이다"(13절).

다윗은 하나님이 그를 용서해 주신다면 하나님의 그 크신 은혜를 백성들에게 전하여 백성들의 마음을 돌이키기를 원했습니다. 하나님은 죄를 고백하고, 회복된 다윗을 다시 사용하셨습니다.

다윗은 잃어버린 자들과 방황하는 자들이 다시금 하나님께로 돌아오도록 하는 일에 있어 스스로가 증인 되길 원했습니다(13절). 그리고 그는 하나님을 찬양하길 원했습니다(14-15절). 그것은 죄 사함을 경험하고 회복된 심령을 가진 사람들의 공통점입니다.

"주께서는 제사를 기뻐하지 아니하시나니 그렇지 아니하면 내가 드렸을 것이라 주는 번제를 기뻐하지 아니하시나이다 하나님께서 구하시는 제사는 상한 심령이라 하나님이여 상하고 통회하는 마음을 주께서 멸시하지 아니하시리이다"(16-17절).

다윗은 부자였기 때문에 하나님께 수많은 희생의 제물을 드릴 수 있었습니다. 그러나 다윗은 그것만으로 하나님을 기쁘게 할 수 없고, 그 동물들의 피로 어떤 죄도 깨끗하게 할 수 없다는 것을 알았습니다. 다윗이 이스라엘의 희생제물을 드리는 제도 자체가 무용지물이라거나 중요하지 않다고 말하는 것이 아닙니다. 그는 회개한 심령과 주님께 굴복한 심령이 얼마나 중요한지를 강조하고 있는 것입니다.

하나님은, 상한 동물은 희생 제물로 받지 않으셨습니다. 그러나 하나님은 상하고 깨진 마음은 받으셨습니다. 하나님은 회복된 심령을 쓰시는 것입니다. 자신이 얼마나 악한지, 얼마나 약한지, 얼마나 무익한지를 깨닫고, 고백하고, 하나님의 새롭게 하심을 경험한 사람들을 쓰시는 것입니다.

한 사람이 회복되고 그 심령이 변하면 주변과 지역과 나라와 민족에까지 그 거룩한 영향력이 미치는 것입니다. 루터가 변하자 독일이 변하였고, 존 칼빈이 변하자 스위스가 변하였습니다. 존 웨슬리가 변하자 전 영국이 변하였고, 존 녹스가 변하자 스코틀랜드에 변화가 일어났습니다.

하나님은 우리의 마음과 영을 새롭게 창조하시길 원하십니다. 우리의 진실함이 관건입니다. 주님이 주시는 새 마음과 새 영을 회복하고, 주님께 쓰임받고, 개인뿐 아니라 우리의 가정과 일과 사회 속에도 주님의 일을 드러내는 성도들이 되시기를 바랍니다.

나눔

1. 한 해의 끝자락에서 우리는 지난날을 돌아보며 하나님 앞에 회개할 것이 무엇인지 죄를 고백하여 보십시오.

2. 우리가 변화받아야 할 부분이 무엇인지, 어떤 부분에서 변화가 일어나야 할 것인지 솔직한 마음으로 서로 나누어 보십시오.

3. 이제 오늘 주신 말씀을 붙잡고 우리의 심령과 삶이 새롭게 회복되기를 소원하며 합심하여 간절히 기도하십시오.

2. 심령을 재건하십시오 (느 8:1-12)

영적 각성

　어느 교회에 목사님이 설교만 시작하면 꾸벅꾸벅 조는 집사님이 있었습니다. 그런데 어느 주일 그 집사님이 목사님의 설교를 들으면서 열심히 뭔가를 적고 있었습니다. 목사님은 '오! 오늘은 저 집사님이 설교에 은혜를 받고 기록까지 하는구나' 라고 생각하며 기쁨으로 설교를 마치고 예배 후에 집사님을 만난 자리에서 흥분하여 물었습니다. "집사님, 제 설교를 적고 있는 것을 보았습니다. 어느 부분이 은혜가 되었습니까?" 그때 그 집사님이 얼굴을 붉히면서 하는 말이 "저, 목사님, 죄송합니다. 사실은 곗돈 순번 짜고 있었습니다."
　이 시대는 하나님 말씀에 대한 식욕을 잃어버린 신자들이 얼마나 많은지 알 수 없습니다.
　느헤미야의 지도하에 이스라엘 백성들은 50여 일 동안 성을 쌓고, 울타리 공사까지 마친 후 레위 자손들로 하여금 파수꾼을 세웠습니다. 그후 그들은 학사 겸 제사장인 에스라에게 청하여 율법책을 가져오게 한 뒤 말씀을 읽어 달라고 하였습니다. 그들이 거주할 성은 재건되었지만, 그보다 더 중요한 그들의 심령을 재건할 필요를 느꼈던 것입니다.

그들의 조상들이 견고한 성과 군인들과 무기들을 가지고 있었지만 하나님의 말씀을 떠남으로 영적으로 타락하였고, 그 결과 나라는 망하고 성은 불탔으며, 백성들은 포로가 되어 오랫동안 바벨론에서 생활할 수밖에 없었다는 것을 잘 알고 있었습니다. 그래서 그들은 견고한 성이 중요한 것이 아니라 말씀을 받는 것이 더 중요하다는 인식을 가지고 수문 앞 광장에 모였습니다. 그리고 갈망하며 하나님의 말씀을 듣던 이스라엘 백성들에게 큰 부흥이 임하였습니다.

우리 모두 이 역사적인 부흥을 살펴보면서 은혜를 받았으면 합니다.

1. 백성들은 심령 재건이 필요함을 알고 모였습니다

백성들은 예루살렘 성문 중 수문 앞에 모여들었습니다. 수문은 히스기야가 오벨 언덕의 견고한 암반을 뚫어 지하수로를 만들어 기혼 샘물을 성내로 끌어서 실로암 못을 만들었는데 그 지하수로의 수원지인 기혼 샘 앞에 있는 문입니다. 그곳이 바로 성령의 생수가 터져 나온 은혜의 장소가 되었던 것입니다.

그들은 누가 먼저랄 것도 없이 모두가 영적인 각성이 필요하다는 인식을 하였습니다.

오늘날 우리에게 절실히 요청되는 것은 바로 영적인 각성입니다.

주님은 "누구든지 목마르거든 내게로 와서 마시라 그리하면 그 배에서 생수의 강이 흘러나오리라 이는 그가 받을 성령을 가리켜 하신 말씀"이라고 하셨는데(요 7:37), 주님의 말씀처럼 영적으로 목마르다는 자각이 있어야만 성령의 생수를 갈구할 것입니다. 그런데 그러한 자각이 없는 성도들은 병들었거나, 아니면 영적으로 죽었거나 둘 중에 하나일 것입니다.

이 시대는 우리의 신앙을 무기력하게 하고 우리를 넘어뜨리는 세속의 유혹이 너무나 많은 세상이 되었습니다. 마귀는 온갖 매개체를 동원하여 우리를 유혹하여 바른 신앙을 갖지 못하도록 방해하고 있습니다. 우리 자녀들은 무방비 상태로 음란과 폭력물에 노출되어 있습니다. 중학생 두 명 중에 한 명이 음란 동영상을 본다는 통계가 있습니다.

> "초저녁에 일어나 부르짖을지어다 네 마음을 주의 얼굴 앞에 물 쏟듯 할지어다 각 길 어귀에서 주려 기진한 네 어린 자녀들의 생명을 위하여 주를 향하여 손을 들지어다"(애 2:19).

예수님은 십자가를 지시고 갈보리 언덕을 올라가실 때 따라오면서 우는 여인들에게 "예루살렘의 딸들아, 나를 위해 울지 말고 너희와 너희 자녀들을 위하여 울라"고 하셨습니다. 이 시대의 젊은이들과 우리 자녀들을 보면서 기성 세대들이 각성하고 주님을 찾아야 할 때입니다.

개구리를 삶을 때 서서히 물의 온도를 높이면 자기가 삶아지는 줄도 모르고 개구리가 삶아지게 된다는 말을 들어 보았습니다. 오늘날 초대교회의 영성과 우리 신앙 선배들의 영성이 서서히 식어 가더니 이제는 종교적인 껍데기만 남아 있는 시대가 되었습니다. 이러한 때 수문 앞 광장에 모여들었던 이스라엘 백성들처럼 주님의 말씀을 간절히 찾는 영적 혁명이 일어나야 하겠습니다.

성경에서 부흥이 일어났던 장소는 모두 하나님의 백성들이 은혜를 사모하여 모였던 곳이었습니다. 미스바의 부흥, 마가 다락방의 부흥, 고넬료 가정의 부흥이 그러합니다. 히브리서 10장 25절의 "모이기를 폐하는 어떤 사람들의 습관과 같이 하지 말고 오직 권하여 그날이 가까움을 볼수록 더욱 그리하자"는 말씀과 같이 은혜를 갈망하여 모이는 것이 바로 영적인 부흥의 시작인 것을 믿으시기 바랍니다.

2. 백성들은 말씀을 간절히 사모하는 마음이 있었습니다

성벽 재건은 느헤미야의 지도하에 이루어졌지만 심령 재건은 학사 에스라의 지도하에 이루어졌습니다. 학사는 율법을 연구하고 가르치는 사람을 말합니다. 그들은 율법책을 가져오게 하여 하나님의 말씀을 듣기를 원하였습니다. 그 당시에는 성경을 손수 필사하여 두루마리로 만들어 각 지파나 공동체에 한 권 정도 보관해 두었기에 개인이 성경을 가질 수 없었습니다. 그래서 온 백성들은 에스라가 낭독하는 율법책에 귀를 기울였습니다(1-2절).
160년간 말씀을 제대로 접하지 못한 그들의 영혼이 얼마나 갈급하였는지 아멘 아멘으로 말씀을 받았고, 그 많은 사람들이 요동하지 않고 말씀을 받았습니다.
새벽부터 정오까지 얼마나 갈급하였으면 여섯 시간 동안 움직이지 않고 말씀을 받았겠습니까(3절). 우리나라에서도 1907년 평양 장대현교회에 남자들이 모여 두 주간을 작정하고 하나님의 말씀을 듣는 중에 부흥이 일어났습니다.

그들이 말씀을 대하는 자세를 보십시오.

그들은 책을 펼 때 일어섰습니다(5절). 귀한 분들을 만날 때 일어서서 영접하는 것이 예의입니다. 마찬가지로 이스라엘 백성들이 하나님의 말씀 앞에 일어선 것은 하나님을 향한 존경심의 표현이었습니다.

그들은 말씀을 선포할 때 손을 들고 아멘 아멘 하고 화답하였습니다(6절). 어느 곳이든지 은혜를 사모하는 곳에는 아멘이 풍성합니다. 손을 들고 아멘 아멘 하는 행동은 말씀대로 순종하겠다는 의지의 표현입니다.

그들은 얼굴을 땅에 대고 경배하였습니다(6절). 이것은 율법이 하나님께서 나에게 주시는 말씀인 것을 믿고 말씀하시는 하나님께 응답하는 그들의 예배 태도입니다.

그들은 말씀을 풀어 줄 때 밝히 이해하고 깨달았습니다(7, 8, 12절). 설교자는 말씀을 잘 이해하도록 성경을 풀어 주어야 합니다.

그들은 말씀이 낭독될 때 죄를 회개하며 다 울고 은혜를 받았습니다(9절, 9:2).

세상에서 연속극을 볼 때 흘리는 눈물과 비교도 할 수 없는 감격과 감동의 눈물이 그들의 눈에서 흘러내렸습니다. 성령의 감동하심으로 회개와 은혜의 눈물이 흘러내렸습니다.

다 울었다는 것은 그만큼 그곳에 하나님의 성령이 강하게 역사하셨다는 증거입니다. 이런 백성들에게 하나님께서 은혜를 주시지 않겠습니까?

이들이 요구하여 말씀을 가져왔습니다. 그리고 이들은 살아 계신 하나님의 말씀을 엄숙히 받았습니다. 준비된 심령들입니다. 마음으로 하나님의 얼굴을 사모합니다. 간절한 마음으로 말씀을 받는 이들에게 하나님의 역사가 일어나지 않을 수 없었고, 은혜가 쏟아지지 않을 수 없었습니다.

어느 시대이고 하나님의 역사는 말씀을 높이는 자들에게 놀랍게 나타납니다. 우리의 자세는 어떠합니까? 하나님의 말씀을 대할 때 나의 태도는 어떠합니까? 인터넷으로 지구촌교회의 예배 실황을 보니 설교자가 성경을 읽을 때 성도들이 모두 일어서서 아멘 아멘 하는 것을 보았습니다. 우리도 성경에서 좋은 것과 바른 것은 배우고 실천해야 합니다.

그들이 영적으로 배고픈 상태였기에 그 말씀이 그들에게 생명의 양식이 되었습니다.

"내게 듣고 들을지어다 그리하면 너희가 좋은 것을 먹을 것이며 너희 자신들이 기름진 것으로 즐거움을 얻으리라 너희는 귀를 기울이고 내게 나아와 들으라 그리하면 너희의 영혼이 살리라"(사 55:2-3).

"하나님이여 사슴이 시냇물을 찾기에 갈급함같이 내 영혼이 주를 찾기에 갈급하니이다"(시 42:1).

그렇습니다. 우리에게도 사모하는 마음이 있다면 성경을 읽을 때나 묵상할 때나 설교를 들을 때 은혜가 되지 않을 수 없을 것입니다.

SBS방송국에서 방영하는 〈세상에 이런 일이〉라는 프로그램에서 내보낸 방송 중에 주인을 잃어버리고 길을 잃어버린 개 한 마리가 오랫동안 먹지 못하여 굶주린 채 쓰러져 있었습니다. 길을 가던 한 할머니가 발견하여 데리고 가서 먹일 것이 없어 김치를 먹였더니 얼마나 맛있게 허겁지겁 먹는지 그다음부터 이 개는 김치만 먹는 개가 되었습니다. 방송국 직원들이 고기와 김치를 주었더니 고기는 먹지 않고 김치만 먹었습니다. 이 개에겐 굶주린 후 처음 먹은 김치가 세상에서 가장 맛있는 음식이 된 것입니다.

우리가 말씀에 굶주려 있다면 성경을 읽을 때나, 묵상할 때나, 공부할 때나, 설교를 들을 때 어느 곳에서든지, 어느 때든지 은혜받지 못할 이유가 없을 것입니다.

이스라엘 백성들이 얼마나 말씀에 목말라하였든지 새벽부터 정오까지 말씀을 아멘으로 받았고, 그다음 날도 또 그다음 날도 말씀을 사모하며 들었습니다.

우리가 이날 수문 밖 광장에 모였던 이스라엘 백성들처럼 영적인 갈급함으로 말씀을 받는다면 하나님의 말씀이 우리에게 생명의 양식이 될 것은 물론이고, 세상의 책이나 영화나 드라마나 인터넷 연결이나 다른 어떤 것보다 더 하나님의 말씀만 찾게 될 것입니다.

말씀만이 우리의 심령과 가정과 삶을 치유하고 회복시키는 능력입니다. 말씀만이 영혼의 양식이요, 말씀만이 인생이 행복이며 축복인 것을 믿으시고 말씀을 사모하시기를 바랍니다. D.L. 무디는 성경 충만이 곧 성령 충만이라고 하였습니다.

말씀을 사모하는 당신에게 동일한 은혜가 임하기를 축복합니다.

3. 말씀을 받은 백성들에게 큰 기쁨과 삶의 변화가 따라왔습니다

12절과 17절에 말씀을 받고 깨달은 백성들이 크게 즐거워하였다고 하였습니다. 그리고 14절부터 17절에 말씀대로 초막절을 지켰다고 하였고, 9장으로 넘어가면 자신들의 죄를 자복하는 것을 볼 수 있습니다. 다시 말해서 말씀을 받은 모든 사람들의 삶이 새로워졌다는 것을 알 수 있습니다.

2006년 세계야구대회에서 우리나라를 4강에 들게 하였고, 올해는 준우승을 하게 되어 전세계를 놀라게 한 프로야구 명감독이요, 국민감독으로 유명해진 김인식 야구 감독이 한 달 전 용인시 수지에 소재한 100명 정도 출석하는 작은 교회에서 안수 집사로 세움을 받았습니다.

그는 신문사와 인터뷰한 기사에서 2005년 6월 처음으로 찾은 교회에서 찬송을 부를 때 이유도 없이 눈물이 쏟아졌다고 합니다. 찬송가 가사가 절절이 그의 가슴을 파고 들어와 견딜 수 없는 감동을 받았다고 합니다.

6개월 후 뇌경색으로 팔과 다리가 마비되자 주변에서는 교회에 나가고 난 다음 그런 일이 일어났다고 하면서 말이 많았지만 김 감독은 마음이 평안하였고 조금도 흔들림이 없었다고 합니다.

가족들의 간절한 기도와 주변 성도들의 기도로 한 달 만에 많이 호전되어 전지훈련장인 일본 나가사키 캠프에 합류할 수 있었습니다.

그는 프로야구 개막식 때 고사를 지내는데 그와 기독교 선수들은 절을 하지 않는다고 하였고, 40년간 해오던 술과 담배도 끊었고, 구단 회식 자리에서는 "죄짐 맡은 우리 구주" 찬송가를 부른다고 하였습니다.

김 감독은 요즘 믿지 않는 선수들을 향해 "죄가 없으면 교회 안 다녀도 되지만 죄가 조금이라도 있다고 느껴지면 교회 나가 예수를 믿으라"고 전한다고 합니다. 이렇게 김 감독처럼 말씀을 바로 받으면 인격과 삶의 변화가 일어나게 되어 있습니다.

그런데 말씀을 받고 은혜를 받았다고 할지라도 하루아침에 당장 달라지는 것은 아닙니다. 어느 분은 부흥회 때 방언을 받고 마음이 뜨거워짐을 느꼈는데도 여전히 술맛이 좋고 세상 것들이 좋아 보여 고민한다는 말을 들었습니다. 한때 성령을 체험하고 은혜를 받았다고 하여 미움과 시기와 질투와 혈기가 다 없어지는 것은 아닙니다. 경건의 능력은 지속적으로 말씀을 통해 훈련을 받아야만 가능합니다.

이스라엘 백성들은 지속적인 말씀의 훈련을 받았습니다. 13절을 보면, 그 이튿날에도 학사 에스라에게 와서 말씀을 들려 달라고 하였고, 18절에도 첫날부터 끝 날까지 8일 동안 날마다 말씀을 낭독하였다고 하였습니다.

말씀은 그들에게 기쁨과 큰 힘을 주었습니다.

"……여호와로 인하여 기뻐하는 것이 너희의 힘이니라"(10절).

예레미야 15장 16절에 "만군의 하나님 여호와시여 나는 주의 이름으로 일컬음을 받는 자라 내가 주의 말씀을 얻어먹었사오니 주의 말씀은 내게 기쁨과 내 마음의 즐거움이라" 하였습니다.

하나님으로부터 오는 기쁨을 누리며 살고 있습니까? 여행을 다녀보고, 음악회를 가보고, 파티에 참석하고, 학술회의에 참석하고, 이런저런 음식을 먹고, 여러 사람들과 어울려 교제하고, 노래하고, 춤을 추어도 힘이 생기지 않습니다. 다른 곳에서는 힘이 없습니다. 다른 것 가지고는 힘을 얻을 수 없습니다. 오직 하나님만을 의지하고 말씀을 신뢰하면 힘이 생깁니다. 이런 힘 있는 말씀을 가슴에 새기십시오.

하나님을 기뻐하며 희망을 가지고 사는 인생이 가장 복된 삶을 살게 됩니다. 우리 인생의 주인이 주님이시기에 그의 은혜와 능력을 의지하며 사는 사람에게 주님이 힘을 주시고 능력을 주시는 것입니다.

1. 당신에겐 말씀을 사모하는 마음이 있습니까? 당신의 심령이 새롭게 변화를 받아야 할 필요를 느낀다면 솔직하게 서로 고백하며 나누어 보십시오.

2. 당신은 하나님의 말씀을 받고 삶이 변화되었습니까? 당신에게 있어 변화를 받아야 할 부분은 어떤 것들인지 마음을 열고 솔직하게 고백하고 나누어 보십시오.

3. 이제 오늘 주신 말씀을 붙잡고 심령을 재건하여 달라고 기도하시고, 말씀대로 살게 해달라고 합심하여 간절히 기도하십시오.

3. 부흥을 갈망하십시오 (겔 37:7-14)

영적 각성

에스겔 선지자가 환상 가운데 하나님의 영에 이끌려 어느 골짜기에 이르러 보니 죽은 자들의 뼈가 널려 있었습니다. 그 뼈들은 말라 버린 채 지면에 흩어져 있었습니다. 팔, 다리, 두개골, 갈비뼈들이 가득한 모습은 보기에도 참혹하고 끔찍했습니다. 그런데 놀라운 일이 일어났습니다. 에스겔이 하나님의 말씀을 대언하자 뼈들이 서로 연결되어 사람의 골격을 이루고, 힘줄이 생기고, 살이 붙고, 가죽이 덮이더니 곧 살아나 큰 군대를 이루었습니다.

1. 여기서 이 뼈들은 소망 없는 이스라엘 백성들이라고 하였습니다

본문 11절에 "이 뼈들은 이스라엘 온 족속이라"고 하여 영적으로 시들어버린 이스라엘이 전혀 소생 불능 상태인 것을 보여주셨습니다. 해골이 지면에 널려 있는 것은 열국 앞에 이스라엘이 조롱당하고 멸시당하는 모습입니다. 그들이 왜 이렇게 되었습니까? 하나님의 말씀을 거역하고 죄악 가운데 살았기 때문입니다. 그들은 육신의 정

욕, 안목의 정욕, 이생의 자랑을 좇아 살았습니다. 이방 신을 섬기며 권력을 의지하고 돈을 우상으로 섬겼습니다. 그 결과 비극이 찾아온 것입니다.

　죄가 오늘날 우리가 보는 이 모든 비극을 가져왔습니다. 죄는 불행의 씨앗이요, 그 열매는 저주입니다. 죄로 인하여 눈물, 한숨, 고통, 슬픔, 질병, 괴로움, 늙어짐, 죽음이 찾아왔습니다. 죄로 인하여 우리 가정이 어두워졌고 이 사회가 어두워졌습니다. 죄가 청소년들을 방황하게 하고, 죄가 부부 사이를 갈라놓고, 죄가 서로 손가락질하게 하고, 죄가 폭력과 살인과 음란과 방탕으로 나타났습니다. 죄의 뿌리는 하나님을 등지고, 하나님을 무시하고, 하나님의 말씀을 거역한 것입니다.

　SBS 러브 FM과 뉴스앤조이가 공동으로 남녀에게 질문하였더니 49.2%가 혼전 순결을 지킬 필요가 없다고 응답하였습니다. 이 세대는 악하고 음란한 세대요, 부모를 거역하는 세대, 환락의 시대, 돈을 신으로 섬기는 시대, 인간의 지식을 높이고 자랑하는 시대, 불법이 성행하여 사랑이 식어진 시대입니다. 문제는 우리 그리스도인 중에서도 많은 사람들이 타락한 삶을 살고 있다는 것입니다. 많은 분들이 죄악에 사로잡혀 헤어 나오지 못하고 있습니다. 죄에 대하여 'No!' 라고 말하지 못하고 거절할 것을 거절하지 못하고 있습니다.

　강원도에 있는 강원랜드는 탄광을 카지노로 개발하여 많은 사람들과 그들의 가정을 파탄으로 몰아넣고 있습니다. 대개 그곳에 가는 사람들은 외국 여행 가서 카지노를 맛보았거나, 동해로 피서 갔다가 호기심에 한번 들렀거나, 울진이나 영덕에 대게 먹으러 갔다가 우연히 들렀거나, 친구 따라 들렀다가 손대기 시작하여 패가망신한다고 합니다.

　그곳에서 모두 돈 잃고 인생을 망치지만 딱 한 사람 돈을 딴 사람이 있는데, 그 사람이 김정철 씨입니다. 그분은 태국에서 여행사를 하다가 IMF를 만나 사업이 망한 뒤 귀국하여 자살하려고 약을 먹을까? 목을 맬까? 생각하다 '남은 돈을 가지고 마지막 여행하다 돈 떨어지면 그때 좋은 곳에서 죽자'라고 생각하고 강원도에 가서 우연히 카지노에 들러 가진 돈을 다 잃고 난 뒤, 카지노에 도전해 봐야겠다고 생각하고 카지노를 연구하다가 먼저 자신을 이겨야겠다는 결론을 내리고 3개월간 극기 훈련에 들어갔습니다. 목표는 세 가지였는데 첫째는 금연과 금주, 금욕생활, 둘째는 일주일에 한 번 번지점프하기, 셋째는 화 안내고 열 안 받기, 카지노 안 가기였습니다. 그는 '이것을 해내면 난 카지노에 도전한다'라고 결심하고 시작하였습니다.

　드디어 그 모든 것을 성공한 뒤 카지노에 갔습니다. 그는 돈을 따더라도 감정에 변화를 없애고, 돈을 잃어도 이성을 잃지 않는 자세로 1년에 1억을 따서 유일하게 카지노 도박장에서 돈을 딴 사람이 되었습니다.

　카지노에 도전하라는 것이 아니고 이런 도박판에서도 극기와 거절이 있는 사람은 남다르다는 것입니다. 그런데 우리 그리스도인들이 믿음의 길을 갈 때 발목을 붙잡는 방해 세력들을 단호히 거절해야 하는데 그렇지 못하고 타협하고 불신자와 방불한 삶을 살기에 하나님이 주시는 풍성함을 누리지 못한다는 사실입니다.

　신앙을 가진 중년 부인이 갑자기 심장마비로 병원에 후송되어 수술을 받는데 죽음 직전에 하나님을 만났습니다. 그래서 "저는 아직 청춘인데 제가 과연 와야만 할 시간입니까?'라고 묻자, 하나님께서 "그래, 그렇다면 30년을 더 연장하마!" 하셨답니다. 죽음에서 살아난 이 여인은 '남은 인생 창창하니 멋지게 살아 보리라' 생각하고 우선 얼굴부터 고쳐 뽐내며 살아야겠다고 생각하고 성형수술을 받은 뒤 병원에서 나오다가 병원으로 들어오는 앰뷸런스에 치여 그 자리에서 죽고 말았습니다. 다시 하나님 앞에 간 이 여인이 볼멘 소리로 "30년 더 살게 해주신다고 약속하셨잖아요? 이게 웬일입니까?"라고 말하자, 하나님께서 "얘야! 난 넌 줄 몰랐다"라고 말씀하셨답니다.

멋지게 사는 것이 그런 것입니까? 세상 허영심에 사로잡히면 은혜가 없고 거룩함이 없습니다.

현대를 사는 많은 그리스도인들이 죄에 대한 각성과 잃어버린 영혼에 대한 열정이 식어 가고 있습니다. 많은 그리스도인들이 기도를 하지 않습니다. 많은 그리스도인들이 말씀에 대한 애착과 말씀대로 살겠다는 거룩을 상실하였습니다. 어떤 분들은 예배를 통해 하나님을 만나고 위로부터 주시는 은혜를 받아 세상과 죄를 이기고 승리의 삶을 살겠다는 영적인 갈망은 없고, 그저 교제를 즐기기 위해서나 아니면 율법에 매여 마지못해 나오고 있습니다. 한마디로 에스겔이 본 환상 가운데 해골과 같이 영적으로 황폐한 사람들이 많습니다. 우리 모두 다시 소생할 필요가 있습니다. 이 민족과 한국교회가 다시 소생해야 합니다.

2. 하나님의 말씀이 선포되자 생명운동이 일어났습니다

본문에 "대언하라", "명을 좇아 대언하니", "대언할 때"라고 기록함으로 대언할 것을 거듭 강조하고 있습니다. 본문 4절과 5절에 보면, 대언은 하나님의 말씀을 대언하는 것입니다.

하나님의 말씀이 바로 선포되고, 하나님의 말씀을 바로 받을 때 성령의 생기가 들어옵니다. 하나님의 말씀은 창조적인 능력이요, 생명입니다. 하나님의 말씀은 활력이 있습니다(히 4:12). 하나님의 말씀이 내 안에 들어오면 내 생에 거룩한 사건을 일으킵니다.

하나님의 말씀은 능력이 있습니다.

"여호와의 말씀이니라 내 말이 불 같지 아니하냐"(렘 23:29).

"여호와의 율법은 완전하여 영혼을 소성시키며 여호와의 증거는 확실하여 우둔한 자를 지혜롭게 하며"(시 19:7).

"대저 하나님의 모든 말씀은 능하지 못하심이 없느니라"(눅 1:37).

전선을 통해 전기가 흘러 들어오듯, 수도관을 통해 물이 흘러 들어오듯, 전화선을 통해 상대방의 목소리가 들려오듯이 말씀을 통해 성령의 생기가 우리에게 전달됩니다. 그러므로 말씀을 받을 때 간절함으로 받아 하나님의 말씀이 내 안에 흘러 들어오도록 통로를 열어야 합니다.

태버니칼 교회를 담임하던 스펄전 목사님이 성전을 완공하고 육성 설교가 뒤에까지 잘 전달되는지 시험해 보려고 강단에 서서 큰소리를 질렀습니다.

"회개하라, 천국이 가까웠느니라!" 하고 세 번 외쳤을 때 천장에서 한 사람이 벌벌 떨면서 내려오더니 무릎을 꿇고 빌며 "용서해 주십시오! 다시는 이런 짓을 하지 않겠습니다"라고 말하기에 스펄전 목사님이 "당신 누구요?"라고 묻자 "예, 사실 도둑질하려고 들어와서 천장에 숨어 있었습니다. 그런데 '회개하라'는 하나님의 음성이 들려 두려워 내려왔습니다"라고 말하더랍니다. 도둑도 말씀을 바로 받으면 변화됩니다. 매주 강단을 통해 주시는 담임목사의 설교를 주님의 음성으로 들으시면 당신에게 큰 복이 임할 것입니다.

"이러므로 우리가 하나님께 끊임없이 감사함은 너희가 우리에게 들은 바 하나님의 말씀을 받을 때에 사람의 말로 받지 아니하고 하나님의 말씀으로 받음이니 진실로 그러하도다 이 말씀이 또한 너희 믿는 자 가운데에서 역사하느니라"(살전 2:13).

말씀이 바로 들어가면 심령이 뒤집어지고, 가정이 뒤집어지고, 운명이 바뀌는 역사가 일어납니다. 그러므로 "주여, 말씀으로 내 영혼을 뒤집어 주옵소서! 주여, 내 속에 사건을 만들어 주옵소서! 주여, 지금 사건이 일어나게 하옵소서"라고 기도하십시오.

주의 전에 모일 때 시간시간 은혜를 사모하며 모이십시오. 모여 말씀을 들을 때 놀라운 일들이 일어날 줄 믿습니다. 불가능이 가능케 되고, 병원에서 절망적인 선고를 받아도 치유되고 회복될 것입니다. 사업하시는 분들에게는 재물 얻는 능력이 임할 줄 믿습니다. 주님의 교회를 섬길 때 필요한 갖가지 은사가 임하게 될 줄 믿습니다.

믿음이 없는 분들에게 하나님이 믿음을 폭포수와 같이 부어 주실 줄 믿습니다.

마른 뼈 같은 인생, 힘줄이 끊어진 채 절망 속에 사는 인생, 살이 없어 가난 속에 힘들게 사는 인생, 가족이 없어져 버려 고독한 인생을 사는 분들에게 하나님의 말씀이 들어가면 새로운 인생이 될 줄 믿으시기 바랍니다.

3. 하나님이 다시 살리셨습니다

부흥은 문자적으로 '갑자기 살리다', '확 살아나게 하다'의 의미가 있습니다.

부흥의 주도권은 하나님이 쥐고 계십니다. 본문 12절에 "내가 너희 무덤을 열고 너희로 거기에서 나오게 하고"라고 하였고, 또 13절에도 "내 백성들아 내가 너희 무덤을 열고 너희로 거기에서 나오게 한즉 너희는 내가 여호와인 줄을 알리라"고 하셨습니다. '내가', '내가'라고 말씀하시어 하나님께서 주도권을 가지고 일하신다는 것을 알려 주십니다.

그러므로 인위적인 방법으로 부흥이 오지 않습니다. 부흥은 교육이나 가르침으로 되지 않습니다. 사람을 모으는 것이 부흥이 아닙니다. 오직 하나님이 죽었던 우리의 심령을 살리시고 무덤같이 절망적이고 부정적인 자리에서 날 이끌어 내서서 새롭게 하시는 것이 부흥입니다.

하나님은 주 예수 그리스도의 십자가를 통하여 죄악의 무덤에 갇혀 있던 우리에게 용서를 주셨고, 더러움의 무덤에 갇혀 있던 우리에게 의로움을 주셨으며, 저주의 무덤에 갇혀 있던 우리에게 아브라함의 복을 주셨고, 질병의 무덤에 갇혀 있던 우리에게 치유를 주셨으며, 지옥과 형벌의 무덤에 갇혀 있던 우리에게 천국과 영생을 주셨습니다. 이 모든 일을 하나님께서 하시고 우리에게 은혜로 주셨습니다. 당신이 믿기만 하면 이 모든 복이 임할 것입니다.

참된 부흥은 교회 안의 잠자는 영혼을 깨우고, 자신의 죄 된 삶 때문에 주님의 이름이 존귀히 여김을 받지 못한다는 사실 때문에 애통해하는 회개가 따릅니다. 참된 부흥은 하나님의 새로운 생기가 들어가 우리의 인격과 삶이 달라지는 것을 말합니다. 잠시 종교적 흥분 상태를 경험하거나 황홀감에 사로잡혔다가 다시 옛날로 돌아가는 것은 부흥이라고 볼 수 없습니다.

참된 부흥은 영적인 각성과 함께 하나님을 갈망하는 영적인 목마름이 있습니다. 이것이 다시 산 증거입니다.

파스칼은 물리학자였고, 수학자였습니다. 1654년에 그는 자신의 책 《광세》에 이렇게 썼습니다. "은총의 해 1654년 11월 24일 화요일, 아브라함의 하나님, 이삭의 하나님, 야곱의 하나님, 철학자나 지식인의 하나님이 아닌 하나님, 확실, 감정, 환희, 나의 하나님! 하나님 외에 이 세상 일체의 것이 망각되었습니다. 의로우신 아버지여! 세상은 당신을 모르오나 나는 당신을 아옵나이다. 환희, 환희, 환희! 눈물, 눈물, 눈물!"

성령 세례 받은 날, 심령에 부흥이 임한 날, 예수를 새롭게 만난 날, 이날부터 그는 매일 새벽 5시에 일어나 기도하고 많은 날을 금식하고 철야하며 성자처럼 살았습니다. 가장 명상적이었던 파스칼은 모든 책을 다 집어치우고 오직 성경과 어거스틴의 《참회록》만 가지고 계속 읽으며 거룩한 삶을 살았습니다.

이제 우리의 메마른 심령, 냄새나는 심령, 썩은 심령, 나태하고 게으른 심령, 잠자던 심령을 내어놓고 주님 앞에 상한 심령으로 나아가 성령의 생기를 받고 다시 살아나는 부흥이 있기를 바랍니다.

1. 메말랐던 우리의 심령에 하나님의 말씀이 들어와 살아난 경험을 나누어 보십시오.

2. 하나님의 말씀을 대언할 때 이런 놀라운 일들이 일어납니다. 당신이 하나님의 말씀을 전하여 살아난 영혼이 있다면 그 간증을 나누어 보십시오.

3. 이제 나눈 말씀을 붙잡고 내 안에 부흥이 일어나고 우리 가정과 순공동체에 부흥이 일어나도록 합심하여 간절히 기도하십시오.

12월

4. 성탄이 무엇입니까? (사 7:14)

성탄

성탄은 주님께서 이 땅에 오신 것을 기념하여 기뻐하고 축하하는 날입니다. 해마다 성탄절이 되면 거리마다 캐럴이 울립니다. 상점마다 화려하고 아름다운 상품들로 가득가득 쌓입니다. 구세군의 벨 소리가 아름답게 들려옵니다. 지나가는 사람들의 모습은 저마다 약간은 들떠 보입니다. 거리를 활보하는 젊은이들의 발걸음은 경쾌해 보이고, 마치 리듬을 타며 춤추듯 행복해 보입니다.

"Are you ready for Christmas?" 해마다 성탄절이 다가오면 미국인들이 자주 쓰는 인사말입니다. 당신은 크리스마스를 맞을 준비가 되었는가 가볍게 묻는 것입니다. 믿지 않는 분들은 선물 준비를 생각하고 하는 말이기도 합니다.

이제는 청교도의 나라라고 하는 미국도 성탄절에 '메리 크리스마스'를 사용하지 말자는 운동이 벌어지고 있습니다. 그리고 '해피 홀리데이'라는 말을 쓰자고 합니다. 성탄의 의미가 변질되어 가는 것을 알 수 있는 풍조입니다.

사람에 따라서 성탄의 포인트가 다를 수 있습니다. 무자비하고 이기적인 헤롯 대왕은 크리스마스의 포인트를 잘못 맞추어 죄 없는 어린 아기들을 많이 죽였습니다. 예루살렘 사람들은 동방 박사들의 말을 듣고도 깨닫지 못하고 현실에 안주하여 소동했습니다. 베들레헴의 여인숙들은 크리스마스의 포인트를 잘못 맞추어 성탄의 주인에게 내어드려야 할 방 한 칸도 내어드리지 못한 비정함을 보였습니다.

이 시대는 성탄절을 향락을 위한 날로 착각하여 술에 취하고 음란에 취한 사람들로 거리마다 흥청거립니다. 자기 즐거움을 위해 성탄 선물을 준비하려고 백화점마다 많은 사람들이 몰립니다. 흰 수염과 붉은 옷의 산타가 주인공이 되었고, 트리와 사슴이 끄는 썰매가 성탄의 상징이 되었습니다. 술집과 거리에는 더 많은 수입을 올리려고 화려한 조명을 걸어 놓고 있습니다.

그렇다면 성탄의 참된 의미가 무엇일까요? 우리는 어떻게 성탄을 맞이하고 보내야 할까요?

1. 성탄은 하나님 아버지께서 우리를 사랑하사 당신의 심장을 꺼내 주듯 우리에게 그 아들을 보내 주신 날입니다

서울에 황은호 목사님이란 분이 계십니다.

이분이 《크리스천 청년을 위한 예비하심》이라는 책을 썼는데, 그 책 가운데 "아버지의 마음"이라는 글이 있습니다.

황 목사님이 어느 교회의 부목사로 섬기고 있을 때 일어난 일입니다.

어느 날 아주 이른 새벽, 아직 어둠이 걷히지 않은 시간에 장례식을 집례하기 위해서 차를 몰고 원효대교를 지나가고 있었습니다. 그런데 앞에 검은 물체가 달려가는 것을 보았습니다. 깜짝 놀랐습니다. 자세히 보니 어떤 사람이 검은 양복을 입고 원효대교를 뛰고 있는 것입니다. 그래서 황 목사님은 별 이상한 사람이 다 있다고 생각했습니다. 그런데 지나가면서 달리는 사람의 옆모습을 보고 깜짝 놀랐습니다. 자기 교회 담임목사님이었습니다. 깜박이를 켜고 차를 세운 다음 자기 차에 타시라고 했습니다. 그리고 왜 검정 양복을 입고 뛰어가느냐고 물었습니다. 그 목사님이 말해 주었습니다.

그 목사님에게는 두 살짜리 아들이 있는데 간에 문제가 생겨서 간을 이식받아야 살 수 있는데, 아버지가 간을 이식해 주려고 하니 지방간 수치가 높아서 이식이 안 된다는 것입니다. 그런데 의사가 할 수 있는 방법이 한 가지 있다고 했습니다. "목사님, 살을 빼면 간 수치가 줄어들어 이식할 수 있습니다." 그런데 운동할 시간이 없으니까 새벽기도 가는 시간이라도 양복을 입고 살을 빼려고 뛰고 있다는 것입니다.

이 이야기를 들은 황 목사님은 큰 감동을 받았다고 합니다. 아들을 위해서 간 이식을 해주려고 새벽부터 검은 양복을 입고 뛰는 아버지의 그 마음이 이 땅에 하나밖에 없는 독생자 예수 그리스도를 보내주신 하나님의 마음을 닮았습니다. "하나님이 세상을 이처럼 사랑하사 독생자를 주셨으니."

바로 나를 향한 하나님의 사랑의 표현이 성탄인 것입니다. 성탄절은 하나님의 사랑의 계절입니다. 하나님께서 우리를 만나 주시는 계절입니다. 우리는 이 성탄절에 하나님 아버지의 깊은 사랑을 우리 마음속에 담을 수 있기를 바랍니다.

2. 성탄은 그 아들이 죽기 위해 이 땅에 오신 날입니다

하늘 보좌를 버리신 만왕의 왕의 낮아지신 이야기를 알고 계십니까? 벌레보다 못한 인간의 육신을 입고 이 땅에 임하신 지극히 높으신 분의 사랑 이야기를 알고 계십니까?

만왕의 왕께서 냄새나는 더러운 마구간에 탄생하심은 더러운 죄인의 마음에 들어오셔서 구원하시려는 그분의 의지였습니다. 그분이 마구간에 오신 것은 죄인인 너와 나, 우리 모두를 대신해 죽기 위한 것입니다.

마구간에 탄생하시면서부터 그분의 손은 십자가를 찾았고, 그분의 발은 골고다 십자가를 향하여 걸어가셨습니다. 그분은 자기 입으로 죽기 위해 오셨다고 말씀하셨습니다.

> "이때로부터 예수 그리스도께서 자기가 예루살렘에 올라가 장로들과 대제사장들과 서기관들에게 많은 고난을 받고 죽임을 당하고 제삼일에 살아나야 할 것을 제자들에게 비로소 나타내시니"(마 16:21).

> "인자가 온 것은 섬김을 받으려 함이 아니라 도리어 섬기려 하고 자기 목숨을 많은 사람의 대속물로 주려 함이니라"(마 20:28).

이 땅에 태어난 모든 사람들은 잘살기를 원합니다. 그러나 메시아, 그분은 죽기 위해 이 땅에 오셨습니다. 그분이 죽어야 우리가 영원히 살 수 있는 길이 열리기에 그분은 그 길을 묵묵히 걸어가셨습니다.

당신이 이 크나큰 사랑을 알고 믿습니까? 그렇다면 당신은 구원받은 사람이라고 말할 수 있습니다. 우리가 정녕 성탄의 의미를 알고 있다면 이 성탄절에 그분의 겸손하심을 본받아 나의 가정, 나의 이웃을 좀더 잘 섬기리라 다짐하는 마음이 되어야 할 것입니다. 나의 자아, 나의 고집, 육신의 정욕, 이기심 등을 십자가에 못 박아 죽기를 결단하는 마음을 가져야 할 것입니다.

진정 그분의 삶을 따르리라, 이웃을 위해 희생하며 섬기리라 결단하는 마음으로 성탄을 맞이하는 분들이야말로 진정 멋진 크리스마스를 맞이할 자격이 있는 사람입니다. 올해는 우리 모두에게 진실한 마음으로 성탄을 맞이하는 축복이 있기를 바랍니다.

3. 성탄은 하나님이 우리와 영원히 함께하시기 위해 오신 날입니다

하나님의 아들의 이름은 나시기 전에 천사가 알려준 이름으로 '예수'입니다. 그 이름의 뜻은 '구원자'입니다. 그리스도는 그분의 사역의 이름으로 구세주라는 뜻입니다.

그런데 우리 주님의 또 다른 이름이 하나 있습니다. 바로 '임마누엘'입니다. 임마누엘은 '하나님이 우리와 함께'라는 뜻입니다.

하나님이신 예수님이 우리와 동행하시기 위해 임마누엘로 오셨습니다. 주님은 우리와 함께하셨습니다. 세상 끝 날까지, 영원히 우리와 함께하십니다(마 18:20, 28:20; 히 13:5,8).

누가 영원히 변함없이 우리와 함께할 수 있겠습니까. 사랑으로 보살펴 주신 부모님도 때가 되면 내 곁을 떠나가십니다. 남편이 있고 아내가 있어도 항상 함께할 수는 없습니다.

이 험한 세상에서 자녀들을 학교에 보내고, 학원에 보내고, 해외에 보내고 난 뒤 부모는 마음이 놓이지 않습니다. 그렇지만 언제나 우리와 함께하시는 좋으신 예수님이 계십니다.

어둡고 추운 로마의 감옥 안에서 쇠사슬에 매인 채로 죽음을 기다리던 사도 바울이었지만 그 마음에 기쁨이 충만하였던 것은 주님이 함께하셨기 때문입니다.

"주께서 내 곁에 서서 나에게 힘을 주심은……"(딤후 4:17).

통장에 돈이 있어 든든합니까? 좋은 직장을 가져서 든든합니까? 건강이 있어 든든하다고 생각하십니까? 가족들이 많아 든든합니까? 주변에 믿을 만한 소위 빽이 있어 든든합니까? 그것들은 잠시 잠깐이면 사라질 것들입니다.

영원히 마음 든든하고 언제나 마음 든든한 보장이 여기 있습니다. 임마누엘 주 하나님이 나와 함께하시는 것입니다.

어느 성도님이 비행기를 타고 가는데 기상이 좋지 않아서 비행기가 계속 흔들리고 사람들은 긴장하고 있었습니다. 안전벨트를 매라는 안내방송이 계속 나왔습니다. 그런데 뒤에서 자꾸 웃는 소리가 들렸습니다. 누군가가 자꾸 웃고 있습니다. 그래서 돌아보았더니 어떤 사람이 귀에 이어폰을 끼고 코미디 프로그램을 듣고 있었습니다. 다른 사람들은 아무도 웃지 않는데 혼자 웃는 것입니다. 모든 사람이 긴장하고 있는데도 자기는 즐거운 것입니다. 그것을 보고 이 성도님이 깨달았답니다.

'저 사람하고 나하고 다른 점이 무엇인가? 저 사람은 듣는 것이 있고 나는 듣지를 못한다는 그것이 다르구나.'

이 시대 사람들은 긴장에 긴장을 더합니다. "경제가 어려워진다. 북한이 핵을 터뜨릴 것이다. 백두산 화산이 폭발한다. 연평도를 친 북한이 경기도를 칠 것이다" 등 흉흉한 소문이 들려옵니다. 앞으로 2015년이 되면 전세계 인구의 반이 물 부족 사태로 인해 고통을 당하게 되면 물 전쟁이 일어날 것이라고 합니다. 사람이 만든 영혼이 없는 복제인간이 생겨나면 인간 가치가 하락하여 무서운 일들이 일어날지 모릅니다. 학교에서는 중학생 고등학생들이 선생님들이 체벌을 못하게 하였다고 오히려 선생님을 희롱하고 때리기도 합니다. 들려오는 소리마다 즐거운 소리가 없습니다. 우울한 소식뿐입니다. 이런 세상을 살면 우리 가슴이 불안하며 답답하지 않겠습니까? 미래에 대한 불안에는 안전벨트도 없습니다.

모든 사람이 긴장하고 있습니다. 그런데도 나 혼자 웃을 수 있습니다.

"보라 내가 온 백성에게 미칠 큰 기쁨의 좋은 소식을 너희에게 전하노라"(눅 2:10).

이 소식을 들은 사람들은 기뻐하지 않을 수 없습니다.
주님은 요한계시록에서 일곱 교회에 같은 메시지를 반복하여 들려주셨습니다. "귀 있는 자들은 성령이 교회들에게 하시는 말씀을 들을지어다."

주님의 음성을 듣고 시작하는 사람들은 세상의 소음에 동요하지 않습니다. 주님의 말씀으로 이미 힘과 용기를 얻었기 때문입니다. 그들은 찬송합니다. 그들에겐 평안이 있습니다. 그들은 감사할 수 있습니다. 무엇이 있는 것입니까? 주님이 나와 함께하시고, 묵상을 통해 주님의 음성을 날마다 듣기 때문입니다.

여기에서 천국까지 동행하시는 임마누엘 주님은 어떤 경우에도 결코 나를 버리지 않고 붙잡고 계십니다. 설령 내가 주님을 멀리하고, 주님을 잊어버리고, 주님을 버린다고 해도 주님은 결코 나를 떠나지 않으십니다.

    세상 친구들 나를 버려도
    예수 늘 함께 동행함으로
    주의 은혜가 충만하리니
    주의 영원한 팔 의지해
    주의 영원하신 팔 함께하사
    항상 나를 붙드시니
    어느 곳에 가든지 요동하지 않음은
    주의 팔을 의지함이래(찬송가 406장).

세상 사람들은 나를 떠나고, 아프게 하고, 힘들게 해도 주님은 그렇지 않습니다. 주님은 나와 함께 가십니다. 임마누엘로 동행하십니다. 주님은 고달프고 힘든 인생길에서 나를 친구 삼으셨습니다. 그래서 때론 뒤에서 밀어 주시고, 때론 앞에서 끌어 주시며, 때론 지치고 힘든 나를 업고 가십니다. 영원히 나와 동행하십니다. 이제 주님의 약속을 믿고 이 성탄절에 다시 힘을 내십시오. 주님이 나와 함께

하십니다.

성탄은 하나님 아버지의 사랑이 이 땅에 구체적으로 나타난 날입니다. 성탄은 구주 예수님이 죽으시기 위해 이 땅에 오신 날입니다.

성탄은 하늘의 하나님이 인간과 영원히 함께하시기 위해 오신 날입니다.

이날에 우리는 기뻐하고 즐거워하고 서로 축하하는 것이 마땅합니다.

1. 성탄의 의미에 대하여 서로 나누어 보십시오. 그리고 성탄절을 바르게 보낼 수 있는 방법을 말씀해 보십시오.

2. 성탄은 임마누엘하시기 위해 주 하나님이 사람이 되어 오신 날입니다. 당신의 삶 속에 임마누엘이 가장 필요한 때는 언제인지 서로 나누어 보십시오.

3. 오늘 주신 말씀을 붙잡고 날 위해 이 땅에 오신 독생자 구세주 예수를 늘 찬송하며 살고 임마누엘 즉 나와 함께하시는 주님을 인정하고 주님과 동행하는 삶을 살게 해달라고 합심하여 간절히 기도하십시오.

12월

5. 다시 한 번 각성하십시오 (시 39:1-7)

영적 각성

어느새 1년이 지나가고 올해의 마지막 주일을 맞이하게 되었습니다. 해마다 이때쯤이면 우리 모두 한 번쯤 자신을 돌아보며 반성할 것은 반성하고, 다짐할 것은 다짐하면서 인생을 다시 재정비하여 출발할 필요가 있습니다.

본문 시편 39편은 다윗이 노년에 지은 시입니다. 다윗은 이 시를 쓸 때 몸이 쇠약한 상태에 있었고, 그를 둘러싼 정세도 매우 어려운 환경이었던 것이 분명합니다.

"주는 나를 용서하사 내가 떠나 없어지기 전에 나의 건강을 회복시키소서"(시 39:13).

다윗은 자신의 인생의 마지막이 점점 다가오는 것을 느끼면서 "하나님, 제가 이것을 다시 한 번 각성하고 실천하겠습니다. 도와주십시오. 그리고 제가 뼈저리게 경험한 이것을 모든 사람들이 깨닫고 실천하도록 도와주십시오"라는 마음으로 이 시를 지었을 것입니다.

그러면 우리가 한 해를 마무리하는 이 시점에서 무엇을 명심하고 실천하며 살아야 할까요?

1. 말로써 범죄하지 않겠다는 것입니다

"내가 말하기를 나의 행위를 조심하여 내 혀로 범죄하지 아니하리니 악인이 내 앞에 있을 때에 내가 내 입에 재갈을 먹이리라 하였도다 내가 잠잠하여 선한 말도 하지 아니하니 나의 근심이 더 심하도다"(1-2절).

다윗은 하나님의 마음에 맞는 사람이요, 온 마음을 다해 하나님을 사랑한 사람입니다. 역대 임금들 중에 성군입니다. 그런데 믿음으로 바르게 살려는 사람들 주위에는 시기하고 미워하는 원수들이 많이 있습니다. 다윗을 시기하는 사람들은 다윗의 병색이 깊어지자 은근히 좋아하고 다윗을 비방하기 시작했습니다. 그러나 다윗은 입을 꼭 다물고 참았습니다. 다윗은 이렇게 결심하였습니다.

"악인들이 나를 향하여 아무리 저주의 말을 퍼부어도 나는 나의 입에 재갈을 먹이겠습니다. 아무리 억울한 소리를 들어도 잠잠하겠습니다." 다윗은 말로써 죄를 짓지 않으려고 굳게 결심하였습니다.

말로 인한 나쁜 결과를 수없이 경험한 다윗은 말로써 죄를 짓지 않으려고 필사적으로 노력합니다.

집권당 대표 되는 분이 연평도에서 불탄 보온병을 집어 들고 포탄이라고 하여 비웃음을 사더니, 이번에는 사석에서 성형수술하지 않은 여인들을 일컬어 자연산이라고 하였다가 여론의 몰매를 맞고 중도하차하고 말았습니다.

우리는 언어생활에 특별히 조심하면서 살아야 합니다. 야고보서 3장 2절을 보면 "우리가 다 실수가 많으니 만일 말에 실수가 없는 자라면 곧 온전한 사람이라"고 했습니다. 또 야고보서 3장 8절을 보면 "혀는 쉬지 아니하는 악이요 죽이는 독이 가득한 것이라"고 했습니다.

그러므로 우리도 다윗처럼 말을 조심해야 합니다.

1) 저주의 말을 금하고 축복의 말을 해야 합니다.

"너희를 박해하는 자를 축복하라 축복하고 저주하지 말라"(롬 12:14).

이 말씀은 복을 주시고 저주하는 일은 하나님께서 하시는 일이지 우리가 하는 일이 아니라는 말씀입니다.

"너를 축복하는 자에게는 내가 복을 내리고 너를 저주하는 자에게는 내가 저주하리니"(창 12:3).

내가 사람들을 축복하면 하나님이 나에게 복을 내리시고, 내가 사람들을 저주하면 하나님이 나를 저주하시겠다고 말씀하셨습니다.
내가 다른 사람을 향하여 욕하고 저주하면 메아리가 들려오는 것처럼 나에게 배 이상 돌아오게 되어 있습니다. 또 심은 대로 거두는 법칙에 의해 저주를 심으면 반드시 내 생애에 저주를 거두게 될 것입니다. 또 주면 넘치도록 채워 돌아오는 법칙에 의해 상대방을 향하여 저주하면 내게 저주도 넘쳐서 돌아올 것입니다.
반대로 내가 사람을 축복하면 반드시 나에게 복이 되어 돌아온다는 것입니다. 그러므로 우리는 오늘부터 저주의 말을 버리고 축복의 말을 하겠다고 결심하십시오.

2) 뒤에서 남을 비방하는 말을 하지 말아야 합니다.

"곧 모든 불의, 추악, 탐욕, 악의가 가득한 자요 시기, 살인, 분쟁, 사기, 악독이 가득한 자요 수군수군하는 자요 비방하는 자요"(롬 1:29-30).

"형제들아 서로 비방하지 말라 형제를 비방하는 자나 형제를 판단하는 자는 곧 율법을 비방하고 율법을 판단하는 것이라 네가 만일 율법을 판단하면 율법의 준행자가 아니요 재판관이로다"(약 4:11).

결국 형제를 비방하는 것은 곧 하나님을 비방하는 것이라는 말씀입니다. 과연 하나님을 비방하고 그 사람이 잘될 수 있을까요? 미국 건국의 아버지라고 불리는 벤자민 프랭클린이 이런 말을 했습니다.
"성공의 비결은 험담을 하지 않고 상대방의 장점을 드러내는 데 있다."

3) 거짓말을 입에 담지 말아야 합니다.
대북 인터넷 매체인 데일리 NK에 의하면 국민의 정부 시절 북송

된 비전향 장기수들 22명이 북한 공산체제를 선전하고 한국사회를 비난하는 말을 서슴지 않고 한다고 하였습니다. 그중에 북송 이후 언어학 학위를 받았다는 85세 김 모 씨는 라디오가 중계하는 강연에서 북한에 오기 전 고향인 경북 안동에 가봤는데 1950년대보다 더 낙후되어 있었다고 거짓을 말하였습니다. 공산주의자들은 입만 열면 거짓을 말한다는 것을 알 수 있습니다.

우리나라도 정치인들, 기업인들이 거짓말을 할 때가 있습니다. 그들은 선의의 거짓말이라고 변명합니다. 그러나 모든 거짓말은 죄입니다.

"그런즉 거짓을 버리고 각각 그 이웃과 더불어 참된 것을 말하라 이는 우리가 서로 지체가 됨이라"(엡 4:25).

사람이 언어생활에 진실하지 못하면 아무리 능력 있고 똑똑한 사람이라도 사람들로부터 존경을 받지 못합니다. 신실함과 진실함이 먼저입니다.

"만일 누가 말하려면 하나님의 말씀을 하는 것같이 하고"(벧전 4:11).

이는 하나님의 말씀에 합당한 말을 해야 함을 강조한 말씀입니다. 우리의 말 한마디 한마디가 얼마나 중요한지 모릅니다. 그 사람이 사용하는 말은 그 사람의 인격과 삶을 말해 주는 것입니다. 다가오는 새해에는 주위 사람들을 행복하게 해주는 말을 하기로 결심하십시오.

우리의 생애 속에 입술로 하나님께 영광 돌리며 그리스도의 아름다운 향기가 나타나기를 바랍니다.

2. 인생이 너무나 짧다는 것을 늘 인식하고 살겠다는 것입니다

"여호와여 나의 종말과 연한이 언제까지인지 알게 하사 내가 나의 연약함을 알게 하소서 주께서 나의 날을 한 뼘 길이만큼 되게 하시매 나의 일생이 주 앞에는 없는 것 같사오니 사람은 그가 든든히 서 있는 때에도 진실로 모두가 허사뿐이니이다"(4-5절).

다윗이 오랫동안 살았지만 지난 세월들은 '한 뼘에 불과하다'는 사실을 절감했습니다. 그것은 한순간이요, 없는 것 같은 시간이었습니다. 그 사실을 잘 아는 다윗은 이 땅에서 천년만년 살 것 같이 그렇게 살지 않고 주님을 의지하며 살겠다고 다짐하는 것입니다.

서울에 경복궁을 비롯하여 조선시대에 왕들이 살았던 궁궐을 구경하면 대단합니다. 그렇게 놀라운 부귀영화를 누렸던 왕들도 잠깐 그곳에서 살다가 죽었습니다. 통계를 보니 조선시대 왕들의 평균 수명은 44세라고 합니다. 모두 44년간 잠시 그곳에서 살다가 갔습니다.

창세기 5장에 보면 아담 후손들의 계보가 10대까지 나오는데 평균 900세를 살았습니다. 그런데 결론은 자식을 낳고 살다가 죽었더라는 것입니다.

성경은 죽음에 대해 너무나 많이 말씀하고 있습니다. 죽음이라는 말이 1,441번이나 나옵니다. 인생의 종착역은 결국 죽음이라는 것입니다. 그런데 이 죽음이 나에게 있어 너무 가까이 있다는 것을 알고 늘 깨어 있어야 한다는 것입니다.

알렉산더 대왕의 아버지인 필립 왕에게는 특별한 임무를 맡은 신하가 있었는데, 그 신하가 하는 일은 하루 중 언제 어디서든지 왕을 만나면 왕 앞에 나아가 "폐하! 폐하는 반드시 죽습니다"라고 일러 주는 역할이었습니다. 이 신하의 말을 들은 왕은 정신을 차리고 지금 해야 할 일을 늦추지 않고 할 수 있었다는 것입니다.

시편 90편은 모세의 시입니다. 시편 90편 9절에 보면 "우리의 모든 날이 주의 분노 중에 지나가며 우리의 평생이 순식간에 다하였나이다"라고 하였는데, 여기서 순식간에 다하였다는 말은 KJV 성경에 '한마디 이야기처럼 지나갔다'라고 번역되어 있고, NIV 성경에는 '외마디 신음처럼 아하! 하는 사이에 지나갔다'라고 표현되어 있습니다. 10절에도 보면 "우리의 연수가 칠십이요 강건하면 팔십이라도 그 연수의 자랑은 수고와 슬픔뿐이요 신속히 가니 우리가 날아가나이다"라고 하였습니다.

본문의 요지는 인생이 이렇게 짧고 헛되니 허무하다는 것을 말하려는 것이 아닙니다. 다윗은 허무주의나 염세주의자가 결코 아닙니다. 성령께서 다윗을 통해 우리에게 강조하는 말씀은 이처럼 짧은 인생이니 남은 날을 어떻게 살아야 할 것인가를 말씀하려고 하시는 것입니다.

"그런즉 너희가 어떻게 행할지를 자세히 주의하여 지혜 없는 자같이 하지 말고 오직 지혜 있는 자같이 하여 세월을 아끼라"(엡 5:15-16).

사람들은 돈을 허비하거나 전기나 물을 허비하는 것은 아까워하면서 시간을 허비하는 것은 아까워하지 않습니다. 벤자민 프랭클린은 "시간을 허비하는 것은 사치의 절정이다"라고 말했습니다.

다윗은 이렇게 짧은 인생이니 허송세월하고 인생을 허비할 수 없다는 것을 알고 결심합니다. 그리고 남은 인생은 주님의 가치를 가지고 살겠다고 다짐하는 것입니다.

당신은 어떻게 살아왔습니까? 이제 새로운 한 해가 우리 앞에 다가옵니다. 여전히 게으르고 나태한 삶을 살아 다람쥐 쳇바퀴 돌 듯 인생을 낭비해서는 안 될 것입니다.

철학자 키에르케고르의 글에 이러한 이야기가 있습니다.

어느 가을날, 따뜻한 지방을 찾아 떼 지어 날아가던 철새들이 옥수수 밭을 발견하고 그곳에 내려 쉬면서 옥수수를 먹었습니다. 모두가 배불리 먹고 나서 다시 남쪽으로 날아갔습니다. 그런데 그 가운데 한 마리의 철새는 동료들이 다 떠난 후에도 그곳에 머물면서 옥수수를 계속 먹고 있었습니다. 날아간 새들은 참으로 어리석은 새들이며 자기만 똑똑하다고 생각했습니다. 이렇게 많은 양식을 두고 어디로 간다는 말인가? 이렇게 기분 좋게 머물다 보니 갑자기 찬바람이 부는 겨울이 왔습니다. 눈보라가 휘몰아칩니다. 그 새는 날아오르려고 하였지만 너무 비대해져서 날지 못하고 결국 얼어 죽고 말았습니다.

우리는 한정된 시간 속에 유한한 삶을 살고 있습니다. 세상에 빠져 살아가는 사람들에게 반드시 겨울은 찾아옵니다. 언젠가는 노년의 겨울이 오거나, 병들어 움직일 수 없는 겨울이 오거나, 죽음의 겨울이 찾아올 것입니다. 일하고 싶어도 일할 수 없는 시간이 오고, 마음은 원해도 육신이 말을 듣지 않는 시간이 반드시 찾아옵니다. 궁극적으로는 주님을 만나야 하는 시간이 점점 다가오고 있습니다.

우리는 짧은 인생을 끝내고 인생의 끝에서 주님을 볼 것입니다. 우리는 그날에 살아온 날을 평가받을 것입니다. 그러므로 짧은 인생을 주님이 원하시고 기뻐하시는 목표를 따라 진정 가치 있는 삶을 살아가시기를 바랍니다.

3. 오직 주님께만 소망을 두겠다는 것입니다

"주여, 이제 내가 무엇을 바라리요 나의 소망은 주께 있나이다, 사람은 그가 든든히 서 있는 때에도 진실로 모두가 허사뿐이니이다"(7, 9절).

다윗은 자기가 이스라엘의 왕으로서 천하를 호령하면서 대단히 위대한 인생을 산 것 같은데, 지금 생각해 보니 권력도 부귀영화도 별것 아니라는 것을 알았습니다. 그는 그 사실을 모든 사람들이 알기를 원했습니다.

미국의 유명한 가정사역 기관인 포커스 온 더 패밀리(Focus on the Family)를 설립한 제임스 돕슨이라는 분이 계시는데, 미국에서 가장 유명한 기독교 지도자 가운데 한 사람입니다. 이분은 대학 시절에 테니스를 매우 잘 쳤고, 자기가 다니는 대학 테니스팀의 주장이었고, 1956년, 1958년에 몇 번이나 테니스 챔피언이 되었고, 그가 받은 트로피는 자기 학교 진열장에 보관되어 있었습니다.

제임스 돕슨은 자기 이름이 새겨진 트로피들이 그 학교에 영원히 보관되어 후배들에게 기억되기를 바라고 있었습니다. 그런데 몇 년 후 어떤 사람이 그 트로피를 자기에게 소포로 보내주었다고 합니다. 그리고 소포에는 이런 작은 편지가 들어 있었습니다. '내가 쓰레기장 옆을 지나가다 보니 트로피가 있어서 살펴보니 당신의 이름이 적혀 있더군요. 그래서 너무 아까운 것 같아 당신에게 소포로 부칩니다. 학교를 수리하면서 당신 트로피를 전부다 쓰레기통에 집어넣었던 것 같습니다." 그 편지를 읽고 나서 처음에는 마음이 아프고 서운한 생각이 들었지만 곧 냉정을 되찾았습니다. 이 목사님이 이런 말씀을 하셨습니다. "시간이 흐르면 당신 삶의 모든 트로피는 누군가에 의해 쓰레기통에 버려지게 될 것이다."

세상의 영광을 너무 자랑하지 마십시오. 다윗의 고백인 "든든히 서 있는 때에도 허사뿐이니이다"라는 말은 참으로 정확한 말씀입니다.

전직 대통령 전 모 씨나 전직 대통령 노 모 씨가 집권할 당시에는 그들의 권세가 하늘을 찌를 것같이 대단하였지만 불과 몇십 년이 지난 지금 언론에 웃음거리밖에 되지 않습니다.

> "진실로 각 사람은 그림자같이 다니고 헛된 일로 소란하며 재물을 쌓으나 누가 거둘는지 알지 못하나이다"(6절).

미국의 폴 게티 박물관에 가보았습니다. 누구나 입장료는 무료입니다. 그곳에는 폴 게티가 평생을 모은 미술품과 골동품들이 전시되어 있는데, 기원전 로마나 그리스의 조각품에서부터 수백 년 전의 고가 미술품들이 너무나 많이 진열되어 있습니다. 폴 게티는 평생 44,000점이나 엄청난 유물들을 사들였습니다. 그 가운데 박물관에 진열된 것은 1,200점입니다. 뉴욕 메트로폴리탄 박물관에 소장된 것보다 무려 25배나 더 가치 있는 것들입니다. 돈으로 환산이 되지 않는 어마어마한 예술품들입니다.

그런데 그는 불행한 삶을 살다가 갔습니다. 다섯 번 결혼하였고 가족들과는 재산 때문에 끊이지 않는 소송이 있었습니다. 그는 그 입으로 불행한 인생이었고 실패한 인생이었다고 고백하였습니다. 그는 악덕기업주라는 말을 들으며 힘써 모은 모든 재산은 이제 재단에 귀속되고 말았습니다.

중국 서안에 양귀비의 무덤이 있다고 하는데 흙이 별로 없고 매우 초라하다고 합니다. 이유는 "미녀 양귀비의 무덤의 흙을 바르면 예뻐진다"는 속설 때문에 처녀들이 흙을 파가는 바람에 웅장했던 양귀비의 무덤이 초라해졌다고 합니다. 아무리 아름다운 얼굴을 가졌어도, 결국은 한 줌의 흙이 될 것입니다.

우리의 소망이 어디 있나요? 오직 영원한 것은 주님 나라입니다.

"그들이 이제는 더 나은 본향을 사모하니 곧 하늘에 있는 것이라"(히 11:16).

우리는 언제나 하나님 나라와 하나님을 바라보면서 살아야 합니다. 우리 인생의 초점을 하나님께 맞춰야 합니다. 잠시 있다가 떠날 세상 것에 마음을 빼앗기지 말고, 영원하신 하나님께로 우리의 시선을 돌려야 합니다.

 **나눔**

1. 당신이 새해에는 부정적인 말, 저주의 말, 비난의 말, 원망 불평의 말을 하지 않기로 결단하셨다면 순원들 앞에서 그 결심을 고백하여 보십시오.

2. 당신이 새해에 분명한 목표를 세우고 나에게 주어진 시간을 선용하며 주님만을 높이기로 결심한 바를 순원들과 나누어 보십시오.

3. 이제 오늘 주신 말씀을 붙들고 그렇게 살게 하여 달라고 합심하여 간절히 기도드립시다.

| 판 권 |
| 소 유 |

영적 전쟁

2012년 12월 27일 인쇄
2012년 12월 31일 발행

지은이 | 이용효
발행인 | 이형규
발행처 | 쿰란출판사

주소 | 서울특별시 종로구 이화동 184-3
TEL | 02-745-1007, 745-1301, 747-1212, 743-1300
영업부 | 02-747-1004, FAX / 02-745-8490
본사평생전화번호 | 0502-756-1004
홈페이지 | http://www.qumran.co.kr
E-mail | qrbooks@gmail.com
         qrbooks@daum.net
한글인터넷주소 | 쿰란, 쿰란출판사

등록 | 제1-670호(1988.2.27)

책임교열 | 박신영 · 박은아

값 17,000원

ISBN 978-89-6562-409-7 93230

* 이 출판물은 저작권법에 의해 보호를 받는 저작물이므로 무단 복제할 수 없습니다.
  잘못된 책은 교환해 드립니다.